제3판

# 인간행동과 사회환경

이 숙 · 문혁준 · 강희경 · 공인숙
김정희 · 심희옥 · 안선희 · 안효진
이미정 · 이희경 · 천희영 · 한미현

창지사

# 서문

현대는 급격한 변화의 시대이다. 물질중심, 외형중심의 시대적 풍조에서 인간은 가치의 혼란을 느끼고 갈등을 겪게 된다. 저출산과 다문화, 날로 심화되는 빈부격차, 고령화, 우울증과 자살 등 다양한 사회적 문제들이 발생하게 되며, 이것이 다시 인간과 사회의 복지에 악영향을 미친다. 새롭게 변화되는 사회환경에 대한 중재 및 개선을 추구함과 동시에 개인에 대한 다양한 지원을 통해 개인과 사회의 삶의 질과 행복을 실현하려는 학문이 바로 사회복지학이다.

인간은 타고난 기질과 개인적 경험, 가족과 이웃, 지역사회, 문화 등의 사회체계에 영향을 받으면서 성장하기 때문에 인간을 제대로 이해하려면 그가 처해 있는 사회적 환경을 고려해야 한다. 사회복지는 인간과 그를 둘러싼 환경에 대한 학문이라고 볼 수 있는데, 개인과 사회의 삶의 질을 높이고 복지를 향상시키기 위해서는 인간의 발달이 어떠한 과정을 통해 이루어지고, 인간을 둘러싸고 있는 사회환경과 인간의 상호작용이 어떻게 이루어지는지 알아야 할 것이다. 이러한 의미에서 인간행동과 사회환경이라는 과목은 인간행동의 원인과 결과를 이해하고, 그를 둘러싼 사회환경과의 관계를 파악하여 사회복지를 실천하는 데 필수적으로 갖추어야 하는 기초 과정이라고 볼 수 있다. 그런데 그간 출간되었던 교재들은 대부분 인간발달 이론들에 대한 소개를 너무 단편적으로 간단히 하거나, 인간발달의 단계에서 환경과의 상호작용이 어떻게 이루어지는가 하는 내용을 소홀히 하는 경향이 있었다고 보겠다.

저자들은 이러한 점에 주목하여 대표적인 인간발달 이론들의 핵심개념과 기초 지식들을 비교적 쉬우면서도 깊이 있는 내용들로 채우고자 하였고, 각 발달단계의 특징과 환경과의 상호작용 등에 관해 구체적으로 설명하고자 하였으며, 각 발달단계별로 꼭 필요하다고 생각되는 사회복지 실천과제들을 포괄적으로 제시하고자 하였다. 특히 이번 개정에서는 2013년 이후에 발표된 최근 통계 자료들을 첨가하고자 하였고, 시대적 흐름에 따라 변화된 법적, 제도적, 정책적 내용들을 추가하고 수정 · 보완하는 데 중점을 두었다.

이 책의 구성은 총 3부 12장으로 되어 있는데, 1부에서는 인간행동과 사회환경, 사회복지실천의 관계를 개괄적으로 소개하는 내용으로 되어 있다. 2부에서는 인간발달과 행동을 설명하는 대표적인 이론들을 다루는데, 정신분석 이론, 행동주의와 인지발달 이론, 인본주의 이론 등이 포함된다. 3부에서는 1부와 2부에서 다루어진 인간행동과 사회환경에 대한 관점과 이론을 바탕으로 수정에서부터 사망에 이르는 인간발달의 전 과정에서 발달단계로 행동이 사회환경과 구체적으로 어떤 상호작용을 하는지를 밝히고, 그에 따른 사회복지실천 과제를 알아본다. 4부에서는 체계(system) 이론에 대해 살펴보고 사회적 환경이 체계로서 어떠한 속성을 지니고 있는지 사회복지적인 측면에서 살펴보았다.

이 책은 각자의 관심사에 맞춰 12명의 저자가 한 장씩을 맡는 형식으로 저술되었다. 1장은 천희영 교수가, 2장은 이 숙 교수가, 3장은 안선희 교수가, 4장은 심희옥 교수가, 5장은 공인숙 교수가, 6장은 이희경 교수가 각각 맡아서 집필하였다. 또, 7장은 한미현 교수가, 8장은 김정희 교수가, 9장은 이미정 교수가, 10장은 강희경 교수가, 11장은 문혁준 교수가, 12장은 안효진 교수가 각각 집필하였다. 앞으로 독자 여러분의 지적과 충고가 이 책의 부족한 부분을 보완하고 개선하는 데 커다란 힘이 될 것으로 기대해 본다.

이 책의 출간을 위해 마음을 써 주시고 오랫동안 격려해 주신 창지사 임직원분들께 따뜻한 감사의 마음을 전한다.

2019년 1월 저자일동

# 차례

## Part 3. 인간발달과 사회환경 125

Part 1

# 사회복지실천에서의 인간행동과 사회환경

사회복지를 실천하는 사회복지사는 인적 서비스 종사자(human service professional)로서 인간을 돕기 이전에 인간을 정확히 이해해야 하며, 인간은 환경 속에 있는 존재이므로 인간과 인간을 둘러싸고 있는 환경과의 상호작용 또한 이해해야 한다. 그러므로 사회복지 교육과정에서 『인간행동과 사회환경(Human Behavior and Social Environment)』이라는 교과목이 사회복지를 공부하는 사람이 가장 먼저 배워야 할 기초과목군 중 필수과목으로 간주되고 사회복지사 국가고시의 기초 과목으로 지정되어 있음은 당연하다고 하겠다.

1부에서는 인간행동, 사회환경 그리고 사회복지실천의 관계를 개괄적으로 소개한다. 이는 전문적인 사회복지사의 양성과정에서 인간행동과 사회환경에 대한 지식을 제공하며 사회복지실천에의 적용 방안을 모색하는 길잡이가 될 것이다.

1

Chapter

# 인간행동, 사회환경 그리고 사회복지실천

사회복지실천을 위해서는 인간행동과 사회환경에 대한 이해가 선행되어야 한다. 이를 위해 본 장에서는 먼저 인간행동과 사회환경에 대한 과학적 지식과 이해가 사회복지실천 영역에서 갖는 의미를 살펴볼 것이다. 나아가 미시적, 거시적 방법에 의한 인간 이해에 근거하여 사회복지실천 현장에서 만나게 될 클라이언트를 보다 효과적으로 도울 수 있도록 인간행동과 사회환경 각각에 대한 이해를 넓히고 사회복지실천과의 관련성을 살펴볼 것이다.

# ❶ 사회복지실천에서의 인간행동과 사회환경

사회복지실천은 문제와 욕구를 가진 특정한 개인 · 가족 · 집단 · 지역사회 등에 대하여 구체적이고 직접적인 서비스를 제공하는 것이다. 제도적 · 정책적인 거시적 시각에서 제공하는 사회적 서비스라기보다는 미시적이고 전문적인 시각에서의 사회복지로 규정될 수 있다. 이에 사회복지실천은 모든 사람들이 개인적인 능력의 신장이나 환경과의 보다 나은 상호작용을 통하여 만족할 수 있도록 개인, 가족, 집단, 지역사회를 도와주는 전문적인 활동이나 서비스로 정의된다(김기태 · 김수환 · 김영호 · 박지영, 2007).

사회복지실천에서 효과적인 서비스를 제공하기 위해서는 서비스의 주된 이용자인 클라이언트, 즉 인간에 대한 이해가 필수적이다. 그리고 사회복지서비스의 전달이라는 사명을 잘 감당하기 위해서는 인간과 분리되어 생각할 수 없는 환경에 함께 초점을 맞추어야 한다. 인간은 환경조건에 수동적으로 반응하는 존재가 아니다. 스스로 역동적으로 변화하는 존재이며, 환경조건에 자신을 맞추거나 때로는 환경을 자신에게 맞게 수정 · 변화시키는 능동적인 존재이다. 사회복지전문직에서 인간과 환경을 분리된 실체가 아니라 하나의 통합된 총체로 인식하는 환경 속의 인간(person in environment)이라는 관점에서 인간과 환경 간의 관계 특성을 이해해야 하는 이유가 여기에 있다(김동배 · 권중돈, 2005).

## 1) 인간행동과 사회환경 이해의 의미

### (1) 사회복지실천의 발달 측면

일찍이 사회복지실천에서는 개별 인간을 환경과 지속적으로 상호작용하는 생리 · 심리학적 단위라고 보고(Strean, 1971), 인간과 환경에 대한 이중적인 관심과 개입의 필요성이 논의되기 시작했다. 그러나 사회복지실천의 역사적 발달과정에서 인간과 환경 어느 하나에 대한 강조점은 변화되어 왔고, 그 결과 사회복지실천과 실천방법 또한 변화되어 왔다. 바꾸어 말하면, 사회복지사들은 항상 클라이언트를 돕는 일에 관심을 가지며, 특히 클라이언트의 문제해결을 돕기 위해 무엇이 변화되어야 하는가에 관심을 보여

왔으나 시대나 환경의 변화에 따라 인간에 대한 이해가 달라져 클라이언트를 돕기 위한 전략의 선택 또한 영향을 받게 되는 것이다.

사회과학 영역의 학문들과 마찬가지로 사회복지 역시 각 시대의 주요 사건들, 철학적 입장, 지식기반 등에 의해 끊임없이 영향을 받아왔다. 사회복지는 19세기 말에서 20세기 초반에 이르는 비교적 짧은 기간에 전문 영역으로 자리 잡았다(Johnson & Yanca, 2001). 보편적인 사회복지의 역사는 유럽에서의 사회복지 관련 제도와 법규의 발달, 시대적 배경의 이해로부터 시작된다. 그러나 미국의 사회복지실천 역사를 중심으로 인간과 환경 중 어디에 강조점을 두어왔는지를 살펴보는 것은 오늘날 우리나라에서 이루어지고 있는 사회복지실천의 근원을 이해하도록 돕는다는 점에서 의미가 있다. 미국의 사회복지실천의 발달과정은 다음과 같이 조명된다(김기태 외, 2007; 김동배 · 권중돈, 2005; 이효선 · Garz, 2006; Johnson & Yanca, 2001).

### ① 1920년대 이전

사회복지실천은 19세기 말에 일어난 두 가지 사회적 운동에 뿌리를 두고 있다. 첫째, 자선조직운동은 청교도의 윤리, 자유주의를 바탕으로 한 미국 사회에서 인간의 문제를 사회제도적 · 정책적인 측면보다는 개인에게 초점을 맞추어 해결하려고 시도하였다. 이는 곧 인간중심으로 문제접근을 시도하며 환경 속의 인간 중에서 개별 인간에게 강조점을 둔 운동이었다. 둘째, 인보관 운동은 빈민과 이주민이 겪는 빈곤문제가 개인에 의한 것이라기보다는 자본주의의 사회구조적 모순과 제도적인 결함에 의한 것이므로 사회, 즉 환경의 변화를 통해 해결하고자 노력하였다. 환경 속의 인간 중에서 환경에 강조점을 둔 운동이었다.

### ② 1920년대

1917년 Mary Richmond는 사회복지실천의 최초 이론서인 『사회진단』(Social Diagnosis)을 출간하고 사회와 환경의 중요성을 지적하며 사회복지의 전문화 길을 열었다. 그러나 1918년 Mary Jarrett는 『사회진단』에 나오는 전체 사례를 재분석한 결과, 그 중의 약 50%는 사회문제가 아닌 정신의학적 차원의 문제라고 주장하였다. 이는 1920년대 정신분석 이론의 영향과 맞물려 이후 사회복지실천이 문제를 가진 개인의 성격에 관심을 집중하게 하는 계기를 제공했다. 이 시기의 사회복지사들은 클라이언트의 개인적 경험

[BOX 1-1] 자선조직협회 운동과 인보관 운동

① 자선조직협회(charity organization society) 운동

우애방문원(friendly visitor)

출처 : http://www.boisestate.edu/soc-work/dhuff/history/chapts/1-4.htm

- 자선조직협회는 1869년 영국에서 최초로 설립되었으며, 미국에서는 1877년 Gurteen 목사에 의해 최초로 버팔로시에 설립되었다.
- 빈곤의 문제가 빈곤을 경험하고 있는 개인에서 비롯된 것으로 이해하고 인간중심의 문제접근을 시도하였다. 우애방문원이 빈민들에게 모범을 보이고 감화를 주는 사람으로서 빈곤의 내재적 요인인 게으름, 방관, 폭음 등을 극복해 나가도록 원조할 수 있다고 믿고, 빈민들의 개인 능력과 자질을 계발하고 가족과 생활환경으로까지 서비스를 제공하였다.

② 인보관(隣保館) 운동(settlement house movement)

시카고의 Hull House

출처 : http://www.idbsu.edu/soc-work/dhuff/history/chapts/2-2b.htm

- 인보관은 1884년 영국에서 슬럼 지역에 최초로 세워졌고, 미국에서는 1889년 Jane Addams에 의해 시카고에 설립된 Hull House가 최초의 인보관이었다.
- 빈민과 이주민의 빈곤문제는 환경에 의해 발생하므로 개인이 살고 있는 환경에서 변화를 일으키기 위해 인보관을 중심으로 결집된 행동을 유도하였고, 이를 통해 궁극적으로 개인들에게 힘을 부여하고자 했다. 슬럼가의 일정한 공간을 이용해 인보운동가들이 지역 빈민들과 상주하면서 그들의 문제에 직접 개입하여 해결책을 찾고자 노력했다. 따라서 인보관은 오늘날의 사회복지관과 유사한 지역사회 조직이었다.

의 가치와 의미에 더 관심을 둠으로써 사회적 상황이나 환경보다는 개인, 인간에 대해 초점을 두게 되었다.

③ 1930년대

1929년 대공황의 발생으로 심각한 사회문제가 대량으로 발생하자 그동안 정신분석학을 근간으로 진행되어왔던 사회복지실천은 해결책을 제시하기에 역부족이었다. 이에 사회복지 분야에서는 반성과 변화를 통해 국가적 · 제도적인 실천방법론에 관심이 쏟아졌다. 즉, 환경에 초점을 두는 사회개혁적 접근방법이 적극 채택되었다.

④ 1940년대~1950년대

Hamilton은 1940년 『케이스워크의 이론과 실천』이라는 저서를 통해 문제를 가진 개인의 이해에 있어 상황에 대한 개인의 주관적 해석에 유의해야 한다고 주장하며 개인과 환경을 연결시키려 노력하였다. Hamilton의 이러한 심리사회적 관점은 '상황 속의 개인' 이라는 개념을 발전시켰다. 상황에 의한 빈곤이 퇴치되고 경제적 풍요를 누리게 되면서 사회복지 영역에서는 빈민이 아닌 적응상의 문제를 지닌 중류층이 클라이언트의 대부분을 차지하게 되었고 심리적 역기능을 가진 개인을 치료하기 위한 접근방법이 다시 주목받은 시기였다.

⑤ 1960년대

1960년대에 사회복지실천은 또 다른 전환점을 맞게 된다. 미국에도 빈곤의 문제가 전국적으로 만연해 있다는 인식에서 1964년 Johnson 대통령은 '빈곤에 대한 전쟁' 을 선포하였다. 빈곤의 문제가 사회적 관심사로 부각되면서 사회개혁적 전통이 다시 우위를 차지하게 되었다.

⑥ 1970년대 이후

1970년대 초 사회과학 영역의 새로운 이론들이 사회복지에서 응용되기 시작하면서 생태체계적 접근과 사회체계 이론이 사회복지실천에서 광범위하게 수용되었고 개인과 사회체계 모두가 문제해결의 중요 요소로 간주되게 되었다. 이후 사회복지실천에서는 개인과 환경 간의 이중적 초점, 환경 속의 인간이라는 관점을 유지하고 있다.

이상에서 미국의 사회복지실천 발달과정을 살펴본바, 개인을 중시하는 접근방법과 환경을 중시하는 접근방법이 지속적인 갈등을 보여왔고, 이에 인간과 환경에 대한 균형적인 초점의 유지가 쉽지 않다는 것을 알 수 있었다. 마찬가지로 어떤 사회복지사는 개인의 사회적 기능 증진을 위해 노력을 기울이는 반면, 어떤 사회복지사는 사회적 변화를 일으키는 데 더 많이 노력하는 것을 볼 수 있다. 그러나 인간과 환경 중 어느 하나에 주의를 기울이게 되는 현실적인 어려움에도 불구하고 환경 속의 인간이라는 이중적 초점하에서 인간의 행동과 발달을 이해해야 한다는 데는 이의가 없는 듯하다.

### (2) 사회복지실천의 관점 측면

사회복지실천은 뚜렷한 목표를 가진 활동이자 그 목표의 달성을 위한 실천적인 개입이다. 사회복지실천의 목표 달성을 위해 노력하는 사회복지사는 클라이언트의 문제해결을 위해서는 무엇이 변화되어야 하는지, 어떠한 전략을 선택해야 하는지에 대해 고민한다. 그리고 클라이언트를 돕는 서비스는 인간 클라이언트의 동기와 행동에 대한 이해에 따라 영향을 받는다.

사회복지에서 클라이언트를 바라보는 관점은 크게 의료적 관점과 생태학적 관점으로 나뉜다. 인간 이해에 대한 상이한 입장을 보여주는 각 관점을 통해 인간과 환경에 대한 중요성의 인식 변화를 살펴볼 수 있다(김기태 외, 2007; 이효선 · Garz, 2006).

#### ① 의료적 관점

1920년대에서 1960년대까지 사회복지실천에서 인간행동의 사정, 변화를 위해 주로 사용된 관점이다. 정신분석학적 입장에서 클라이언트를 환자로 보고 치료하며, 환자의 문제 원인은 환자의 내부에 존재한다고 보기 때문에 변화의 초점을 클라이언트의 내적 요인에 두었다. 그러나 개인의 전체적인 안녕에 영향을 미치는 사회문화적 요인들의 영향을 고려하지 않았으므로 의료적 관점을 취하는 사회복지사는 환경보다는 인간, 상황 속의 인간 중에서 인간에 더 비중을 두었다.

#### ② 생태학적 관점

일반체계 이론이 등장하고 정신분석이 클라이언트의 문제 치료에서 효율적이지 않다는 점에서 1960년대의 사회복지실천은 클라이언트에게 도움을 주기 위해 체계를 변화시키고자 개혁적 접근(reform approach)을 시도했다(예 Head Start와 같은 빈곤예방 프로그램). 1970년대 생태학적 접근으로 관심이 더욱 이동하면서부터는 인간과 인간을 둘러싼 환경 간의 역기능적 상호작용에 주목하면서 치료와 개혁 모두를 통합하고자 노력하게 되었다. 생태학적 관점에 의하면, 인간은 환경과 역동적으로 상호작용하는 적극적인 존재, 환경 속의 존재이므로 사회복지실천을 인간의 욕구와 그를 둘러싼 환경 간에 보다 나은 연결이 이루어질 수 있도록 노력해야 한다. 따라서 클라이언트의 변화뿐만 아니라 클라이언트의 생태체계 변화를 서비스 목표에 포함하며 인간과 환경의 이중적 초점을 유지한다.

### 2) 인간행동과 사회환경 이해의 통로 : 이론

#### (1) 인간행동과 사회환경 관련 이론의 의미

인간은 매우 복잡한 존재이므로 시회복지사가 개인적 편견에 근거하여 클라이언트의 행동에 대한 가정을 설정하고 이해하는 것은 적절하지 않다. 사회복지사가 어떤 목적의 사회복지실천 행동을 하든지 그 행동은 항상 의식적이고 논리적인 정당성이 뒷받침되어야 한다. 이러한 점에서 이론은 유용하다. 이론은 관찰한 현상을 조직하고 이해할 수 있는 준거를 제공하는 논리적 개념체계로서 관찰한 현상의 설명과 예측에 필요한 포괄적이고 단순하며 신뢰성 있는 원칙들을 제시한다(Hempel, 1966). 그러므로 사회복지사는 인간행동에 관한 이론, 사회환경에 관한 이론들을 활용하여 클라이언트의 현재 행동의 이유를 설명하고 환경이 행동에 미치는 영향을 더 잘 이해하게 되며, 개입 계획을 하고 개입의 결과를 예측할 수 있게 된다(Greene & Ephross, 1991). 사회복지실천의 역사적 발달 초기에는 우호적, 보호적인 서비스를 제공하되 무계획적인 개입 기술이 사용되었으나 이론에 근거하여 계획적 · 전문적인 서비스를 제공하게 됨으로써 사회복지실천의 목표, 즉 개인 · 가족 · 집단의 기능 증진이나 기능의 상실을 예방한다는 목표의 달성이 더욱 용이하게 되었다.

〈표 1-1〉 이론이 사회복지실천에서 갖는 가치

| 이론의 가치 | 주장 학자 |
| --- | --- |
| 인간행동에 관한 이론은 인간행동의 이해와 실천행동을 위한 지식적 기반을 제공한다. | Bloom(1984) |
| 이론을 통하여 인간의 안정성과 변화, 신체-인지-정서-사회적 기능 간의 상호작용을 설명할 수 있고, 사회적 맥락이 개인의 발달에 미치는 영향을 설명할 수 있다. | Newman & Newman(2006) |
| 이론은 인간행동의 원인에 관한 설명력을 지니고 있기 때문에, 실천가들은 더욱 책임 있고 효과적인 개입을 할 수 있게 된다. | Turner(1996) |
| 인간행동과 사회환경에 대한 이론은 사회복지실천의 사정과 개입에 필요한 기초지식을 제공한다. | Zastow & Kirst-Ashman(2013) |

출처: 권중돈(2014). p. 27.

### (2) 이론의 이해와 사회복지사의 과제

사회복지사가 실천가로서의 능력을 갖추기 위해 제반 관련 지식을 배우고 필요한 기술을 익히는 것은 쉬운 일이 아니다. 그러나 사회복지실천에서 인간행동과 사회환경의 이해가 매우 중요한 기초 지식이므로 사회복지사는 반드시 그 지식을 익혀야 하며, 그 지식은 인간행동과 사회환경 관련 이론을 통해 습득 가능하다고 앞에서 제시되었다. 보다 충실하게 이론을 이해하기 위해 사회복지사는 다음과 같은 과제를 수행하도록 요구받는다(김동배 · 권중돈, 2005; 최옥채 · 박미은 · 서미경 · 전석균, 2015).

첫째, 사회복지사는 인간행동에 관한 균형잡힌 이해를 위해 관련 이론을 두루 섭렵하도록 노력해야 한다. 인간행동과 사회환경에 대한 이론이 과학적 이론이라고 해도 그 한계를 부인할 수는 없다. 하나의 이론이 모든 현상을 설명할 수는 없기 때문이다. 따라서 사회복지사는 자신이 선호하는 특정 이론을 근거로 실천을 하되, 그 이론의 한계를 보완할 수 있도록 추가적인 이론에 대한 지식을 갖추어야 한다. 다양한 이론들을 효과적으로 절충하거나 통합하여 활용할 수 있어야 할 것이다.

둘째, 인간행동과 사회환경에 관한 주요 이론들을 익히는 과정에서 실제 사례에 적용할 수 있는 능력을 함께 길러야 한다. 이를 위해 먼저 사회복지사는 자신이 수용하고 적용하려는 특정 이론의 유용성을 비판적으로 평가할 수 있어야 한다. 특정 이론에만 의존하여 개입활동 계획을 만들고 실천하려 한다면 오류를 범할 가능성이 높기 때문이다. 또한 그 이론이 자신의 실천적 접근방법, 즉 실천지식 및 방법론과 일치하는지를 판단하여야 한다. 클라이언트에 대한 개입조치에 그 이론을 어떻게 적용할 것인가는 그 후에 검토해야 할 것이다. 이와 같은 과정에서 사회복지사가 자신이 소속된 사회환경과 관련하여 자기 경험을 분석하거나 대중매체에서 소개되는 사례를 분석해 보는 것은 유익한 경험이 될 것이다.

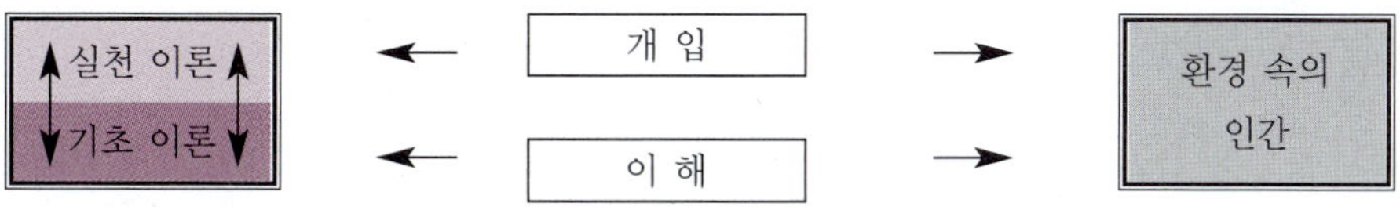


**[그림 1-1] 이론과 사회복지실천의 관계**

출처: 권중돈(2014). p. 28.

## ❷ 인간행동과 사회복지실천

사회복지를 실천하는 사회복지사는 물론 서비스의 대상이 되는 클라이언트는 사람이다. 그리고 사회복지실천의 주목적이 클라이언트가 더 나은 삶을 살도록 돕는 것이라면 인간 클라이언트의 본성, 행동, 마음에 대한 이해 없이 그 목적의 달성은 불가능하다.

인간에 대한 이해의 방법은 크게 미시적인 방법과 거시적인 방법의 두 가지로 나뉠 수 있다(김동배 · 권중돈, 2005; Zastrow & Kirst-Ashman, 2013). 미시적인 인간 이해의 방법은 생물학에서 현미경을 통해 세포의 구조와 기능을 관찰하는 것과 유사한 방법으로 인간을 이해하려 한다. 인간 자체에 초점을 두고 인간이라는 유기체가 어떤 요인들로 구성되며 어떻게 변화되는지, 각 구성 요소의 기능과 요인들 간의 상호작용 결과를 파악하는 방법이다. 주로 인간의 행동을 중심으로 인간을 이해하려는 방법이다. 대조적으로 거시적인 방법은 마치 천체망원경을 통해 우주 안의 천체를 관찰하는 것으로 비유

될 수 있다. 인간 자체보다는 인간을 둘러싸고 있는 환경과의 관계를 중심으로 인간을 이해하려 한다. 인간이 환경에 어떤 영향을 미치며 환경으로부터 어떤 영향을 받는가를 중심으로 인간을 이해하고자 한다.

본 절에서는 미시적인 방법에 따라 인간의 행동을 이해하고, 인간의 행동과 사회복지실천과의 관계는 어떠한지를 살펴보기로 한다. 이는 사회복지사로 하여금 자신과 타인에 대한 이해를 높이고 인간행동의 개선을 위한 개입 기술을 찾는 데 도움이 될 것이다(권중돈 · 김동배, 2005).

### 1) 인간행동의 개념

사회복지사는 클라이언트의 행동을 관찰함으로써 그 사람의 욕구나 문제, 변화의 정도를 파악하게 된다. 이에 인간행동을 인간이 겉으로 드러내는 말과 행동에 국한하여 생각할 수 있으나 인간의 욕구 · 감정 · 사고와 같은 내적 · 심리적 특성이 행동을 통해 드러난다는 점에 주의해야 한다. 인간행동은 인간이 보여주는 외현적 특성은 물론 사고, 기억, 감정, 동기와 같은 내현적 특성 그리고 더 넓게는 인간의 무의식적인 정신 요인들까지를 포괄하는 광의의 의미를 갖는다(강인숙 · 김지영 · 유영금 · 정인숙 · 정태근, 2006). 또한 김동배와 권중돈(2005)은 사회복지실천에서는 인간행동의 범위를 신체적 · 심리적 측면뿐만 아니라 개인이 처한 상황적 측면까지 포괄하는 개념으로 이해되어야 한다고 주장하였다.

인간행동의 개념 확장은 사회과학에서의 인간 이해의 관점이 변화되어온 것과 연관되어 있다. 19세기 후반에서 20세기 초까지의 초기 관점은 정신분석학의 영향으로 인간의 의식세계뿐만 아니라 무의식적 정신세계를 추가적으로 고려하게 되었으며, 행동주의 심리학의 영향으로 보다 객관적으로 측정 · 관찰되는 행동에 오히려 주목하게 되었다. 그러나 20세기 중반에 접어들면서 인지 이론, 인본주의 심리학과 사회체계 이론의 등장은 인간행동 이해의 관점에 큰 변화를 가져왔다. 인지 이론은 인간의 사고능력에 초점을 두고 인지의 발달과정을 통한 인간 이해의 길을 열었다. 인본주의 심리학적 입장은 인간의 자유 의지와 개인의 고유한 정신경험을 강조하였고, 사회체계 이론은 개인과 개인을 둘러싼 위계적인 체계들 간의 상호작용에 주목함으로써 인간행동의 개념과 이해의 범위는 더욱 확장되었다. 요약하면, 초기에는 겉으로 드러나는 행동, 특정 체계 안에서 개인 간의 상호작용에 한정하여 인간행동의 이해가 이루어졌지만 이론의 발달에 따라 인간의 내·외적인 행동, 다양한 체계수준의 환경과 인간 간의 관계를 포괄하는 인간행동의 이해로 변화되었다(최옥채 외, 2015).

## 2) 사회복지실천을 위한 인간행동의 내용

사회복지실천을 위해 사회복지사들이 알아야 할 인간행동에 관한 지식은 무엇일까? 앞서 소개된 인간행동의 개념에 기초할 때 〈표 1-2〉와 같은 세 가지 분야의 내용이 포함된다(강인숙 외, 2006; 김동배·권중돈, 2005).

〈표 1-2〉 사회복지실천을 위해 알아야 할 인간행동의 내용 분야

| 분야 | | 이해의 목적 | |
|---|---|---|---|
| 보편적인 인간행동 | 성격심리(성격심리학) | 인간행동의 기제 | 인간의 본성과 성향, 개인차와 영향조건과 기제에 대한 이해 |
| | 생애발달(발달심리학) | 생애에 걸친 인간행동 | 인간의 신체적, 인지적, 정의적 특징들이 생애에 걸쳐 변화하는 양상과 원인들에 대한 이해 |
| 이상행동 | 이상행동과 심리치료(임상심리학·상담심리학) | 부적응 행동과 치료 | 역기능적인 인간행동의 유형과 원인 및 그에 관한 상담과 치료에 대한 이해 |

이 책의 내용은 2부에서 인간행동의 이해를 위한 성격심리학적 이론들을 소개하며, 3부에서 생애주기별로 인간의 보편적인 행동과 이상행동의 발달을 소개하는 형식으로 구성되어 있다. 이는 사회복지실천을 위해 사회복지사가 알아야 하는 이상과 같은 세 분야에서의 인간행동 이해가 충분히 이루어지도록 의도된 것이다.

인간행동의 이해에 필요한 지식의 원천 분야별로 알아야 할 지식 내용 그리고 그 지식의 사회복지실천과의 관계를 개관하면 다음과 같다(강인숙 외, 2006; 김동배·권중

돈, 2005).

### (1) 성격심리와 사회복지실천

#### ① 성격 · 성격 이론의 의미

성격은 사람의 행동을 결정하는 가장 강력한 내적 변인이자 개인차의 발생 요건이 되므로 성격심리학 또는 성격 이론을 알아야 한다. 성격이란 사람과 사람을 구별하는 신체적 · 심리적 · 행동적인 특성들의 복합체이며(강인숙 외, 2006), 심리 · 신체적 체계인 인간의 특유한 행동과 사고를 결정하는 역동적 조직(Allport, 1961)이다. 사람이 어떻게 해서 현재와 같은 모습이나 특성을 지니게 되었는지 앞으로의 모습이나 특성은 어떠할지를 이해하기 위해서는 그 사람의 성격을 이해해야 하는 것이다. 그리고 성격 이론은 인간의 행동을 있는 그대로 기술(description)하고, 그 행동의 원인을 설명(explanation)하며 미래의 행동을 예측(prediction) 가능하게 하고, 그 행동을 바람직한 형태로 변화시키거나 통제(control)할 수 있는 방안을 내포한다(Hall & Lindzey, 1978). 성격 이론에 근거한 성격 이해는 그 사람이 왜 그렇게 행동하는지의 원인을 이해하게 하며, 앞으로의 행동변화를 예측하고 필요하다면 바람직한 행동으로 변화시킬 수 있는 방법까지 모색하게 한다.

이와 같은 성격의 기능을 정리하면 다음과 같다(권중돈, 2014).

- 개인이 부분적인 특성에 의해 비조직적으로 기능하기 보다는 조직적이고 통합적으로 기능하도록 한다.
- 개인이 인간관계나 사회생활을 형성, 유지하거나 환경의 요구에 적응할 수 있는 기초를 제공한다.
- 개인을 타인과 구별되는 독특한 존재로 규정해 준다.
- 각 개인이 자신의 본성을 이해하는 데 기반을 제공한다.

이 책의 2부에서는 인간의 성격을 설명하는 다양한 이론들 중에서 사회복지실천을 위한 기초지식으로서 영향력 있는 이론들인 정신분석 이론, 인지 및 행동 이론, 인본주의 이론을 소개하고 있다. 여기서 사회복지사가 기억해야 할 점은 성격의 형성에 영향을 주는 요인들이 다양한 만큼이나 이론가들의 주장도 다양하다는 것이다. 그러나 여러 성격 이론의 주장이나 관점, 한계를 알면 알수록 인간행동의 복잡한 요인과 관계에 대해 더 잘 설명하고 예측하며 대처할 수 있게 되므로 사회복지사는 여러 성격 이론을 통합하여 더 포괄적인 관점을 갖도록 사전준비를 해야 할 것이다.

#### 2 성격 이론과 사회복지실천의 관계

성격 이론은 클라이언트와 직접 대면하여 서비스를 제공하는 직접적 사회복지실천 방법론의 발달에 다음과 같은 많은 기여를 하였다.

① 개인을 대상으로 하는 개인적 수준의 실천방법론 발달에 가장 큰 영향을 미친 것은 정신분석 이론으로 클라이언트의 정신내적 갈등에 의한 문제해결에 도움을 주었다. 행동주의 이론, 인지 이론, 인본주의 이론은 객관적 관찰이 가능한 외적 행동, 개인의 주관적 세계나 원조관계에 대한 관심을 높여 주었다. 반면 클라이언트의 내적 · 심리적인 측면에의 강조는 개인적 수준의 실천에서 환경적 요인을 충분히 고려하지 못하게 하였다는 부정적인 영향을 미치기도 했다.

② 가족 및 집단 수준의 실천에서도 치료모형(remedial model)의 발전에 많은 영향을 미쳤다. 예로서 초기 아동기에 가족으로부터 받은 정신적 외상에 의한 문제를 해결하기 위한 가족 중심적 실천에서는 정신분석 이론에 근거하여 클라이언트의 과거문제를 재조정하려고 노력한다. 인지행동 이론은 개인의 비합리적 신념체계의 수정뿐만 아니라 사회기술훈련 집단을 대상으로 한 서비스에서도 많이 활용된다.

### (2) 생애발달과 사회복지실천

사회복지사는 왜 인간의 전 생애에 걸친 발달에 대해 이해해야 할까? 직접적인 이유는 다양한 연령대의 클라이언트를 만나기 때문이다(Zastrow & Kirst-Ashman, 2013). 사회복지사가 태아에서부터 죽음에 직면한 노인에 이르기까지 삶의 각 시기에서 클라이언트가 직면하는 문제들을 예방 · 대처하기 위한 서비스를 제대로 제공하기 위해서는 인간의 생애 변화에 대해 알고 있어야 하는 것이다.

보다 근본적인 이유는 인간의 행동이 인간을 구성하는 신체 · 심리 · 사회적 측면의 상호작용에 의해 달라질 수 있고, 그 상호작용은 인간의 전 생애에 걸쳐 변화한다는 데 있다. 예를 들어 사람은 정신적으로 충격을 받으면 혈압 상승을 비롯한 신체적 증상을 나타내며 사회적인 만남을 꺼리게 된다. 인간의 행동을 정확하게 이해하기 위해서는 신체 · 심리 · 사회적 요인이 통합되어 있는 전체로서의 인간을 이해해야 할 필요가 있는 것이다. 또한 신체 · 심리 · 사회적 요인 간의 상호작용은 수정에서 사망에 이르기까지의 성장, 성숙, 노화 과정에서 역동적으로 변화한다. 예를 들어 부모의 사망이라는 상황적 요인에 대해 아동과 성인이 각자의 신체 · 심리 · 사회적 요인 간의 상호작용 결과로 드러내는 반응은 다르다. 따라서 인간행동을 이해하려는 사회복지사는 인간의 전 생애에 걸쳐 일어나는 신체 · 심리 · 사회적 측면에서의 발달을 정확히 이해해야 하며 효과적인 업무 수행을 위해 필수적으로 알아야 한다(Maguire, 2002).

### ① 생애발달과 발달과업

발달(development)은 인간의 생명이 시작되는 수정의 순간으로부터 죽음에 이르기까지의 전 생애를 통해 연속적으로 이루어지는 변화의 양상과 과정을 의미한다(김춘경 · 문혁준 · 신유림 · 심미경 · 옥경희 · 위영희 외, 2002). 인간의 전 생애발달을 이해하기 위해서는 기본적으로 발달단계별 발달특성과 발달과업을 살펴볼 필요가 있다.

인간의 발달은 연속적인 변화의 과정이지만, 특정 기간에 따라 상이한 발달특성을 보인다. 시간의 경과에 따라 나타나는 인간의 특징적인 발달양상을 근거로 그 과정을 세분화한 것을 발달단계라고 한다(김동배 · 권중돈, 2005). 이 책에서는 발달심리학적 이론과 지식, 우리나라의 교육제도 · 법 · 사회문화적 배경을 고려하여 태내기, 신생아 및 영유아기, 아동기, 청소년기 및 청년기, 성인기, 노년기로 발달단계를 구분하고 발달단계별 발달특성을 소개하였다.

[BOX 1-2] 발달단계의 구분과 구분 근거

<table>
<tr><th colspan="2">발달단계</th><th>구분근거</th></tr>
<tr><td>태내기</td><td>( ~출생 이전)</td><td>• 수정~출산</td></tr>
<tr><td>신생아 및 영유아기</td><td>신생아기 및 영아기<br>(출생~만 2세)<br>유아기(만 3세~5세)</td><td>• 영유아의 신체, 심리적 발달의 차이<br>• 영유아보육법(만 3세~5세까지를 유아로 규정)<br>• 유아교육진흥법(만 3세~5세를 유아로 규정)</td></tr>
<tr><td>아동기</td><td>(만 6세~12세)</td><td rowspan="2">• 초등학교, 중·고등학교의 교육영향<br>• 법적 기준(민법 20세 미만, 형법 14세 미만을 미성년으로 규정/아동복지법 18세 미만을 아동으로 규정)<br>• 사회적 통념</td></tr>
<tr><td>청소년기·청년기</td><td>청소년기(만 12세~18세)<br>청년기(만 19세~30세)</td></tr>
<tr><td>성인기</td><td>성년기(만 30세 전후~39세)<br>중·장년기(만 40세~64세)</td><td>• 평균 초혼연령 남자 32.94세, 여자 30.24세(통계청, 2017)<br>• 40세부터 중년으로 보는 사회적 통념<br>• 직업역할과 부모역할에 대한 사회유전적 기대</td></tr>
<tr><td>노년기</td><td>(만 65세 이상)</td><td>• 노인복지법(65세부터 노인)</td></tr>
</table>

인간은 발달단계에 따라 자신이 살고 있는 사회에 통합되기 위해서 필요한 것을 배우는 사회화 과정을 통해 사회에서 성공적으로 기능하게 된다. 즉, 개인은 그가 속한 사회에서 살아가기 위해 발달과업(developmental task)을 배워야 한다. 발달과업은 발달하는 개인에게 사회적 압력으로 주어지며, 적절한 시기에 발달과업이 성취되지 못하면 그 후에도 성취되기 어렵고 다른 과업의 성취에도 부정적인 영향을 받게 된다(Havinghurst, 1972). 대표적인 발달단계별 발달과업을 제시하면 〈표 1-3〉과 같다(Havinghurst, 1972; Papalia, Olds, & Feldman, 1998).

**〈표 1-3〉 발달단계별 발달과업**

| 발달단계 | 발달과업 | |
|---|---|---|
| 신생아 및 영유아기 | • 보행 학습<br>• 고형분 음식의 섭취 학습<br>• 언어 학습<br>• 배설통제 학습<br>• 성차 인식 | • 생리적 안정 유지<br>• 환경에 대한 단순개념 형성<br>• 타인과의 정서적 관계 형성 학습<br>• 양심의 발달 |
| 아동기 | • 놀이에 필요한 신체 기술 학습<br>• 자신에 대한 건전한 태도형성<br>• 또래 친구 사귀는 법 학습<br>• 성역할 학습 | • 기본학습기술(3R)의 습득<br>• 일상생활에 필요한 개념 학습<br>• 양심, 도덕, 가치체계의 발달<br>• 사회집단과 제도에의 태도발달 |
| 청소년기 · 청년기 | • 자신의 신체 및 성역할 수용<br>• 동성 또는 이성친구와의 새로운 관계 형성<br>• 부모와 다른 성인으로부터 정서적 독립<br>• 경제적 독립의 필요성 인식<br>• 직업 선택 및 준비 | • 유능한 시민으로서의 기본적인 지적 기능과 개념 획득<br>• 사회적 책임에 맞는 행동<br>• 결혼과 가정생활 준비<br>• 과학적 세계관에 근거한 가치체계의 발달 |
| 성년기 | • 배우자 선택<br>• 배우자와의 생활방법 학습<br>• 가정 형성 | • 자녀양육과 가정관리<br>• 시민으로서의 의무 완수<br>• 친밀한 사회적 집단 형성 |
| 중 · 장년기 | • 사회적 의무의 완수<br>• 경제적 표준생활 확립과 유지<br>• 10대 자녀의 훈육과 선도<br>• 적절한 여가 활용 | • 배우자와의 친밀한 관계 유지<br>• 중년기의 생리적 변화 인정 및 적응<br>• 노년기 부모에의 적응 |
| 노년기 | • 신체적 건강 쇠퇴에의 적응<br>• 은퇴와 수입 감소에의 적응<br>• 배우자의 사망에 대한 적응 | • 동년배와의 유대관계 재형성<br>• 사회적 시민의 의무 수행<br>• 생활에 적합한 물리적 환경의 조성 |

출처 : 권중돈(2014). p.37. 정옥분(2004). p. 24-25.

#### ② 인간발달과 사회복지실천의 관계

인간발달 이론은 사회복지실천의 기본적 토대를 제공하며 발전에 기여한다(Greene & Ephross, 1991). 특히 인간발달 이론은 사회복지실천의 과정에서 초기 단계, 즉 문제 상황을 조사하고 사정하는 단계에서 중요한 역할을 한다(Johnson & Yanca, 2001). 그 역할을 구체적으로 요약하면 다음과 같다.

- 생활주기를 순서대로 정리할 수 있는 준거 틀을 제공해 준다.
- 임신에서부터 사망에 이르기까지의 각 단계에서 수행해야 할 발달과업이 무엇인지를 제시해 준다.
- 전 생애에 걸쳐 일어나는 안정성과 변화의 과정을 설명할 수 있다.
- 생활전이(life transition)에 따른 안정성과 변화를 파악할 수 있다.
- 특정 발달단계에서 특징적으로 나타나는 발달적 요인을 설명해 준다.
- 발달을 구성하는 다양한 신체 · 심리 · 사회적 요인을 파악할 수 있다.
- 이전 단계의 결과가 다음 생활단계에 미치는 영향을 파악할 수 있다.
- 이전 단계의 결과에 의해서 형성된 각 단계에서의 성공과 실패를 설명할 수 있다.
- 개인적인 발달상의 차이를 파악할 수 있다.
- 사회적 기능과 적응수준의 평가기준을 제시해 준다.

따라서 인간발달 이론은 사회복지사가 사회복지실천의 과정에서 개입 내용을 결정하는 데 있어 기초를 제공하며, 나아가 각 연령대에서 고려되어야 할 사회문제를 보는 안목을 갖도록 한다. 또한 각 발달단계에 속한 개인의 복리를 증진하는 프로그램, 제도, 정책을 개발하도록 안내한다.

### (3) 이상행동과 사회복지실천

#### ① 이상행동의 의미

인간행동에 대한 이해가 필수적으로 요구되는 사회복지사에게 있어 이상에서 살펴본 성격 이론과 인간발달 이론에 근거한 보편적으로 혹은 정상적으로 발달하는 인간의 행동 이해만으로는 충분하지 않다. 사회복지사는 심신의 발달이 정상적이거나 건강한 사람들만 만나는 것이 아니다. 부적응적이고 비정상적인 행동을 하며 타인 또는 심지어

〈표 1-4〉 인간발달의 단계별 관련 사회복지 분야

| 구분 | | | | 인간발달단계 | | | | | |
|---|---|---|---|---|---|---|---|---|---|
| | | | | 영유아기 | 아동기 | 청소년기 | 성인기 | 중 · 장년기 | 노년기 |
| 사회복지분야 | 사회보장 | 공적부조 | 국민기초생활보장 | ■ | ■ | ■ | ■ | ■ | ■ |
| | | | 의료급여 | ■ | ■ | ■ | ■ | ■ | ■ |
| | | 사회보험 | 연금보험 | | | | ■ | ■ | ■ |
| | | | 산재보험 | | | | ■ | ■ | |
| | | | 고용보험 | | | | ■ | ■ | |
| | 사회복지서비스 | | 영유아보육 | ■ | | | | | |
| | | | 아동복지 | | ■ | | | | |
| | | | 청소년복지 | | | ■ | | | |
| | | | 여성복지 | | | | ■ | ■ | ■ |
| | | | 노인복지 | | | | | | ■ |
| | | | 산업복지 | | | | ■ | ■ | |
| | | | (정신)의료사회복지 | ■ | ■ | ■ | ■ | ■ | ■ |
| | | | 학교사회복지 | | ■ | ■ | | | |
| | | | 교정복지 | | | ■ | ■ | ■ | ■ |
| | | | 장애인복지 | ■ | ■ | ■ | ■ | ■ | ■ |
| | | | 가족복지 | ■ | ■ | ■ | ■ | ■ | ■ |
| 관련분야 | | | 보건의료정책 | ■ | ■ | ■ | ■ | ■ | ■ |
| | | | 고용정책 | | | | ■ | ■ | ■ |
| | | | 교육정책 | ■ | ■ | ■ | ■ | | |
| | | | 주택 · 교통정책 | ■ | ■ | ■ | ■ | ■ | ■ |
| | | | 환경정책 | ■ | ■ | ■ | ■ | ■ | ■ |

주 : ■는 각 발달단계와 특히 밀접한 관련성을 지니고 있음을 의미함.

출처 : 권중돈(2014). p.40.

자신에게도 피해를 주는 사람을 대상으로 도와주어야 하는 경우가 많기 때문이다.

이상행동(abnormal behavior) 또는 부적응 행동(maladaptive behavior)은 인지, 정서, 동기, 행동, 생리적 측면에서 개인의 부적응을 초래하는 특성을 포함한다. 구체적으로는 다음과 같은 행동들이 해당된다(권석만, 2003; 김경희, 2007).

① 사회문화적 규범에서 벗어나는 행동
② 이상적(理想的) 인간행동 유형에서 벗어나는 행동
③ 통계적으로 보통 사람의 평균적 특성에서 벗어나는 행동
④ 환경의 요구에 순응하거나 환경을 변화시키는 적응능력을 저하시키는 행동
⑤ 개인에게 불편감, 고통, 심리적 갈등을 유발하여 정상적인 발전을 방해하는 행동

### 2 이상행동과 사회복지실천의 관계

인간의 이상행동 또는 부적응 행동을 이해하는 것은 사회복지실천의 과정에서 클라이언트의 행동변화를 통해 사회적 기능이나 능력을 향상시키는 데 있어 중요한 기초지식이 된다. 사회복지사가 역할을 수행할 때 이상행동에 대한 이해는 다음과 같은 측면에서 유용하다(강인숙 외, 2006; Turner, 1996).

① 심리적 장애나 일탈에 관련된 이론적 지식은 클라이언트의 이상행동에 대한 올바른 진단과 평가를 내리는 데 도움을 준다.
② 클라이언트의 행동에 대한 진단 내용에 따라 적합한 전문가, 인적 · 물적 자원, 서비스를 구성하고 제공할 수 있도록 하며, 이상행동별로 적합한 개입방법과 프로그램을 모색하게 한다.
③ 사회복지사가 이상행동의 치료책임자 또는 치료전문가를 돕는 보조자로서 역할을 할 때 유용하다. 클라이언트에게 영향을 미칠 수 있는 유해환경이나 방해 조건들을 제거 · 예방하며, 그들의 적응력을 높일 때 이상행동에 관한 지식이 필요하다.
④ 클라이언트의 가족을 대상으로 클라이언트의 이상행동에 대해 교육하여 스스로 문제를 해결할 수 있도록 지원하는 데 도움이 되며, 클라이언트에 대한 가족의 관심과 노력을 활성화시키는 데 유익하다.
⑤ 지역사회, 국가 차원에서 이상행동과 문제행동에 대한 관심을 높이고 지원의 필요성을 홍보할 때 근거 지식을 제공한다.

## ❸ 사회환경과 사회복지실천

### 1) 사회환경의 개념과 범주

인간의 행동을 결정하는 환경은 사회과학의 발전과정에서 다각적으로 이해되어 왔다(강인숙 외, 2006; 최옥채 외, 2015). 19세기 말 Durkheim 등의 사회학자들에 의해 인간의 행동에 영향을 미치는 환경은 외부환경과 내부환경으로 나뉘어 고려되었다. 외부환경은 자연환경을, 내부환경은 사회환경을 의미하였는데, 이는 사회환경을 가족, 집단, 조직, 지역사회와 같이 인간이 구성원이 되어 만들어진 환경으로 제한하였음을 시사한다. 그러나 인간으로 구성된 각 집합체는 독립적으로 존재한다고 보았으므로 사회환경의 체계수준을 고려하지 않았고 각 환경체계 속에서 일어나는 구성원 간의 교류에만 주목하였다.

20세기 중반 일반체계 이론(general system theory)(Bertalanffy, 1968)의 등장을 계기로 주목받게 된 체계 이론을 바탕으로 사회환경의 개념은 확장되었다(김동배 · 권중돈, 2005). 체계는 독특한 방식으로 상호작용하고 지속적으로 존재하는 구성 요소를 포함하는 조직화된 전체이다(김동배 · 권중돈, 2005). 체계의 수준은 인간의 정신기능을 만들어내기 위해 상호작용하는 뇌세포들의 조직에서부터 우주를 구성하는 행성들 간의 상호작용 유형에 이르기까지 매우 다양하며, 하나의 체계는 다른 체계의 하위체계인 동시에 또 다른 체계의 상위체계로 연결되어 있으면서 서로 영향을 주고받는다는 점이 강조되었다. 따라서 사회환경의 개념은 인간이 구성원이 되는 환경 이상의 것으로 확대되었다.

체계 이론을 비롯한 다양한 이론들에 근거한 생태학적 이론(Bronfenbrenner, 1979)은 적응적 · 진화적 관점에서 인간을 환경의 모든 요소와 지속적인 상호교환을 하는 존재로 보았으므로 환경은 인간과 분리하여 고려될 수 없다고 가정한다. 그리고 생태학적 이론에서는 사회적 환경과 물리적 환경이 층(layer)을 이루고, 그 여러 층들이 모여 다른 환경체계를 구성하되, 그 체계들은 공간과 시간에 따라 달리 조직된다고 보았다. 환경을 이렇게 설명하는 것은 환경 그 자체보다는 인간의 문제가 환경과 개인의 생활이 어떤 식으로 연결되어 생기는가에 관심을 두고 있기 때문에 환경의 개념과 개인의 문제를 함께 설명하기 위해서이다. 예를 들어 남편의 직장 이동으로 인해 낯선 서울로 이사를 간 가족이 있다면, 이 가족의 물리적 환경, 즉 기후, 주거지 같은 환경뿐만 아니라 이웃과의 관계나 생활양식과 같은 사회적 환경까지도 변화되어야 한다. 이사가 이 가족구성원들에게는 스트레스적 사건으로 이해된다는 것을 알 수 있다(강인숙 외, 2006). 따라서 생태학적 이론에서의 생태환경의 개념은 환경의 다면적 측면과 아울러 환경과 인간 간의 유기적 관계에 대해 주목하는 것이 중요하다는 것을 보여주었다.

이상과 같은 환경 또는 사회환경 개념의 변화에 비추어 오늘날의 사회복지실천에서 환경 속의 인간을 이해하기 위해 필수적으로 이해해야 하는 환경은 구체적으로 어떤 범주로 나누어지고 있을까? 환경의 범주는 〈표 1-5〉와 같이 구분 · 설명될 수 있다(김동배 · 권중돈, 2005; Zastrow & Kirst-Ashman, 2013) .

**〈표 1-5〉 환경의 범주와 정의(예)**

| 범주 | 하위범주 | 정의(예) |
|---|---|---|
| 물리적 환경 (physical environment) | 자연적 환경(natural world) | 지리학적 조건(기후, 지형) |
| | 인위적 환경(built world) | 자연환경 내에 인간이 만든 구조나 대상(건축물, 교통체계) |
| 사회환경 (social environment) | 미시범위체계(microsystem) | 신체, 심리, 사회적 체계의 통합체인 개별 인간 |
| | 중간범위체계(mesosystem) | 가족, 직장, 집단, 이웃 등을 포함하는 소집단 |
| | 거시범위체계(macrosystem) | 소집단보다 큰 체계로서 개인의 문제와 삶에 영향을 미치는 사회, 정치, 역사, 경제, 문화 등 |

출처 : 김동배· 권중돈(2005), Zastrow & Kirst-Ashman(2013).

물리적 환경과 사회환경은 상호 독립적인 체계가 아니라 상호 영향을 미치는 하나의 통합된 체계로서 인간의 행동에 직 · 간접적으로 영향을 미치거나 영향을 받는다. 두 환경 간의 이러한 연관성을 고려하여 생태학적 관점에서는 두 환경을 생태체계(ecological system)라는 용어로 통칭하기도 한다(Bronfenbrenner, 1989). 따라서 사회복지실천의 영역에서 사회복지사는 사회환경과 물리적 환경, 그리고 두 환경 간의 상호작용 모두를 포함하는 생태체계를 이해해야 한다. 이에 사회복지 교육과정의 『인간행동과 사회환경』이라는 교과목의 명칭에서 사용되는 사회환경이라는 용어는 생태체계와 동의어라 할 수 있다(김동배 · 권중돈, 2005).

이와 같은 사회환경의 개념에 근거하여, 이 책의 4부에서는 다양한 체계로서의 환경에 대한 이해를 돕기 위한 이론들과 각 체계에 대한 소개를 다루고 있다.

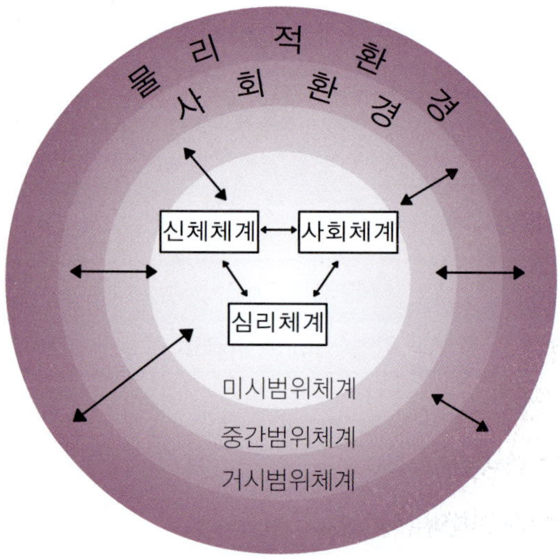


출처 : 김동배· 권중돈(2005), Zastrow & Kirst-Ashman(2013).

**[그림 1-2] 인간과 환경과의 관계**

## 2) 사회환경과 사회복지실천의 관계

인간의 행동을 이해하는 방법은 미시적인 방법과 거시적인 방법이 있고, 미시적인 방법에 의한 인간의 이해에 관해서는 이미 다룬 바 있다. 거시적 측면에서의 인간 이해는 인간의 생존과 번영이 환경과의 상호작용의 질, 즉 환경의 요구에 얼마나 잘 순응하고 개인의 요구에 맞게 환경을 얼마나 적절하게 변화시킬 수 있는가에 의해 결정된다는 점에서 중요하다. 따라서 우리가 '인간' 이라고 지칭할 때 편의상 그 앞에 '환경 속의' 라는 용어가 생략된 것으로 보는 것이 타당하며(김동배 · 권중돈, 2005), 사회환경은 인간행동의 이해를 위해 필수적으로 이해되어야 하는 요인이다.

사회환경은 사회복지사의 자원 동원과 관련해서도 중요한 요인이다. 즉, 클라이언트의 삶과 사회복지사의 활동이 사회환경 속에서 이루어지기 때문에 사회복지사에게는 사회환경의 이해가 요구된다. 물론 여기서의 사회환경은 인간 삶의 전 영역에 영향을 미치는 물리적 환경과 사회환경, 이들 간의 상호작용 모두를 포함하는 생태체계 또는 환경체계를 의미한다.

사회복지실천에서 생태체계로서의 사회환경이 일찍부터 주목받은 것은 아니었다. 일반체계 이론과 생태학적 이론이 사회복지실천에 도입되기 전 사회복지실천은 주로 개인의 정신내적 변화를 일으키는 치료에 초점을 두는 의료적 관점에서 그 접근이 이루어졌었다. 그러나 생태학적 관점의 등장은 인간행동의 이해와 효과적인 개입을 위해서는 심리학적인 접근 외에 사회체계적 접근이 중요하다는 인식을 심어주며 개인과 환경 간의 역기능적 상호작용이나 연쇄적인 영향과정을 변화시키는 데 치료적 초점을 두게 하였다. 따라서 인간-환경의 복합체에 대한 이중적 초점이 회복되고, 개인과 사회환경 간의 새로운 관계, 즉 분리되었던 개인과 환경을 새로 융합할 수 있는 이론적 기반이 구축됨으로써 이후 사회복지실천 영역은 변화를 맞게 되었다. 새로이 정립된 사회환경과 사회복지실천의 관계를 살펴보면 다음과 같다(김동배 · 권중돈, 2005).

첫째, 인간이 상호작용하는 다양한 수준의 체계를 동시에 고려하게 되면서 사회복지실천의 사정과 개입의 영역이 확대되었다. 개입이 필요한 클라이언트의 문제는 상호의존적 · 상호작용적인 체계들과 얽힌 상태에서 발생한다는 점에서 인간과 환경은 하나의 총체로 간주된다. 따라서 사회복지실천에서의 사정과 개입은 클라이언트에 국한하지 않고 관련 체계의 영향력까지도 분석대상으로 포함하게 된 것이다. 예를 들어 가출 청소년이나 미혼모, 노숙자의 문제를 해결하고자 개입할 때 사회복지사는 클라이언트의 개인적인 행동에 관심을 둘 뿐만 아니라 그의 가족관계, 친구관계, 이웃이나 지역사회 내에서의 특정 개인이나 집단, 기관과의 관계를 함께 파악하고 사정하는 것이다(강인숙 외, 2006).

생태학적 관점에서의 사회복지실천은 개인과 환경 간의 적합성과 상호교환 그리고 교환을 지지 또는 방해하는 힘과 같은 통합적인 실천지식을 제공해 준다. 이에 사회복지사는 클라이언트의 정신내적 생활과 환경적 조건을 개선하는 데 목적을 두는 서비스를 통합적으로 제공할 수 있게 된다(김동배 · 권중돈, 2005). 현대의 개별 사회사업 실천에서 널리 활용되는 생활모델(life model)(Germain & Gitterman, 1980), 즉 개인의 욕구와 능력이 환경자원과 일치하지 않을 때 생활문제가 발생한다고 보고 개입하는 모델을 대표적인 예로 들 수 있다.

둘째, 개인이 서비스를 필요로 할 때 생활공간에서 언제든지 서비스를 받을 수 있는 기반을 제공하게 되었다. 사회복지사는 클라이언트가 자신이 속한 환경에서 타인들과 성공적으로 상호작용하지 못하거나 자신의 역량을 최대한으로 활용할 수 없는 생활상의 문제에 관심을 갖는다. 이에 사회복지실천 과정에서 클라이언트에게 어려움을 유발하는 개인, 가족, 지역사회 또는 하위문화가 갖는 문제 상황들을 보다 적응적으로 재구조화하려 노력한다. 개인의 적응뿐만 아니라 각 환경체계에서 일상적인 사회관계망의 기능을 강화하려는 노력은 클라이언트가 자신의 생활공간에서 충실한 서비스를 받을 수 있도록 한다.

Part 2

# 인간행동의 이해를 위한 주요 이론

인간발달에 관한 지식은 사회복지를 실천하는 데 필수적으로 갖추어야 하는 기초 지식이라고 볼 수 있다. 이에 2부 '인간행동의 이해를 위한 주요 이론'에서는 인간발달과 행동을 설명하는 여러 이론들을 다룬다. 2장은 무의식에 저장된 유년기 경험의 기억들이 일생을 통하여 개인의 행동에 지속적으로 영향을 준다는 정신분석 이론을 소개한다. 3장은 사고능력에 초점을 둔 인지 이론과 생물학적 요인보다는 환경적 요인을 더 강조하고 학습경험이 인간발달에서 변화의 근원이라고 믿는 행동주의 이론을 설명한다. 4장은 인간에게 자유의지가 있다고 믿으며 건강한 인격의 발전과 인간경험의 긍정적인 면에 중점을 둔 인본주의 이론을 제시한다. 각 이론마다 주요 학자들의 생애, 이론의 주요 개념과 내용을 살펴보고 사회복지실천에 대한 적용방안을 알아본다.

2

Chapter

# 정신분석 이론

정신분석 이론은 19세기 말에 Sigmund Freud에 의해 창안된 것으로서 직접·간접적으로 대부분의 성격 이론이나 심리치료 이론들에 영향을 미쳤다고 할 만큼 중요한 이론이다. 정신분석 이론은 Freud가 창시한 당시에도 사회문화적으로 대단한 파장을 일으켰지만, 오늘날에도 무의식에 대한 인식 등 인간 이해의 폭을 넓히는 데 상당한 기여를 하고 있다고 평가받고 있다.

정신분석 이론은 Freud를 중심으로 하는 고전적 정신분석학파와 Freud의 이론에서 출발했지만 유아성욕의 강조 등 기본 전제에 반발하여 고전적 정신분석 이론을 변형·발전시킨 신정신분석 이론으로 나눌 수 있다. Freud는 인간의 무의식적 동기와 부모로부터 받은 초기 경험의 중요성을 무엇보다 강조하는 반면에, Erikson은 인간발달의 사회적 맥락을 강조하면서 8단계의 전생애접근을 시도하였다.

## ❶ Sigmund Freud : 심리성적 이론

### 1) 생애

'정신분석학의 아버지' 라고 불리는 Freud(1856-1939)는 체코슬로바키아의 모라비아에서 가난한 가정의 7남매 중 장남으로 태어났다. 그가 태어났을 때, 그의 아버지는 41세로서 전처소생의 두 아들을 두고 있었고 할아버지가 되어 있었다. Freud는 4세에 가족과 함께 비엔나로 이주하였으며 나치의 박해를 피해 1938년 영국으로 옮겨갈 때까지 비엔나에서 주로 생활하였다. 어릴 때부터 Freud는 매우 우수한 학생이었고 가난했지만, 그의 부모는 Freud에 대한 지원을 아끼지 않았다. Freud는 독일어, 불어, 스페인어, 영어, 이태리어 등 다양한 외국어에 상당한 조예가 있었으며 문학에도 재능을 보였다.

Freud는 위대한 장군이나 관리가 되는 꿈을 가졌으나 유태인이었기 때문에 의학과 법학을 제외한 다른 직업은 가질 수 없었으므로 의학을 전공하기로 결심했다. 그는 1873년 비엔나 의학부에 입학하였고 1881년에 의학박사 학위를 받았으며 신경과 의사로 활동하기 시작하였다. 1885년은 Freud에게 하나의 전환점이 되었는데, 신경의학자인 Jean Charcot와 함께 최면술에 관한 연구를 하였다. 1886년 Freud는 결혼하여 6명의 자녀를 두었는데, 이 중에서 막내딸인 Anna Freud는 후에 정신분석학의 발전에 커다란 기여를 하였다. 이때 Freud는 신경성질환을 전문으로 다루는 개인병원을 열었다. 또한 그는 카타르시스를 통해 불안을 제거하는 연구를 Josef Breuer와 공동으로 수행하였고 『히스테리에 관한 연구』라는 책을 공동으로 저술하였다.

Freud가 활동했던 시대는 물리학과 생물학의 발전기였고 자연철학운동과 물리주의라는 철학이 매우 우세하였다. 그러한 학문들은 Freud의 사상에 중요한 영향을 미쳤는데, 다윈의 진화론은 인간의 마음에 대해 연구할 수 있도록 동기를 부여해 주었다. 자연철학운동은 철학적이고 신학적인 관점에서 세상을 보는 것으로서 세상은 자체적으로 거대한 에너지를 가진 체계이고 내적인 에너지를 끊임없이 발생시키고 다른 내적 에너지들과 충돌을 일으킨다는 가정을 세웠다. 이러한 철학은 인간의 심리적 세계 내의 갈등이라는 개념을 가져오게 하였다. 한편 물리주의는 에너지보존의 법칙에 근거하고 있는데, Freud는 인간의 동기가 무의식적인 에너지원에 의해 지배된다는 생각을 갖게 되었다. 이러한 시대적 배경을 바탕으로 Freud는 자신의 이론을 발전시켰다.

Freud는 『꿈의 분석』(1900)을 저술하여 정신분석학 이론의 기초를 형성하였는데, 자신의 꿈, 기억, 어린 시절 등을 분석하면서 아동기 성욕 이론에 확신을 갖고 오이디푸스 콤플렉스를 주장하였다. Freud는 그의 이론에 관심을 보이는 젊은 학자들과 매주 토론을 이끌어갔는데, 이 모임을 토대로 1902년에는 비엔나 정신분석학회가 창립되었다. 제1차 세계대전을 겪으면서 Freud는 정신병학의 다양성을 깨닫게 되었고 후두암에 걸려 33번의 수술을 받으면서도 『정신분석학 입문』(1920), 『자아와 이드』(1923), 『신정신분석학 입문』(1933) 등 많은 저서를 남겼다. Freud의 이론은 무의식 속에 잠재된 생각이나 욕망을 자유연상(free association)과 꿈의 해석, 아동기 경험, 가족관계 분석이라는 기법을 사용하여 분석하였고 인간의 원초적 심성에 대한 이해를 넓혔다는 평가를 받는다.

## 2) 주요 개념과 이론

### (1) 인간관

Freud는 인간을 하나의 유기체로서 복잡한 에너지의 체계라고 보았는데, 신체적 에너지와 심리적 에너지를 갖고 있다고 하였다. 인간이 생각하고 기억하고 사고하는 모든 행위는 심리적 에너지를 사용하게 되는데, 심리적 에너지는 모두 본능, 즉 리비도(libido)에서 나온다고 보았다. 생명의 본능 에너지인 리비도는 생존하고 번식하려는 욕구를 의미하며 성적 에너지라고 볼 수 있기 때문에 인간은 성적 에너지에 의해 지배되는 존재이다. 인간이 갖고 있는 또 다른 본능은 죽음의 본능인데, 이것은 공격성의 형태로 출현한다.

본능이 자리 잡고 있는 곳은 원초아인데, 원초아의 욕구를 충족시키지 못하면, 이것이 정신적 외상이 되어 무의식 속에 억압되어 있다가 후에 불안 등 문제행동으로 나타나게 된다. 이러한 견해는 인간을 과거의 경험, 특히 초기 경험에 의해 지배되는 수동적인 존재로 보는 것이며 과거를 돌이킬 수 없다는 점에서 비관론적이고 결정론적인 입장을 취한다고 볼 수 있다.

### (2) 성격의 구조

Freud는 마음을 정신적인 지도로 표기하여 사고나 공상과 같은 정신적 사건을 의식하는 수준이 서로 다르다고 설명하면서 지형학적인 모형으로 성격의 구조를 제시하였다. 즉, 인간의 정신세계를 빙산으로 비유하였는데, 수면위에 떠있는 작은 부분을 의식, 물속에 잠긴 커다란 부분을 무의식, 파도에 의해 수면 위로 잠겼다 드러나는 부분을 전의식으로 설명하였다(그림 2-1). Freud에 따르면, 성격의 구조는 의식과 전의식, 무의식의 세 수준으로 구분될 수 있다.

의식은 어떤 순간에 우리가 알거나 느낄 수 있는 모든 경험과 감각을 포함하는 수준인데, 정신생활의 작고 제한된 일부분만이 의식 수준에 포함된다고 하였다. 즉, 우리가 어떤 사물을 쳐다보는 경험을 하였더라도 대부분의 경험은 잠시동안만 지각될 뿐 주의를 다른 곳으로 바꿈과 동시에 전의식이나 무의식으로 사라져 버리게 된다는 것이다. 전의식은 지금은 의식되지 않지만 조금만 노력하면 의식될 수 있는 수준의 것으로서 친구의 전화번호, 지난여름에 보았던 영화 등과 같은 것이다. 전의식은 의식과 무의식을 연결해주는 것으로서 무의식의 내용이 전의식으로 나오고, 그후에 의식으로 나올 수 있다고 하였다. 무의식은 인간 정신세계의 가장 깊고 중요한 부분으로서 의식되지는 않지만 사람들의 행동을 주로 결정하는 것이고 꿈이나 환상 등에서 탐지할 수 있다.

Freud는 성격을 빙산에 비유하여 설명하기도 하였는데, 물 위에 떠있는 부분이 의식이고, 물밑의 거대한 부분이 무의식이며, 파도에 의해 물 표면으로 나타나기도 하고 잠기기도 하는 부분이 전의식이라고 설명하였다(그림 2-1).

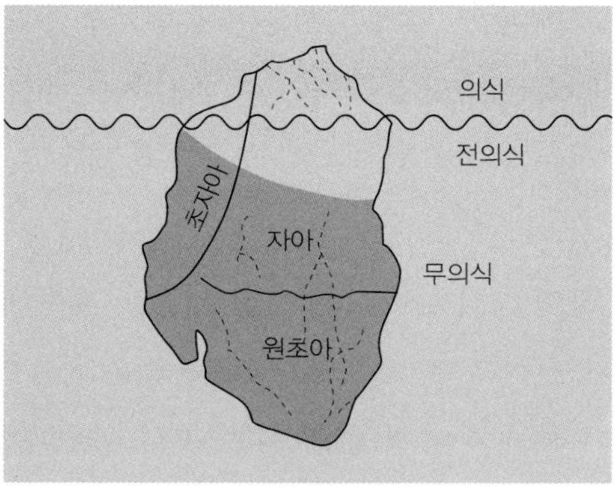


출처: 정옥분(2004b). p. 53

**[그림 2-1] 성격의 구조**

한편 Freud는 1920년대에 정신생활의 개념모형을 수정하였으며, 성격구조에 원초아(id), 자아(ego), 초자아(superego)라는 3개의 기본 구조를 제시하였다. 이러한 가설적인 성격구조들은 [그림 2-2]에 나타나 있는데, 원초아는 무의식이며 자아나 초자아는 의

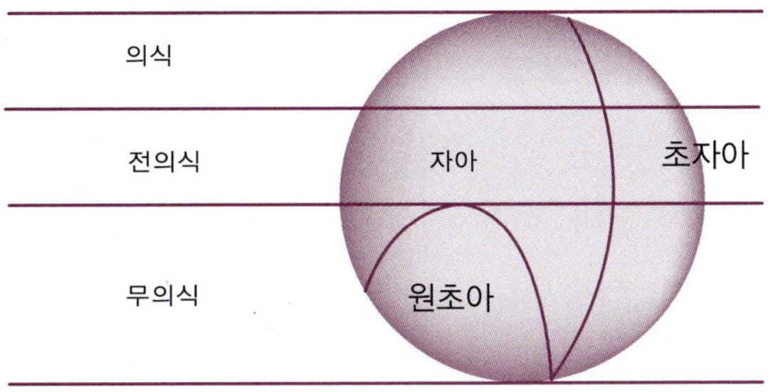


**[그림 2-2] 성격의 구조적 모형과 위상학적 모형의 통합**

식과 전의식, 무의식을 모두 포함하는 것으로 표현된다.

무의식은 세 가지 성격구조를 모두 포함하지만 주로 원초아로 구성되어 있다. 원초아의 'id' 라는 단어는 라틴어의 'it' 에서 유래하였으며, 본능에 따라 움직이는 일차적 원리로 정의된다. 생물학적 충동(특히 성욕과 공격성)은 이를 억압할 시 성격체제에 긴장을 가져오고 원초아는 즉각적으로 충동을 만족시키려는 쾌락원리를 따르게 된다. 원초아의 두 기제는 재채기나 눈 깜박임과 같은 반사작용과 1차 과정(primary process)으로서 1차 과정은 자신의 기본적인 욕구를 만족시켜 준 적이 있는 대상(예 아이스크림, 피자)을 떠올림으로써 긴장을 감소시키는 전논리적인 것이고 현실과 비현실의 구분이 없으며 유아기적인 것이다. 따라서 원초아는 비이성적이고 무의식적이며 이기적인 본능으로서 태어날 때부터 존재하는데, 아기가 젖을 찾는 행동과 같이 즉각적인 만족을 추구하는 행위이다. 그러나 유아는 성장함에 따라 배고픔에 대한 본능이 항상 즉각적으로 만족될 수는 없다는 것을 경험하게 되고, 이러한 경험을 통해 자아가 발달하게 된다.

자아는 생후 1~2세경에 출현하는 데 외부현실과 초자아의 제한을 고려하여 충동을 억제하고 현실원리에 따르도록 하는 것으로서 상당한 양의 긴장을 참을 수 있으며 지능이 자리하는 곳으로서 2차 과정(secondary process)을 담당한다. 즉, 자아는 현실판단을 통해 본능적인 욕구를 충족시키는 가장 현실적인 해결방법을 찾아내려고 한다.

한편 초자아는 생후 3~4년이 되면서 발달되는 체계로서 사회규범과 행동기준이 내면화된 형태를 나타내기 때문에 도덕원리를 따르게 된다. 인간은 초자아를 가지고 태어나는 것이 아니고 부모나 교사와의 상호작용을 통해 초자아를 내면화하게 되는데, Freud는 초자아를 ① 부모의 처벌을 통해 형성되는 양심(conscience)과 ② 자신의 잘한 행동에 대해 자부심을 느끼는 자아 이상(ego ideal)으로 나누었다. 양심은 부모가 느끼는 도덕적인 악이 무엇인지 아동이 알고, 그 악의 개념을 형성하는 것으로서 벌을 받음으로써 형성된다. 자아 이상은 부모의 도덕적인 선이 무엇인가를 아동이 알게 될 때 형성되는 선에 대한 개념과 관련이 된다. 아동이 부모의 선의 기준에 따라 행동한다면 부모는 아동에게 보상을 줄 것이고, 계속되는 보상을 통해 아동은 자신의 이상을 형성하게 된다.

### (3) 주요개념

#### ① 불안

Freud는 불안을 반격하거나 피해야 하는 절박한 위험을 알려주는 자아의 기능이라고 하였다. 인간의 최초 불안은 출생 외상(birth trauma)으로서 신생아가 새로운 세계를 조절할 수 있는 능력이 없기 때문에 절박한 위기감을 느끼게 된다고 주장하였다.

불안은 다음과 같은 세 유형으로 구분될 수 있다 .

가. 현실불안

현실적인 위협(시험, 실직, 지진 등)에 대한 두려움으로 위협의 원인이 사라지면 감소한다. 실제 외부의 생활로부터 오는 불안으로 불안의 정도는 실제 위험에 대한 두려움의 정도와 비례한다.

나. 신경증적 불안

원초아의 본능적 충동을 자아가 조절할 수 없을 것이라는 두려움이 신경증적 불안의 원인이 된다. 예로 성적 또는 공격적 충동을 충족시키려 하다가 부모나 사회적 대리자들로부터 처벌될 수 있다는 두려움을 갖게 되면 자신의 충동을 억제하게 되고, 이때 해결되지 못한 충동이 무의식 속에 남아 신경증적 불안을 가져올 수 있다.

다. 도덕적 불안

원초아가 비도덕적인 충동을 생각하거나 행동으로 표현하려고 할 때 초자아는 수치와 죄책감을 느끼게 한다. 아동기의 도덕적 불안은 초자아의 도덕적 요구를 어기는 어떤 일을 했을 경우 부모로부터 처벌을 받을 것이라는 두려움에서 나타난다. 도덕적 불안은 자신의 행동이 도덕적 기준에서 위배된 생각이나 행동을 했을 때 생기는 불안이라고 할 수 있다.

### ② 방어기제

일반적으로 본능적인 충동을 충족시키려는 원초아와 이를 억제하려는 초자아 간에 긴장이 발생하게 되면 자아가 중재역할을 하게 된다. 이때 자아가 제대로 중재를 하지 못하면 갈등을 느끼게 되는데, 이때 느끼게 되는 불안으로부터 자신을 보호하기 위해 방어기제를 사용하게 된다(Box 2-1). 방어기제는 미약하거나 일시적으로 사용할 수도 있고 심각하고 장기간에 걸쳐 나타날 수 있는데, 무분별하거나 충동적으로 사용할 때는 병리적이 된다. 현실적인 대처방식을 회피하는 경우 상황이 악화될수록 더욱 심하게 방어기제를 사용하게 된다. 따라서 정신분석적 치료에서 내담자를 이해하는 초기 방법 중의 하나가 내담자의 방어기제를 파악하는 것이다.

병리적인 방어기제로는 다음의 세 가지 유형이 있다.

#### 가. 정신병적 방어기제

무엇이 현실이고, 무엇이 상상에 의한 것인지를 구분하는 현실감별능력이 손상된 사람들에게서 나타나는 기제로 왜곡, 상징화, 망상적인 투사 등이 있다.

#### 나. 미성숙한 방어기제

청소년기까지 흔히 나타나는 유형의 방어기제로서 투사, 환상, 우울증, 소극적 공격성, 과격한 행동 등이 있다.

#### 다. 신경증적 방어기제

불편한 생각이나 느낌, 무엇인가를 해야 한다는 생각에 저항하는 방어로 일차적 이익을 얻으려 하고, 그 결과 조성된 환경이라는 이차적 이익을 얻으려 한다. 성적에 대한 불안 때문에 시험날 학교 공포증을 나타내면(일차적 이익 : 불안 감소), 그 결과로 학교에 가지 않게 된다(이차적 이익). 신경증적 방어기제로는 억압, 반동형성, 격리, 취소, 자기 적대, 전위 등이 있다.

**[Box 2-1] 방어기제**

① 억압(repression) : 가장 기본적인 방어기제이다. 흔히 선택적 망각이라고도 하는데, 무의식적인 성적, 공격적 충동의 표현을 완전히 억압하여 불안을 유발하는 갈등을 스스로 의식하지 못할 뿐만 아니라 정서적으로 충격을 준 사건 자체도 까맣게 잊어버린다. 억압

은 불안을 가장 직접적인 방법으로 회피하는 것이다. Freud는 억압을 정신분석학의 초석이라고 부름으로써 억압을 가장 기본적이고 중요한 요소로 강조하였다.

② 합리화(rationalization) : 현실을 왜곡하여 자존심을 보호하는 방법이다. 자신의 행동을 합리화하기 위해 진정한 이유는 감추고 타당하고 그럴듯한 다른 이유를 대는 것으로서 이솝우화의 『여우와 신포도』 반응을 예로 들 수 있다.

③ 반동형성(reaction formation) : 자아는 반대행동을 함으로써 금지된 행동이 표출되지 못하도록 방어한다. 이것은 두 단계를 거치는데, 첫 번째는 받아들여질 수 없는 충동을 억제하는 것이고, 두 번째는 그 반대의 행동을 의식적으로 하는 것이다. 예로 계모가 자기 자식보다 전처 자식에게 지나치게 잘 하는 것을 들 수 있다.

④ 승화(sublimation) : 본능적 충동을 사회적으로 인정되는 행동으로 전환하여 표현하는 것이다. 성적 충동을 스포츠나 공부에 매진하여 승화시키는 예가 있다.

⑤ 투사(projection) : 사람들이 스스로 받아들일 수 없는 충동이나 행동을 무의식적으로 다른 사람 탓으로 돌리는 것이다. 예로 입사 면접에서 탈락하게 되면 인종차별이나 부정한 방법 때문에 떨어졌다고 생각하는 것이다.

⑥ 전위(displacement) : 본능적 충동의 대상을 재조정해서 위협을 많이 주는 사람에서 덜 위협적인 대상으로 전환하게 하는 것이다. 부모에게 꾸중을 들은 아이가 동생에게 화를 내거나 장난감 부수는 행동을 하는 것이다. 전이를 통해 사회적으로 유익한 행동을 나타내면 이를 승화라 한다.

⑦ 퇴행(regression) : 불안하고 고통스러운 상황에 처하게 되면 안전하고 즐거웠던 인생의 이전 단계(주로 영유아기)로 후퇴함으로써 불안을 완화시키는 방법이다. 동생을 본 아이가 갑자기 소변을 가리지 못하거나 아기처럼 기어 다니는 행동을 하는 것이다.

⑧ 부정(denial) : 자신의 외적 현실에 너무 위협적이거나 불쾌한 요소가 있을 경우 이러한 요소가 있다는 사실 자체를 부정함으로써 일시적으로라도 불안을 감소시키려는 방어기제이다. 사랑하는 사람의 죽음을 인정하지 않고 마치 그 사람이 살아있는 것처럼 환상속에서 산다든지, 아이에게 장애가 있음에도 정상아인 것처럼 믿고 행동하는 것 등이다.

⑨ 동일시(identification) : 다른 사람의 특징을 받아들여 내면화하는 것이다. 공격자에 대한 동일시는 자신보다 힘이 센 사람에게서 받는 공포를 제거하기 위한 것으로서 오이디푸스 콤플렉스를 갖는 남아가 거세불안을 제거하기 위해 아버지를 동일시하는 것을 들 수 있다. 대상상실 동일시는 잃어버린 사랑을 다시 찾으려고 노력하는 것으로서 여아가 엘렉트라 콤플렉스를 해소하기 위해 자신이 거부했던 어머니에 대해 동일시하는 것을 들 수 있다. 대상상실 동일시는 돌아가신 어머니의 특성을 모방하는 것으로도 나타나는데, 무의식적으로 이렇게 함으로써 그 사람이 지금 자기 옆에 있다고 생각하는 것이다.

### (4) 심리성적 발달단계

Freud의 성격 이론은 발달을 이끄는 중요한 힘으로 성적 에너지인 리비도를 가정했기 때문에 심리성적인 발달 이론이라고도 한다. Freud는 리비도가 신체의 어느 부위에서 만족을 얻느냐에 따라 성격발달의 단계를 구강기, 항문기, 남근기, 잠복기, 생식기의 5단계로 크게 분류하였다. 구강기, 항문기, 남근기는 0~5세 사이에 위치하고 있으며 전생식기라고도 한다. Freud는 생의 초기를 강조했고, 그중에서도 남근기의 무의식적 경험이 성격발달의 기초가 된다고 하여 부모와의 초기 경험을 매우 중요하게 생각하였다. 각 발달단계를 성공적으로 통과하려면 적당한 양의 만족을 각 단계에서 얻어야 하는데, 너무 많거나 적은 만족을 얻게 되면, 그 다음 단계로 진행하지 못하고 현재 단계에 고착(fixation)된다. 고착이란 리비도가 이전의 심리성적 단계에 집중되어 다음의 발달단계로 이행되지 않는 경우를 말하는데, 심한 경우 가장 성숙된 단계인 성기기까지 도달하지 못하고 이전 단계에 고착된 성격 특성을 강하게 나타내게 된다.

#### ① 구강기(oral stage : 0~1세)

생후 1년경까지는 리비도가 주로 입술 및 혀로 집중되기 때문에 이 단계를 구강기라 부른다. 이 시기에 유아는 생존을 전적으로 타인에게 의존하는데, 구강은 배고픔과 쾌감을 만족시키는 신체의 일부가 된다. 구강기 동안에는 활동이 입 주위에 집중되며 무엇을 빨거나 무는 등의 행동에 상당한 시간을 소비한다. 이러한 구강기는 이유와 함께 끝나며, 구강기에서 유아가 적당히 만족되었을 때 리비도는 항문 주변으로 이동하게 되지만, 과도하거나 불충분한 자극이 주어졌을 때에는 구강기적 성격을 형성하게 된다. 구강기적 성격은 다시 구강 수동적인 성격과 구강 공격적인 성격으로 나뉘는데, 구강 수동적인 성격은 낙관적이며 의존적이고 미숙하고 남에게 잘 속는 등의 특징을 갖게 된다. 반면에 구강 공격적인 성격은 논쟁적이며 비꼬기를 잘하고 타인을 이용하거나 지배하려는 성격이 강하다.

#### ② 항문기(anal stage : 1~3세)

생후 1~3세경에는 리비도가 구강으로부터 이동하여 항문 및 직장 부근으로 집중되어, 이 시기를 항문기라 부른다. 항문기에는 항문 주위가 관심의 대상이 되며 배설물을 참았다가 배설하는 것은 처음에는 쾌락을 지연시키지만 나중에는 만족을 얻게 된다. 유아는 대변의 배설과 보유에서 상당한 만족을 갖게 되는데, 배변훈련이 시작되면서 원초아의 욕구와 부모의 통제 사이에서 갈등을 겪게 된다. 이때 부모가 배변훈련에서 지나치게 엄격하면 아이들은 변비가 되고 항문 보유적 성격을 형성하게 되어 나중에 인색하고 고집이 세고 결벽증이나 강박적인 경향을 갖게 된다. 반대로 부모가 대소변 훈련에서 지나치게 너그럽게 대하면 항문 공격적 성격을 갖게 되어 잔인하고 파괴적이며 낭비벽이 있고 이성관계에서 상대를 소유의 대상으로 삼으려고 하는 경향이 생긴다. 항문기를 거치면서 아동은 점점 사회의 기대나 규범을 고려하게 된다.

③ 남근기(phallic stage : 3~6세)

3~5세 경에 성기 부근에 리비도가 집중되는데, 유아는 공상을 수반하는 자위행위를 하게 된다. 이 시기에 유아들이 이성 부모에게 느끼는 성적 욕구 때문에 경험하는 심리적 갈등이 바로 오이디푸스 콤플렉스(oedipus complex)와 엘렉트라 콤플렉스(electra complex)이다. 오이디푸스 콤플렉스는 남아가 어머니에게 심리적인 성욕을 느끼면서 경쟁자인 아버지에게 분노 및 복수심, 아버지의 힘에 대한 거세불안 등을 경험하게 되고, 이를 잘 극복하지 못하면 이 갈등이 미해결된 상태에서 무의식에 잠재하다가 불안신경증의 원인이 된다고 하였다. 남아는 거세불안을 감소하기 위해 어머니에게 가졌던 성적 욕망을 포기하고 아버지에 대한 적대심을 억압하는 대신 아버지와 동일시함으로써 오이디푸스 콤플렉스를 극복하게 된다. Freud는 오이디푸스 콤플렉스를 그리이스 신화에서 가져왔는데, 이 신화가 인간의 가장 큰 정신적 갈등을 상징적으로 표현한 것으로 보았다. 엘렉트라 콤플렉스는 그리이스 신화에서 남동생을 설득하여 어머니와 정부를 죽이고 아버지의 원수를 갚는 데서 유래한 것이다. 엘렉트라 콤플렉스는 여아가 이성인 아버지에 대해 심리적 성욕을 느끼기 때문에 동성인 어머니에게 느끼게 되는 갈등을 의미하는 것이며, 여아는 이 과정에서 남근선망을 겪게 된다고도 하였다.

5~7세 사이에 아동은 이성 부모에 대한 성적 욕망을 억압하고 동성 부모와 동일시함으로써 오이디푸스 콤플렉스를 해결하는데, 이 과정을 '공격자와의 동일시' 라고 한다. 이 동일시 과정을 통해 아동은 동성 부모의 가치관이나 역할, 행동 등을 자신의 것으로 내면화하게 되며, 이것이 바로 초자아의 발달을 가져온다고 보았다. 그러나 여아는 남

근을 가지고 있지 못하기 때문에 거세불안을 경험하지 못하며, 이 때문에 남아보다 초자아의 발달이 약하다고 설명함으로써 여성학자들의 비판을 받기도 하였다.

④ 잠복기(period of latency : 6~12세)

6세부터 사춘기에 접어들 때까지 리비도는 승화되어 성감대도 나타나지 않는 일종의 성적인 수면상태에 속하게 되는데, 잠복기의 아동은 성적 관심보다는 지적 관심이나 운동에 대한 열의 등을 나타내게 된다. 부모에 대한 동일시가 강력해지고, 그로 인해 초자아가 발달하는 시기가 잠복기이다. Freud는 잠복기 또는 잠재기에 일어나는 과정에 대해서는 별로 언급하지 않았다.

⑤ 생식기(genital stage : 12세~ )

사춘기의 발달과 함께 이성에 대한 관심이 증가되며 성적, 공격적 충동이 다시 나타나게 된다. 사춘기에는 성호르몬의 분비가 완성해지며 2차 성징이 나타나면서 성적인 충동의 가장 완전한 만족을 추구하려는 특징이 있다. 만약 아동기에 심한 외상적 경험을 하게 되면, 리비도가 그 시기에 고착되고 생식기에 적응하기가 어렵게 된다. 생식기에는 이성 부모에 대한 성적 욕망이 다시 재현되는데, Freud는 이를 제2의 오이디푸스 콤플렉스의 출현이라고 하였다. 이때 자아는 억압과 같은 방어기제를 통해 원초아의 욕구를 부정하거나 지성화, 합리화 같은 방어기제를 이용해 갈등을 해결하려고 한다. 이 단계에서 순조롭게 발달하면 이타적이고 성숙한 생식기적 성격을 형성하게 되어 인간관계가 원만하고 책임감이 있으며 이성과의 사랑을 만족스럽게 할 수 있으나, 제대로 발달하지 못하면 권위에 반항하고 비행행동을 나타내거나 이성에 대한 적응이 곤란해진다.

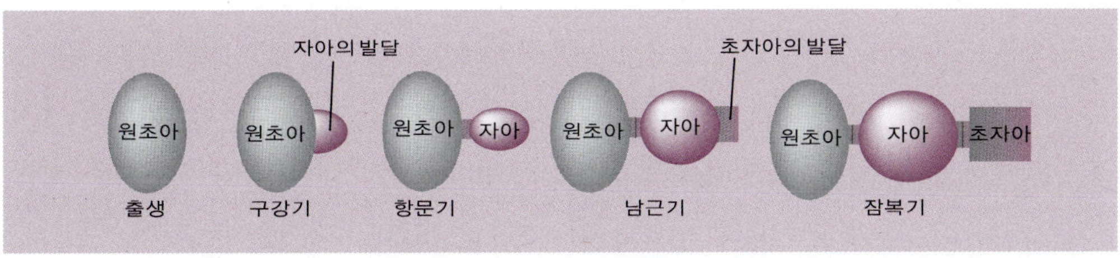


출처 : Green & Piel(2002).

**[그림 2-3] 발달단계별 원초아, 자아와 초자아의 형성**

### (5) Freud 이론의 평가

Freud는 인간을 갈등의 존재로 보았는데, 비이성적인 힘인 본능적 충동이나 무의식적인 동기가 인간의 행동을 결정한다고 보았기 때문에 결정론적 인간관을 주장하였다. 그는 인간을 쾌락을 추구하는 생물학적인 존재로서 '어두운 지하실에서 끊임없이 갈등하는 존재'인 비관론적인 존재로 파악하였다.

Freud는 인성발달에 대해 새로운 시사점을 제기하였고 부모의 역할과 애착의 중요성을 제기하는 등 심리학 분야에 많은 공헌을 했다고 평가되고 있지만, 다음과 같은 점들에서 비판을 받고 있다(정옥분, 2004b, 최옥채 외, 2011).

#### ① 주요 개념들이 검증되기 어렵다

남근 선망, 오이디푸스 콤플렉스, 리비도, 유아 성욕, 무의식과 같은 개념은 추상적인 개념이기 때문에 실제로 존재하는 것인지 시험해 볼 수 없고 증명하기도 어렵다.

#### ② 문화적 보편성이 부족하다

Freud 이론은 특정문화에서 주로 발달한 것이기 때문에 다른 문화권에 적용하기 어렵다. 즉, 문화에 따라 성역할이 바뀌는 곳도 있기 때문에 오이디푸스 콤플렉스나 엘렉트라 콤플렉스를 확인할 수 없는 문화도 있고, 사모아섬처럼 성적으로 개방적이고 자유로운 원시사회에서는 성욕의 억제 자체가 불필요할 수 있다는 점에서 문화적 보편성이 인정되지 못했다.

#### ③ 이상(비정상)발달을 기초로 했다

Freud 이론은 정상발달보다는 정신병리적 문제가 있는 내담자의 성격발달을 설명하는 과정에서 발생했기 때문에 정상적인 발달에 적용하기에는 무리가 있다. Freud의 유아 성욕이나 오이디푸스 콤플렉스 같은 개념은 그 당시의 학자들과 부모들에게 지나치게 극단적인 가정으로 거센 비판을 받았다.

#### ④ 이론의 형성과정에서 이용한 자료의 객관성이 부족하다

과거에 대한 회상 등에서 얻어낸 자료는 왜곡되거나 과장될 수 있으므로 이 자료를 기초로 얻어낸 결론은 오류가 생길 여지가 있다. 인간은 유아기에 대한 기억이 주관적일 수 있고 꿈을 꾸었거나 주위에서 들었던 이야기와 혼동할 수도 있다. 실제로 Freud는 이런 이유 때문에 오이디푸스 콤플렉스를 포함하는 유아기의 성욕 부분에서 상당히 후퇴하기도 하였다.

## ❷ Erik H. Erikson : 심리사회적 이론

신정신분석 이론은 Erikson, Jung, Adler, Horney, Fromm, Sullivan 등에 의해 대표된다고 볼 수 있는데, 이들은 유아 성욕의 중요성과 초기 경험의 불가역성 대신 개인 간의 역동을 강조하고 성격발달에 대한 사회적 영향을 중요시하였다. Freud가 이드(id), 특히 리비도의 기능을 강조한 데 비해 Erikson(1902~1994)은 자아의 기능을 강조하면서 현대의 정신분석학에 강력한 사회적 관점을 도입하였다.

〈표 2-1〉 Freud의 정신분석 이론과 Erikson의 심리사회적 이론의 비교

| Freud의 정신분석 이론 | Erikson의 심리사회적 이론 |
|---|---|
| 원초아와 공격적 · 성적 본능 | 자아 |
| 무의식적인 정신내적 원인 | 사회적, 문화적 원인 |
| 초기 아동기 경험 | 전생애에 걸친 발달적 위기와 극복 |
| 심리성적 발달단계(5단계) | 심리사회적 발달단계(8단계) |
| 고착(발달단계에서의 실패) | 나중에라도 수정이 가능 |
| 비관론적 인간관 | 낙관론적 인간관 |

### 1) 생애

Erikson은 1902년 독일의 프랑크푸르트에서 태어났다. Erikson의 어머니는 유태인이었으나 생부는 덴마크인이었고, Erikson이 태어나기 몇 달 전에 이혼을 했기 때문에 Erikson의 어머니는 임신 중인 상태로 독일로 가서 Erikson을 출산하였다. Erikson의 어머니는 Erikson이 세 살 때 유태인과 재혼하였는데, Erikson의 외모는 금발에 푸른 눈인 생부를 닮았기 때문에 Erikson은 유태소년들 사이에서 이방인이라는 놀림을 당했다. 이

렇게 복잡한 그의 성장배경은 후에 그가 자아정체감 연구에 관심을 갖게 된 요인이 되었다.

Erikson은 비엔나에서 훈련을 받고 Anna Freud와 같이 연구활동을 한 후 나치의 박해를 피해 1933년에 미국으로 건너가서 미국시민으로 귀화했다. Erikson은 문화인류학에도 관심을 가져 1938년에는 인디언 보호구역인 Pine Ridge에서 거주하면서 시옥스 인디언(Sioux Indian)들이 어떻게 자녀를 양육하는지 연구하기도 했는데, 이것으로부터 상이한 문화권에서 성장하는 아동에 대한 관심이 발전되었다. Erikson은 정식 학위를 받은 적이 없지만 Harvard 대학교에서 교수를 지냈고 1994년 사망할 때까지 그곳에서 연구생활을 하였다.

Erikson은 생식기까지만 제시한 Freud의 발달단계보다 3단계 더 많은 8단계로 전생애 발달을 제시하고, 이 단계들이 다른 문화권에서는 어떻게 전개되는지를 보여주는 『아동기와 사회』(1950) 그리고 정신분석적인 통찰을 역사적 자료에 연결시킨 『젊은 청년 루터』(1958)와 『간디의 진리』(1969)라는 저서를 남겼다.

## 2) 주요 개념과 이론

### (1) 인간관

Freud가 심리성적인 에너지, 즉 리비도를 강조한 것과는 달리 Erikson은 심리사회적 환경의 중요성을 강조하였다. Erikson은 Freud처럼 초기 경험의 중요성이나 부모의 역할을 강조했지만, 부모뿐만 아니라 가족이나 친구, 지역사회 등과 같은 사회문화적 배경 역시 영향력이 크다고 보았다. 즉, 성격발달을 개인과 사회적 환경의 상호작용으로 이루어진다고 보았기 때문에 그의 이론을 심리사회적 이론이라고 한다.

또한 Erikson은 초자아보다는 자아의 발달에 따른 자아정체감 형성의 중요성을 강조하였으며 자아를 성격의 자율적 구조로 강조함으로써 인간이 의사결정과 문제해결에 있어서 보다 더 합리적이고 논리적이라고 보았다. 인간행동의 기능과 기초를 결정짓는 기제로서 이드보다 자아를 더 강조했기 때문에 Erikson의 이론은 자아심리학이라고도 불린다. Erikson은 인간발달을 출생부터 사망까지의 평생발달적인 관점에서 설명하면서 8단계설을 주장하였고, 한 단계에서 다음 단계로 이행할 때마다 새로운 심리사회적 위기에 부딪치게 되는데, 이 위기를 잘 극복하는 것이 건강한 성격발달을 위한 과업이라고 설명하였다. 즉, Erikson은 인간이 발달하면서 부딪치는 문제를 어떻게 극복해가는가, 또한 초기의 좌절이 어떻게 성장 후의 적응에 영향을 미치는가를 이해하는 것이 중요하다는 점을 강조하였다.

Erikson은 초기 경험의 불가역성을 강조하는 Freud에 비해 초기 발달단계에서의 실패가 이후의 발달단계에 필연적으로 지장을 주는 것은 아니라고 제시하여 유연하고 낙관주의적 인간관을 보였으며 인간의 천성이 선하다는 견해를 나타냈다.

### (2) 심리사회적 발달단계

Erikson은 발달을 전생애에 걸쳐 일어나는 것으로 보았고, 그중에서도 자아정체감을 가장 중요하다고 강조하였다. 또한 Erikson은 각 발달단계마다 심리사회적 위기가 있다고 가정하였고, 그와 대칭적인 개념인 발달의 위기를 함께 제시하면서, 각 단계마다 두 개념이 균형을 이루고 발달해야 그 다음 단계로의 이행이 순조롭다고 설명하였다. 또한 각 단계의 위기를 성공적으로 처리할 경우 얻을 수 있는 덕성을 제시하였다(표 2-2).

〈표 2-2〉 Freud와 Erikson의 발달단계 비교

| 발달단계 | 연령 | Freud | Erikson | |
|---|---|---|---|---|
| | | | 발달과업 | 덕성 |
| 1 | 0~1세 | 구강기 | 신뢰감 대 불신감 | 희망 |
| 2 | 1~3세 | 항문기 | 자율성 대 수치심/회의감 | 의지력 |
| 3 | 3~6세 | 남근기 | 주도성 대 죄책감 | 목적 |
| 4 | 6세~사춘기 | 잠복기 | 근면성 대 열등감 | 능력 |
| 5 | 청소년기 | 생식기 | 정체감 대 정체감 혼돈 | 충성심 |
| 6 | 성인기 | | 친밀감 대 고립감 | 사랑 |
| 7 | 중년기 | | 생산성 대 침체감 | 배려 |
| 8 | 노년기 | | 자아통합감 대 절망감 | 지혜 |

#### ① 1단계 : 신뢰감 대 불신감－희망

1단계는 Freud의 구강기에 해당되는 시기로서 만 1세까지 정도의 시기이다. 이 시기

에 아기를 주로 돌보아주는 양육자(어머니)가 영아의 신체적, 심리적 욕구를 잘 충족시켜주면 유아는 인간에 대한 기본적인 신뢰감을 형성하게 되고, 제대로 충족시켜주지 못하면 불신감을 형성하게 된다고 하였다. 따라서 어머니나 주양육자는 이 시기에 가장 중요한 인물이며 영아가 궁극적으로 형성하게 되는 신뢰감과 불신감은 어머니의 태도에 따라 결정된다. 따라서 어머니로부터 따뜻하고 애정적인 보살핌을 받는 것은 이 시기에 무엇보다 중요하다고 볼 수 있다.

Erikson은 건강한 성격의 가장 기본적 요소를 신뢰감으로 보았다. 이때 100% 완벽하게 만족시켜 주기도 어렵지만 완전한 신뢰감을 형성한다는 것이 꼭 이상적인 것은 아니라고 하였는데, 건강한 자아의 발달과 성장을 위해서는 어느 정도의 불신감도 경험하는 것이 바람직하기 때문이다. 수유와 기저귀 갈아주기, 재워주기 등과 같은 기본적 욕구에 대한 부모의 따뜻하고 민감한 반응은 영아의 신뢰감을 발달시켜 성장하면서 맺게 되는 사회적 관계에 성공적으로 적응하는가에 지대한 영향을 미치게 된다.

### ② 2단계 : 자율성 대 수치심–회의감, 의지력

2단계는 Freud의 항문기에 해당되는 시기로서 약 1세에서 3세 사이가 해당된다. 유아는 언어를 사용할 수 있게 되고 이동능력이 발달하게 됨에 따라 새로운 것을 탐색하고 싶어하고 자신의 힘으로 무언가를 해내고 싶어한다. 유아는 신체근육이 성숙해짐과 동시에 대소변 가리기를 시작하게 되고, '나', '내가', '내꺼야' 등과 같이 스스로 하려는 의지가 강해진다. 차츰 유아는 자기주장이 강해지고 반항하기 시작하는데, 이때 자율성을 인정하고 탐색하려는 유아의 욕구를 이해하고 수용해 주면 독립적인 인간으로서의 자율성의 기초가 형성될 수 있다. 하지만 유아가 덜 성숙한 상태에서 유아의 행동에 대한 통제가 너무 빨리 주어지거나 너무 엄격하게 주어진다면 유아는 자신의 능력부족에 대한 수치심과 회의감을 느끼게 된다. 즉, 배변훈련 등에서 지나치게 간섭하거나 과보호하면 유아는 자신의 능력에 대해 회의를 느끼고 수치심을 갖게 된다.

### ③ 3단계 : 주도성 대 죄책감–목적

3단계는 Freud의 남근기에 해당되는 시기로서 유아는 새로운 과업과 기술을 익히려는 호기심과 자기 주위의 사회적 관계에서 어떤 책임을 지는 데 관심을 갖는다. 유아는 언어와 운동 기술 등이 발달하고 또래와의 관계가 발달함에 따라 자신의 활동을 스스로 추구하도록 고무된다. 유아는 자신의 행동에 목표와 계획을 세우는 주도성을 지니게 되고 책임감을 느끼게 된다. 하지만 아직 유아의 행동은 위험하거나 적절하지 않을 때가 많기 때문에 부모가 유아에 대해 지나치게 간섭하거나 제재하게 되면 유아는 자신감을 잃고 자신이 나쁜 짓을 했다는 죄책감을 형성할 수 있다.

④ 4단계 : 근면성 대 열등감—능력

4단계는 Freud의 잠재기(잠복기)에 해당되는 시기로서 아동은 가정을 떠나 처음으로 형식적인 교육기관(초등학교)에 입학하여 읽기, 쓰기, 셈하기 등 그가 속한 문화에서 요구하는 기초 기능을 학습하게 된다. 학교생활을 통해 아동은 사회의 가치관이나 규범 등을 익히게 되는데, 또래와의 관계에서 아동이 주도적으로 행동하고 자신감을 얻게 되면 근면성이 발달된다. 이때 아동이 자신의 능력이나 지위가 다른 또래에 비해 부족하다고 느끼면 열등감을 형성하게 된다.

⑤ 5단계 : 정체감 대 정체감 혼미—충성심

5단계는 Freud의 생식기에 해당되는데, Erikson은 아동도 성인도 아닌 청소년기를 매우 중요한 시기로 보았다. Erikson은 성공적인 청소년기를 위한 기초와 정체감의 형성은 초기 아동기에서 유래한다고 보았고, 청소년이 정체감 형성에 실패하면 정체감의 혼미 또는 역할 혼동을 초래한다고 보았다.

청소년기는 생리적 성숙과 함께 신체적으로 급격한 성장과 성숙이 이루어지는 시기로서 청소년은 아동기와는 다른 사회적 역할을 요구받게 된다. 사회에서의 자신의 역할을 분명히 인식하고 목표의식이 뚜렷한 청소년은 자아정체감을 형성하여 성공적으로 적응할 수 있게 되지만, 자신의 존재에 대한 확신이 없는 청소년은 정체감의 혼미 때문에 무력감과 소외감 등을 느끼는 등 부적응문제를 겪게 된다. 청소년기가 자아정체감 형성에 결정적인 시기이기는 하지만, Erikson은 자아정체감이 일생동안 극복해야 할 문제라고도 보았다.

⑥ 6단계 : 친밀감 대 고립감—사랑

6단계는 공식적으로 성인기가 시작되는 시기이다. Erikson은 이 단계에 인간은 성적 친밀감과 동시에 사회적 친밀감을 발달시킨다고 보았다. 6단계에서 특정 이성과의 친밀한 관계를 유지하려는 욕구가 출현하며 결혼에 이르게 되는데, 이 과정에서 형성된 친밀감은 결혼생활을 유지하는 데 중요한 역할을 하게 된다. 결혼 이외에도 직장이나 동아리에서의 사회적 친밀감 역시 중요한 의미를 갖는다. 한편 Erikson은 진정한 의미의 친밀감은 자아정체감을 미리 형성하지 않으면 발달시킬 수 없다고 지적하였는데, 자신에 대한 친밀감을 기초로 타인과의 친밀감 발달이 가능하기 때문이다.

친밀감 대신 고립감을 형성한 극단적인 예로는 반사회적이거나 인격장애와 같은 정신병리를 갖게 된 경우를 들 수 있는데, 이들은 남을 조정하거나 착취하는 데 몰두할 뿐 타인과 친밀감을 형성하기 어렵고 부모나 가족에게도 고립감을 느낀다.

⑦ 7단계 : 생산성 대 침체성–배려

7단계는 중년기에 해당되는데, 생산성은 개인이 다음 세대에 대한 복지뿐만 아니라 다음 세대가 살아갈 사회의 성격에 대한 관심까지를 포함하는 것으로서 성인은 자기 문화를 유지하고 개선할 의무가 있다고 보는 것이다. 이러한 생산성은 결혼해서 자녀를 낳거나 입양하고 양육하는 등의 가정 내 활동으로 획득할 수도 있고 직장생활이나 학문적, 예술적인 활동을 통해서도 획득될 수 있다. 생산성을 획득하는 데 실패한 사람들은 자기의 물질적인 또는 신체적인 안녕에 대한 탐닉을 제외하고는 누구에게도, 무엇에도 관여하지 않는 침체성에 빠지게 된다. 생산성이 부족하면 사회의 일원으로서의 생산적인 기능을 다하지 못하고 자신만의 욕구를 만족시키기 위해 살게 되며 타인에 대한 관대함이 결여되고 인간관계도 황폐해진다.

⑧ 8단계 : 통합감 대 절망감–지혜

8단계는 인간발달의 마지막 단계로서 노인기가 시작되면서 체력과 건강의 악화, 퇴직과 수입의 감소, 배우자와 친한 친구의 죽음, 미래에서 과거로의 관심의 이동 등의 특징이 나타나게 된다. Erikson은 이 단계를 새로운 심리사회적 위기의 출현보다는 자아발달의 이전 단계들의 통합과 평가라고 보았다. 즉, 자아통합은 자신의 인생을 돌아보고 겸허하고 확고하게 만족스럽다고 확신하는 데서 획득된다. 자아통합을 이룬 사람은 자신의 생애를 돌아보면서 보람이 있었고 가치가 있었다고 만족하게 된다. 반면에 자아통합에 실패하면 과거에 대한 후회와 미련으로 절망감을 느끼게 된다.

### (3) Erikson 이론의 평가

Erikson은 Freud 이론의 경험적 기초를 확장하여 정신분석 이론의 신뢰도와 적용 가능성을 확장시켰다는 평가를 받는다. Erikson은 Freud처럼 유아기를 중요하게 보았으며 부모와의 관계를 강조한 점, 인간의 성격발달을 질적으로 다른 여러 개의 단계로 구분하는 단계론적인 관점을 취한다는 점에서 공통점이 있다. 반면에 다음과 같은 점에서 Freud와 차이점이 있다고 보겠다.

**① 정상적인 성인을 대상으로 이론을 구축하였다.**

Freud와는 달리 Erikson은 정상적인 성인을 대상으로 경험적인 자료를 수집하여 이론을 구축하였다. 아동에 대한 관찰자료와 여러 문화권에 속한 사람들을 포함하여 방대한 자료를 분석하였다. 따라서 Erikson의 이론은 대부분의 사람들에게 거부감 없이 받아들여졌다.

**② 인간의 발달을 전생애로 확대하여 제시하였다**

Erikson은 인간의 발달을 출생에서 사망까지의 전생애를 대상으로 하는 평생발달적 관점에서 제시하였다는 점에서 특히 긍정적 평가를 받는다.

**③ 인간의 논리성, 합리성을 인정하였다.**

원초아와 무의식을 강조함으로써 본능의 힘을 주장한 Freud와 달리 Erikson은 자아와 의식을 중시하였고, 자아를 성격의 자율적 구조로 강조함으로써 인간이 의사결정과 문제해결에 있어서 보다 더 합리적이고 논리적이라고 보았다.

**④ 문화적 보편성이 있다.**

Erikson은 인간발달에 있어서 초기 경험이 중요하기는 하지만 부모와의 관계뿐만 아니라 가족, 친구, 사회문화적 요인의 영향도 중요하다고 주장하였는데, 그의 이론은 문화인류학적 연구들을 통하여 문화적 보편성이 있다는 평가를 받는다.

**⑤ 발달에 있어서 성숙의 개념을 폭넓게 사용하였다**

Freud보다 자율성이나 주도성 같은 자아양식 및 자아의 성장을 촉진하는 기제로서 성숙의 개념을 폭넓게 사용함으로써 건전한 발달에 대한 통찰을 가능하게 했다.

⑥ 한 단계에서 실패하더라도 그 후에 적절한 애정과 보살핌이 주어지면 실패를 복구할 수 있다.

Freud는 한 단계에서의 실패가 고착이라는 현상으로 이어지기 때문에 회복될 수 없다고 보는 반면에, Erikson은 회복이 가능하다는 점에서 긍정적 관점을 갖고 있다.

한편 Erikson의 이론은 다음과 같은 면에서 비판을 받고 있다(정옥분, 2004).

가. 개념정의가 명확하지 못하고 발달의 원인이 무엇인가에 대한 설명이 부족하다.

Erikson의 이론은 이론을 구축한 개념들이 애매하고 모호하다는 비판을 받고 있다. 예를 들어 노인기에도 생을 회고하며 지혜를 얻게 되는 등 성장의 가능성이 있다는 새로운 통찰을 제시해 주고는 있지만, 이것이 어떻게 성숙과정의 일부인지 분명하게 설명해 주지 못한다.

나. Erikson이론에 대한 실증적인 후속연구들이 활발하게 이루어지지 못해서 이론의 유용성이 떨어진다.

다. 각 단계로의 전환이 어떻게 이루어지는지 그 기제가 명확하지 않다.

라. 성인 발달단계의 연령구분이 아동기에 비해 모호하고, 시대에 따른 차이가 있다.

## ❸ 사회복지실천과의 연관성

사회복지는 인간발달에 대한 이해를 기초로 개인과 사회의 복지를 증진시키려는 실천적 학문의 특징을 갖는다. 이에 따라 사회복지실천은 발달단계별 특성과 부모의 특성 및 부모-자녀관계에 대한 전문적인 지식을 갖고 수행되어야 한다고 보겠다. 사회복지사는 다양한 문제를 갖고 있는 내담자에게 필요한 다양한 사회적 자원을 연결하고 연결된 자원을 지속적으로 관리하는 사례관리를 제공해 주어야 하는데, 사례관리의 과정 중 내담자의 욕구와 문제사정 과정에 정신분석적 접근이 도움이 될 수 있다. 또한 알코올 중독이나 인터넷 중독 같은 다양한 중독장애, 정신분열증이나 인격장애, 품행장애나 ADHD장애 등 임상적 사회복지의 실천이 필요한 영역에서 효과적이다. 이외에도 부모들에게 아동양육에 대한 실제적 도움을 주는 분야에서 활용될 수 있다.

사회복지실천은 개인에게 행해지는 개별적인 실천의 방법과 한 가족을 단위로 행해지거나 동일한 문제를 가진 사람들을 대상으로 집단으로 행해지는 방법 등으로 크게 구분될 수 있다.

### 1) 개별적 사회복지실천

사회복지사는 사회복지대상의 마음을 이해하고 최대한 내담자의 입장을 배려하여야 한다. 이 과정에서 정신분석 이론은 내담자의 마음속에 숨어 있는 불안이나 억압 등에 관해 이해할 수 있도록 하며, 어떤 방식으로 내담자를 도울지에 관해 중요한 통찰력을 갖도록 해 준다. 특히 불안이나 스트레스 수준이 유난히 커서 일상생활에서 적절히 기능할 수 없는 경우나 성폭력이나 학대 등으로 정신적 외상의 문제가 있는 사례일 때, 정신분석은 심리치료를 제공할 수 있는 이론적 근거가 된다.

정신분석적 심리치료는 어린 아동부터 성인에 이르기까지 심리적인 문제를 치료하고 일상생활에 적응할 수 있도록 돕는다. 아동을 위한 정신분석적 심리치료로는 인형이나 소꿉놀이 도구, 모래상자, 게임도구 등을 이용하는 놀이치료나 그리기 도구, 고무찰흙, 풍선 등을 이용하는 미술치료를 들 수 있다. 성인을 위한 정신분석적 심리치료는 자유연상, 꿈의 분석, 정화, 전이와 역전이, 저항, 해석 등의 기법을 사용한다.

#### (1) 정신분석적 놀이치료

놀이치료는 정신분석에서 Hug-Hellmuth가 놀이를 아동분석의 필수적 부분이라고 느끼면서 사용하기 시작하였다. 초기 정신분석에서는 놀이를 아동의 치료에 직접 사용한 것은 아니었고, Anna Freud가 치료동맹의 개념으로 아동을 놀이에 끌어들이면서 치료와 치료자에게 흥미를 갖도록 하기 위해 게임, 장난감 등을 사용하는 정도로 실시되었다. 이후 Klein이 어린 아동에게 언어 대신 놀이를 치료의 도구로 사용할 것을 제안하면서 놀이를 분석하기 시작하였다. 그는 놀잇감을 가지고 노는 아동의 말이나 행동은 성인의 자유연상과 비슷하기 때문에 놀이란 아동의 무의식에 접근할 수 있도록 돕는 매개체가 될 수 있다고 보았고 놀이치료라는 용어를 최초로 사용하였다. 현대에 와서 차츰 놀이가 갖고 있는 강력하고 효과적인 힘을 발견하면서부터 본격적인 놀이치료가 이루어졌다. 정신분석적 놀이치료는 아동과 치료적 동맹을 맺고, 아동에 대한 행동관찰을 통한 해석을 제공해 줌으로써 아동의 무의식에 숨은 갈등이 표면화되어 해결될 수 있도록 돕는 것이다. 즉, 무의식을 의식화하고 자아를 강하게 만들어서 본능의 욕구보다는 현실에 바탕을 두고 행동할 수 있게 하는 것이다.

구체적으로 정신분석적 놀이치료는 놀이를 다음과 같은 목적으로 이용하게 된다.

① 관계의 수립 : 놀이는 치료과정에 아동이 적극적으로 참여하게 하여 치료적 관계 수립(라포)을 용이하게 한다. 치료자는 허용적이지만 지시적이어서는 안 된다.

② 관찰 증진 : 성인의 자유연상기법처럼 아동은 놀이를 통해 무의식적으로 자신의 감정이나 생각을 표현하게 된다. 치료자는 참여관찰자로서의 역할을 주로 하게 된다.

③ 해석의 매개체 : 치료자는 놀이를 통해 은유적으로 아동의 갈등에 대해 해석해 준다.

정신분석적 놀이치료에서의 놀잇감은 비교적 단순하며 기계적이지 않은 것으로서 치료자와 의사소통을 할 수 있는 종류들을 구비하게 된다. 다양한 가족 인형들, 동물모형들, 자동차들, 그리기와 만들기 자료들, 캐릭터 인형들, 소꿉놀잇감 등이 주로 사용된다. 정신분석적 놀이치료가 효과적으로 적용되는 구체적인 문제행동은 야뇨증, 야경증, 공포증, 퇴행, 불안장애 등이다.

### (2) 정신분석적 심리치료

Freud는 인간의 행동을 이해하기 위해서는 무의식의 세계를 알아야 한다는 입장을 강조하면서 내담자와의 면접, 가족 구성원들의 살아온 배경, 심리검사, 행동의 관찰 등을 통한 풍부한 자료가 개인의 인성발달을 이해하는 데 필수적이라고 하였다. 정신분석적 치료에서 주로 사용하는 기법은 다음과 같다.

#### 1 자유연상

자유연상은 정신분석적 치료의 핵심기법으로서 아무리 고통스럽고 사소하고 비논리적이라 할지라도 마음에 떠오르는 것을 자유롭게 말하도록 하는 방법이다. 치료자는 내담자의 자유연상에서 얻어지는 정보들을 분석하여 무의식에 갇혀 있는 억압된 갈등을 규명하여야 한다. 단, 자아기능이 너무 약화되어 있으면 자유연상에 깊이 빠져들어 멈추지 못하고 현실감각을 상실하는 문제가 올 수 있으므로 자유연상은 자아의 기능이 적절한 내담자에게만 사용해야 한다.

### ② 꿈의 분석

Freud는 꿈을 무의식으로 가는 왕도라고 보았는데, 꿈에 사람들의 무의식적인 소망과 욕구, 두려움이 표현된다고 하였다. 치료자와 함께 꿈의 요소들을 해석함으로써 내담자들은 무의식적으로 억압했던 기억들을 떠올리고 현재의 불안에 대한 새로운 통찰을 얻을 수 있다.

### ③ 정화

Freud는 Breuer와 함께 한 히스테리에 관한 연구에서 히스테리 증상이 매우 고통스러운 기억에서 방출시키지 못한 정서적 에너지 때문에 나타난다고 가정하였다. 방출되지 못한 정서를 회상하여 정화시키면 히스테리가 사라진다는 것이다.

### ④ 전이

전이는 과거의 주요한 대상과의 관계에서 일어났던 무의식적인 소망과 갈등 등이 치료자와의 관계에서 반복되는 것을 의미한다. 따라서 현재 치료자에게 경험하는 감정은 사실은 과거의 대상에게 향했던 것이라고 볼 수 있다.

### ⑤ 역전이

역전이는 내담자의 전이에 대한 치료자의 무의식적인 반응을 말한다. 즉, 치료자가 내담자에게 일으키는 전이현상이라 할 수 있다. 치료자는 자신의 갈등 때문에 왜곡된 생각을 하게 될 수 있는데, 내담자를 싫어하는 감정이나 과잉애착 또는 과잉관여로 나타난다.

### ⑥ 저항

저항은 치료과정에서 무의식을 의식으로 끌어올리는 것을 방해하는 내담자의 모든 행동과 언어 등을 의미한다. 저항은 치료의 전 과정에서 수시로 나타나는데, 현재 자기의 상태를 유지하고 합리적인 자아에 대항하는 방법이다.

### ⑦ 해석

해석은 치료자가 꿈이나 자유연상, 저항 등에서 나타나는 의미를 내담자에게 지적하고 설명함으로써 자아가 새로운 내용에 동화하고 더 많은 무의식적 기억을 떠올릴 수 있도록 촉진하는 것이다. 치료자는 처음에는 주로 표면적인 것만 해석하고, 차츰 내담자가 받아들일 수 있는 수준까지만 해 주게 된다.

### 2) 집단적 사회복지실천

사회복지사는 가족을 상담의 대상으로 하는 가족상담 및 부모교육이나, 동일 연령대나 문제증상을 갖는 내담자를 대상으로 하는 집단적 상담이나 교육을 실시하기도 한다. 집단은 구성 목적에 따라 과업/작업집단, 지도/심리교육집단, 상담/대인관계 문제해결 집단, 심리치료/성격재구조화 집단 등으로 구분할 수 있다(공계순 · 박현선 · 오승환 · 이상균 · 이현주, 2003).

① 과업/작업집단(task/work group)

조직이나 지역사회의 집단에서 특정 유형의 목적을 효과적으로 달성하기 위해 구성된 것, 지역사회의 환경정화를 위한 주민대표집단 등을 들 수 있다.

② 지도/심리교육집단(guidance group)

학교에서 이루어지는 성교육집단이나 흡연청소년을 대상으로 하는 금연교육집단 등은 지도집단에 해당되고, 알코올 중독증이나 당뇨병 환자 같은 고위험집단을 대상으로 하는 것은 심리교육적 집단에 가깝다고 하겠다.

③ 상담/대인관계 문제해결 집단(counseling/interpersonal problem-solving group)

과업집단이나 지도/심리교육집단이 내용 지향적인 데 반하여 상담집단은 과정 지향적이다. 상담집단에서 주로 다루어지는 생활사적인 문제는 이혼, 분노, 슬픔과 상실, 대인관계, 자존감 등이다.

④ 심리치료/성격재구조화 집단(personality reconstruction group)

심리치료/성격재구조화 집단은 심각한 심리적인 문제의 치료, 또는 성격이나 행동의 주요 변화에 초점을 둔다. 지하철 화재사고나 집단성폭력, 학대 등과 같은 심각한 정신적 외상을 입은 피해자들을 대상으로 하는 집단치료가 그 예이다.

정신분석적 접근은 집단구성 시 집단역동성을 이해하고 지도하는 데 도움을 줄 수 있으며, 특히 심리치료/성격재구조화 집단의 처치에 매우 큰 도움을 줄 수 있다.

3
Chapter

# 행동주의 이론과 인지발달 이론

행동주의 이론은 인간발달이 생물학적 요인보다는 경험과 학습의 환경적 요인에 의해 이루어진다고 본다. John Watson의 성과에 의해 20세기 초에 시작되었으며, 직접 관찰 가능한 행동이 연구의 초점이다.

인지발달이란 인간이 연령과 함께 발달해가면서 일어나는 인지의 변화를 말하는데, 인지발달 연구에 지대한 공헌을 한 이론가는 Jean Piaget이다. Piaget는 각기 다른 연령의 아동이 어떻게 사고하는지에 대하여 체계적인 이론을 제시하였으며, 인지발달은 내적인 성숙이나 외적인 교육에 의해 좌우되는 것이 아니라 아동의 능동적인 활동을 통해 환경과 상호작용하면서 이루어진다고 하였다.

본 장에서는 행동주의 이론 중에서 Pavlov의 고전적 조건형성 이론, Watson의 행동주의 이론, Skinner의 조작적 조건형성 이론, 그리고 Bandura의 사회학습 이론을 살펴보고 인지발달 이론 중에는 Piaget와 Kohlberg의 이론에 관해 알아보기로 한다.

# ❶ 행동주의 이론

행동주의(behaviorism)라는 말은 20세기 초 John -Watson의 연구에서 유래되었는데 그는 행동을 연구하는 방법으로 내부 성찰 또는 자기 성찰을 거부하고 오직 관찰이 가능한 행동만이 연구할 가치가 있다고 주장하였다. 행동주의는 직접 관찰 가능한 사건-자극과 반응이 연구의 초점이며, 발달은 생물학적인 요인보다는 환경적인 요인에 더 기인한다고 본다. 행동주의는 Pavlov의 업적에 기원을 두고 Skinner와 Bandura 등에 의해 더욱 확장되었다.

## 1) Ivan Pavlov의 고전적 조건형성 이론

### (1) 생애

Pavlov(1849~1936)는 가난한 시골 목사의 아들로 태어나서 21세 때까지 목사가 되기로 생각하고 있었지만 과학적 탐구에 관심을 가지기 시작했으며 1904년에 포유류의 소화기 과정체계에 관한 연구로 노벨상을 수상했다. Pavlov가 50세가 되었을 때 개의 타액현상을 우연히 발견한 이후로 조건화된 반사연구를 하기 시작하여 고전적 조건형성 이론을 정립하였다.

### (2) 고전적 조건형성

고전적 조건형성은 두 개의 다른 사건이 동시에 일어날 때 한 사건이 다른 사건을 끌어내는 특성을 갖는 학습의 형태이다. Pavlov는 자신의 유명한 저서인 『조건반사』(1927)에서 이러한 현상의 예를 제시하였다.

배고픈 개에게 음식을 주었을 때 개는 타액을 분비한다. 만일 음식을 다른 사건, 즉 종을 울리는 것과 같은 사건과 함께 제공하면 개는 마침내 종만 울려도 침을 흘리게 된다. 이 개는 종소리에 대해 반응하도록 조건이 형성된 것이다. 고전적 조건형성은 선천적인 반사과정에 반응과 관계없는 중립자극을 연결시켜 반복시킨 후 나중에 중립자극만으로 반응을 유도하는 과정이다. 전에 중립자극이었던, 그 자체만으로 개로 하여금 타액을 분비할 수 없었던 자극에 대해 학습된 타액 분비반응을 조건반사라 부른다. 음식을 무조건자극이라 부르며 무조건자극은 사전 학습이나 경험 없이 자연적으로 학습되지 않은 반응을 낳는 어떤 사건이다. 개의 타액 분비는 무조건자극에 대한 반응으로 무조건반응이라 부른다. Pavlov는 음식과 함께 종소리를 짝 지어 개에게 침을 흘리는 학습을 성공적으로 시킬 수 있었다.

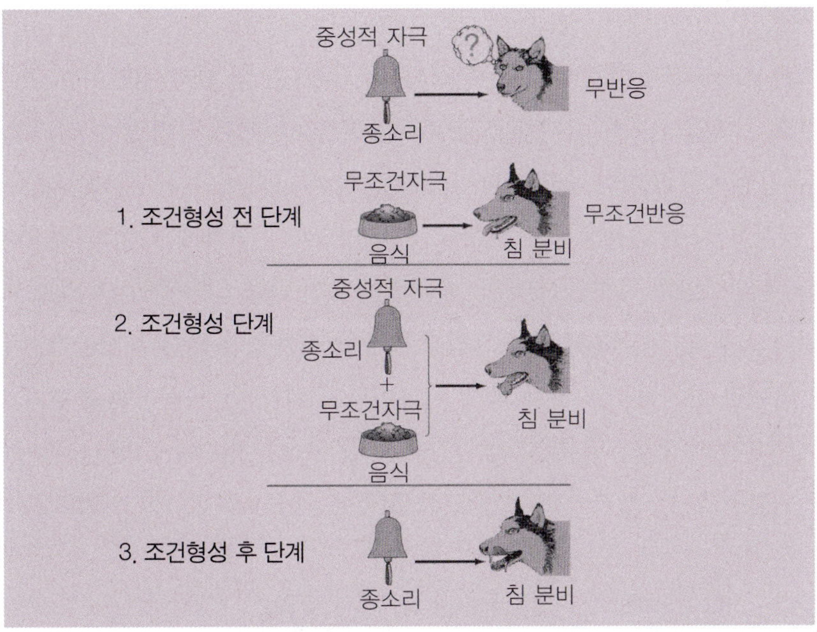


출처 : Shaffer(2002).

**[그림 3-1] 고전적 조건형성**

## 2) John Watson의 행동주의 이론

### (1) 생애

Watson(1878~1958)은 미국 행동주의 창시자이며 Pavlov 이론을 미국에 소개하였다. Watson은 Chicago 대학에서 심리학 박사학위를 받은 최초의 학생이기도 하다. 그는 일찍이 행동을 객관적으로 연구해야 할 필요성을 인식하고 정신적인 개념들의 사용을 거부하였고, 내성적 방법(환자의 기억에 의존하는 방법)이 정확하지 않다고 주장하였다. Watson은 무의식을 확인할 수 없기 때문에 인간의 심리상태나 마음은 심리학의 연구대상이 될 수 없다고 하였으며 확실한 인간의 행위를 연구대상으로 해야 한다고 주장하였다. 그는 심리학이 객관적 과학이기를 원했으며 Freud 이론의 방법론적인 문제점을 예리하게 비판한 사람이다.

### (2) 기본 개념

Watson은 Pavlov처럼 행동의 기본 구성이 '자극-반응'의 단위이고 이 자극과 반응이 바라는 형태로 배열되는 한 어떠한 행동이라도 만들어지거나 설명될 수 있다고 믿었다. Watson은 인생이란 조건반사의 집합이라고 생각한 극단적인 환경론적 결정주의자로서, 그의 생각은 자주 인용되는 주장에서 잘 나타난다. '나에게 12명의 건강한 아이들과 그들을 키울 나만의 특수한 세계를 제공해 준다면 나는 그들 중 아무라도 택하여 그의 재능이나 소질, 능력, 성향, 적성 그리고 인종에 관계없이 의사나 법률가, 예술가, 경영주뿐만 아니라 심지어 거지와 도둑에 이르기까지 내가 원하는 어떤 유형의 전문가라도 만들 수 있다'고 장담하였다. 그는 인간의 가장 단순한 반사운동(빨기, 파악) 등은 타고나지만 인간의 인성, 성격의 모든 중요한 것들은 학습되어진다고 믿었다.

| (중립자극) | 쥐 | → | 무반응 |
|---|---|---|---|
| (무조건자극) | 큰소리 | → | 놀람(무조건반응) |
|  | 쥐+큰소리 | → | 놀람, 두려움, 울음 |
|  | 쥐 | → | 놀람(조건반응) |

**[그림 3-2] 고전적 조건형성에 의한 '두려움' 반응의 학습**

Watson은 Pavlov의 고전적 조건형성의 원리가 아동의 행동에 적용될 수 있는지를 찾고자 11개월 된 Albert에게 흰쥐 실험을 하였다. 처음에 Albert는 흰쥐를 두려워하지 않았으나 흰쥐와 놀고 있을 때 그의 머리 뒤에서 큰소리를 들려주었다. 큰소리는 Albert를 울게 만들었고 여러 번 큰소리와 흰쥐를 짝을 지어 제시하였더니 Albert는 큰 소리가 나지 않을 때에도 쥐를 두려워하기 시작했다.

우리가 일상생활에서 경험하는 고전적 조건형성의 예는 수없이 많다. 즉, 개에게 물려 놀란 경험이 있는 아동이 강아지만 보아도 공포반응을 보이는 경우이다. 인간의 정서도 고전적 조건형성으로 만들어질 수 있다. 정서뿐만 아니라 행동도 학습된다. 부모들이 하는 '안 돼', '하지 마' 하는 말들은 아동에게 공포 또는 부정적인 반응을 일으키게 하는 주된 요인들이다. 특히 아동이 무엇을 잡으려 할 때 아버지가 큰소리로 '안 돼' 하거나 또는 찰싹 때리는 행동을 하면 공포 및 부정적인 감정을 일으키게 된다. 부모들이 외치는 '안 돼'는 실험실에서 쇠망치와 같은 효과를 낸다.

### 3) B. F. Skinner의 조작적 조건형성 이론

#### (1) 생애

Skinner(1904-1990)는 미국 펜실베니아의 작은 마을에서 태어났으며 변호사인 아버지와 자애로운 어머니를 가진 안정된 가정환경에서 성장하였다. 어려서부터 문학에 심취하였던 그는 고등학교를 졸업 후 New York Hamilton 대학에서 영문학을 전공하였다. 대학시절에 쓴 세 개의 단편에 그 당시 유명한 미국 시인인 Robert Frost가 좋은 반응을 보이자 작가가 되기로 결심했다. 대학을 졸업 후 문학가로서 경력을 쌓기 시작했으나 신통한 작품이 나오지 않자 작가의 꿈을 포기하였다. 1928년 Pavlov의 『조건화된 반사』를 읽고 감동을 받아 Harvard 대학의 심리학과에 입학하여 1931년에 박사학위를 받았다. 1938년 『유기체 행동』이 출판되자 Skinner의 지위는 급부상하기 시작했고 1936년에 Minnesota 대학에서 자리를 잡았다. Skinner는 1945년 Minnesota 대학을 떠나 Indiana 대학에서 심리학과 학과장으로 일하다가 3년 후에 Harvard 대학교수로 돌아왔다. Skinner는 그의 조작적 행동주의를 통해 이상주의 국가를 건설할 수 있다고 주장했으며, 그런 생각을 유토피아 소설이나 평론으로 발표했는데, 대표작이 『월덴 투(Walden II)』이다. 1990년 Skinner가 사망할 때까지 그의 이론이 실제 교육이나 적응, 사회문제 등에 폭넓게 응용되면서 미국에서 가장 유명한 심리학자로서 그 명성을 얻게 되었다.

### (2) 주요 개념

#### ① 조작적 조건형성

Skinner는 환경결정론을 받아들이면서 Watson의 이론과는 다른 조작적 조건형성 이론을 제창하였다. 그는 고전적 조건형성이 간단한 반사행동의 학습을 설명할 수는 있지만 인간 유기체가 스스로 조작하는 행동을 설명하기엔 불충분하다고 믿었다. 그는 반사적 반응이 아닌 유기체가 임의로 조작하는 행동으로 이루어지는 조건형성의 이론을 제시하였다.

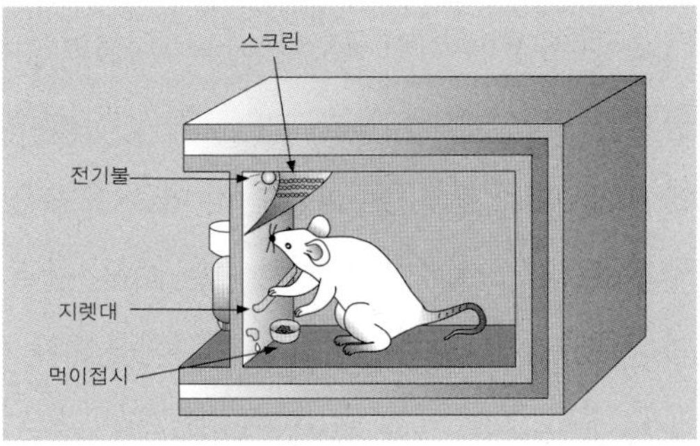

**[그림 3-3] 스키너 상자**

Skinner는 조작적 조건형성을 입증하기 위해 '스키너 상자'라고 불리는 실험 장치를 고안하였다. '스키너 상자'에 배고픈 흰쥐를 넣으면 쥐는 돌아다니며 먹이를 찾다가 우연히 지렛대를 누르게 된다. 그 순간 자동으로 먹이가 나오고 쥐는 먹이를 먹은 후 다시 지렛대를 누른다. 이러한 과정이 반복되면 쥐가 지렛대를 누르는 속도가 빨라지게 된다. 처음에는 쥐가 의도 없이 지렛대를 건드리나 나중에는 의도적으로 누르게 된다. 즉, 지렛대를 누르면 먹이를 얻을 수 있다는 것을 학습한 것이다. 이 실험에서 유기체가 스스로 어떤 반응을 했을 때, 그 반응이 긍정적인 결과를 가져오면 그 이후에 그 반응이 나타날 확률이 높아지는 것을 강화의 원리라 하였다. 즉, 조작적 조건형성의 기본적 원리는 만족스러운 상태로 이끄는 행동은 되풀이되고 고통상태를 유발하는 반응은 되풀이되지 않는다는 강화의 원리를 기초로 하고 있다.

### ② 강화

스키너 상자의 실험에서 쥐는 보상이나 강화(reinforcement)를 받는 방향으로 행동하거나 조작하도록 학습된다는 것을 알아냈다. 강화된 행위는 반복하는 경향이 있고 강화를 받지 않거나 벌을 받은 행위는 다시 일어날 경향이 줄어든다. 조작적 조건형성에서는 강화의 역할이 중요하다고 보았으며 강화는 시간이 지날수록 행동을 유지시키는 수단이 된다.

강화는 한 행동에 뒤따르는 자극사건이 그 행동을 다시 일으킬 가능성 또는 확률을 증가시킨다는 것을 의미한다. 강화는 정적 강화(positive reinforcement)와 부적 강화(negative reinforcement)의 두 가지 유형이 있다. 이러한 기제를 통하여 Skinner는 인간의 행동을 조성하고 학습시키는 것이 가능하다고 주장하였다.

가. 정적 강화

정적 강화는 행동 확률을 높이는 자극, 한 행동에 뒤따르는 자극 사건이 그 행동을 다시 일으킬 가능성 또는 확률을 증가시킨다는 것을 의미한다. 바람직한 행동을 증가시키기 위해 좋은 대상물(물건, 칭찬, 미소 등)을 주는 방법이다. 가령, 자기 방을 청소한 아동을 강화하면 그 행동을 유지하는 데 매우 효과적인 방법이 될 수 있다.

나. 부적 강화

불쾌하거나 혐오스러운 자극의 철회를 통하여 그 행동은 강화되어진다. 부적 강화는 자극의 철회를 통하여 행동이 다시 일어날 확률을 증가시키는 결과를 가져오는 것을 말한다. 바람직한 행동을 증가시키기 위해 나쁜 대상물(아동이 싫어하는 것)을 없애는 방법이다. 예를 들어 자동차에 부착하는 안전벨트 버저가 있는데, 이 안전벨트의 버저는 운전자가 벨트를 하지 않으면 요란하고 시끄러운 소리를 낸다. 이 소리는 운전자가 안전벨트를 착용하면 없어진다.

### ③ 소거와 벌

조건형성이 한번 이루어졌다고, 그 조건자극이 계속 영원히 작용하는 것은 아니다. 소거는 어떤 반응에 대한 강화를 중지하는 것이다. 이러한 시도로 그 반응의 발생빈도가 줄거나 아예 사라진다. 소거는 일상생활에서 특정 행동을 무시하는 형태를 말하는데 여기서 특정행동이란 이전에는 관심을 받아 강화된 것을 말한다. 예를 들어 아이가 울 때마다 부모가 안고 달래주어야 울음을 그쳐왔는데, 어느 순간부터 아이가 울어도 부모가 아무런 반응을 보이지 않는다면 처음에는 더 많이 울 수 있으나 결국에는 스스로 울음을 그치게 된다. 이 예에서 알 수 있듯이 긍정적 강화를 철회하여 아이는 우는 행동을 하지 않았다. 무시하는 것은 소거의 효과적인 수단이다. 이와 같이 바람직하지 않은 행동들은 그런 일이 발생할 때마다 주의를 기울여주지 않고 계속 내버려둠으로써 소거시킬 수 있다.

벌은 바람직하지 못한 행동을 보여주었을 때 아주 싫어하는 자극을 제시하는 것을 말한다. 벌의 목적은 인정할 만한 행동으로 강화시키기보다는 바람직하지 못한 행동을 억제하는 것이다. 아동의 행동을 통제하기 위해서 부모들은 벌을 일반적으로 많이 사용하지만 행동을 바람직하게 변화시키는 데 벌이 강화보다 덜 효과적이라고 행동주의 이론가들은 말한다. 왜냐하면 벌은 새로운 어떤 것을 가르치지 않고, 이미 확립된 반응을 단순히 하지 못하게 하기 때문이다. 예를 들어 영아가 손으로 음식을 먹을 때 제재를 하면 영아는 숟가락 사용하는 법을 배우기보다는 먹는 것 자체를 그만둘 수 있다. 또한 벌은 바람직하지 못한 효과가 있을 수 있다. 아동이 벌을 주는 사람에게 화를 내거나 분개하게 만들 수 있다. 가령, 공격적인 행동을 하는 아동에게 벌을 주면 그 공격적인 행동이 더욱 강화되는 경우가 있다. 벌은 부적 강화와는 다른데, 벌은 어떤 행동이 발생할 확률을 감소시키는 반면, 부적 강화는 정적 강화와 마찬가지로 어떤 행동이 발생할 확률을 증가시킨다.

#### ④ 강화계획

강화계획(reinforcement schedule)은 행동증가를 목적으로 사용하는 강화물을 제시하는 빈도와 관련된 계획을 의미한다. 예를 들어 아동이 음식을 잘 먹을 때마다 동전을 주는 것과 그런 행동이 세 번 나타날 때마다 주는 것은 좋은 태도를 형성하는 데 차이를 가져 올 수 있을까? 강화계획이나 강화 또는 벌을 주는 방식이 매우 다양하지만 강화의 종류는 계속적인 것과 간헐적인 것의 두 가지로 분류될 수 있다.

계속적 강화에서는 반응의 횟수나 반응 간의 시간차에 관계없이 유기체가 반응할 때마다 강화가 주어진다. 계속적 강화계획은 초기 단계에서 행동을 시작하게 하고 행동을 강화시키기 위한 좋은 방법이다. 간헐적 강화는 어떤 특정 반응을 할 때마다 매번 강화하는 것이 아니라 가끔 강화하는 것을 말한다. 간헐적 강화는 처음에 어떤 행동을 굳히는 데는 그리 효과적인 방법은 아니다. 간헐적 강화로 행동을 굳히려면 오랜 시간이 필요할 수도 있다. 간헐적 강화는 강화의 빈도나 순서에 따라 서로 다른 절차를 갖는다.

Skinner에 의하면, 계속적으로 강화된 행동에 비해 간헐적으로 강화된 행동이 더 소거되기 힘들다고 한다. 이는 많은 아동들의 바람직하지 못한 행동이 왜 제거되기 어려운가에 대한 이유이기도 하다. 예를 들어 아동이 칭얼대며 조르는 행동에 대해 가끔 한 번씩 들어주면 그 아이는 계속 그런 행동을 하게 된다. 만약 바람직한 행동을 가르치고자 한다면 처음에는 계속적인 강화를 주는 것으로 시작하는 것이 효과적이다. 그러나 그 행동을 오래 지속시키고 싶다면, 어떤 시점에서부터는 간헐적 강화계획으로 변경해야 한다.

### ⑤ 일반화

일반화(generalization)는 특정한 상황에서만 반응을 보이던 것이 그와 유사한 다른 상황에서도 반응을 보이는 것을 말한다. 일반화는 자극일반화(stimulus generalization)와 반응일반화(response generalization)로 구분할 수 있다. 자극일반화는 하나의 반응이 단 하나의 자극에만 조건형성이 되었더라도 그와 비슷한 다른 자극들에 대해서도 반응을 보이는 것을 말한다. 반응일반화는 어떤 특정한 반응이 강화되면 그와 비슷한 다른 상황에서도 반응을 보이는 것을 말한다. 변별(discrimination)은 주어지는 자극에 대해서 선택적으로 반응을 보이는 것을 말한다. 가령, 어린 아이가 아버지에게 '다다' 라고 말했을 때 강화를 받았다면 길거리의 낯선 남자에게도 '다다' 라고 말하는 것은 자극일반화의 예이다. 반응일반화는 어떤 단어의 복수형을 사용하는 것에 대해 강화를 받은 아동은 강화를 받은 적이 없는 다른 단어의 복수형에도 말을 하게 되는 경우를 말한다.

### ⑥ 조성

인간의 행동은 보통 조금씩 점진적으로 학습된다. Skinner는 비둘기에게 벽면의 한 지점을 쪼도록 학습시키는 것도 점진적으로 조성되어져야 함을 보여 주었다. 조성(shaping)을 통하여 인간의 복잡한 행동이나 기술을 가르칠 수 있다. 가령, 한 소년에게

야구배트 휘두르는 것을 가르칠 때, 그가 배트의 손잡이를 올바르게 쥐면 먼저 '잘했어' 라고 말한다. 그 다음에 배트를 어깨 위의 정확한 위치로 들었을 때 '좋아' 라고 말한다. 그 다음에 발 자세, 수평으로 휘두르기 등으로 나아가면서 점진적으로 전체 행동을 만들어간다. 이러한 과정을 통해 바람직한 반응을 점차적으로 조성한다. 조성은 바람직한 반응에 근접하는 것에 따라 강화가 주어지기 때문에 점진적 접근법(method of approximations)이라고도 불린다.

### 4) Albert Bandura의 사회학습 이론

#### (1) 생애

Bandura(1925-)는 캐나다 Alberta에서 태어났으며 Bandura의 아버지는 밀농사를 짓는 사람이었다. Bandura는 2명의 교사와 20명의 학생뿐인 시골의 고등학교를 다녔으며 친구들과 주로 스터디 그룹을 만들어 스스로 공부하였다. 고등학교를 졸업한 후 밴쿠버에 있는 British Columbia 대학을 다녔는데 우연히 심리학개론을 수강하게 되어 심리학에 심취하여 전공으로 택했다. 그는 학사학위를 받은 뒤 임상심리학 전공으로 미국의 Iowa 대학에서 석사와 박사학위를 받았다. Iowa 대학에서 Bandura는 사회학습 이론의 선구자 중 한 사람인 Robert Sears와 함께 연구하였다. 1952년에 박사학위를 받은 뒤 Bandura는 위치다 캔자스 가이던스 센터에서 1년간 인턴으로 봉사한 후 대학병원의 임상심리 전문가를 거쳐 Stanford 대학의 심리학과 교수가 되었다. Bandura는 자신이 지도한 첫 제자인 Walters와 함께 『청소년의 공격성』(1959), 『사회학습과 성격발달』(1963)을 집필했다. 1977년 『사회학습 이론』이라는 저서를 출판하면서 1980년대 심리학의 지표를 바꾸게 되었다. 1974년에는 미국심리학회 회장을 맡았고 많은 명성과 상을 받았다.

#### (2) 주요 개념

##### ① 관찰학습

Skinner이론에서는 학습을 하기 위해서 유기체가 먼저 반응을 만들어내고, 그 다음에 그 반응이 학습되기 전에 강화되어진다고 가정하였다. 그러나 Bandura는 인간은 자극과 반응의 연합에 의해서가 아니라 사회적인 모델을 관찰함으로써 배울 수 있다고 하였다. 사회학습 이론(social learning theory)은 유기체가 직접 참여하지 않고 관찰과 모방에 의해 학습이 이루어진다고 보는 관점이다. 사회학습 이론은 관찰학습, 즉 다른 사람의 행동에 대한 관찰을 통해서 하는 학습에 초점을 맞추는데, 이것을 모방 또는 모델링이라고도 한다. Bandura는 대리적 강화가 행동에 영향을 미칠 수 있다는 점을 강조하였다. 대리적 강화란 자신이 아닌 모델이 받은 강화를 관찰함으로써 간접적으로 강화를 경험하는 것을 말한다. 가령 다른 아동이 보상이나 벌을 받는 것을 관찰함으로써 보상받는 행동은 학습하고 벌 받는 행동은 학습하지 않게 된다.

**[그림 3-4] 모방학습 실험**

모방이나 관찰학습이 일어나기 위해서는 주의집중, 기억, 운동재생, 동기유발의 네 가지 과정이 필수적이다. 이 중에서 어느 하나라도 없으면 성공적인 모방이 일어나기 어렵다. 이에 관한 네 가지 구성 요소를 구체적으로 살펴보면 다음과 같다.

### 가. 주의집중단계

관찰에 의한 학습이 가능하기 위해서는 모델행동의 중요한 특징을 주목하고 정확히 지각해야 한다. 즉, 모방을 위해서는 '주의'를 집중해야 한다. 그러므로 주의력이 부족한 아동들은 자극에 대해 충분한 주의집중을 할 수가 없다. 그들은 경험의 한 부분을 포착할 수는 있으나 전 사건을 나타내는 데 필요한 모든 요소를 볼 수는 없다. Bandura는 강화의 과거경험, 감각능력, 모델 사건의 복잡성과 같은 요인들이 주의집중 과정에 영향을 미친다고 믿는다.

나. 기억단계

아무리 주의 깊게 관찰하더라도 그것을 기억하지 못한다면 모델행동의 관찰에 의한 영향은 거의 없어진다. 관찰학습의 두 번째 과정은 일정 시기에 본 활동을 기억하는 과정이다. 우리는 흔히 모델을 관찰한 후 어느 정도의 시간이 지난 다음에 그 모델을 모방하기 때문에 모델의 행동을 상징적인 형태로 기억하는 어떤 방식을 가져야 한다. Bandura는 이런 상징적 과정을 자극근접(stimulus contiguity)—즉, 동시에 발생하는 자극들 사이의 연합—이라는 용어로 설명하였다. 예를 들면 한 남자가 새로운 도구인 드릴을 사용한다고 가정해 보자. 우리는 그가 어떻게 끝을 조이고 어떻게 꽂는가 등을 볼 수 있다. 이런 과정이 지난 후에는 드릴만 보고도 연합된 많은 이미지가 떠오르게 되며, 이런 것들이 우리의 행동을 이끈다. 이러한 시각적 자극들을 언어적 부호와 연합시킴으로써 사건들을 기억하게 된다.

다. 운동재생단계

행동을 정확하게 재생하려면 필요한 운동 기술을 갖추어야 한다. 예를 들면 한 소년이 아버지가 톱을 사용하는 것을 지켜볼 수는 있으나 신체의 힘과 민첩성이 부족하기 때문에 제대로 모방할 수는 없다. 관찰을 통해서는 단지 새로운 반응패턴(예 어떻게 나무를 올려세우고 어디에 톱을 대는지 등)은 알 수 있지만 새로운 신체능력(예 힘으로 나무를 자르는 것)을 얻지는 못한다.

라. 동기유발단계

사람들은 배운 것을 무엇이든 실행하는 것이 아니기 때문에 Bandura는 새로운 반응의 획득과 수행을 구별하였다. 한 모델을 관찰하여 새로운 지식을 획득할 수는 있으나 그 반응들을 수행할 수도 있고 혹은 수행하지 않을 수도 있다. 즉, 행동을 수행할 능력을 가지더라도 동기가 없으면 행동하지 않을 가능성이 크다. 동기유발은 주로 강화에 의해 이루어지는데, 동기를 촉진시키는 요인으로는 외적 강화, 대리적 강화, 자기 강화가 있다. 외적 강화는 전통적인 자극-반응 이론이나 모방 학습에서 나타나는 강화의 형태이다. 대리적 강화(vicarious reinforcement)는 사회학습 이론에서만 나타나는 것으로 잠재적인 학습자가 다른 사람이 강화를 받는 행동을 관찰하고 자신도 그러한 행동을 하는 현상을 말한다. 자기 강화(self reinforcement)는 자신의 행동에 대해 자기 스스로 내리는 평가로서 자신이 갖고 있는 기준에 따라 자신의 행동을 강화해줌으로써 그 자신의 행동을 통제하는 것을 말한다.

이와 같이, 모델을 성공적으로 모방하기 위해서는 모델에 주의를 기울여야 하고 본 것을 상징적 형태로 저장하는 어떤 방식을 갖춰야 하며, 그 행동을 재생하기 위해 필요한 운동 기술을 갖춰야 한다. 이런 조건들이 이루어지면 모델을 어떻게 모방하는지는 알게 될 것이다. 그러나 실제 수행은 강화 가능성에 따라 좌우된다.

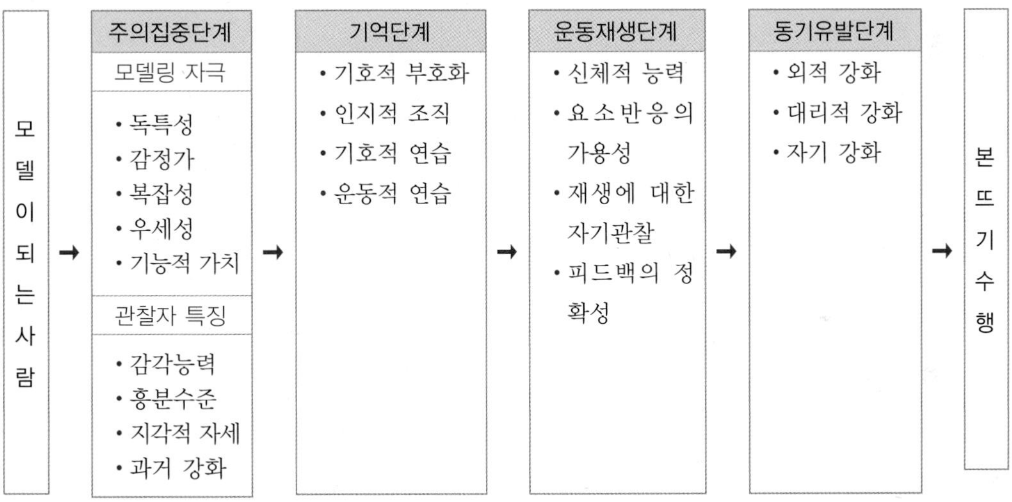


출처 : 김동배· 권중돈(2005).

**[그림 3-5] 관찰학습**

### ② 상호결정론

Bandura는 행동의 원동력은 본질상 환경이라는 초기 행동주의의 가정에서 벗어나 발달과정을 개인의 내적 과정과 환경 요소 간의 복잡한 상호작용에 의해 이루어진다고 가정한다. 이러한 견해를 상호결정론(reciprocal determinism)이라고 하였다. 상호결정의 과정은 [그림 3-6]에서 보듯이 개인(P)은 인지능력, 신체적 특성, 성격, 신념, 태도 등을 포함하며 개인의 행동이나 환경에 영향을 미친다. 개인은 자신이 원하는 것을 선택할 뿐만 아니라(P→B), 개인의 행동은 자신에 대한 느낌 태도, 신념에 영향을 미친다(B→

P). 마찬가지로 이 세상이나 사람들에 대한 개인의 지식 대부분은 TV, 가족, 책, 그 외 다른 환경으로부터 얻은 정보에 의한 것이다(E→P). 물론 환경도 행동에 영향을 미친다. 개인의 행동결과나 관찰하는 모델은 자신의 행동에 영향을 미친다(E→B). 그리고 개인의 행동 또한 자신의 환경에 영향을 미친다(B→E). 그러므로 환경(E), 사람(P), 행동(B) 세 가지 요소는 서로에게 영향을 주며 상호의존적이다(정옥분, 2003).

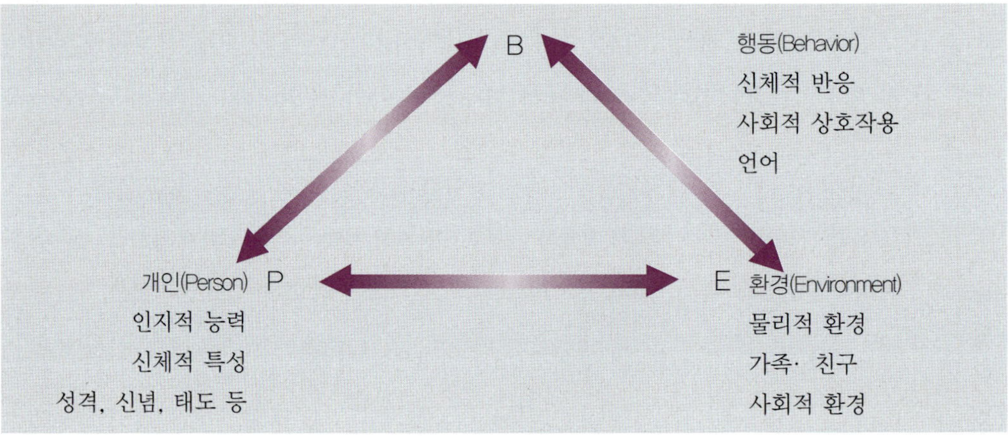


출처 : 정옥분(2003).

**[그림 3-6] 상호결정론**

### ③ 자기효능감

자기효능감(self-efficacy)이란 자신이 어떤 일을 잘해낼 수 있다는 개인적 신념을 의미한다. 우리는 자신의 일반적인 능력을 생각하면서 '나는 수학을 잘해' 또는 나는 '수영을 못해'와 같은 결론을 내린다. 이런 일반적인 판단을 Bandura는 자기효능감이라고 불렀으며 자기효능감이 우리 스스로의 동기화에 큰 효과가 있다고 믿는다. 가령, 우리가 어떤 과제에 익숙하다고 믿으면 그 일을 열성적으로 하며 일시적인 난관에도 버티지만 스스로의 능력을 의심하면 그 일을 덜 열심히 하며 어려움에 부딪혔을 때 쉽게 포기하게 된다.

자기효능감은 네 가지의 정보원천에 기초한다고 하였다. 첫 번째로 가장 영향력 있는 지식의 원천은 실제 수행이다. 주어진 과제마다 성공한다면 효능감은 증가한다. 어느 한 영역에서 자기효능감을 안정적으로 발달시키면 일시적인 좌절에 의해 크게 영향을 받지 않는다. 즉, 실패에 대해 노력이 부족했거나 적절치 못한 전략을 사용한 것으로 돌리면서 다시 노력하는 경향이 있다. 그래서 다시 한번 성공하면 효능감은 더 높아진다. 자기효능감은 또한 대리경험에 의해 영향을 받는다. 만일 다른 누군가가 어느 한 과제에 성공하면 우리도 할 수 있다고 생각한다. 이는 특히 다른 사람들이 자신과 유사한 정도의 능력을 가졌다고 믿을 때 해당된다.

세 번째 요소는 언어적 설득으로 누군가가 우리도 할 수 있다고 설득하면 보통 더 잘하게 된다. 설득이 너무 어려운 과제에는 해당되지 않는다 하더라도 외부로부터의 격려는 도움이 된다. 마지막으로, 자신의 능력은 부분적으로 생리적 단서에 기초해서 판단한다. 예를 들면 피로나 긴장을 과제가 어렵다는 단서로 해석한다. 그러나 사람들은 똑같은 신체적 단서에 대해 다르게 반응한다. 가령, 400미터 달리기 경주를 준비하고 있는 한 소녀가 자신의 불안을 너무 긴장해서 잘할 수 없는 사인으로 해석할 수 있다. 다른 소녀는 같은 신체적 신호를 아드레날린이 넘쳐흐르고 있으며 최선을 다할 각오가 되어 있는 표시로 생각할 수 있다(송길연 · 유봉현, 2005; Crain, 1992).

## ❷ 인지발달 이론

인지란 생각, 기억, 지각, 문제해결력 등의 모든 정신적인 사고활동을 의미한다. 인지발달 이론이란 생각하고 이해하는 능력이 어떻게 발달하는지를 설명하는 이론이며, 인지이론가 중에서 가장 널리 알려진 사람이 Piaget이다. 여기서는 Piaget의 인지발달 이론과 Kolberg의 도덕성 발달 이론을 살펴보았다.

### 1) Jean Piaget의 인지발달 이론

#### (1) 생애

Piaget(1896-1980)는 스위스 작은 마을에서 태어났으며 아버지는 역사학자였다. 그는 어려서부터 과학자의 자질을 보여, 10세 때 공원에서 본 Albino 참새에 관한 논문을 발표했다. 고등학교 시절 연체동물에 관한 연구는 자연을 연구하는 과학자들 사이에서 호

평을 받았다. 21세인 1918년에 Neuchatel대학에서 연체동물에 관한 논문으로 박사학위를 취득하였다. 박사학위를 받은 후 Piaget의 관심은 생명체의 신체구조의 발생으로부터 정신구조의 발생으로 옮겨갔다.

Piaget는 파리에 있는 Bidet 연구소에서 아동용 지능검사 제작에 관여하면서 아동들의 오답과 실수는 일정한 유형을 지니고 있음을 발견하고 아동들의 사고체계는 전적으로 성인들과 다르다는 사실을 확인하였다. 지능검사란 흔히 아동이 맞는 답을 찾아낼 수 있는가에 초점을 둔 것이지만, Piaget에게는 그 반대로 아동은 왜 틀리게 답을 하는 것인가가 매우 흥밋거리였다. 아동들에게 질문을 할 때 같은 연령의 아동들은 같은 실수를 되풀이한다는 사실을 알게 되었다. 거기에다가 나이가 다르면 틀린 답의 종류도 다르다는 것을 알아냈다. 어린 아동들의 사고는 나이가 더 많은 아동들의 사고와 질적인 차이가 있다는 결론에 도달하였다. 그는 연령이 다른 아동들의 사고방식의 차이를 알아내려 하였다. 이러한 발견은 아동의 정신세계의 독특성과 사고의 질적 변화를 전제로 하는 그의 인지발달단계 이론을 형성하는 계기가 되었다. 1925년 Piaget의 첫 번째 아이 Jacklin의 출생은 지능의 기원과 아동의 인지발달에 관한 중요한 연구를 시작하는 계기가 되었다.

### (2) 주요 개념

#### ① 도식

외부의 자극을 지각하며 이해하고 반응하는 틀을 도식(schema)이라고 하며 도식은 환경에 적응하는 구조이다. 가령, 3세 아동은 해는 아침에 떠서 밤에 지기 때문에 살아 있다고 주장한다. 즉, 이 연령의 아동은 움직이는 것은 살아 있다는 간단한 인지 도식을 가지고 있다. 도식은 일반인들이 책략 또는 개념이라고 부르는 것과 어떤 면에서 유사한 사고 또는 행동양식이다. 최초의 도식은 빨기와 잡기와 같은 타고난 반사로 구성되어 있다. 아동은 많은 도식을 가지고 태어나며 적응과정을 통하여 새로운 도식을 만들고 기존의 것들을 변화시킨다.

#### ② 적응

Piaget는 유기체의 생물학적 특성인 적응의 개념을 인간에게도 동일하게 적용하여

(모든 유기체가 그러하듯) 인간도 주어진 환경에 적응하려고 하고 환경에 적응하기 위해서는 동화와 조절의 보완적인 과정에 계속 의존한다고 믿었다.

동화(assimilation)는 우리가 갖고 있는 기존의 인지 도식을 사용해 새로운 경험과 정보를 이해하고 문제를 해결하는 과정을 말한다. 그리고 대상이나 정보가 기존의 인지구조에 맞지 않을 때 인지구조 자체를 변화시키는 과정은 조절(accomodation)이다. 예를 들어 아동이 움직이는 어떤 대상도 살아있는 것으로 간주하는 것은 동화이다. 그러나 기존의 도식이 부적절함을 발견하게 되는데, 가령 바람이 불 때만 움직이는 장난감처럼 움직이기는 하지만 살아있을 수 없는 사물을 만나게 된다. 여기에 아동의 이해와 사실 사이의 모순이 있고 움직이는 사물은 살아있다는 도식이 바뀌어야 할 필요가 있다. 즉, 생물과 무생물 간의 차이를 더 잘 이해하기 위하여 기존의 도식을 바꾼다(아마도 스스로의 힘으로 움직이는 것들만이 살아있다는 결론을 내림으로써).

### ③ 평형

평형(equilibrium)은 동화와 조절을 통해서 유기체가 환경과 균형 상태를 이루는 것을 의미한다. Piaget는 동화와 조절 사이의 균형은 시간에 따라 달라진다고 하였다. 아동들은 새로운 정보가 현재의 도식에 일치하지 않게 되면 인지적 갈등을 경험하게 되고 동화에서 조절로 이동한다. 그 결과 아동은 적응상태, 즉 인지적 구조와 주변 환경 간의 평형 상태에 이르게 된다. 평형이 일어날 때마다 보다 유능한 도식이 만들어진다. 동화, 조절, 평형이 어떻게 일어나는지 예를 들어보자. 새 이외에는 날아다니는 대상을 본 적이 없는 영아는 모든 날아다니는 대상을 '새'라고 생각한다. 하늘을 나는 비행기를 본 영아는 이것을 새라고 부른다. 영아는 이 새로운 대상이 깃털도 없고 날개를 펄럭이지도 않는다는 것을 발견하고는 불균형을 경험한다. 이것이 새가 아니라고 생각한 영아는 '저게 뭐야?'라고 질문을 하고 조절이 성공적으로 이루어지면 평형 상태가 되돌아온다.

[그림 3-7] 동화와 조절

### (3) 인지발달단계

Piaget는 아동이 감각운동기, 전조작기, 구체적 조작기, 형식적 조작기의 4단계를 거쳐 발달한다고 하였다. 단계는 중요한 특징이 있는데, 모든 아동은 같은 순서대로 단계를 거치며 어떠한 단계도 건너뛰지 않는다고 한다. Piaget는 비록 인지발달 단계가 불변이라고 믿었지만 아동이 각 단계에 들어서거나 다음 단계로 이동하는 연령에는 개인차가 존재한다고 강조하였다. 유전적이고 환경적 요소가 단계가 지나는 속도에 영향을 줄 수 있기 때문에 인지발달의 각 단계가 나타나는 연령은 추정치에 불과하다고 한다.

#### ① 감각운동기

감각운동기는 신생아의 단순한 반사들을 나타내는 출생부터 시작해서 상징적 사고가 시작되는 2세경에 끝난다. 감각운동기의 명칭은 영아와 걸음마기 영아들이 자신들의 눈, 귀, 손 등을 통해 사고한다는 피아제의 신념을 반영한다. 출생 시 영아들은 자신의 주변세계에 대해 아는 것이 없기 때문에 의도적인 탐색을 할 수 없다.

가. 반사도식(출생~1개월)

Piaget는 생후 첫 1개월을 반사도식 단계라고 하였다. 신생아는 외부 자극에 대한 자동적인 반응인 일련의 반사들을 갖추고 세상으로 나온다. 주변세계에 대한 지식을 습득하는 일차적 자원으로서 잡기, 빨기 그리고 큰소리에 반응하기와 같은 반사적 행동에 의존한다. 이 단계에서 영아는 자신과 외부세계 간의 구분이 없고, 다양한 반사도식을 사용함으로써 경험을 쌓아감에 따라 환경의 요구에 더 적응적으로 되어간다.

나. 1차 순환반응(1~4개월)

순환반응이란 우연히 일어났던 흥미를 끄는 행위를 반복한다는 의미에서 그리고 1차적이란 유아의 관심이 외부의 대상보다는 자신의 신체에 있기 때문에 붙여진 이름이다. 영아가 누워서 엄지손가락을 즐겁게 빨고 있는 것은 1차 순환반응을 하고 있는 것이다. 이 행위는 우연히 임의적인 행동을 통해 성취되었던 어떤 것을 재현하고자 하는 능동적 노력이다. 이 시기에는 영아들이 기본적인 욕구로 인해 우연한 행동을 반복함으로써 행동을 자발적으로 통제하기 시작한다. 또한 환경적 요구에 대한 반응으로 자신의 행동을 변화시킨다. 예를 들어 아기들은 젖꼭지일 경우와 숟가락일 경우 입을 다르게 벌린다.

다. 2차 순환반응(4~8개월)

4~8개월 된 영아들은 일어나 앉고 손발을 뻗어 잡는 행동에 숙달되며, 이러한 운동 능력의 발달은 관심을 외부 환경 쪽으로 돌리는 데 중요한 역할을 한다. 가령, 매달려 있는 모빌을 치거나 장난감 오리를 눌러 소리가 나는 것을 우연히 발견한 후에 영아는 그와 같은 행동을 반복한다. 즉, 이 시기의 영아들은 자신의 행동으로 인해 일어나는 흥미있는 사건을 반복적으로 시도하는데, 이 단계의 주요한 특징은 영아 자신의 외부 사건과 대상에 열중한다는 점이다. 이때 영아가 반복적 행동을 즐긴다고 해서 계획적이거나 의도적 행동을 하고 있는 것은 아니다.

라. 2차 순환반응의 협응(8~12개월)

8~12개월에는 의도적이거나 목표 지향적인 행동에 몰두할 수 있고 단순한 문제를 해결하기 위하여 도식들을 조심성 있게 협응한다. 예를 들어 쿠션 아래 장난감을 넣어두면 9개월 영아는 한 손으로 쿠션을 들어 올려 다른 한 손으로 장난감을 집어 든다. 쿠션을 들어 올리는 행동은 우연히 이루어지는 행위가 아니라 의도적인 도식 일부로 처음에는 연계되지 않은 두 반응(들어 올리기와 잡기)들이 목적을 위한 수단으로써 통합된 것이다. 이 단계에 영아들은 숨긴 물건을 찾을 수 있는데, 숨긴 물체를 찾는 것은 물체가 시야에서 없어졌을 때도 계속해서 존재한다는 것을 이해하는 대상영속성(object permanence)을 획득하기 시작했다는 증거이다. 그러나 영아들이 실수를 하기 때문에 대상영속성의 획득이 아직 완전하지는 않다.

마. 3차 순환반응(12~18개월)

12~18개월까지 지속되는 하위 5단계에서 3차 순환반응이 나타난다. 영아들은 새로운 결과를 만들어내는 다양한 행동들을 반복한다. 심사숙고 끝에 실험적인 방법으로 주변세계에 다가감으로써 영아들은 문제를 더 잘 해결하게 된다. 예를 들어 영아들은 모양을 돌리고 비틀어서 용기 안에 있는 구멍 모양에 맞추는 방법을 파악할 수 있고 손이 닿지 않는 장난감을 얻기 위해 막대기를 사용할 수 있다.

[그림 3-8] 영아들의 시행 착오

바. 정신적 표상(18개월~24개월)

이 단계는 영아의 지적능력이 놀랄 정도로 크게 성장하는 시기이다. 18~24개월 사이에 시행착오를 거치지 않고 한 번에 문제를 해결하는 것은 정신적 표상의 표시이다. 이제 행동을 하기 전에 머릿속에서 먼저 생각을 한 후에 행동한다. 정신적 표상이 가능해지면서 이전 단계까지는 불가능하던 지연모방이 가능해진다. 지연모방은 어떤 행동을 목격한 후 그 행동을 그 자리에서 곧장 모방하지 않고 일정한 시간이 지난 후에 그 행동을 재현하는 것을 말한다. Piaget는 영아가 지연모방을 할 수 있는 것은 기억 속에 저장된 모델의 행동에 대해 정신적 상징이나 심상을 구성하여 이후에 다시 인출할 수 있기 때문이라고 한다.

### 2 전조작기

'전조작적' 이라는 용어는 이 시기의 아동이 아직 조작적인 방식으로 사고하지 못한다는 점을 강조하고 있다. 조작이란 아동이 실제로 어떤 행동을 하기 전에 그 행동을 정신적으로 그려보는 내면화된 행동을 말한다. 감각운동기에서 전조작기로 넘어가는 영유아들에게 가장 현저한 변화는 정신표상능력의 증가이다. 영아들도 주변 세계를 표상할 수 있는 능력을 가지고 있긴 하지만, 이것은 유아기에 가장 발달한다. Piaget는 전조작기를 전개념적 시기와 직관적 사고 시기의 두 하위단계로 구분하였다.

가. 전개념적 시기

전개념적 시기는 전조작기의 초기 단계로서 2~4세경을 말하며, 영아기에 발달한 도식이 내적으로 표상되는 전환기이다. 전개념적 사고의 특징으로서 상징적 기능의 출현, 자기중심적 사고, 물활론적 사고를 들 수 있다.

① 상징적 기능 : 전조작기의 가장 중요한 인지적 성취는 상징적 사고의 출현이라고 한다. 상징적 기능은 유아가 눈에 보이지 않는 사물이나 행동을 표상하기 위해 다른 무언가(상징)를 사용하는 능력을 말하며, 상징적 기능을 통해 아동의 정신세계가 크게 확장된다. 상징적 기능은 유아의 그림, 상징놀이, 언어를 통해서 가장 잘 표현된다. 예를 들어 유아가 해를 그릴 때 눈, 코, 입을 그려 넣거나 버스에 타고 있는 사람들의 다리까지 그려 넣는 것은 그들이 눈에 보이는 것을 그리는 것이 아니라 자신의 머릿속에 있는 심상을 그리고 있음을 보여 주는 것이다. 상징적 기능의 또 다른 예로는 가장놀이와 언어이다. 가장놀이(make-believe play)란 가상적인 사물이나 상황을 실제 사물이나 상황으로 상징화하는 놀이이다. 유아가 베개를 아기라고 하면서 업고 다니고 블록을 자동차나 전화 수화기인양 놀이를 한다. 또한 언어는 유아의 내적 표상을 표현하는 상징적 수단이다.

② 자기중심성 : 전조작적 사고의 가장 큰 결점은 자신의 관점과 타인의 관점을 분리하여 생각하지 못하는 자기중심성(egocentrism)이다. Piaget는 유아들이 세상에 대해 처음으로 정신적 표상을 하게 되었을 때 자신의 관점으로만 집중하는 경향이 있다고 믿었다. 그래서 다른 사람도 자신과 같은 방식으로 생각하고 느낀다고 가정한다. 이 시기의 유아들은 자기가 갖고 싶은 물건은 다른 사람도 갖고 싶을 것이라고 생각하여 엄마 생일선물로 인형이나 로봇을 고르기도 한다. Piaget는 3개의 산 과제를 개발하여 유아의 자기중심성에 대해 연구하였다(그림 3-9).

Piaget의 세 산의 과제

각각의 산은 색깔과 정상의 모양에 의해 구별된다. 한 산에는 십자가가 있으며, 다른 산에는 작은 집이 있고, 또 다른 산에는 눈이 덮여 있다. 전조작기의 아동은 자기중심적으로 반응한다. 그래서 인형의 관점에서 본 산을 선택할 수 없고 자기 관점에서 본 산을 고른다.

출처 : Berk(2006).

**[그림 3-9] 세 산의 과제**

③ 물활론 : 자기중심성은 전조작기 유아들이 무생물을 살아있는 생명체처럼 믿는 물활론적 사고(animistic thinking)의 원인이 된다. 유아가 "구름이 와서 해님을 가리자 화가 난 해님이 구름을 쫓아 버리려고 한다"라든가 "저 나무가 나뭇잎을 밀어내서 나뭇잎이 떨어졌다"라고 말할 때 물활론적 사고를 보여 주는 것이다. 물활론적 사고는 유아기 초기의 가장 현저한 특성인데, 4~5세가 되면 감소하기 시작한다. 물활론적 사고는 몇 개의 단계를 거쳐 발달되는데, 처음에는 사람에게 영향을 주는 모든 사물은 살아있다고 생각하다가, 움직이는 것은 살아있고 움직이지 않는 것은 죽었다고 생각한다. 그 다음 단계에는 움직이는 것 가운데서도 스스로 움직이는 것은 살아있다고 생각하다가 생물학적 생명관에 근거하여 생물과 무생물의 개념을 파악하게 된다(정옥분, 2003).

나. 직관적 시기

Piaget는 4~7세 사이의 단계를 직관적 시기라고 부른다. 이 시기 아동의 사고가 직관적이라고 불리는 이유는 사물의 가장 두드러진 지각적 특성인 외양에 의존하여 사물을 파악하기 때문이다. 직관적 시기에서는 아동이 덜 자기중심적이고 크기, 모양, 색깔 등과 같은 지각적 특성을 기초로 하여 물체를 구분하는 데 훨씬 능숙해진다. 그러나 과제에 대한 이해나 처리방식이 직관에 의해 좌우되기 쉽다.

① 보존개념의 결여 : 보존개념(conservation)이란 대상의 외양이 변했다 하더라도 어떤 물리적 특성은 그대로 남아 있다는 것을 말한다. Piaget에 의하면, 전조작기의 유아는 보존개념이 없다고 한다. 예를 들어 유아에게 똑같은 양의 물이 담긴 2개의 긴 컵을 보여준다. 이때 유아는 두 잔의 물의 양이 똑같다고 대답한다. 그러나 높이가 낮고 밑이 넓은 컵으로 붓고 난 뒤, 어느 컵의 물이 많은지를 물어보면 물의 양이 달라졌다고 말한다. 그들은 물의 높이가 처음보다 낮아졌기 때문에 줄어들었다고 설명하거나 물이 모두 퍼져 버렸기 때문에 많아졌다고 설명한다.

전조작기 유아들이 보존개념이 없는 것은 한 상황의 한 가지 측면만 보고 다른 중요한 특성은 무시해 버리는 중심화 특성 때문이다. 액체보존 실험에서 유아는 물의 높이에만 관심을 두고 높이의 변화가 너비의 변화에 의해 보상된다는 점을 생각하지 못한다. 그리고 어떤 문제에 일련의 단계를 따라가고 그 다음에 머릿속에서 원래 시작점을 향해 역방향으로 되돌아가는 능력인 가역성의 능력이 없기 때문이다. 가역성(reversibil-

| 보존 과제 | 초기 제시 | 변형 |
|---|---|---|
| 수 | 두 줄의 동전을 동일한 간격으로 배열한 후 동전 수가 같은지 물어본다.   | 동전 한 줄의 간격을 다르게 하고 동전 수가 같은지 물어본다.   |
| 길이 | 두 막대기를 나란히 하고 길이가 같은지 물어본다.  | 막대기 한 개를 옆으로 옮겨 놓고 두 막대기의 길이가 같은지 물어본다.  |
| 질량 | 두 공에서 찰흙의 양이 같은지 물어본다.  | 공 한 개의 모양을 바꾸고 각각의 찰흙의 양이 같은지 물어본다. 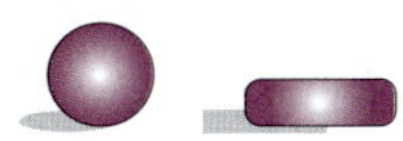 |
| 액체 | 동일한 컵에 동일한 양의 물을 부어 두 컵의 물의 양이 같은지 물어본다. 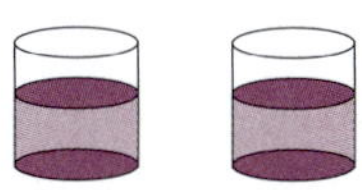 | 한 개의 컵을 넓적한 컵으로 바꾸고 물을 옮겨 부은 후 두 컵의 물의 양이 같은지 물어본다. 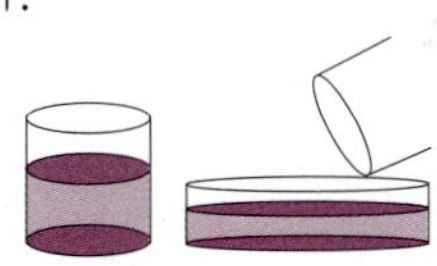 |
| 무게 | 동일한 모양의 공을 저울에 올려 놓은 후 찰흙의 무게가 같은지 물어본다. 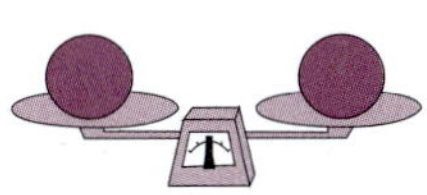 | 공 한 개의 모양을 변형시킨 후 두 공의 무게가 같은지 물어본다(저울에 올려 놓기 전에 물어본다). 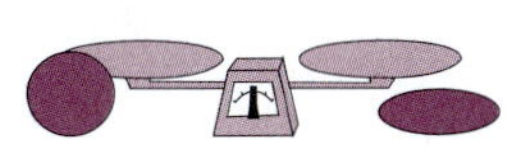 |

출처 : Berk(2006).

**[그림 3-10] 보존과제 실험**

ity)이란 어떤 문제에서 일련의 단계를 따라가고 그 다음에 머릿속에서 원래 시작점을 향해 역방향으로 되돌아가는 능력으로 논리적 조작의 일부이다. 액체보존 실험의 경우,

전조작기 유아는 물을 본래 담겨 있던 컵으로 다시 붓는 것을 생각하지 못하기 때문에 물의 양이 똑같다는 것을 알지 못한다.

② 분류능력의 부족 : 전조작기 유아들은 논리적인 조작능력이 부족하기 때문에 대상을 유사성과 차이점에 근거하여 유목과 하위유목으로 분류하는 위계적 분류(hierarchical classification)를 어려워한다. Piaget의 유명한 분류 유목화 과제에서 유아들에게 파란 꽃 4송이와 노란 꽃 12송이를 보여 준 후에 노란 꽃과 꽃 중에서 어느 것이 더 많은지 물어보면, 전조작기 유아들은 노란 꽃이 더 많다고 한다. 이들은 노란 꽃과 파란 꽃 모두가 '꽃'의 유목에 포함되는 것을 깨닫지 못한다. 즉, 전체(꽃)에서 부분(노랑과 파랑)으로, 다시 이를 부분에서 전체로 전환하는 가역적인 사고를 할 수 없다.

출처 : Berk(2006).

**[그림 3-11] 분류능력**

### ③ 구체적 조작기

7~11세에 이르는 구체적 조작기는 인지발달에서 주요 전환점이 된다. 사고는 이전보다 훨씬 더 논리적이며 융통성이 있고 체계화되어 성인의 추론능력과 유사하다. 그러나 구체적 조작기라는 단계의 명칭에서 알 수 있듯이 아동은 구체적인 정보를 다룰 때는 체계적이고 논리적인 방식으로 사고를 하지만, 추상적인 정보를 다룰 때는 정신적인 조작을 잘하지 못하는 한계가 있다.

#### 가. 보존

전조작기에 불가능했던 보존개념이 형성된다. 보존과제를 성공하는 능력은 조작을 할 수 있다는 명확한 증거이다. 액체보존 과제에서 아동은 액체의 양이 변하지 않았다고 말하고 다음과 같은 설명을 하기도 한다. '물의 높이가 더 낮지만 너비는 더 넓어요. 다시 부어 보면 같은 양이라는 것을 알게 될 거예요' 이 시기의 아동은 한 면(너비)의 변화가 다른 측면(높이)의 변화를 보상한다는 것을 인식하는 탈중심화를 시작한다. 보존개념은 수, 길이, 액체, 질량, 무게 순으로 획득한다.

나. 분류

7~10세 아동은 상위유목과 하위유목 간의 관계, 즉 전체와 부분의 관계를 이해하는 능력을 필요로 하는 유목포함 과제를 풀 수 있다. 이것은 아동이 분류 위계화의 개념이 있으며 하나의 일반적인 것과 두 개의 특정한 유목—즉, 한 번에 셋 사이의 관계—사이의 관계에 동시에 집중할 수 있음을 의미한다.

다. 서열화

길이나 무게와 같은 양적인 측면을 중심으로 항목을 순서대로 나누는 능력을 서열화라고 하는데, 이러한 능력이 가능해진다. 즉, 아동에게 길이가 다른 막대를 가장 짧은 것에서 가장 긴 것으로 배열하도록 하면 학령전기 아동은 서열화를 할 수 있으나 많은 시행착오를 거친다. 그러나 만 6~7세 아동은 순서에 따라 계획적으로 서열화를 한다.

구체적 조작기 아동은 전환적 추론(transitive inference)이라고 불리는 능력, 즉 정신적으로 서열화를 할 수 있다. 길이가 다른 세 막대 가운데 막대 A가 막대 B보다 길고, 막대 B는 막대 C보다 길 때 구체적 조작기 아동은 막대 A가 막대 C보다 길다는 것을 추론할 수 있다.

### ④ 형식적 조작기

청소년기에 이르면 사고가 보다 추상적이며 논리적이고 이상적이다. 이제 청소년은 실제적이고 구체적인 사물이나 사실에만 의존하여 사고하지 않으며 가설적인 상황이나 추상적인 계획을 바탕으로 사건을 지어낼 수 있으며 이에 대한 논리적 추론이 가능하다.

가. 추상적 사고

청소년의 형식적 조작기 사고는 아동의 사고보다 추상적이다. 청소년은 더 이상 실제적이고 구체적인 경험만을 바탕으로 생각하지 않는다. 형식적 조작기에 이른 청소년의 사고가 얼마나 추상적인가는 청소년이 언어로 문제를 해결하는 능력에서 잘 드러난다. 구체적 조작기 아동이 A=B이고 B=C이면 A=C이다 라는 논리적 추론을 하기 위해서는 구체적인 사물을 눈으로 직접 봐야 하지만 형식적 조작기 청소년은 말로만 들어도 이 문제를 해결할 수 있다.

### 나. 가설적-연역적 추론

출처 : Berk(2006).

**[그림 3-12] 진자과제**

청소년들은 보다 논리적으로 사고한다. 청소년들은 문제에 직면했을 때 결과에 영향을 미칠 수 있는 모든 가능한 요인들의 일반적 이론으로 시작하여 앞으로 일어날 일에 대한 특정한 가설을 추론한다. 그리고 난 후에 실제 상황에서 그 중에 어떤 것이 성공하는지 알아보기 위하여 순차적으로 가설을 검증한다.

청소년의 가설적-연역적 추론능력은 Piaget의 유명한 진자과제에서 잘 나타난다. 학령기 아동과 청소년에게 길이가 다른 실, 그 실에 묶여 있는 무게가 다른 물체, 실이 걸려 있는 판을 제시한다. 그리고 호를 따라서 진자가 흔들리는 속도에 영향을 주는 것이 무엇인지를 알아내도록 한다. 형식적 조작기 청소년은 네 개의 가설을 생각해낸다(① 줄의 길이, ② 줄에 걸려 있는 물체의 무게, ③ 진자 운동하기 이전의 물체 높이, ④ 물체를 미는 힘). 청소년들은 모든 다른 상황을 같게 하면서 한 번에 한 요소만 다르게 함으로써 각각의 가능성을 시험해 본 다음에 줄의 길이만이 차이를 만든다는 것을 발견해 낸다. 그러나 구체적 조작기 아동은 비체계적으로 실험을 하며, 두 가지 또는 세 가지 요인을 동시에 변화시키기 때문에 관계된 요인을 찾아내지 못한다(Berk, 2014).

### 다. 명제적 사고

형식적 조작기 사고의 또 다른 특징은 명제적 사고(propositional thought)이다. 청소년은 현실세계의 상황을 고려하지 않고도 명제의 논리(언어적 진술)를 평가할 수 있다. 반대로 아동은 현실세계에서 찾을 수 있는 구체적인 증거에 입각해서만 명제의 논리를 평가할 수 있다. 가령, 아동과 청소년에게 포커칩을 보여 주고 이 칩에 관한 진술이 진실인지, 거짓인지, 혹은 불확실한지에 대해 물어본다. 연구자는 칩을 손에 숨기고 다음과 같은 명제를 제시하였다. '내 손의 칩 중 하나는 초록색이거나 초록색이 아니다', '내 손에 있는 칩은 초록색이면서 초록색이 아니다', 또는 다른 상황에서 연구자는 붉거나 푸른색의 칩을 손에 잡고 같은 명제를 언급하였다. 이와 같은 실험에 학령기 아동은 포커칩의 구체적인 속성에 집중하여 시야에서 없어지면 두 진술에 대해 불확실하다고 응답하였다. 포커칩이 보이면 초록색일 경우 아동들은 두 진술문 모두 진실이고 빨간색인 경우 틀렸다고 판단하였다. 그러나 청소년은 진술문의 논리성을 분석하였고, 그들은 포커칩의 색에 상관없이 '그들 중의 하나(either-or)'라는 진술문은 항상 진실이고 '그리고(and)' 진술문은 항상 거짓임을 이해하였다(Berk, 2014).

## 2) Lawrence Kohlberg의 도덕성 발달 이론

### (1) 생애

Kohlberg(1927-1987)는 New York의 Brownsville에서 태어나 그곳에서 자랐다. 미국 명문 사립고등학교인 매사추세츠의 Andover 아카데미를 다녔다. 그는 고등학교를 졸업하고 곧바로 대학에 진학하지 않고 유럽에서 이스라엘로 귀환하는 이스라엘 난민들을 수송하는 비행기의 부조종사로 일했다. 영국 군대에 의해 체포되어 사이프러스에 감금되었으며 2년 동안의 감금생활을 하는 동안 자신을 되돌아 볼 수 있는 시간을 가질 수 있었다. 그 후 1948년에 Chicago 대학에 아주 좋은 성적으로 입학하였으며 졸업 후 대학원에 입학하였다. 대학원 과정에서 Rogers와 Bettelheim과 같은 심리학자에게 임상적 이론과 실제를 배웠다. Kohlberg는 처음에 임상심리학자가 되려고 하다가 Piaget 이론에 흥미를 가지면서 아동과 청년들을 면담하고 그 결과를 분석하여 「10~16세까지 사고와 선택유형 발달」이라는 논문으로 박사학위를 받았다. 1959년에서 1961년까지 Yale 대학 심리학과에서 그리고 1962년부터 1968년까지 Chicago 대학에서 교수를 하였으며 그 이후에는 불치의 병을 비관하여 자살로 생을 마감할 때까지 Harvard 대학교수로 재직하였다.

### (2) 주요 개념

Kohlberg는 10세, 13세, 16세 남아들에게 도덕성 판단 면접(moral judgement interview)을 하여 그들의 반응을 토대로 Piaget의 도덕성 발달 이론을 정교화하고 확대하였다. 도덕성 판단 면접이란 두 가지 도덕 가치에 관한 갈등을 제시하고 자신의 결정을 정당화하는 딜레마를 해결하게 하는 기법이다. 이 중 유명한 딜레마는 하인즈 딜레마인

데, 인간생명에 대한 가치(죽어가는 사람 구하기)에 대응하는 법의 준수에 대한 가치(도둑질하지 않기)가 제시된다. 그리고 난 후에 Kohlberg는 피험자에게 자신의 답변에 대한 설명과 함께 딜레마가 기반을 두는 갈등적 도덕 가치를 평가하도록 하였다. 그는 피험자들의 반응의 내용보다 자신의 결정을 정당화하기 위해 사용하는 논리, 혹은 사고구조에 관심이 있었다. 즉, 도덕적 성숙은 딜레마에 대한 개인적 추론방식에 의해 결정되며 반응의 내용(훔쳐야 할지 말아야 할지)에 의해 결정되지 않는다고 보았다.

몇 가지 딜레마에 대한 피험자들의 반응을 주의 깊게 분석한 결과, Kohlberg는 도덕적 발달수준이 고정된 순서에 따라 발달한다고 하였다. 그는 도덕수준과 단계의 순서는 불변적 순서로 발달하는 인지적 능력의 발달에 의존하기 때문에 불변적이라고 보았다. Piaget와 마찬가지로 Kohlberg는 각 단계가 이전 단계로부터 발전되고 대체되며 일단 더 높은 도덕추론 단계에 도달하면 이전 단계로 후퇴하지 않는다고 가정한다.

[Box 3-1] 도덕적 딜레마의 예

유럽의 어느 마을에서 한 여성이 암으로 거의 죽어 가고 있었다. 의사 생각에 그 여성을 구할 수 있는 약이 한 가지가 있었는데, 그것은 라디움의 일종으로 같은 마을에 사는 한 약사가 발견해 낸 것이다. 그런데 약사는 그 약의 원가가 비싸기도 하지만 원가의 10배의 값을 요구하였다. 남편인 Heinz는 자기가 아는 모든 사람들에게 돈을 빌렸지만 약값의 절반밖에 되지 않았다. Heinz는 약을 싸게 팔거나 후에 갚게 해 달라고 부탁했으나 약사는 모두 거절했다. 그래서 Heinz는 약국에 침입하여 약을 훔쳤다. Heinz는 그렇게 해야만 했는가?

### (3) 도덕성 발달단계

Kohlberg의 이론은 도덕성 발달의 세 가지 기본 수준들, 전 인습적, 인습적 그리고 후 인습적 수준으로 구분된다. 이 세 가지 일반적인 수준들 안에서 다시 두 가지 단계로 세분하여 6단계의 도덕성 발달 이론을 정립하였다.

### ① 전 인습적 수준

전 인습적 수준에서 도덕성은 외부적으로 통제된다. 아동은 권위적 인물의 규칙을 수용하고 행동은 행동의 결과에 의하여 판단한다. 처벌의 결과를 가져오는 행동은 나쁘며 보상을 가져오는 행동은 좋다고 판단한다.

가. 1단계 : 처벌과 복종의 지향

행동이 옳고 그른 것은 그 결과에 달려 있다. 아동은 처벌을 피하기 위해 권위를 따르지만, 그것이 들키지 않거나 처벌받지 않으면 나쁜 것으로 생각하지 않는다. Heinz 딜레마에서 이 단계 아동들의 전형적인 응답은 Heinz가 약을 훔치는 것은 나쁘다는 것이고, 그 이유는 '법에 어긋나니까' 또는 '훔치는 것은 나쁘니까' 이다.

나. 2단계 : 도구적 목적 지향

이 단계에 있는 사람은 보상을 얻거나 개인적 목적을 만족시키기 위해 규칙을 따른다. 타인에 대해 어느 정도의 관심이 있지만 타인-지향 행동이 궁극적으로 다시 이익이 될 것이라는 희망에 의해 동기화된 것이다. '네가 내 등을 긁어주면 나도 네 등을 긁어줄게' 의 철학이다.

### ② 인습적 수준

이제 사람들은 타인의 인정을 얻기 위해 혹은 사회 질서를 유지하기 위해 규칙이나 사회적 규준을 따르려고 한다. 사회적 칭찬이나 비난의 회피가 윤리적 행동의 동기로서 가시적인 보상이나 처벌을 대체한다.

가. 3단계 : 착한 아이 지향

도덕적 행동이란 타인을 기쁘게 하고 타인을 돕고 타인의 인정을 받는 것이다. 이제 사람들을 의도에 근거하여 판단한다. 좋은 의도는 가치가 있는 것이라고 생각한다. Heinz의 예에서 소년들은 Heinz가 '아내의 생명을 구하려 노력했다, 사랑하는 사람의 생명을 구하려 했다' 는 이유를 들어 Heinz가 약을 훔친 것을 옳다고 주장했다. 반면에 '약사의 동기는 나빴으며 약사를 이기적이며 탐욕스럽고 자신에만 관심이 있고 다른 생명에는 무관심하다' 고 말했다.

나. 4단계 : 사회적 질서 유지 지향

이 단계에서 사람들은 더 큰 관점, 즉 사회관습적 법을 고려하게 된다. 도덕적 선택은 더 이상 타인의 가까운 관계에 의존하지 않는다. 이제는 사회질서가 유지되도록 법에 복종하고 권위를 존중하며 개인의 의무를 수행하는 데 역점을 둔다. Heinz의 이야기에서 응답자들은 대체로 Heinz의 동기가 좋긴 하지만 그렇다고 도둑질을 용인하지 않는다. 우리 모두가 그럴만한 이유가 있을 때마다 법을 어긴다면 사회는 어떻게 되겠는가? 그 결과는 혼란상태일 것이라고 반응하였다.

### ③ 후 인습적 수준

후 인습적 수준에 있는 사람은 사회규범을 이해하고 기본적으로는 그것을 인정하지만 법이나 관습보다는 개인의 가치기준에 우선을 둔다. 정의의 원칙에 근거하여 옳고 그름을 정의한다. 도덕적으로 옳은 것과 법적으로 정당한 것이 항상 똑같은 것은 아니다.

가. 5단계 : 사회적 계약의 지향

법과 사회계약이 최대 다수의 최대 행복이라는 전제하에 만들어졌다는 것을 이해하고 모든 사람의 복지와 권리를 보호하기 위해 법을 준수한다. 그러나 인간의 권리나 존엄을 위협하는 법은 부당하고 도전할 가치가 있는 것으로 생각된다. Heinz의 이야기에 대해 5단계의 응답자들은 일반적으로 법을 위반하는 것을 반대한다는 뜻을 분명히 한다. 법은 민주적인 방법에 의해 바뀔 때까지 지키기로 약속한 사회계약이다. 그럼에도 불구하고, 아내가 살아야 할 권리는 보호받아야 할 도덕적 권리이다. 이 단계의 응답자들은 때로 Heinz가 약을 훔친 일을 강하게 방어해 준다.

나. 6단계 : 보편적 윤리적 원칙 지향

이 단계에 있는 개인은 자신이 선택한 윤리적 양심의 원칙에 기초하여 옳고 그름을 정의한다. 이러한 원칙들은 십계명과 같은 구체적인 도덕적 규칙이 아니고 사회적 계약을 초월하는 추상적인 도덕적 지침이거나 보편적 정의의 원칙, 모든 인간의 권리에 대한 존중이다. 6단계의 개인은 전형적으로 모든 개인의 주장을 동등하게 고려한 원칙과 같은 것을 언급하고 각 사람의 가치와 존엄을 존중한다.

## 3 사회복지실천과의 연관성

### 1) 행동주의 이론과 사회복지실천과의 연관성

행동주의 이론은 인간의 행동이 환경에 의해서 좌우된다고 보고 조작적 조건형성이나 관찰을 통해서 학습이 이루어진다고 보는 관점이다. 행동주의 이론은 사회복지실천의 현장에서 아동과 성인들의 일상생활의 문제에서부터 정신적인 문제에 이르기까지 다양한 분야에서 비교적 단시간에 효과를 볼 수 있어 많이 사용되어 왔다. 특히 조작적 조건형성 이론의 원리를 통하여 행동의 변화를 추구하는 기술인 행동수정은 아동복지, 장애인복지 등에서 활용되고 있다. 행동수정(behavior modification)은 관찰이 가능한 클라이언트의 문제행동을 대상으로 조건화, 강화, 소거, 변별을 통해 원하지 않는 행동을 감소시키고 바람직한 반응을 증가시키는 절차로 구성되어 있다. 이는 지속적인 공격성, 언어지체, 불안 그리고 극단적인 공포와 같은 광범위한 발달상의 심각한 문제들을 경감시키는 데 활용되고 있다.

사회학습 이론은 사회복지실천에서 클라이언트가 접하는 환경의 중요성을 인식하게 하여 환경의 변화를 통해서 문제를 해결할 수 있게 한다. 즉, 클라이언트가 문제행동과 접할 수 있는 기회를 차단하고 바람직한 행동과 접할 수 있는 기회를 증진시켜 그들의 문제를 해결하는 데 기여할 수 있게 한다. 관찰을 통하여 부모가 자녀를 다루는 방법과 의사소통 기술을 배워 실생활에 적용할 수 있도록 하여 아동의 문제행동을 치료할 수 있고 모델링을 통하여 반사회적인 클라이언트에게도 효율적인 의사소통 기술을 가르칠 수 있다.

행동주의 이론은 인간의 행동을 자극과 반응의 단순한 도식으로 이해하고 자극을 변형시켜 행동변화를 가져올 수 있다는 가정이 인간의 자유의지나 자기 결정의 원리를 간과하고 있다. 사회복지는 인간의 자율성과 자기 결정을 실천의 원칙으로 보고 있으므로 행동주의 이론을 사회복지에 적용하는 데는 한계가 있을 수 있다.

### 2) 인지발달 이론과 사회복지실천과의 연관성

인지발달 이론은 인간의 인지는 환경과 상호작용을 통하여 변화하고 발달한다고 보고 있으며, 이러한 상호작용에서 인간의 능동적인 역할을 중시하고 있다. 특히 Piaget의 인지 이론은 아동들이 성인과 다르게 사고한다는 것을 가르쳐 주었다. 어린 아동은 나이 든 아동이나 성인에 비해 단순히 더 우둔한 것이 아니라 전혀 다른 방식으로 사고한다고 생각한다는 것이다. 이러한 가정은 사회복지 현장에서 클라이언트를 바라볼 때 각각의 대상에 따라 그 접근은 달라질 수 있으며 다르게 볼 수 있어야 한다는 점을 인식시켜 주고 있다. 그러나 실제로 Piaget 이론은 사회복지실천 현장에 직접 활용되기보다는 교육 현장에 적용되는 경우가 많다. 즉, 유아기와 아동 중기 동안의 교육에 중요한 공헌을 한 것으로 평가되며 교수와 학급에 대한 아동중심적 접근을 위한 강력한 이론적 정당성을 제공하였다.

Kohlberg의 도덕성 발달 이론은 도덕판단 과정의 논리를 도덕판단의 결과보다 중요시하여 상황에 따른 인간의 자유판단을 최대로 존중하고 있다. Kohlberg의 도덕성 발달 이론이 사회복지실천에서 더욱 필요한 것은 사회복지 현장에서 종사하는 사회복지사들이 가치판단에 대한 올바른 인식능력은 매우 중요하기 때문이다. 사회복지 현장에서 접하는 클라이언트가 가져오는 상황과 문제는 매우 다양하기 때문에 사회복지사의 접근방법은 개인의 상황에 따라 다를 수 있으나, 그 접근방법의 원리는 늘 보편성과 일반성을 유지해야 한다. 특히 클라이언트의 자기 결정권과 비밀보장, 기관, 사회복지사의 이익과 클라이언트의 이익 등 깊이 생각해 보아야 할 윤리적 딜레마 상황에서 기본 원리는 매우 중요한 기준이 된다. 사회복지사가 클라이언트를 대할 때 일관성을 잃게 되면 오히려 클라이언트에게 해가 될 수 있다. 이러한 맥락에서 여러 갈등 상황을 배경으로 한 도덕판단과 가치훈련, 사회복지사의 도덕발달 수준은 매우 중요하다(신종우 · 윤경원 · 이우언, 2008).

4
Chapter

# 인본주의 이론

많은 임상심리학자들은 정신분석이나 행동치료가 인간을 너무 자동적이고 기계적으로 본다고 비판한다. 인본주의 이론가들은 인간을 좀 더 포괄적으로 보려고 하며, 무의식적인 갈등을 겪거나 조건화된 공포를 느끼는 존재가 아니라 무한한 잠재능력을 지닌 것으로 본다. 본 장에서는 대표적인 인본주의 이론인 Carl Rogers의 인간중심 이론과 Abraham Maslow의 전체-역동 이론을 살펴보고자 한다. Rogers는 인간은 자아와 현실세계와의 조화 그리고 개인의 실제 자아와 이상적인 자아와의 조화가 필요하다고 보았다. 자아와 현실세계가 조화를 이루지 못하면 타인과의 관계가 원만하지 못하고 현실에 대한 적절한 사고를 할 수 없어 부적응을 유발할 수 있다. Maslow는 개인의 능력을 발휘하고자 하는 인간의 자아실현의 동기를 강조하며 자아실현의 동기가 활성화되기 위해서는 보다 기본적인 욕구들이 먼저 만족되어야 하는 욕구위계설을 제시한다.

## ❶ Carl R. Rogers : 인간중심 이론

Rogers는 내담자중심 치료의 창설자로 잘 알려져 있으며, 심리치료사로서의 경험에 기초해 인본주의 이론을 전개했다. Rogers는 인간이 왜 그렇게 행동하는가를 알아내는 것보다 인간을 돕는 것에 더 관심이 있어 치료자로서 부드러운 마음과 철저한 연구로 인간이 어떻게 느끼고 생각하는가에 대한 지식을 넓혔다(Feist & Feist, 2002).

### 1) 생애

Rogers(1902~1987)는 6남매 중 넷째로 미국 Illinois주 Oak Park에서 태어났다. Rogers의 부모는 독실한 기독교인이었고, Rogers는 초등학교에 가기 전부터 성경에 흥미를 보여 성경과 다른 책들을 읽었으며 부모에게서 근면을 익혔다.

Rogers의 아버지는 건축회사를 운영하고 있었으나 Rogers가 고등학교 때 농가로 이사를 해 자녀에게 좀 더 건강하고 종교적인 분위기를 마련해 주고 싶어했다. Rogers는 이곳에서 자연에 심취하였고 과학적인 태도를 길러 식물과 동물을 자세히 관찰하기도 하였다. Rogers는 농부가 되려고 고등학교를 졸업하고 Wisconsin 대학의 농대에 진학을 했지만 여러 젊은 종교 지도자들을 만나 더 자유로운 사색가가 되었고 부모의 종교적인 관점에서 멀어졌다.

Rogers는 1926년 목사가 되려고 New York의 Union 신학원에 들어갔지만 종교적인 것에 차츰 흥미를 잃게 되었고, 결국 1926년 신학원을 떠나 Columbia Teacher College에서 임상과 교육심리학을 전공하였다. 1927년 Rogers는 New York시의 아동지도국에서 일을 하며 박사과정을 마쳤는데, 이곳에서 Freud의 기본 지식을 현장에 적용해 보려고 했으나 별 흥미를 느끼지 못했다.

1931년 Rogers는 New York의 Rochester로 이사해 Rochester 아동학대예방 단체에서 일을 하며 Columbia 대학에서 박사학위를 받았다. Rogers는 전문적인 일을 시작한 초기에 Otto Rank의 영향을 강하게 받았는데, Rank는 Rogers에게 치료는 정서적인 성장을 가져오게 하는 관계로 내담자에 대한 치료자의 무조건적 수용과 공감적 경청으로 이루어진다는 생각을 하게 해 주었다. Rogers는 Rochester에서 12년을 보냈는데, 이 기간 동안 Rogers는 치료자의 이론적 지식은 내담자의 내적 기능에 대해 당사자보다 치료자가 더 많이 알고 있다고 생각하게 할 수 있음을 느꼈다. 일단 이와 같은 위험한 생각을 하게 되면 내담자는 자기 스스로의 경험을 신뢰하고 스스로의 지각에 타당성을 부여하기가 힘들어진다(이영희 · 박외숙 · 고향자, 2007).

Rogers는 Teacher College와 Rochester 대학에서 사회학을 가르친 경험으로 대학교에서 일을 하고 싶어했다. 이때 쓴 첫 번째 책인 『문제아동을 위한 임상치료(1939)』로 Ohio 주립대학의 교수가 되었고 1940년에 Columbus로 이사를 했다. Rogers는 상담과 심리치료에 대한 자신의 생각을 집필했는데, 이 책에서 장애의 원인과 장애의 명명을 최소화하고 내담자 안에서의 성장의 중요성을 강조했다. 1944년 연합서비스 단체의 상담서비스 감독자로 New York으로 돌아왔고 1년 후 Chicago 대학으로 와서 상담센터를 세우고 심리치료 과정과 결과에 대해 많은 연구를 하게 되었다. Rogers는 1945~1957년 Chicago에서 생애 최고로 풍부하고 창의적인 작업을 하였는데, 그의 치료는 방법론을 강조하였고 1940년대 초 비지시적 기법으로 내담자와 치료자의 관계를 강조하였다.

Rogers는 1957년 Wisconsin 대학의 교수가 되었으나 정신의학과 심리학과의 교수들을 통합할 수 없는 것과 동료의 비양심적인 행위에 실망하였다. 그럼에도 불구하고, Rogers는 정신의학과 심리학에 영향을 주었고 정상인과 Chicago와 Ohio주에서 만난 신경증 환자와 다른 정신이상자를 연구하기도 하였다. Wisconsin에서의 일에 실망하여 1964년 California로 이사를 하였고 Western Behavioral Sciences Institute(WBSI)에 가담해 참만남 운동에 흥미를 갖게 되었다. 그는 교육, 정치와 국제 정세 등 사회적인 이슈에 인간중심 접근을 펼쳤는데, WBSI가 민주적이지 않아 사임하고 75명의 동료와 인간연구센터를 세웠다. 그는 계속 참만남 운동을 하고 자신의 인간중심 기법을 교육과 국제 정치에 적용하였는데, 생애 후반 헝가리, 브라질, 남아프리카, 러시아에서 워크숍을 했다.

Rogers는 두 사람 간의 대인관계가 두 사람의 심리적인 성장을 이끄는 강력한 요소라는 생각의 주창자가 되었다. 그는 동양과 서양의 사고 차이를 연결해 줄 인본주의적이고 실존주의적인 철학을 만들었다. Rogers는 원래 성격이론이 필요 없다고 생각했으나 사람들의 요구와 자신이 관찰한 현상을 설명하고 싶은 내적인 욕구로 자신의 이론을 전개하였다.

## 2) 주요 개념

### (1) 인간중심 이론

성격에 대한 Rogers의 개념은 1940년대 초부터 그가 사망한 1987년까지 기본적으로 바뀌지 않았으나 이름에서 여러 차례 변화가 있었다. 초기에 그의 접근은 '비지시적' 이라고 했는데, 나중에 내담자중심, 인간중심으로 바뀌었다. 일반적으로 Rogers의 심리치료를 언급할 때는 내담자중심이라는 용어를 사용하고, 성격이론에서는 인간중심(person-centered)이라는 용어를 사용한다.

#### ① 기본 가정

가. 발달 경향성

Rogers는 생물과 무생물 모두에게는 단순한 것에서 더 복잡한 형태로 나아가려는 경향성이 있다고 하였다(Feist & Feist, 2002). 우주의 작용은 분해보다는 창조인데, Rogers는 이를 발달 경향성이라고 불렀다. 예를 들어, 복잡한 은하계의 별은 조직이 엉성한 덩어리에서 형성되고, 눈송이는 형태 없는 증기에서 나오며, 복잡한 생물은 단순한 세포에서 발달하고, 인간의 의식은 원초적인 무의식에서 고도로 조직화된 의식으로 전개된다.

나. 실현 경향성

모든 인간에게는 잠재력을 실현하려는 경향이 있다. 인간은 스스로 자신의 문제를 해결하고 자신의 개념을 바꿀 수 있으며 점점 자기 지시적이 될 수 있는 창조적인 힘이 있다. 따라서 인간은 자아를 실현하는데 누군가에게 지시나 통제, 권면 받거나 조정될 필요가 없다.

인간은 다양한 욕구를 갖고 여러 가지 모습으로 행동하지만, 모든 행동은 오로지 실현 경향성과 관련된다. 인간의 실현 경향성은 일정한 상황에서만 이루어지므로 우리는 일관되거나 진실하고 공감과 무조건적인 긍정적 존중을 보이는 사람과 관계를 가져야 한다. 이 세 가지를 지닌 상대는 우리가 자아실현을 하도록 도와준다.

### ② 자아와 자아실현

Rogers는 유아가 자신의 경험이 개인적인 것이 되고 자각 속에서 '나' 나 '나를' 의 경험을 구별할 때 자아에 대한 희미한 개념이 생긴다고 한다(Feist & Feist, 2002). 즉, 유아는 좋고 나쁜 것을 배우고 즐겁거나 즐겁지 않은 것을 느끼며 점점 자신에 대한 정체감을 갖게 되며 유아는 실현 경향성을 근거로 자신의 경험을 긍정적으로나 부정적으로 평가한다.

유아가 일단 기본적인 자아 구조를 갖게 되면 자아를 실현하려는 경향이 나타나는데, 자아실현은 실현 경향성의 하위체계라고 할 수 있다. 실현 경향성은 개인의 유기체적인 경험을 말하고 의식과 무의식, 생리적이고 인지적인 전체 인간을 말하는 반면에, 자아실현은 자각된 대로 자아를 실현하려는 경향을 말한다. Rogers는 자아개념과 이상적 자아라는 두 가지의 자아 하위체계를 상정한다(Feist & Feist, 2002).

#### 가. 자아개념

자아개념은 개인이 지각하는 자신의 존재와 경험에 대한 모든 것을 의미하며 유기체적인 자아와는 다르다. 유기체적인 자아는 인간의 자각을 뛰어넘거나 인간이 소유하지 않은 것이다.

이미 형성된 자아개념을 변화시키는 것은 불가능하지 않으나 어렵다고 보았으며 자아개념의 변화는 타인이 자신에게 수용적일 때 일어날 수 있는데, 이러한 수용적인 분위기는 불안과 위협을 줄여주고 이전에 받아들이지 못한 경험을 받아들이게 해 준다고 강조하였다.

#### 나. 이상적 자아

이상적 자아는 자신이 되고 싶어하는 자아로 개인이 소유하기를 원하는 모든 특징이며 항상 긍정적이다. 이상적 자아와 자아개념 사이의 차이가 크면 부조화가 생겨 건강하지 못한 성격을 갖게 된다. 따라서 심리적으로 건강한 사람은 자아개념과 이상적인 자아와의 부조화가 거의 없다.

### ③ 자각

자각이 없으면 자아개념과 이상적인 자아는 있을 수 없다. Rogers에 의하면 자각은 우리 경험의 일부를 상징적으로 표상하는 것이다(Feist & Feist, 2002).

가. 자각의 수준

Rogers는 세 가지 수준의 자각을 상정한다.

첫째, 어떤 사건은 자각의 문지방 아래에 있어 무시되거나 억제된다(Feist & Feist, 2002). 우리는 걸으며 많은 자극을 받지만 모든 것에 주목하지는 않는다. 예를 들어, 아이를 원치 않았던 어머니가 죄의식 때문에 자녀에게 지나치게 몰두할 수 있다. 아이를 향한 이 어머니의 화와 분노는 수년간 감추어질 수 있고 결코 의식을 못하나 계속 어머니의 경험의 일부로 남아서 아이를 향한 어머니의 의식적인 행동에서 나타날 수 있다.

둘째, 어떤 경험은 정확히 표상되어 자아구조로 받아들여진다. 이러한 경험은 위협적이지 않고 자아개념과 일치한다. 예를 들어, 자신의 능력을 믿는 피아니스트가 그의 능력에 대해 칭찬받을 때 이 칭찬의 말은 정확히 자아개념으로 편안하게 받아들여진다.

셋째, 왜곡되어 지각되는 경험이다. 사람의 경험이 자아에 대한 생각과 일치하지 않을 때 자신이 생각하는 자아개념과 일치하도록 재구성하거나 왜곡한다. 만일 타고난 재능이 있는 피아니스트가 경쟁자로부터 연주가 탁월했다는 말을 들으면, 신뢰하는 친구가 말한 것과는 다르게 반응할 것이다. 피아니스트는 이 말을 듣고 위협을 느껴 그 의미를 왜곡할지 모른다. '왜 이 사람이 나에게 아첨을 떨까? 이해가 안 되네', '나를 속이려는 경쟁자의 말을 나는 안 믿어'라는 말을 하며 현재의 자아개념에 따르려고 다른 사람의 말을 부정확하게 해석해 왜곡해 버린다.

나. 긍정적인 경험에 대한 부정

진정한 칭찬이나 긍정적인 피드백을 받아들이는 것을 어려워하는 사람이 많다. 그래서 찬사가 진정이어도 받는 사람의 자아개념에 긍정적인 영향을 좀처럼 주지 못한다. 또한 칭찬하는 사람을 못 믿거나 칭찬을 받는 사람이 그것을 받을 만하다고 생각하지 않을 수 있다.

### ④ 욕구

#### 가. 유지

유기체의 자아 유지에 대한 욕구는 음식, 공기, 안전감 같은 기본적인 욕구가 만족되어 변화에 저항하고 현상을 유지하려는 것을 말한다. 유지욕구는 현재의 편안한 자아개념을 보호하고 싶어하는 것이다.

#### 나. 향상

사람은 현상을 유지하고 싶어하기도 하지만 여전히 배우고 변하려고 한다. 더 발달하고 성장하려는 것을 향상이라고 한다. 자기를 향상시키려는 욕구는 지금 당장 별 이득이 없는 것을 배우고 싶어하는 것에서 보여진다. 영아의 기는 행동은 움직이고자 하는 욕구를 충족시킬 수 있는 반면, 걷는 것은 넘어지는 것과 같은 고통을 수반한다. 사람은 유기체로서 자신의 기본적인 특성을 이루려는 타고난 성향 때문에 위협과 고통에 직면하는 것이다.

향상은 호기심, 놀이, 자기 탐색, 성숙, 우정 등 많은 형태로 나타나며 음식이나 성조차도 자신을 향상시키려는 유기체의 욕구표현이다.

#### 다. 긍정적 존중

자아에 대한 자각이 있게 되면, 유아는 타인으로부터 사랑받거나 수용되고 싶은 욕구를 발달시키는데, Rogers는 이를 긍정적 존중이라고 했다. 긍정적 존중의 욕구는 모든 인간에게 있는데, 생애 내내 강력하고 지속적인 동기가 되고 중요한 타인에게서 받는 긍정적 존중은 유기체의 욕구를 채우는 것보다 강할 수 있다. 예를 들어, 개를 무서워하는 아동이 아버지가 용감함을 보여주기 위해 개를 만져보라고 할 때 아버지로부터 칭찬(긍정적 존중)을 받으려고 자신의 두려움을 부정하거나 왜곡할 수 있다.

#### 라. 긍정적 자아존중

긍정적 존중이 만족되거나 좌절되는 경험을 통해 사람은 자아존중의 욕구가 생긴다. 아동이 아버지로부터 용감한 행동으로 칭찬을 받을 때 아동은 이 용감한 행동에 대해 긍정적 자아존중을 갖고, 겁쟁이 같은 행동에 대해서는 부정적 자아존중을 가질 수 있다. 만일 아동이 자기 자신을 싫어한다면 부정적인 자아존중감을 가지게 되고, 타인의 태도와 상관없이 자신을 좋아한다면 긍정적 자아존중감을 가지게 된다. 긍정적 자아존중은 자신감과 자아가치감으로 되어 있다.

긍정적 자아존중은 자신에게 중요한 타인이 자신을 좋아하고 가치 있게 여긴다고 지각하면 형성될 수 있다. 타인으로부터의 긍정적 존중은 긍정적 자아존중보다 먼저 있어야 한다. 이는 자아존중감 욕구가 있기 전에 애정과 소속의 욕구가 먼저 채워져야 한다는 앞으로 소개될 Maslow의 개념과 유사하다. 일단 아동이 자신감과 가치감을 느끼면 더 이상 애정과 타인의 인정에 집착하지 않는다. 긍정적 자아존중의 원천은 타인에게서 받는 긍정적 존중이다. Rogers는 이때 자기 자신에 대해 사회적인 타인감을 갖게 된다고 보았다.

### ⑤ 조건부 가치

조건부 가치는 아동이 그들의 경험을 수용하거나 거부하는 기준이 된다. 아동은 자신을 타인의 지각에 맞추고 이에 근거해 평가를 한다. 만일 다른 사람이 자신의 행동에 상관없이 자신을 수용하면 우리는 무조건적으로 칭찬받았다고 생각한다. 그러나 사람이 어떤 행동은 인정받고 어떤 행동은 인정받지 못하면, 그들은 이 가치가 조건적임을 알게 된다. 결국 타인의 인정이 자신의 부정적인 자기와 일치한다고 믿게 되면 자신의 감각과 내적인 지각을 무시하여 점점 자신의 실제 혹은 유기체적인 자기로부터 멀어지게 된다.

내적인 갈등과 불일치는 유기체의 직접적인 경험에서 나온 자기 자신의 가치와 사람이 타인에게 내사(무의식적으로 자신의 것으로 받아들이는 것)한 왜곡된 가치 간의 불일치 때문에 생긴다.

### ⑥ 심리적인 침체

Rogers가 보는 이상발달을 이해하려면, 유기체와 자아는 서로 일치할 수도 있지만 또한 일치할 수도 없는 두 가지의 다른 존재라는 것을 기억하여야 한다. 또한 실현은 완성으로 향하려는 유기체의 경향성이고 자아실현은 완성에 도달하려는 지각된 자아의 바람이다.

가. 불일치

심리적인 불안정은 사람이 유기체적 경험을 자아경험으로 인정하지 못할 때, 즉 이런 경험이 그 사람이 지닌 자아개념과 불일치할 때 나타난다. 자아개념과 유기체적인 경험 사이의 불일치는 심리적인 침체를 가져온다. 어떤 사람이 받은 어린 시절의 조건부 가치는 왜곡과 부정에 근거한 거짓 자아개념을 갖게 하며 자아와 경험 사이의 불일치는 모순되고 일관되지 못한 행동을 하게 한다. 때때로 사람들은 실현 경향성을 유지하거나 향상시키려는 방식으로 행동하고 어떤 때는 타인의 기대와 평가에 기초해 자아개념을 유지하거나 향상시키려는 방식으로 행동한다.

● 취약성

지각된 자아와 유기체의 경험 사이에 불일치가 클수록 사람은 취약하며 유기체적인 자아와 그들의 중요한 경험 사이의 불일치를 자각하지 못할 때는 더 취약하다. 더 나아가 불일치에 대한 자각이 전혀 없으면 종종 타인과 자신이 이해할 수 없는 방식으로 행동한다.

● 불안과 위협

인간은 자신 안의 불일치에 대한 자각이 없으면 취약해지고 불안과 위협은 그러한 불일치를 깨달을 때 생기게 된다. 불안은 원인 모를 걱정과 긴장 상태인데 인간이 유기체의 경험과 자아개념 사이의 불일치를 지각함에 따라 걱정은 위협이 되기 시작한다.

나. 방어

유기체의 경험과 지각된 자아 사이의 불일치를 막기 위하여 사람들은 방어를 한다. 불일치하는 경험을 부인하거나 왜곡함으로써 일어나는 불안과 위협에 대해 자아개념을 방어하는 것이다. 두 가지 주요 방어가 왜곡과 부정이다. 사람은 어떤 경험을 자신의 자아개념에 맞춰 왜곡하곤 하여 어떤 경험을 지각하는 것을 거부하고, 이것이 해석되지 못하도록 부정하는데, 부정은 왜곡만큼 흔하게 일어나지 않는다. 왜곡과 부정은 사람으로 하여금 유기체의 경험이 그들의 자아개념과 일치하게 해 불쾌한 불안이나 위협을 일으키는 경험을 무시하고 차단하게 된다.

다. 혼란

대부분의 사람이 방어적인 행동을 하지만 때때로 방어는 안 되고 행동은 무질서해지거나 정신이상이 된다. 왜 방어가 실패하는지 알려면 정상적인 방어행동과 같은 기원을 가진 사람의 유기체적인 경험과 자아에 대한 견해와 불일치하는 혼란스런 행동을 추적해야 한다. 혼란은 갑자기 일어날 수도 있고 오랜 시간이 지나 일어날 수도 있다. 사람들은 치료 기간 동안 무질서에 취약해서 만일 치료사가 정확하게 그의 행동을 해석하고 미숙하게 대처하고 있다고 말하면 특히 취약해진다.

혼란한 상태에서 사람은 자신의 유기체적인 경험에 따르거나 때로는 망가진 자아개념에 따라 행동한다. 첫 번째의 경우는 이전에는 얌전했던 여성이 갑자기 외설적인 언어를 사용하기 시작하는 것이다. 두 번째의 경우는 자신의 자아개념이 더 이상 통일된 전체가 아니기 때문에 완전히 예측 불허한 행동을 하는 것이다. 이 두 가지의 예에서 행동은 자아개념과 일치해 보이지만 자아개념은 파괴되어 행동은 이상하고 혼란스럽다. Rogers는 신경증이나 정신이상 같은 용어를 사용하기 싫어했고 방어적이라거나 혼란이라는 말을 좋아했는데, 이러한 용어는 심리적인 부적응이 자아와 경험 사이에 가장 조금 불일치한 데서 가장 크게 불일치하는 연속선상에 있음을 보여준다.

### (2) 심리치료

내담자중심 치료는 취약하거나 불안한 사람이 심리적으로 성장하기 위해 일관되고 무조건적인 수용과 정확히 공감해주는 치료자를 만나야 한다. 그러나 치료자는 일치감, 무조건적인 긍정적 존중, 공감적 이해를 갖추기가 쉽지 않다.

내담자중심 치료는 '만일 ~하면(if-then)' 의 형식을 취한다. 만일 치료자가 일관되고 무조건적인 긍정적 존중과 공감 어린 경청을 하면 치료가 이루어진다. 만일 치료가 이루어지면 결과가 나오는데, 이를 조건, 과정, 결과로 구분해 볼 수 있다(Feist & Feist, 2002).

#### ① 조건

가. 상담자의 일치성

치료가 이루어지려면 다음의 상황이 필요하다.

첫째, 불안하고 취약한 내담자는 자신에게 공감과 무조건적인 긍정적 존중을 하는 일관된 치료자와 관계를 맺어야 한다.

둘째, 내담자는 이런 특성이 상담자에게 있음을 깨달아야 한다.

셋째, 내담자와 상담자 사이의 관계가 어느 정도 유지되어야 한다.

내담자중심 치료는 상담자의 일치성, 무조건적인 긍정적 존중, 공감적 경청이 필요하고 충분해야 한다. 이 세 가지 조건이 다 필요하지만, Rogers는 일치성이 무조건적인 긍정적 존중과 공감적 경청보다 더 기본이라고 한다. 일치성은 상담자가 지닌 일반적인 자질이지만, 무조건적인 긍정적 존중과 공감 어린 경청은 상담자가 어떤 내담자에게 가질 수 있는 특별한 감정이나 태도이다.

치료의 첫 번째 필요충분조건은 일치된 치료자이다. 일치성은 한 사람의 유기체적인 경험이 지각과 감정을 개방적으로 표현할 수 있는 능력과 일치함을 의미한다. 일치된 상담자는 단지 친절하거나 도움이 된다기보다는 기쁨, 화, 좌절, 혼란 등을 지닌 온전한 인간이기도 하다. 이런 감정이 느껴질 때 부정하거나 왜곡하지 않고, 이를 자각하고 자유롭게 표현할 수 있다. 또한 일치된 상담자는 수동적이지 않고 냉담하지 않으며 정지된 것이 아니다. 이들은 가면을 쓰거나 유쾌한 면만 보이려고 하지 않으며 호의와 애정이 있는 척 가장하지 않고 기쁨, 환희나 행복을 감추지도 않는다.

일치성 속에 감정, 자각, 표현이 있기 때문에 불일치는 다음 두 가지 중 하나 때문에 생긴다. 첫째는 감정과 자각 사이에 와해가 있을 수 있다. 어떤 사람이 화가 났을 때 다른 사람은 알 수 있는데, 정작 화를 낸 사람은 이 감정을 모를 수 있다. 이런 사람은 '나는 화나지 않았어, 감히 어떻게 내가 화가 났다고 말을 하지?' 라고 한다. 두 번째 불일치는 경험의 자각과 이를 타인에게 표현하는 능력과 의지에서 생긴다. Rogers는 상담자가 부정적이든 긍정적이든 자신의 진짜 감정을 전달하면 상담이 더 효과적이라고 한다. 그렇지 않으면 부정직한 것이고 내담자는 불일치를 감지할 것이기 때문이다.

### 나. 무조건적 긍정적 존중

상담자는 어떤 조건이나 자격을 따지지 않고 내담자에게 따뜻하며 긍정적이고 수용적인 태도를 보이는 등 무조건적인 긍정적 존중을 하는 것이다. 이러한 태도에는 집착, 평가나 제한이 없다.

내담자에게 무조건적인 긍정적 존중을 하는 상담자는 비소유적인 온정과 수용을 보여줄 것이다. 비소유적인 온정이란 내담자를 숨 막히게 하거나 소유하지 않고 그 사람을 돌보는 것을 말한다. 즉, 내담자가 어떤 선택을 하도록 하는 것이 아니라 내담자 자신이 되게 하고 내담자에게 최고의 것을 결정하도록 하는 것이다.

무조건적 긍정적 존중은 상담자가 내담자를 어떤 제한이나 조건 없이 수용하고 높여 주는 것이다. 상담자가 내담자의 어떤 행동에 다른 것보다 더 가치를 둘 수 있으나 상담자의 긍정적인 존중은 일정하고 흔들리지 않아야 한다. 또한 무조건적 긍정적 존중은 상담자가 내담자의 행동을 평가하지 않으면서 어떤 행동은 수용하고 어떤 행동은 수용하지 않는 것을 말한다. 긍정적이든 부정적이든 외부의 평가는 내담자를 방어적으로 만들고 심리적인 성장을 저해할 수 있다.

다. 공감적 경청

세 번째의 필요충분조건은 공감 어린 경청으로 공감은 상담자가 정확하게 내담자의 감정을 감지할 때 그리고 내담자에게 다른 사람이 편견, 투사나 평가 없이 자신의 감정의 세계로 들어올 수 있음을 알도록 전할 수 있을 때 생긴다. 공감은 내담자의 의미를 해석하거나 무의식적인 감정을 들춰내거나 외적인 참조틀을 갖고 내담자를 위협하는 것이 아니라 치료자가 내담자의 입장에서 사물을 보기 때문에 내담자는 안전감을 느끼고 위협을 받지 않는 것이다.

내담자중심 치료는 '공감이 되었겠지' 라고 생각하는 것이 아니라, 이 감지가 정확한지를 확인하는 것이다. '당신은 아버지에게 상당한 분노가 치민다고 말하는 것 같군요.' 라고 말을 할 때, 내담자가 이 말에 맞장구를 쳐야 공감적인 이해가 제대로 된 것이다. 진실함, 돌봄과 함께 공감적 경청은 강력한 도구로 내담자의 개인적인 성장을 촉진한다. 공감적인 상담자는 내담자가 전체성과 심리적인 건강상태로 이동하도록 돕는다.

공감은 내담자가 자기 자신에 귀를 기울이게 해 주고 스스로 상담자가 되게 하기 때문에 효과적이다. 공감과 동정은 구분되어야 하는데, 동정은 내담자를 위한 감정이고 공감은 내담자와 함께하는 감정이다. 동정은 외부의 평가에서 나오고 내담자 스스로 후회하게 하기 때문에 결코 치료적이지 못하다. 한편 공감은 상담자가 내담자와 똑같은 감정을 가진다는 것은 아니다. 오히려 상담자는 내담자가 별개의 사람임을 인정할 때 내담자의 감정을 깊이 경험할 수 있다. 상담자는 내담자의 감정에 인지적인 반응뿐만 아니라 정서적인 반응을 하는데, 상담자가 아닌 내담자가 소유한 감정을 경험하는 것이다.

### ② 과정

Rogers는 심리치료를 받는 사람이 다 독특하지만 일정한 치료과정이 있다고 한다(Feist & Feist, 2002).

치료과정의 단계는 가장 방어적인 단계에서 가장 통합된 단계로 7단계가 있다. 1단계에서 내담자는 자신에 대해 어떤 것도 나누고 싶어하지 않는다. 이 단계의 사람은 보통 도움을 청하지 않고 만일 치료를 받으러 와도 극도로 완고하고 변화에 저항적이다. 이들은 어떤 문제도 인정하지 않으며 어떤 개인적인 감정이나 정서를 표현하지 않는다.

2단계에서 내담자는 약간 덜 완고하다. 이들은 외부의 사건과 다른 사람의 이야기를 하지만 자기 자신의 감정은 인정하지 못한다.

3단계에서 이들은 여전히 한 대상으로서 자기를 자유롭게 이야기할 수 있다. '나는 일에서 최선을 다하는데, 나의 상관은 나를 좋아하지 않는다.' 내담자는 감정과 정서를 과거나 미래 시제로 이야기하고 현재의 감정은 피한다. 이들은 이런 감정을 받아들이기를 거부하고 감정을 지금-여기가 아니라 멀리 두고, 그들이 개인적인 선택을 할 수 있음을 희미하게는 알지만 자신의 결정에 대해 개인적으로 책임지려 하지 않는다.

4단계에서는 깊은 감정을 이야기하면서 시작하나 현재 느끼는 감정은 아니다. '선생님이 부정행위를 했다고 할 때 나는 몹시 약이 올랐다', 내담자가 현재의 감정을 표현할 때 자기 스스로 이런 표현에 놀란다. 내담자는 현재의 정서를 느낄 수 있다는 것을 희미하게 인지하지만 경험을 부정하거나 왜곡한다. 이 단계에서 내담자는 다른 사람에게서 온 가치에 의문을 제기하기 시작하고 지각된 자아와 유기체적인 경험 간의 불일치를 보기 시작한다. 3단계의 내담자보다 자유와 책임을 받아들이고 스스로 치료자와 관계 맺는 것을 일시적으로 허용한다.

5단계에 이르면, 의미 있는 변화와 성장이 있다. 내담자는 아직 정확하게 감정을 해석하지 못하지만 현재의 감정을 표현할 수 있다. 이들은 자신의 감정에 대해 내적인 평가를 할 수 있고 자신에 대해 신선하고 새로운 발견을 한다. 또한 감정들의 차이를 경험하고 이것들 사이의 미묘한 차이도 안다. 더욱이 스스로 결정할 수 있고 자신이 선택한 것을 책임지려고 한다.

6단계에서는 확실한 성장과 온전히 기능하는 자아실현을 추구하게 된다. 더 일관성이 있고 자신의 현재 경험을 자각하고 이를 개방적으로 표현할 수 있다. 내담자는 더 이상 자신의 행동을 외적인 견지에서 평가하지 않으며 경험을 평가하는 기준으로 유기체적인 자아에 의존한다. 내담자는 무조건적인 자아존중을 발달시키는데, 이는 자신이 되고자 하는 사람을 위한 진정한 돌봄과 애정의 감정을 가졌다는 것이다. 이 단계에서 생리적으로 느슨한 모습을 보여, 근육이 이완되고 눈물을 흘리며 순환이 좋아지고 신체적인 증상이 사라지기도 해 온전히 유기체적인 자아를 경험한다. 이 단계에서는 치료종료의 신호가 많은데, 이 시점에서 치료를 끝내도 다음 단계로 나아간다.

7단계는 6단계의 성장이 치료 장면 밖에서 일어날 수 있다. 7단계에서 내담자는 충분히 기능하는 인간이 된다. 자신에 대해 언제나 자신감이 있고 경험에 대해 전체성을 갖고 깊게 느끼며 현재에서 이러한 경험으로 생활할 수 있다. 유기체적인 자아가 자아개념과 통합되어 자신의 경험을 평가한다. 이 단계의 사람은 평가는 유동적이고 변화와 성장은 계속되는 것임을 알고 즐거워한다. 이들은 일관적이고 무조건적인 긍정적 존중을 갖고 타인에게 애정을 품고 공감적일 수 있다.

### ③ 결과

내담자중심 치료의 성공은 내담자가 일관되고 덜 방어적이며 경험에 더 개방적이 되는 것이다. 내담자는 자신을 더 분명하게 볼 줄 알고 세계를 현실적으로 보며 문제해결을 효과적으로 하고 긍정적인 자아존중감이 높다.

내담자는 현실적이 되고 자신의 잠재력을 더 정확하게 볼 수 있어 현실의 자아와 이상적인 자아 사이의 격차가 작다. 이 격차는 현실의 자아와 이상적인 자아를 서로 조정하여 좁혀진 것이다. 현실의 자아와 이상적인 자아가 일치되어 내담자는 생리적이고 심리적인 긴장이 적으며 위협에 덜 취약하고 불안이 적다. 타인에게 덜 좌우되며 자신의 경험을 평가하는 데 타인의 의견을 덜 사용한다. 이들은 자기 지시적이며 평가의 기준이 자신 안에 있다. 타인을 애써 기쁘게 하거나 외부의 기대에 힘들게 맞추려고 하지 않으며 자신이 경험하는 많은 것에 충분히 안정감을 갖고 부정과 왜곡을 줄일 수 있을 만큼 편안하다.

다른 사람과의 관계도 변해 타인을 더 수용하고 요구가 적어지며 자신의 기대에 맞추도록 타인을 강요하는 욕구도 줄어든다. 다른 사람들은 이들을 더 성숙하고 사교적으로 본다. 진실성, 긍정적 자아존중감, 공감적 이해는 치료 장면 밖으로 펼쳐져 성장을 촉진하는 다른 관계에서도 더 적극적이 되게 한다. 〈표 4-1〉은 Rogers의 치료에 대한 설명이다.

**〈표 4-1〉 Rogers의 치료적인 변화에 대한 이론**

| 만일 다음의 조건이라면 | 치료적인 변화가 일어나 내담자는 다음과 같이 될 것이다 |
|---|---|
| 1. 취약하거나 불안한 내담자가<br>2. 다음의 자질을 지닌 상담자를 만나면<br>3. 관계에서 일관되고<br>4. 내담자를 무조건적으로 존중하며<br>5. 내담자의 내적인 참조틀에 공감적인 이해를 하여<br>6. 내담자가 치료적인 성장의 필요충분조건인 3, 4, 5의 조건을 느끼면 | 1. 더 일관되고<br>2. 덜 방어적이며<br>3. 경험에 더 개방적이고<br>4. 세상에 대해 현실적이고<br>5. 긍정적인 자아존중을 발달시키고<br>6. 이상적인 자아와 현실적인 자아의 격차는 작아지고<br>7. 위협에 덜 취약하고<br>8. 덜 불안하며<br>9. 경험의 주체가 되고<br>10. 타인을 더 잘 수용하고<br>11. 타인과의 관계에서 더 일관적이 된다. |

출처 : Feist & Feist(2002).

### (3) 미래의 인간(the person of tomorrow)

Rogers의 심리적으로 건강한 사람에 대한 관심은 Maslow와 비교될 수 있다. Maslow는 원래 연구자이지만, Rogers는 심리적으로 건강한 사람에 관심이 있는 심리치료사이다. Rogers는 미래의 세계와 미래의 인간에 대해 이야기하는데, 다음은 치료의 필요충분조건인 일치성, 무조건적 긍정적 존중과 공감이 최상일 때 볼 수 있는 미래 인간의 특성들이다(Feist & Feist, 2002).

첫째, 심리적으로 건강한 사람은 더 적응적이다. 이들은 정적인 환경에 적응하지만 너무 고정된 상황에 순응하고 적응하는 것이 결국은 생존가치를 없애는 것임을 안다.

둘째, 미래의 인간은 자신의 경험에 개방적이어서 경험을 부정하거나 왜곡하지 않고 정확히 해석한다. 미래의 인간은 자기 자신에 귀를 기울이며 자신의 기쁨, 화, 실망, 공포와 애정의 소리를 듣는다.

미래의 인간은 유기체적인 자신을 믿는다. 이처럼 완전히 기능하는 사람은 자신의 경험이 선택을 하는 데 가장 좋은 기준임을 알고 타인에게 의존하지 않는다. 이들은 부모나 사회의 규칙 이상으로 자신의 내부 감정을 믿기 때문에 자신에게 긍정적이다. 그러나 타인의 권리와 감정을 분명하게 지각해서 무엇인가 결정할 때 이들은 깊이 생각한다.

셋째, 미래의 인간은 현재를 살아간다. 이들은 자신의 경험에 개방적이어서 끊임없는 변화를 경험하며, 개개의 경험을 새롭게 보고 충분히 음미한다. Rogers는 이런 순간을 실존의 생활(existential living)이라고 불렀다(Feist & Feist, 2002).

넷째, 미래의 인간은 타인과 조화로운 관계를 맺는 자신의 능력에 자신감이 있다. 타인에게 무조건적으로 수용될 수 있음을 알기 때문에 모든 사람에게 사랑을 받으려고 애쓸 필요가 없다. 미래의 인간은 타인과의 관계가 진실하여 속임, 거짓, 방어와 허울이 필요 없으며 자기 자신 이상의 것에서 의미를 찾고 영적인 생활과 내적인 평화를 흠모한다.

다섯째, 미래의 인간은 의식과 무의식 과정에 인위적인 경계가 없이 더 통합되고 더 온전하다. 자각 속에서 자신의 경험을 해석할 수 있어 현 상태와 되어야만 하는 상태 간의 차이를 분명히 안다. 자신의 경험을 평가하는 데 유기체의 정서를 사용하기 때문에 현실의 자아와 이상적 자아 사이의 간격을 알고 자신이 경험하는 어떤 감정이든 솔직하게 표현한다.

여섯째, 미래의 인간은 사람을 기본적으로 신뢰한다. 이들은 사적인 이익을 위해 타인을 해치지 않고 타인을 돌보며 필요할 때 도와준다. 또한 분노를 경험하지만, 이유 없이 타인을 공격하지 않고 적절한 방식으로 이를 표현한다.

마지막으로, 미래의 인간은 자신의 모든 경험에 개방적이고 삶의 풍요를 다른 사람보다 더 즐긴다. 이들은 내적인 자극을 왜곡하지 않고 자신의 정서를 완화시키지도 않는다. 이들은 현재에 살고 그래서 진행 중인 이 순간을 더 풍요롭게 살아간다.

## ❷ Abraham H. Maslow : 전체 – 역동 이론

Maslow는 자아실현이라는 용어를 만들거나 이를 사용한 유일한 이론가가 아니지만, 자아실현이라는 개념을 대중화시키는 데 다른 어떤 심리학자보다 기여하였다. Maslow의 전체 - 역동 이론(holistic-dynamic theory)은 사람이 하나나 또 다른 욕구에 의해 끊임없이 동기화되고 애정과 존중의 욕구에 동기화되기 전에 굶주림과 안전 같은 더 낮은 욕구가 일부라도 채워져야 한다는 것이다. 심리학에서의 맨 처음 사조는 정신분석이고, 그 다음은 행동주의인데, Maslow는 제3의 사조의 아버지이지만 스스로를 반Freud 학파나 반행동주의자로 생각하지 않았다. 실제로 Maslow는 스스로를 정신분석자이고 행동주의자라고 생각했지만, 두 이론이 다 인간을 보는 데 한계가 있고 둘 다 정상의 건강한 사람을 다루지 않았다고 보았다. Maslow는 인간은 정신분석과 행동주의가 제의한 것보다 더 높은 특성을 갖고, 심리적으로 건강한 것이 어떤 것인지 탐구하는 데 생의 마지막 시간을 보냈다(Feist & Feist, 2002).

### 1) 생애

Maslow(1908~1970)는 New York Manhattan에서 7남매 중 첫째로 태어났다. Maslow는 수줍음, 열등감과 우울로 매우 불행하고 외로운 어린 시절을 보냈다. 그는 부모와 가깝지 않았고 통을 만드는 일을 하는 러시아계 유태인 아버지의 부재를 견뎌내야 했다. 어머니에 대한 미움과 뿌리 깊은 적의를 자신이 죽기 몇 년 전 어머니가 돌아가실 때까지 갖고 있었다. 어머니는 독실한 기독교인으로 신으로부터 벌 받는다고 어린 Maslow를 위협했다. 이런 위협으로 Maslow는 종교를 불신하고 무신론자가 되었다.

Maslow는 반 친구들의 반유태주의 태도를 방어하려고 책에 몰두했고 안전한 공립 도서관으로 피하기도 했다. Maslow는 지적으로 타고난 재능이 있었으나 학교 성적은 평균보다 조금 높았다. 이때 외향적이고 사교적인 사촌과 우정을 나누게 되었는데, 이러한 관계를 통해 사회적인 기술을 발달시키고 라틴어와 물리 잡지책을 편집하는 학교 활동과 테니스와 체스팀에서 활동을 하기도 했다.

Maslow는 고등학교를 졸업하고 New York시 대학에 입학했다. 이때쯤 부모가 이혼을 해 아버지와 정서적으로 더 소원해졌다. Maslow는 아버지의 소망대로 변호사가 되기 위해 법대에 등록을 했으나 법은 나쁜 사람을 다루고 좋은 사람에게는 관심이 없다고 생각해 법대를 그만두었다.

New York시 대학에서 철학과 다른 과목에 관심을 가졌는데, 자신이 좋아하지 않는 과목은 잘 못해 근신을 받기도 했다. 3학기를 보내고 Cornell 대학으로 전학을 갔으나 그곳에서 한 학기를 보내고 New York시 대학으로 다시 돌아와 사촌인 Bertha와 더욱 가까워졌다. 부모의 반대를 무릅쓰고 Maslow는 20세, Bertha는 19세에 결혼을 했다. 결혼하기 한 학기 전에 Wisconsin 대학에 입학을 해 학부에서 철학을 공부했고, Watson의 행동주의에 흥미를 가져 심리학 박사과정에 들어간 그는 Harlow와 가까이서 연구를 했다. 원숭이의 지배와 성적인 행동에 대한 박사논문에서 Maslow는 영장류에게는 사회적인 지배가 성보다 더 강력한 동기라고 제의했다. 1934년에 박사학위를 받았으나 대공황과 반유태주의 편견이 대학가에 팽배해 학계에서 직업을 얻지 못했다. Wisconsin 대학에서 잠깐 가르치고 의과대학에 입학했지만 법 공부처럼 인간에 대해 열정이 없고 부정적인 의학에 질려버렸다. Maslow는 뭔가 싫증이 나면 늘 그만두어버렸다.

New York으로 돌아와 Columbia 대학에서 Thorndike의 조교가 되었는데, Thorndike의 지능검사에 의하면, Maslow의 지능이 195여서 Thorndike는 그가 하고 싶은 것은 무엇이든 하도록 했다. Maslow의 풍부한 사고는 이런 상황에서 번성했고 1년 반 정도 인간의 성욕에 대해 연구한 뒤 Columbia 대학을 떠나 Brooklyn 대학의 교수로 갔다. 1930년과 1940년대에 Maslow는 Fromm, Horney, Wertheimer, Goldstein, Adler 등 나치를 피해 온 많은 유럽 심리학자와 만나게 되었다. 또 다른 선생님으로 Columbia 대학의 Benedict는 Maslow에게 캐나다 북부 Blackfoot 인디언에 대해 인류학적 연구를 하도록 했으며 미국 원주민에 대한 연구는 문화에서의 차이가 피상적임을 알게 해 주었다. Brooklyn 대학에서 Maslow는 굉장히 유명한 선생이 되어 5강좌를 가르치고 집에서 세미나를 열었으며 이상심리학에 대한 책을 쓰고 학생들과 심리치료를 했다. 그 당시 심리치료와 정신분석은 같은 것으로 생각되었다. 심리치료나 상담분야에서 훈련을 받지 않은 Maslow는 본격적인 심리분석가는 아니었으나 사소한 문제를 지닌 학생들과 짧은 치료를 하면서 정신분석에 대한 간접적인 지식과 자신의 이해로 학생들의 감정, 환상,

성적인 홍미가 정상적이라는 것을 학생들이 이해하도록 도왔다.

1940년대 중반에 Maslow는 건강이 악화되었고, 아내와 두 딸하고 California로 병가를 가 그곳에서 가벼운 일과 함께 자아실현한 사람에 대한 정보를 얻기 위해 전기와 역사책을 탐독했다.

1949년에는 건강이 회복되어 Brooklyn 대학에서 강의를 했다. 1951년 Massachusetts Brandeis 대학에서 심리학과 학과장을 맡았는데, 이곳에서 그는 많은 저술을 하고 자신의 생각, 의견, 감정, 사회적인 활동과 건강에 대해 글을 썼다. 1960년대는 유명세를 누렸으나, 이 시기 자신의 일에 행복해 하지 않았고 학생과 교수들에게 환멸을 느꼈다. 어떤 학생은 그의 가르치는 방법에 반감을 가졌고, Maslow에게 실험 참여를 더 많이 요구해 지적이고 과학적인 접근을 방해했다. 좋지 않은 건강과 Brandeis 대학에서의 실망으로 Maslow는 California의 회사로 되돌아가게 되었다. 이곳에서 특별히 맡은 일 없이 하고 싶은 대로 자유롭게 생각하고 글을 쓸 수 있었다. 그는 이런 자유를 좋아했으나 1970년 62세에 심장마비로 숨졌다.

Maslow의 개인적인 삶은 신체와 심리적인 고통으로 가득 차 있었다. 청소년 시절에는 극도로 수줍음을 탔고 불행했으며 고립되고 자기 거부적이었다. 그는 사람들 앞에서 말하는 것을 두려워했고 50세가 넘어서야 이런 무대 공포를 극복할 수 있었다. 수년의 정신분석을 받았어도 어머니에 대한 증오를 극복하지 못했고 어머니의 장례식에도 가지 않았다. Maslow는 건강하지 못해 만성피로, 저혈당증, 관절염, 만성심장병을 앓았다.

## 2) 주요 개념

### (1) 동기

Maslow는 동기에 대해 여러 가정을 한다(Feist & Feist, 2002).

첫째, 동기에 대한 전체적인 접근으로 단순한 부분이나 기능이 아니라 전체적인 인간이 동기화된다.

둘째, 동기는 항상 복잡해 한 사람의 행동은 여러 가지 동기에서 나온다. 예를 들어, 성에 대한 욕구는 성적인 욕구뿐만 아니라 지배, 교제, 사랑과 존중의 욕구로 동기화된다. 또한 어떤 행동의 동기는 무의식적이고, 그 사람도 모른다. 즉, 학점을 잘 받고 싶어 하는 어떤 대학생은 실제로 지배나 힘의 욕구를 만족시킬 수 있다.

셋째, 사람은 계속해서 하나나 또 다른 욕구에 의해 동기화된다. 한 욕구가 채워지면 동기화하는 힘은 약화되고 다른 욕구로 교체된다. 예를 들어, 굶주림의 욕구가 채워지지 않으면 계속 음식을 찾으나 먹을 것이 충분할 때 사람은 안전, 우정, 자아-가치 같은 다른 욕구를 갖게 된다.

넷째, 모든 곳의 모든 인간은 똑같은 기본적인 욕구에 의해 동기화된다. 음식을 얻고 거주지를 마련하고 우정을 표현하는 등의 방식은 아주 다양할 수 있으나 음식, 안전, 우정에 대한 기본적인 욕구는 거의 모든 종에게 다 있다.

마지막은 욕구에는 위계가 있다.

### ① 욕구의 위계

Maslow는 욕구의 위계는 낮은 수준의 욕구는 반드시 채워져야 하거나 윗수준의 욕구 전에 채워져야 한다고 가정한다. 낮은 수준의 욕구는 윗수준의 욕구보다 우세해 먼저 채워져야 한다. 존중이나 자아실현에 동기화된 사람은 이전에 음식과 안전의 욕구가 채워져야 한다(그림 4-1).

#### 가. 생리적 욕구

인간 누구에게나 가장 기본적인 욕구는 생리적인 욕구로 음식, 물, 산소, 몸의 체온 유지 등이다. 생리적 욕구는 모든 것 중 가장 강력한 것이다. 굶주린 사람은 친구를 사귀거나 자아존중감을 얻기보다 우선 먹어야 한다. 이 욕구가 채워지지 않으면 음식 이상의 것을 생각할 수 없으므로 기본 동기는 뭔가를 먹는 것이다. 풍족한 사회에서의 대부분의 사람들은 모든 것이 항상 풍요롭기 때문에 굶주림에 대한 욕구가 항상 채워져 있으므로 그들이 배고프다고 할 때는 굶주림을 말하기보다는 단순한 식욕의 정도를 가리키는 것이다. 정말 굶주린 사람들은 음식의 맛, 냄새, 온도, 질감에 대해 까다롭지 않다.

생리적인 욕구는 다른 욕구들과 두 가지 점에서 다르다. 첫째는 완전히 만족되거나 넘치게 만족될 수 있는 유일한 욕구이다. 어떤 사람이 충분히 먹어 음식이 동기화할 힘을 완전히 잃을 수 있다.

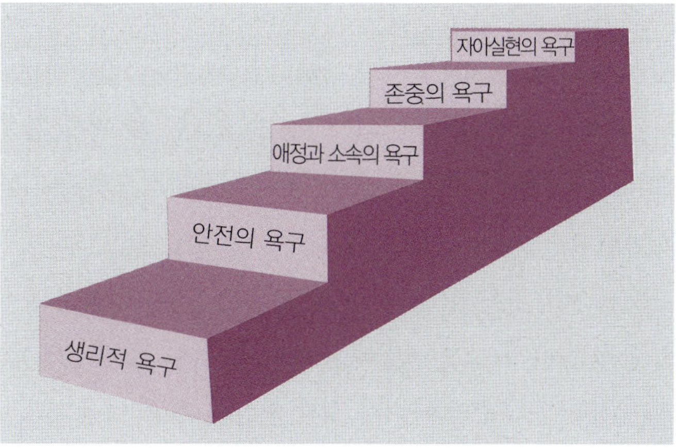


출처 : Feist & Feist(2002).

**[그림 4-1] Maslow의 욕구의 위계**

둘째, 욕구가 다시 생긴다는 것이다. 먹은 후 다시 배가 고프다. 음식과 물은 계속 공급되어야 한다. 다른 욕구는 다시 생기지 않는다. 예를 들어, 애정과 존중의 욕구가 비교적 채워지면 만족한 상태로 있는데, 생리적인 욕구는 계속해서 다시 생긴다.

### 나. 안전의 욕구

생리적 욕구가 채워지면 신체적인 안전, 안정성, 의존성, 보호, 질병, 공포, 걱정, 위험, 무질서 같은 위협적인 것에서 자유롭고자 하는 안전의 욕구가 동기화된다. 법, 질서와 구조에 대한 욕구 또한 안전의 욕구이다.

안전의 욕구는 넘치게 채워질 수 없다는 점에서, 즉 사람은 넘치게 안전할 수 없어 이는 생리적인 욕구와 다르다. 인간은 화재, 홍수나 타인의 위험한 행동에서 결코 완전히 보호될 수는 없다. 전쟁이 없는 사회에서 대부분의 건강한 성인은 안전의 욕구를 채워 비교적 이 욕구는 중요하지 않다. 그러나 아동은 어둠, 동물, 낯선 사람, 부모의 벌 같은 위협과 살아가므로 안전의 욕구에 동기화된다. 신경증을 앓는 성인은 부모의 처벌을 무서워하는 것처럼 행동하게 하는 아동기로부터의 비이성적인 공포를 갖고 있기 때문에 안전을 못 느낀다. 이들은 신체적인 안녕이 위협을 받는다고 생각하고 안전하고 친숙한 것에만 자신을 한정하며 건강한 사람보다 안전의 욕구를 채우는 데 더 많은 에너지를 소모하고 이들의 시도가 성공적이지 못하면 Maslow가 말하는 기본적인 불안(basic anxiety)을 겪는다.

건강한 사람도 자연재해, 부지불식간의 상해나 전쟁 같은 비상 상황에서는 안전의 욕구가 동기화된다. 위험과 위협이 신체적인 안녕을 저해할 때 애정, 존중과 자아실현 같은 더 높은 단계의 욕구는 힘을 잃고 안전의 욕구가 우선적으로 동기화된다.

다. 애정과 소속의 욕구

생리적인 욕구와 안전의 욕구가 채워지면 우정에 대한 욕구, 한가족, 동아리, 이웃이나 국가에 소속되고자 하는 욕구 같은 애정과 소속의 욕구가 생긴다. 애정과 소속의 욕구는 애정을 주고받고자 하는 욕구뿐만 아니라 성과 인간의 행동 여러 가지에서 나타난다.

보통 애정의 욕구가 가장 강하다. 입맞춤을 받거나 안겨 본 경험이 없는 사람은 사랑의 표현 없이 오랜 시간을 지낼 수 있다. 그들은 사랑의 결핍을 당연시하고, 결국 이 욕구의 가치를 평가 절하한다. 애정과 소속의 욕구가 어린 시절부터 채워진 사람은 사랑이 거절될 때 겁먹지 않는다. 왜냐하면 중요한 타인에게 수용된다는 자신감이 있는 사람은 다른 사람이 거절할 때 힘들어하지 않기 때문이다. 바꾸어 말하면, 사랑을 조금 받은 사람은 애정과 소속의 욕구를 채우려는 동기가 강하다.

심리적으로 성장하기 위해 아동은 사랑이 필요하고, 이 욕구를 채우려는 시도가 뚜렷하고 직접적이다. 성인 역시 사랑이 필요한데, 성인의 시도는 교묘하게 감춰진다. 성인은 타인에게 냉담한 척하거나 대인관계에서 비난하며 차갑고 무정한 태도로 가장해 종종 자기 파괴적인 행동을 한다. 이들은 충만하고 독립적으로 보이나 타인에게 진정으로 수용되고 사랑받고 싶은 강한 욕구를 가지고 있다. 사람이 어린 시절부터 사랑을 충분히 받으면 자존감을 갖고 더 이상 계속적으로 타인의 사랑과 수용을 받는 데 연연해 하지 않고 자아실현한 성인이 될 수 있다.

라. 존중의 욕구

존중의 욕구는 자아존중, 자신감, 유능감과 타인이 존중해 준다는 생각 등이다. Maslow에 의하면 존중의 욕구에는 명성과 자아존중감 두 가지가 있다. 명성은 타인의 눈에 의한 위엄, 인정이나 세평이고, 자아존중감은 자신의 견지에서의 가치감과 자신감을 말한다. 자아존중감은 명성과 위엄 이상의 것에 근간을 둔 것으로 힘, 성취, 독립과 자유에 대한 욕구를 말한다. 일단 존중감이 채워지면 자아실현의 문턱에 서게 된다.

마. 자아실현의 욕구

낮은 수준에서는 욕구가 채워지면 자동으로 다음 단계, 윗 단계로 이동하지만 존중의 욕구가 채워지면 항상 자아실현의 욕구로 이동하지는 않는다. 원래 Maslow는 존중의 욕구가 채워지면 자아실현의 욕구가 강하다고 했으나 1960년대 대학생들과 여러 사람을 만나보고 반드시 자아실현의 욕구가 생기는 것이 아님을 알게 되었다. 어떤 사람은 존중에서 자아실현으로 이동하는데, 어떤 사람은 그렇지 않다. 이는 B-가치(Being-values)를 가졌는지에 따라 다르다. 진리, 미, 정의 등 여러 B-가치를 중시하는 사람은 존중이 채워지면 자아실현의 욕구가 생기고, 다른 기본적인 욕구가 다 채워져도 이런 가치를 지니지 않은 사람은 자신의 자아실현 욕구에 실망을 한다.

자아실현의 욕구는 자기 성취, 자신의 잠재력을 실현하고 창조적이 되는 것을 말한다. 자아실현에 도달한 사람은 온전한 사람이고 다른 사람이 중요시하지 않는 욕구를 채운 사람이다. 위의 다섯 가지 욕구는 능동욕구로 Maslow는 이들을 기본 욕구라고 했다. 이외에 미적인 욕구와 인지적인 욕구가 있는데, 이들은 때때로 기본적인 욕구를 만족시키기 위한 전제조건이지만 별개로도 작용한다. 또한 신경증의 욕구가 있는데, 이는 기본 욕구를 방해하고 심리적인 건강을 저해한다.

### ② 미적인 욕구

능동욕구와는 달리 미적인 욕구는 보편적이지 않은데, 모든 문화에서 어떤 사람은 미의 욕구와 미적인 즐거움을 경험하는 데 동기화되는 것이다. 미적이고 질서정연한 환경에 대한 욕구가 강한 사람은 이런 욕구가 채워지지 않을 때 능동욕구가 채워지지 않은 것처럼 아플 수 있다. 사람은 추보다는 미를 좋아해 추하고 무질서한 환경에서 살도록 하면 신체와 정신적으로 아플 수 있다.

때로는 여러 욕구가 서로 겹치기 때문에 특정한 욕구를 가려내는 것은 어렵다. 예를 들어, 질서와 균형에 대한 욕구는 미적인 욕구이지만 안전에 대한 능동욕구일 수도 있다.

### ③ 인지적인 욕구

인지적인 욕구는 알고자 하고 이해하려고 하며 호기심을 채우려는 욕구이다. 인지적인 욕구는 능동욕구와 상호의존적이지만, 이들은 다른 차원이다. 인지적인 욕구가 저해되면 다른 모든 욕구가 위협을 받는다. 지식은 다섯 가지의 능동욕구 각각을 채우는 데 필수적이다. 사람은 음식이 얼마나 안전한가를 알아 그들의 생리적인 욕구를 채우고, 거주지를 어떻게 지을지 앎으로 안전의 욕구를 채우고, 타인과 관계 맺는 것을 알아서 애정의 욕구를 채우고, 어떤 지식을 얻으며 지식과 함께 자신감을 얻어 존중의 욕구를 채우고, 인지적인 잠재력을 충분히 사용해 자아실현의 욕구를 채운다.

인지적인 욕구를 채우지 못하면, 사람은 능동욕구와 미적인 욕구가 위협받을 때처럼 병리적이 된다. 무지, 부정직, 비밀은 알고자 하는 사람의 욕구를 좌절시켜 심리적인 건강을 해친다. 사람이 계속해서 속임을 당하고 호기심이 박탈되면 피해망상을 갖고 우울해진다.

#### ④ 신경증적인 욕구

신경증적인 욕구는 비생산적이며, 건강하지 않은 생활로 이끌고 자아실현을 하려는 데 가치를 두지 않는다. 신경증적인 욕구는 항상 반응적인데, 만족되지 않은 기본 욕구의 보상으로 작용한다. 예를 들어, 안전의 욕구가 채워지지 않은 사람은 돈과 재산을 모으려는 욕구가 강하게 나타나는 데 모으려는 욕구는 신경증적인 욕구로 건강에 별 도움이 안 된다. 사랑과 소속의 욕구가 채워지지 않으면, 사람은 타인에게 대단히 공격적이고 적대적인 신경증적 욕구를 표현한다.

#### ⑤ 욕구에 대한 기타 사항

Maslow는 모든 행동에는 원인이 있다고 하지만, 어떤 행동은 동기화되지 않는다고 보았다. 어떤 행동은 욕구에 의해 일어나지 않고 조건화된 반사, 성숙, 약물에 의해 일어난다. Maslow가 '표현행동' 이라고 부른 대부분의 행동이 동기화되지 않는다. 표현행동은 이 자체가 목적이고 다른 이유가 없으며 종종 무의식적이며 노력 없이 자연스럽게 일어난다. 이 행동은 목표가 없는 한 개인의 표현방식으로 고개 숙이기, 바보스럽게 보이기, 긴장이 풀어지기, 화내기, 기쁨 표현하기 등이다. 강화나 보상이 없어도 이런 행동은 계속된다. 사람의 걸음걸이, 몸짓, 목소리, 미소 등도 표현행동이다. 표현행동은 학습되지 않았고 자발적이며 환경보다 개인 내부에서 나오는 것이다.

대처행동은 보통 의식적인 노력에 의한 것으로 학습되고 외부 환경에 의해 좌우된다. 우리는 음식과 거주지를 얻으려고, 친구를 사귀려고, 타인에게 수용되고 인정받으려고 행동한다. 대처행동은 목표가 있고 결핍되면 동기화된다.

기본적인 욕구가 안 채워지면 병을 앓을 수 있다. 생리적인 욕구가 박탈되면 영양부족이 오고 피곤하고 에너지가 없으며 성에 몰입하거나 할 수 있다. 안전의 위협은 공포와 불안정을 가져온다. 애정의 욕구가 안 채워지면 방어적이고 극도로 공격적이거나 사회적으로 자신이 없다. 존중의 욕구가 좌절되면 자기 의심과 자기 경시가 있고 자신감이 결여된다. 자아실현이 박탈되면 병을 가져오는데, 더 정확히 표현하면 메타병리(metapathology)로 Maslow는 이는 가치가 없고 충만감이 없으며 삶의 의미가 없는 상태라고 한다.

높은 수준의 욕구(애정, 존중과 자아실현)와 낮은 수준의 욕구(생리와 안전) 간에 중요한 유사성과 차이점이 있다. 높은 수준의 욕구는 이들이 본능적인 욕구라는 점에서 낮은 수준의 욕구와 비슷하다. Maslow는 애정, 존중과 자아실현은 갈증, 성과 굶주림처럼 생물학적인 것이라고 주장한다(Feist & Feist, 2002).

높은 수준의 욕구와 낮은 수준의 욕구 간의 차이점은 종류가 아니라 정도에 있다. 첫째, 높은 수준의 욕구는 진화된 것이다. 오직 인간만이 자아실현의 욕구를 가지고 높은 수준의 욕구는 개인이 발달하는 과정에서 나타나고 낮은 수준의 욕구는 높은 수준의 욕구가 작용하기 전 유아와 아동기 때 돌봐져야만 한다. 두 번째, 낮은 수준의 욕구가 즐거움을 주기도 하지만 높은 수준의 욕구는 더 많은 행복과 절정 경험을 가져다준다. 쾌락은 일시적이어서 높은 수준의 욕구에 의한 행복과 견줄 수 없다.

### (2) 자아실현

#### ① 자아실현자의 가치

Maslow(1971)는 자아실현한 사람은 B-가치라고 부르는 영원히 변치 않는 진실에 의해 동기화된다고 한다(Feist & Feist, 2002). 이러한 B-가치는 심리적으로 건강하다는 표시이고 욕구가 결여된 것이 아니다. B-가치는 음식, 주거지, 교제와 같은 의미의 욕구가 아니다.

메타동기는 대처행동보다 표현행동으로 B-가치와 연결된다. 이는 자아실현자와 아닌 사람을 구분하게 해 준다. 메타동기는 생리, 안전, 존중의 욕구는 채워졌는데, 왜 어떤 사람은 자아실현의 문턱을 넘지 못하는가에 대한 답을 준다. B-가치 속에서 사는 사람만이 자아실현하는 것이고 메타동기를 가진 것이다. Maslow는 결국은 전체가 하나이고 서로 관련되어 있어 개수는 중요하지 않은 14개의 B-가치를 찾아냈다. 자아실현자의 가치는 진, 선, 미, 전체성/분리를 초월, 생동감, 독특함, 완전, 완성, 정의와 질서, 단순성, 풍요로움/완전무결, 쉬움, 장난기와 유머, 자기 충만감/자율성이다(그림 4-2).

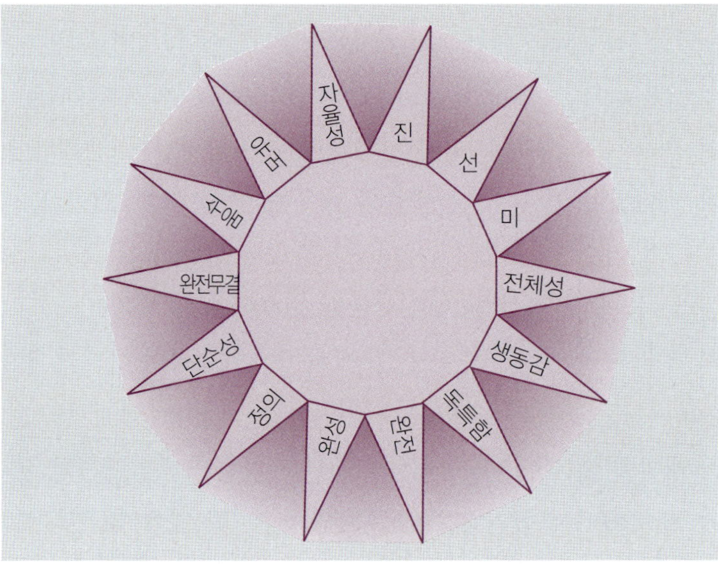


출처 : Feist & Feist(2002).

**[그림 4-2] Maslow의 B-가치 : 여러 면으로 이루어진 한 개의 보석**

② 자아실현의 규준

자아실현한 사람을 확인하기 위해 Maslow는 긍정과 부정적인 차원의 규준을 사용한다.

첫째, 자아실현한 사람은 정신병리적이지 않다. 신경증과 정신병을 앓는 사람도 자아실현한 사람처럼 충만한 현실감, 신비스런 경험, 창의성, 타인과의 초연성을 가지고 있기 때문에 이는 중요한 부정적인 규준이다.

둘째, 자아실현한 사람은 욕구의 위계를 따라 사는데, 유기체의 존재를 유지하는 욕구 이상의 수준에서 산다. 이들은 사랑을 받았고 확고한 자아가치감과 존중감을 갖는다. 낮은 단계의 욕구가 채워졌기 때문에 자아실현한 사람은 이런 욕구의 좌절을 참을 수 있다. 이들은 생리와 안전의 욕구수준에 있는 사람에게서 나타나는 돈이나 안전에 대한 절박한 욕구가 없고 거부를 참아내며 비난과 멸시에 존중감이 손상되지 않는다.

셋째, 자아실현한 사람은 B-가치를 가지고 있다.

마지막으로 자아실현한 사람은 재주, 능력, 잠재력을 충분히 이용하고 계발한다. 자아실현한 사람은 성장과 발달하려는 욕구를 성취하고 될 수 있는 자신이 된다.

### ③ 자아실현한 사람의 특성

자아실현한 사람은 일반인에게 잘 알려진 유명인도 있으나 대부분은 일반 사람들이다(Feist & Feist, 2002).

#### 가. 현실에 대한 효율적인 지각

자아실현한 사람은 거짓을 쉽게 발견한다. 이들은 사람뿐만 아니라 문학, 예술과 음악에서 참된 것과 거짓을 구분할 줄 안다. 이들은 외관에 속지 않고 타인에게 있는 긍정과 부정적인 특성을 안다. 자아실현한 사람은 미지의 것을 두려워하지 않고 편안해한다. 애매함을 잘 참으며 확실하게 옳거나 틀린 답이 없는 문제에도 편안해한다.

#### 나. 자기, 타인과 자연에 대한 수용

자아실현한 사람은 있는 그대로 자신을 수용한다. 방어, 거짓, 자기-패배적인 죄의식이 없다. 자신의 단점을 지나치게 비난하지 않고 과도한 걱정과 수치가 없다. 이와 같은 방식으로 다른 사람을 수용하고 지시하거나 바꾸거나 강요하려는 욕구가 없다. 이들은 타인의 단점에 인내하고 타인의 장점에 위협받지 않는다. 자아실현한 사람은 인간과 자연을 수용한다.

#### 다. 자발성, 단순성과 자연스러움

자아실현한 사람은 관습에 얽매이지 않고 대단히 윤리적이지만, 윤리적이 아닌 것으로 보일 수도 있다. 자아실현한 사람, 아동과 동물 사이의 유사성은 자발적인 것과 행동에서의 자연스러움이 있는 것이다.

#### 라. 문제 중심성

자아실현한 사람은 과제 중심적이며 외부의 문제에 관심이 있다. 이들은 불변의 문제에 관심이 있고 확고한 철학과 윤리적인 토대에서 이러한 문제를 해결한다.

마. 사적인 자유의 욕구

자아실현한 사람은 초연함이 있어 외로워하지 않으며 혼자 있을 수 있다. 사람들과 있든 혼자 있든 편안하다. 애정과 소속의 욕구가 채워져서 혼자 있는 것을 즐길 수 있다.

바. 자율성

자아실현한 사람은 과거에는 애정과 안전감을 다른 사람에게 받은 적이 있지만 성장을 위해서는 자신에게 의존한다. 자율감은 타인과의 만족스러운 관계에서만 얻어진다.

사. 지속적인 신선한 감사

자아실현한 사람은 꽃, 음식물, 친구 같은 일상의 것을 신선한 시각으로 볼 수 있다. 이들은 자기가 가진 것에 감사하고 지루하고 흥미 없는 존재에 대해 불평하며 시간을 낭비하지 않는다.

아. 절정경험

절정경험은 여러 다른 경험 중 지각이나 인지적으로 두드러진 강한 기쁨과 환희이다(Privette, 2001). 자아실현한 사람은 예기치 않게 자연에서 신비롭고 초월감을 주는 경험을 한다. 모든 절정경험의 강도는 똑같지 않다. 중간 정도의 것은 감지하지 못하지만 모든 인간에게 일어난다. 장거리를 달리는 선수들은 종종 초월감을 보고하는데 자기를 잊고 자신의 몸에서 분리된 것 같은 느낌을 가진다고 한다. 해가 지는 것을 보거나 자연의 장관을 보는 것이 절정경험을 촉진할 수 있는데, 이러한 경험은 의지로 되는 것이 아니고 예기치 않은 일상의 순간에 일어난다.

자. 하나감

자아실현한 사람은 사회에 관심이 있으며, 공동체감, 모든 사람과 함께 하나된 느낌을 가진다. 자아실현한 사람은 타인을 돌보는 태도가 있다. 낯선 곳에서 이방인 같은 느낌을 갖기도 하지만 자아실현한 사람은 모든 사람과 동일시하고 친구든 모르는 사람이든 타인을 돕는 데 진정한 관심을 가지고 있다. 자아실현한 사람이 타인에게 화를 내고 못 참고 지루해할지 모르나 보통 이들은 인간에게 애정을 갖고 있다.

차. 깊은 대인관계

자아실현한 사람은 보통 사람에게 양육적인 감정을 갖지만 소수의 친한 친구가 있다.

이들은 모든 사람과 친구가 되는 것이 아니라 깊고 강한 대인관계를 소수의 사람과 나눈다. 자아실현한 사람은 종종 타인에게 오해를 받고 멸시를 받기도 한다. Maslow가 연구한 건강한 사람은 존경에 불편해하고 당황해 하며 일방적인 것이 아닌 상호적인 관계를 좋아했다.

### 카. 민주적인 구조

자아실현을 한 사람은 민주적인 가치를 소유하고 있다. 이들은 신분, 피부색, 나이, 성에 상관없이 타인에게 친절하고 사려 깊고 이런 외견상의 차이에 개의치 않는다. 민주적인 태도 이상으로 자아실현한 사람은 어떤 사람에게나 배우고 싶어하며 자신이 아는 것이 얼마나 적은가를 안다. 건강하지 않은 사람에게서도 배울 것이 많음을 알고 존경하며 그들에게 겸손하다. 그러나 그릇된 행동을 수동적으로 수용하지 않으며 부도덕한 사람과 행동하고는 싸운다.

### 타. 방법과 수단의 구분

자아실현을 한 사람은 옳고 그른 행동을 분명히 알고 기본적인 가치에 대해 갈등이 없으며 수단보다는 목적에 주의를 기울이고 둘 간의 구분을 아주 잘한다. 다른 사람이 수단이라고 생각하는 것에서 자아실현을 한 사람은 목적을 볼 수 있으며 어떤 일 자체를 위해 일하는 것을 즐긴다.

### 파. 유머에 대한 철학적인 감각

자아실현한 사람은 철학적이고 악의없는 유머감각이 있으며 사람을 단순히 웃기는 것 이상이다. 이들의 유머는 인위적인 것이 아니어서 상황에 잘 맞는다.

### 하. 창의성

Maslow가 연구한 자아실현을 한 사람 모두가 창조적이었다. Maslow는 창조성과 자아실현은 같은 것이라고 본다. 모든 자아실현한 사람이 예술에 재능이 있거나 창의적이라는 말이 아니라 자기 나름대로 창조적이라는 것이다. 이들은 진정한 창조성의 기초인 진리, 미, 현실에 대해 예리한 지각이 있다.

### 거. 문화적응에 저항

자아실현을 한 사람은 문화화되는 것에 저항한다. 즉, 주변 환경에 초연하고 어떤 특정한 문화를 초월할 수 있다. 이들은 반사회적이거나 의식적으로 순종하지 않는 것이 아니라 자율적이고 행동에 자기 자신의 기준이 있어 무조건 타인의 규칙에 따르지 않는다. 또한 무의미한 관습이나 사회의 규제와 싸우는 데 에너지를 낭비하지 않는다.

너. 사랑과 자아실현

사람은 자아실현을 하기 전에 애정과 소속의 욕구를 채워야 한다. 자아실현을 한 사람은 애정을 주고받을 수 있으며, 더 이상 결핍된 애정 같은 것에 동기화되지 않는다. 자아실현한 사람은 보답을 바라며 사랑하지 않고 순수하게 사랑을 하고 사랑을 받는다.

## 3 사회복지실천과의 연관성

인본주의 심리학자들은 인간복지의 질에 특히 관심이 있으며 사회적인 책임과 변화를 일으키는 데 관심이 크다(Lyons, 2001). 이런 입장을 지닌 인본주의 심리학자들이 주창하는 개념은 사회복지실천에서 토대로 삼을 수 있는 부분이 많다.

먼저 Rogers는 내담자 안에서의 성장의 중요성을 강조한다. 인간의 실현 경향성은 일정한 상황에서만 이루어지므로 사회복지사는 내담자에게 의미 있는 타인으로 일관되고, 무조건적인 존중과 공감 어린 경청으로 충분히 기능하는 인간으로 성장하도록 도울 수 있는 위치에 있음을 염두에 두어야 한다. 적절한 치료적인 상황에서 인간은 더 충분히 기능하는 사람이 되기를 바라고 자신의 경험에 더 개방적이며 자신과 타인을 더 수용할 수 있게 된다. 그리고 사람이 통찰력 있게 이해될 때 자신의 다양한 경험과 긴밀한 접촉이 가능해지고 긍정적인 자아개념이 발달할 것이다. 신경증이나 정신병리 같은 용어를 사용하여 인간의 부적응을 이해하기보다는 방어나 혼란 등의 용어를 사용하여 인간은 누구나 심리적인 부적응을 경험할 수 있는 존재로 생각하는 관점도 고무적이다.

Maslow의 경우는 인간 모두에게 있는 욕구에 대한 이해의 폭을 넓게 해 준다. Maslow는 건강하거나 좋은 사회는 사회 구성원 모두가 기본적인 욕구를 채우고 자아실현과 인간으로서의 성취를 가능하게 하며 존재의 동기를 갖도록 해야 한다고 한다(Lyons, 2001). 이러한 관점에서 사회복지사는 내담자에게 안전하고 안정된 환경을 제공해야 한다. 일단 내담자의 안전의 욕구가 채워지면 그 다음 사회복지사는 애정과 소속의 욕구를 채워주려고 노력해야 할 것이다. 이를 통해 내담자는 더 높은 수준의 욕구 충족을 위해 동기화되는 삶을 살게 될 것이다.

인본주의 이론이 사회복지실천에 활용될 수 있는 내용은 다음과 같다(최옥채 외, 2011).

첫째, 사회복지실천의 가치관은 기본적으로 인본주의에 근거를 두고 있다. 인본주의는 인간이란 의식 있는 존재로서 이성적으로 생각하고 선택하며 자유롭게 행동할 수 있는 능력이 있다고 믿는다. 또한 인간은 삶을 통제하고 살아가는 방법에 대한 생각들을 바꿀 수 있는 개인적인 권한을 가진 존재라는 사실을 중시한다.

둘째, 내담자중심의 개입은 사회복지실천의 주된 원리와도 잘 맞는다. 인간을 전체로서 다루고 환경과 상호작용하는 존재로 보며 개인의 경험에 관한 해석과 이해를 존중한다.

셋째, 인본주의 이론은 사회복지실천에서 다른 이론들보다 더욱 융통성 있게 적용할 수 있다. 내담자에 관하여 덜 결정론적이고 덜 판단적인 이해를 하게 하는 토대를 제공한다.

넷째, 전체 인간에 대한 존중 사상은 효과적인 사회복지실천의 기본이며, 사회복지실천에 있어서 가치관의 토대를 이루고 있다. 특히 자발적이고 스스로 동기가 있는 내담자를 위한 사회복지실천을 할 때에 인본주의 사상과 지식은 포괄적인 접근을 할 수 있게 한다.

다섯째, 사회복지사는 내담자가 자신과 자신의 개인적 의미를 탐색할 수 있는 기술을 가질 수 있도록 도와준다. 여기에서 개인적 의미란 자신이 지각하는 세계에 관해 나름대로 부여하는 것으로 이것은 나중에 다시 자신에게 영향을 준다. 또한 사회복지사는 내담자와의 관계를 통해 내담자가 자신의 경험에 대해 의미를 갖고 자신에 대해 새로운 사고를 창출하도록 돕는다.

# Part 3

# 인간발달과 사회환경

3부에서는 1부와 2부에서 다루어진 인간행동과 사회환경에 대한 관점과 이론을 바탕으로 수정에서부터 사망에 이르는 인간발달의 전 과정이 사회환경과 구체적으로 어떤 상호작용을 하는지를 밝히고 그에 따른 사회복지실천 과제를 알아본다. 이를 위해, 5장에서는 발달의 기초 성격에 관해 알아보고, 태내기의 발달 양상과 사회환경과의 관련성, 태내기에 나타나기 쉬운 이상행동과 그에 대한 사회복지실천 방법에 대해 기술한다. 이후 6장에서는 신생아 및 영유아기, 7장에서는 아동기, 8장에서는 청소년기 및 청년기, 9장에서는 성인기를 다룬다. 마지막으로 10장에서는 노년기의 발달과 사회환경과의 관련성, 이에 따른 노년기의 사회복지실천 과제를 구체적으로 다룬다.

5 Chapter

# 태내기와 사회환경

본 장에서는 먼저 인간발달에 대한 기초로 발달의 개념 및 원리를 알아보고, 다음으로 생명의 시작인 수정부터 출생까지의 태내기에서 나타나는 발달의 양상을 살펴본다. 또한 태내기와 관련되는 환경 및 건강한 태내발달을 위한 사회복지실천 과제를 제시하고자 한다.

# ❶ 인간발달의 기초

## 1) 발달의 개념 및 원리

### (1) 발달의 개념

일반적으로 발달(development)이란 인간이 수정되는 순간부터 사망할 때까지의 전 과정을 통해 겪게 되는 변화를 의미한다. 즉, 시간에 따른 변화가 발달의 요체이다. 그러나 발달의 개념에는 변화만이 중요한 것은 아니다. 변화와 함께 인간의 발달에는 연속성이 존재한다. 예를 들어 말을 전혀 하지 못하던 영아가 수다스러운 유아가 된다는 점은 커다란 변화라고 볼 수 있다. 그러나 그 수다스러운 유아도 영아기에 지녔던 기질을 여전히 나타내는 경우가 많다. 따라서 발달에는 변화와 연속성이라는 두 가지 측면이 공존한다.

다음으로 발달에서의 변화는 무질서한 방향으로 변화가 나타나는 것이 아니라 일정한 방향성을 보인다. 즉, 발달이란 인간의 행동이 지향적으로 변화되는 것을 의미한다. 일반적으로 인간의 발달은 청년기 이전 시기와 같은 생의 전반부에서는 변화의 방향이 바람직한 방향으로 변화된다. 즉, 양적으로 전보다 더 증대되며 기능적으로도 전보다 더 유능해지고, 또한 신체의 구조나 신경구조 및 정신구조 등이 전보다 더 정밀해지는 변화가 일어나는 경향이 많다. 그러나 생의 중반으로 접어들면 능력이 감소되는 방향으로 변화가 나타나는 현상이 여러 부분에서 일어난다. 예를 들어 중년기 이후에 유동성 지능이 감소하거나 시력이 저하되는 현상 등을 겪게 된다. 따라서 과거에 발달 연구가 주로 아동기나 청소년기 등의 생의 전반부에 관심을 두었을 때는 발달의 개념이 주로 시간에 따른 상향적인 변화만을 의미했었다. 그러나 근래에는 중년기 이후의 연구가 증가하는 경향을 반영하여, 발달의 개념을 정의할 때 변화의 방향이 상향적이든 하향적이든 관계없이 일정한 방향을 보이는 지향적 변화를 강조하게 되었다.

또한 발달은 성장(growth)과 성숙(maturation) 그리고 학습(learning)에 의해 나타난 결과로 볼 수 있다. 성장은 신체적으로 키나 몸무게가 증가하는 것과 같이 양적으로 변화하는 현상을 말한다. 이에 비해 성숙은 생리적 요인에 의한 점진적인 신체적, 심리적 변화로서 미리 짜여진 유전인자의 프로그램에 의해 나타나는 변화들을 뜻한다. 운동기능 또는 감각기능의 분화, 사춘기의 변성 등이 이에 해당된다. 이와 달리 학습이란 연습과 경험을 통해 이루어지는 변화이다. 인간에게 이 세 가지 과정은 상호작용적이며, 발달을 돕는 배경과 원인이 된다(공인숙 · 한미현 · 김영주, 2006).

결국 인간의 생명이 시작되면서부터 일생 동안 성장 및 성숙, 학습을 통해 일어나는 지향적인 변화와 연속성을 모두 포함하는 과정이 곧 발달인 것이다.

**〈표 5-1〉 발달의 개념**

| 변화의 측면 | 예 |
|---|---|
| • 양적인 변화(quantitative change)<br>질적인 변화(qualitative change) | 신장이나 체중의 증가<br>인지구조의 변화 |
| • 상향적 변화<br>하향적 변화 | 신장의 증가, 유아기의 인지능력의 향상<br>노년기의 운동기능 약화, 기억력 감퇴 |
| • 성숙에 의한 변화<br>학습에 의한 변화 | 유아기의 빠른 성장, 사춘기의 2차 성징 출현<br>외국어의 습득 |

[BOX 5-1] 성장(growth)과 성숙(maturation), 학습(learning)의 개념

- 성장 : 신체의 크기, 어휘 수의 증가와 같이 주로 양적인 증가, 즉 상향적 변화를 의미
- 성숙 : 유전적 요인에 의해 발달적 변화가 통제되는 생물학적 과정을 의미
- 학습 : 직접 또는 간접경험의 산물로서 훈련이나 연습에 의한 변화를 의미

### (2) 발달의 원리

인간발달 현상에는 모든 인간이 보편적 · 일반적으로 나타내는 원리가 있다. 이 원리는 환경이나 문화적 요인을 초월하여 모든 인간에게서 공통적으로 나타나는 발달의 원

리로 여겨진다. 학자에 따라 이견이 있을 수 있으나 공통적인 발달의 원리는 일반적으로 다음과 같다(유안진, 1999).

### ① 발달의 순서성

인간의 발달에는 일정한 순서가 있다. 영아는 처음에는 누워서 고개를 돌리는 정도만 가능하지만, 6개월 정도가 되면 허리를 들고 기기 시작하며 1세경에 걷게 된다. 즉, 영아의 운동발달은 빠른 아이나 늦되는 아이처럼 개인차가 있기는 하지만, 발달의 순서는 고개 들기, 기기, 걷기와 같이 일정한 순서에 따라 이루어진다는 것이다. 또한 인지발달에서도 상징적 사고가 가능해진 후에 언어를 사용하게 되고 추상적 사고가 가장 늦게 발달하는 것과 같은 순서가 나타난다.

### ② 발달의 방향성

인간의 발달은 상체에서 하체의 방향으로 진행된다. 즉, 머리 부분이 가장 먼저 발달하고 이후에 몸통, 다리의 순으로 운동발달이 나타난다. 또한 중심에서 말초의 방향으로 발달한다. 즉, 대근육이 있는 중심에서 소근육의 말초로 발달의 방향이 전환된다. 끝으로 전체 활동에서부터 특수 활동의 방향으로 발달이 나타난다. 예를 들어 손바닥 전체로 물건을 집던 영아가 1세경이 되면 엄지와 집게손가락을 이용하여 물건을 집는 것을 볼 수 있다.

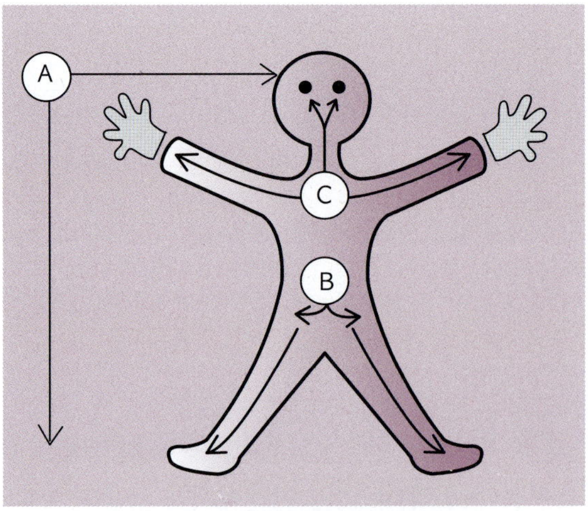


**[그림 5-1] 발달의 방향성**

### ③ 속도와 계속성

발달은 일생을 통한 계속적인 과정이나 그 속도는 일정치 않다. 예를 들어 신체발달의 경우 성인기까지 신장이나 체중이 꾸준히 증가하는 경향을 보이지만, 영아기와 사춘기에는 다른 시기보다 급증하는 경향이 나타난다. 따라서 영아기를 제1차 성장 급등기, 사춘기를 제2차 성장 급등기라고 한다. 또한 언어발달에서 어휘 수의 증가는 유아기에서 특히 두드러진다. 이처럼 인간발달은 연속적 계속적 과정이나, 특정 부분이 어느 시기에 급격히 발달되는 것을 일컬어 결정적 시기(critical period) 또는 민감기(sensitive period)라고 한다.

### ④ 발달의 개인차

발달에는 일반적이고 보편적 순서가 있으나, 연령이나 성별이 같은 경우에도 개인의 발달에서는 차이가 나타난다. 주변을 살펴보아도 같은 연령의 동성 친구사이에도 신장이나 체중의 차이, 성격이나 운동능력에서 차이가 있는 것을 쉽게 볼 수 있다.

### ⑤ 발달의 상호 관련성

발달의 각 측면은 상호 밀접하게 관련되어 있다. 흔히 부모와의 애착발달이 잘 된 아동의 경우, 어린이집 등에서 또래와 잘 지내고, 이후 초등학교에서도 리더십을 발휘하는 경우가 많다. 또한 이런 아동의 경우 성취동기가 강하고 호기심이 강하기 때문에 적극적 성격을 보이거나 학업 성취가 높아지는 경향도 보인다. 따라서 한 측면의 발달은 다른 여러 측면의 발달과 독립적으로 이루어지기보다는 서로 밀접히 관련되어 영향을 주고받는다.

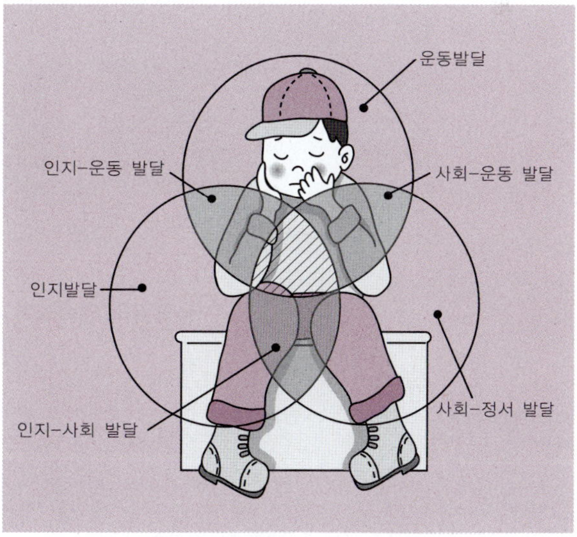

[그림 5-2] 발달의 상호 관련성

## 2) 발달에 대한 쟁점

인간발달의 중요한 쟁점은 주로 발달의 형태나 발달의 본질, 발달의 보편성 등에 관한 것으로 요약할 수 있다(공인숙 외, 2006; 권민균 · 문혁준 · 권희경 · 성미영 · 신유림 · 안선희 외, 2012; 정옥분, 2002; Seifert & Hoffnung, 2002).

### (1) 연속성 대 비연속성

인간발달에서의 변화는 어느 특정 단계에서 갑자기 나타나는 것이 아니라, 경험과 훈련에 의해 점진적으로 형성된다고 보는 입장에서는 발달을 연속적이라고 여긴다. 그에 비해 발달을 비연속적이라고 보는 입장에서는 인간의 발달은 일정한 순서에 따라 일어나며 질적으로 차이가 있는 행동변화로서 구분된다고 본다.

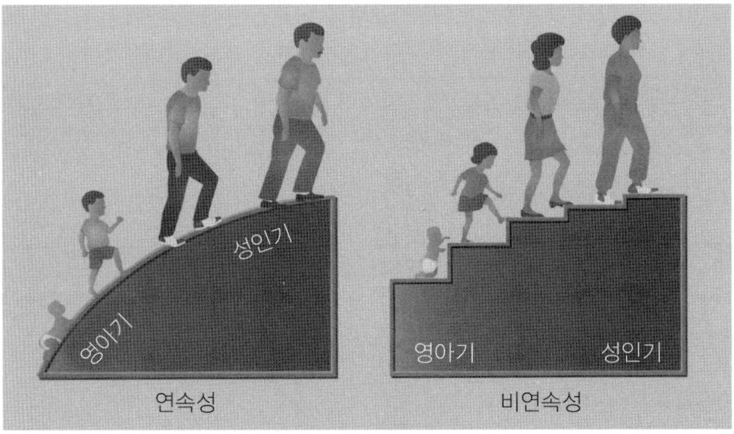


출처 : Berk(2006).

**[그림 5-3] 발달의 연속성과 비연속성 개념**

### (2) 천성(nature) 대 양육(nurture)

발달과 관련해 끊임없이 계속되는 논쟁 중 하나가 인간발달이 타고나는 것인지? 아니면 환경에 의해 키워지는 것인지? 일 것이다. 즉, 발달의 기제를 성숙, 자연, 생득적인 것으로 간주하는 천성의 입장과 환경, 학습, 경험을 강조하는 양육의 입장이 있다. 천성을 강조하는 학자는 인간의 발달이 유전에 의해 결정된다고 본다. 이들에 따르면, 유전이 발달의 직접적인 요인이다.

그에 비해 양육을 강조하는 입장에서는 발달에서의 변화란 학습과 훈련 경험의 결과라고 강조한다. Rousseau가 유전론의 초기 이론가라면 Locke는 환경론자이다. Locke는 출생 시에 인간은 아무것도 쓰이지 않은 백지상태와 같으며 인간이 성장하면서 이 백지 위에 모든 경험들을 쓰게 된다고 하였다.

한편 최근에는 유전과 환경의 상호작용론으로 발달을 설명하는 학자가 늘어나고 있다. 상호작용론자들은 유전이나 환경 중 어느 하나만이 발달 변화의 과정이나 특성에 작용하는 것이 아니라, 유전과 환경 모두가 작용한다는 중도적 입장을 취한다. 상호작용론자들은 유전과 환경을 독립적인 요인으로 분리하여 볼 것이 아니라 두 요인이 어떻게 결합되어 발달이 일어나게 하는가에 초점을 둔다.

### (3) 보편성 대 맥락적 특수성

아동들이 유사한 발달 패턴을 보이는지? 아니면 문화나 국가와 같은 맥락에 따라 특정적 발달을 나타내는지는 인간발달에 대한 오랜 논쟁 중의 하나이다. 보편성을 주장하는 학자는 모든 아동이 일정한 발달 단계를 거친다고 본다. 예를 들어 Piaget와 같은 인지발달론 이론가는 모든 아동이 유아기에는 가상놀이와 언어발달을 나타내고 아동기에는 보다 논리적, 체계적 사고를 하며 청소년기에 이르러야 추상적 사고가 가능하다고 여긴다.

그러나 변화의 양상을 다양하게 하는 맥락에 대한 관심을 강조하는 입장도 점점 많아지고 있다. 예를 들어 대도시에 거주하는 아동과 시골에 거주하는 아동 간의 경험이나 가치관에서 차이가 존재하며, 우리나라 부모와 서양 부모가 강조하는 가치는 차이가 있을 것이다. 즉, 발달에 영향을 미치는 맥락은 다층적이며 복잡하다. 개인 차원에서는 유전과 생물학적 배경이 중요하지만, 환경 측면에서는 가정이나 학교와 같은 직접적 환경 배경 외에 지역사회 자원, 사회적 가치, 역사적 시간 등도 포함되기 때문이다. 이런 관점은 발달에서의 다양성에 관심을 갖게 하고 있다.

## ❷ 태내기의 발달

태내기는 인간발달 단계 중 가장 급속한 발달을 이루는 시기이다(권민균 외, 2012; 1999; 정옥분, 2002; Bee & Boyd, 2011; Berk, 2006; Seifert & Hoffnung, 2002; Shaffer, 2000).

### 1) 생명의 시작

생명은 여성의 난자와 남성의 정자가 결합하는 수정으로부터 시작된다. 정자와 난자는 수많은 유전적 정보를 갖고 있는 유전인자(gene)를 염색체 안에 저장하고 있다. 각각의 정자와 난자에는 23개의 염색체가 있어서, 수정 이후에 인간의 염색체는 총 23쌍(46개)으로 구성되며 단핵의 수정란을 접합체(zygote)라고 부른다. 이때 난자는 24시간, 정자는 48시간밖에 생존하지 못하므로 수정이 되기 위해서는 시간적 요소가 중요하다.

### 2) 태내발달 단계

#### (1) 배란기(처음 2주일간)

배란기는 수정 후 2주일간을 의미하며 접합체는 수정 후 1주일이 지나면 자궁 내에 도착하여 자궁 내막의 표면에 정착하게 되며, 이를 착상이라고 한다. 접합체는 분열을 거듭하며 내배엽, 중배엽, 외배엽을 형성한다. 내배엽은 소화기관, 간, 호흡기 등의 내부기관으로 중배엽은 이후에 근육, 골격 등을 형성하게 된다. 외배엽은 이후에 피부, 손톱, 치아, 감각기관과 중추신경계를 형성하게 되는 부분이다.

#### (2) 배아기(3~8주)

배아의 발달은 발달의 기본 원리인 상체에서 하체로, 중앙에서 말초로 발달하는 형태를 보인다. 따라서 머리, 혈관, 심장이 팔, 다리와 같은 기관보다 먼저 발달한다. 3주경에 머리, 뇌, 순환계가 발달하기 시작하는데, 4주경이 되면 배아는 약 2.5cm 정도의 길이가 된다. 5주경에는 손과 허파가 형성되기 시작한다. 6주경에는 머리가 커지며 뇌, 손, 팔, 다리 등이 보다 분명하게 발달한다. 7, 8주경에는 근육이 형성되고 대뇌피질이 형성되기 시작한다. 8주 말경에 태반이 발달하여 태아에게 비교적 안정적인 환경을 제공하게 된다. 모체와 배아를 이어주는 태반은 모체의 산소와 영양을 배아에게 전달하고 배아의 노폐물을 모체의 혈관으로 전달하는 역할을 한다. 이러한 과정은 삼투압의 원리에 의해 이루어진다. 탯줄은 태반과 배아를 연결하며 탯줄에는 신경이 분포되지 않았으므로 출산 시 탯줄을 자를 때 어머니와 태아는 고통을 느끼지 않는다.

### (3) 태아기(9주～출산)

8주가 지나면서 인간의 기본 구조가 완성된 이후에 배아는 태아로 불리게 된다. 12주경에 태아는 약 7.6cm 정도의 길이가 되며 28g을 넘지 않으며 만지면 반응을 한다. 16주경에는 쥐기 반사와 바빈스키 반사, 빨기 반사를 나타내며 태아의 심장 박동 소리가 자궁벽을 넘어서도 들리게 된다.

4개월에서 5개월(16～20주) 사이에 손, 발이 완전히 발달하며 눈을 감고 뜰 수 있으며 소리를 들을 수 있고 폐호흡이 가능해진다. 보통 16주경에 태동이 나타나며 20주경의 태아의 경우 신장은 출생 시의 50%까지 성장하지만, 체중은 10% 정도에 머문다. 체중 증가는 주로 태아기 말에 가서 급속도로 이루어진다.

7개월 초에 태아는 울고, 숨 쉬고, 삼키고, 소화하는 것이 가능하기 때문에 조산을 하더라도 생존 가능하다. 8개월경에는 출생 후에 체온조절을 돕는 피하지방층이 생기기 시작하며 9개월 말에는 체중과 신장의 증가가 멈추지만, 피하지방의 축적과 심장박동수의 증가, 내부기관 등은 출생 후의 환경에 적응하기 위하여 보다 효율적으로 성숙하게 된다. 출생 직전의 태아는 보통 신장이 50cm 정도이며 체중은 3.4kg 정도로 성장하게 된다.

### 3) 출산

출산은 흔히 개구기, 만산기, 후산기의 3단계로 이루어진다. 개구기는 진통이 시작되어 자궁구가 완전히 열릴 때까지를 의미하며 초산의 경우 12~14시간, 경산의 경우 4~6시간 정도 걸린다. 이때 자궁은 규칙적으로 수축하여 태아를 아래로 밀어내는 작용을 하는데, 처음에는 15~20분 간격으로 진통이 오다가, 점차 그 간격이 짧아지며 진통시간도 길어진다. 보통 3분 간격으로 진통이 와서 1분 정도 계속되면 자궁구가 완전히 열리게 된다.

[Box 5-2] 대안적 출산방법의 예

**폭력 없는 탄생 '인권분만' 해 보세요.**

보건복지부 발표에 따르면, 지난해 상반기 우리나라의 산모 4명 중 1명이 제왕절개 수술을 받았다. 이 같은 수치는 세계보건기구(WHO)의 권고율인 5~15%에 비해 3배 가량 높은 수치다. 경제협력개발기구(OECD) 가입국의 제왕절개율은 대부분 10~20% 수준이다. 여성단체와 일부 산부인과 등을 통해 제왕절개율을 낮추고자 하는 노력이 있어 왔지만, 그 결과는 미미한 수준이다. 무조건적인 제왕절개에 의존하지 않는 건강한 출산문화 정착을 위해 제왕절개에 대한 몇 가지 오해를 바로잡고, 그 대안으로 인권분만을 소개한다

일부 산부인과에서 실시하고 있는 인권분만을 한마디로 정의하면 '산모와 태아를 배려하는 출산문화'를 말한다. 인권분만은 프랑스의 산부인과 의사 프레드릭 르봐이예의 저서 '폭력 없는 탄생'에서 비롯됐다. 국내에서도 보급되고 있는 그네 분만, 수중 분만 등 분만의 방법론보다 상위개념으로 '분만의 철학'으로 이해해야 한다.

인권분만은 편안하고 자연스러운 출산을 통해 태아가 탄생하는 순간에 겪는 스트레스를 최소화하고 산모를 '환자'로 보는 의사중심의 출산문화에서 산모가 자신들이 원하는 바를 당당히 주장하고 태아의 인권을 존중하는 것이다.

출처 : 세계일보, 2005년 9월 20일자

만산기는 자궁구가 완전히 열린 후, 태아가 질을 통해 빠져나오는 시기이다. 보통 초산의 경우 50분, 경산의 경우 20분 정도가 걸린다. 태아는 머리, 어깨, 몸, 다리의 순으로 만출되며 탯줄로 태반에 연결되어 있다. 후산기는 자궁이 수축되며 태반을 배출하는 시기로 이로써 출산이 완료된다. 보통 5~10분이 걸린다. 이상의 출산 시간은 산모의 건강과 연령, 태아의 크기와 위치 등에 의해 영향을 받는다. 또한 근래에는 [Box 5-2 ]에서의 예와 같은 폭력 없는 탄생, 라마즈분만 등의 대안적 출산방법을 선택하기도 한다.

## 3 태내기와 사회환경

태내환경은 비교적 안정적인 편이나 배아와 태아를 위협하는 아래와 같은 요소에 의해 영향을 받는다(권민균 외, 2012; 정옥분, 2002; Bee & Boyd, 2011; Berk, 2006; Seifert & Hoffnung, 2002; Shaffer, 2000).

### 1) 기형발생물질(teratogens)

기형발생물질의 영향은 모든 경우에 동일하게 나타나지 않는다. 구체적으로 기형발생물질의 양이 많거나, 영양상태가 나쁜 것과 같은 부정적 영향이 함께 나타날 때 기형 정도는 더욱 심각해진다. 또한 어떤 시기에 영향을 받았는가도 중요한 요소이다.

착상 전인 배란기에는 거의 영향을 받지 않으며, 만일 심한 경우라면 유산이 된다. 그에 비해 배아기에는 대부분의 신체기관의 기본이 형성되는 시기이므로 심각한 기형이 나타나게 된다. 태아기에는 비교적 영향이 적지만, 뇌, 눈, 성기 등은 여전히 심각한 영향을 받게 된다.

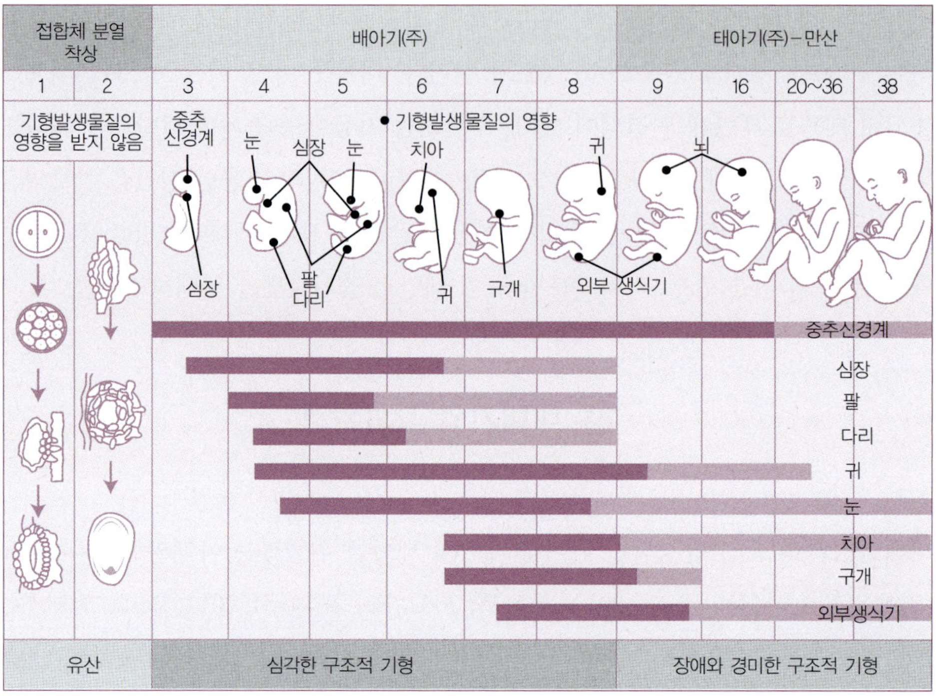


출처 : Berk(2006).

**[그림 5-4] 태내발달의 민감기**

### (1) 약물

탈리도마이드(thalidomide)는 1950년대 후반부터 1,960대 초반까지 임산부의 입덧 등을 감소시키는 안정제로 흔하게 처방되었다. 그러나 탈리도마이드는 1958년부터 1962년까지 수천 명의 신생아에게 사지가 발달하지 않거나 축소, 또는 위치가 달라지는 기형이나 농, 심각한 안면 기형 등을 초래하였다. 탈리도마이드는 1961년 이후 미국에서 금지 약물로 지정되었다.

또한 미국에서 1945년부터 1970년까지 유산을 방지하기 위해 처방되었던 DES (diethylstilbestrol)는 청년기에 질암이나 자궁 기형을 초래하는 경향을 높이는 것으로 밝혀졌으며, 여드름 치료제로 처방되는 비타민 A나 테트라사이클린 등의 항생제 역시 기형유발물질로 알려져 있다.

### (2) 흡연

흡연은 태아의 저체중을 초래할 뿐만 아니라 유산, 조산, 심박수 이상, 수면 중 호흡문제, 영아 사망이나 천식, 아동기 암 등과 관련된다.

비흡연 임산부 중 1/3이나 절반 정도는 주변인에 의해 간접흡연의 피해를 입는데, 간접흡연 역시 직접 흡연과 유사한 영향을 미친다. 따라서 임산부는 흡연 환경을 피해야 한다.

[그림 5-5] 임산부의 흡연

### (3) 음주

알코올은 영아의 저체중, 반응성이나 각성 정도가 낮아지는 경향, 심장박동의 증가, 호흡기 기형 등을 초래한다. 임신부의 알코올 섭취가 심한 경우에는 태아알코올증후군(Fatal Alcohol Syndrome : FAS)을 나타낸다. 이는 중추신경계의 손상, 신체적 기형, 지적장애, 과잉행동 등의 행동장애를 동반한다. 종단연구에 의하면, 태내에서 알코올에 노출된 경우 청소년기에 주의집중과 단기기억에서 문제를 겪는다고 한다.

### (4) 방사선과 유해물질

방사선은 기형발생의 중요한 원인으로 알려져 있다. 따라서 병원의 진단 X선 검사의 경우 노출량이 비록 태아에게 별다른 영향을 미치지 않는다고 여겨질지라도, 반드시 의사와의 상담을 거치는 것이 필요하다. 이외에도 환경오염으로 인한 수은, 납, 유독성 화학물질 등도 심각한 태아의 질환을 유발한다.

### (5) 질병

풍진은 태반을 통해 태아의 혈액으로 침입하여 농, 맹, 심장기형, 중추신경계 손상, 지적장애 등을 유발한다. 이는 임신 2개월까지 커다란 영향을 미치며 태아가 어느 정도 형성된 3개월 이후에는 청력, 시각, 언어 문제를 일으킨다.

톡소프라스모시스(toxoplasmosis)는 감염된 고양이나 익히지 않은 고기를 통해 감염되는 기생충이 일으키는 질병이다. 배아기에 감염되면 뇌와 시각에 장애를 일으키며 임신 후기에 감염되는 경우에는 경중의 시각장애나 인지장애를 초래한다.

## 2) 기타 모체의 영향

### (1) 운동

임신기의 적절한 운동은 태아의 성장에 도움이 되지만, 격하고 지나친 운동을 하는 경우는 저체중아 출산 가능성이 높아진다. 특히 순환기의 문제나 유산의 경험이 있는 경우 운동을 시작하거나 지속할지에 대해 의사와 상의할 필요가 있다.

### (2) 영양

영양이 불충분한 경우 조산율, 영아사망률의 증가, 저체중 등이 나타난다. 또한 환경적 자극에 반응을 덜하며, 특히 임신 6개월부터 생후 3개월 사이에 영양이 불충분한 경우 뇌세포의 감소가 뚜렷하게 나타난다. 이러한 경향은 이후 아동으로 성장한 후에 학업 성취나 지능발달에서도 지속된다.

### (3) 정서적 상태

임산부가 심각한 불안과 걱정을 지속적으로 경험하는 경우 유산, 난산, 조산, 저체중아 출산, 신생아 호흡곤란, 신체 기형이 나타날 확률이 커진다.

### (4) 연령

여성의 취업, 만혼의 경향 등으로 인해 출산 연령이 높아지고 있다. 그러나 노산의 경우 불임, 유산, 유전적 이상, 난산이 나타날 가능성이 많은데, 이러한 경향은 50세 이후 출산에서 뚜렷해진다.

### 3) 출산 시 문제

#### (1) 산소결핍증

신생아는 산소 부족 상황에서 신진대사율을 낮추므로 성인보다 잘 견딘다. 그렇지만 출산 시 10분 이상 산소 공급이 안 되면 뇌손상이 나타날 가능성이 커진다. 과거에는 탯줄이 꼬이거나, 역아(출산 직전까지 태아의 다리가 자궁구를 향해 있는 경우로 약 4%의 출산에서 나타남)의 경우 산소결핍증이 나타났으나, 요즘에는 보통 제왕절개를 통해 해결한다.

그 외에 모체의 혈액과 신생아의 혈액이 Rh 인자에서 불일치하는 경우에도 산소 부족이 나타난다. 즉, 어머니가 Rh-이고 아버지가 Rh+인 경우 태아는 우성인 Rh+를 나타낸다. 이때 모체는 태아의 혈액의 Rh+ 단백질에 대해 항체를 형성하게 되며 항체는 적혈구를 파괴하므로 산소결핍증이 나타나게 된다. 모체가 항체를 형성하는 데 시간이 걸리므로 보통 첫아이의 경우는 무사한 편이나 임신이 거듭되면서 산소 부족의 위험이 증가한다.

#### (2) 조산과 저체중아

신생아의 평균 체중은 만산아의 경우 보통 3.4kg이다. 신생아의 체중이 2.5kg 미만의 경우 저체중아라고 한다. 보통 저체중아는 영양상태가 나쁘거나 조산 시에 흔히 나타난다. 조산은 임신 29~37주 사이에 출산이 되는 경우를 의미하는데, 조산아의 경우는 호흡기를 비롯한 신체발달, 운동발달, 신경학적, 인지적 발달에서 만산아보다 지체를 보인다. 만산아이며 저체중인 경우 생후 1년 동안 질병 감염율, 사망률, 신경학적 문제를 조산아보다 더 많이 나타내는 경향이 있다.

## 4 태내기의 사회복지실천 과제

신생아 중 약 5%는 선천적 결함을 갖고 태어난다. 결함의 원인은 유전인자에 의한 것부터 어머니의 심리적 영향에 이르기까지 다양하다.

### 1) 생물학적 문제와 실천과제

염색체 이상이나 유전인자의 이상으로 나타나는 경우로 생물학적 이상의 가능성이 있을 때는 유전상담과 태내 진단을 통해 대처할 수 있다. [Box 5-3]에서 보듯이 1990년에 시작된 인간게놈프로젝트와 후속 연구를 통해 유전자의 역할과 질병과의 관계 등이 보다 정확하게 밝혀질 것이다.

**[Box 5-3] 인간게놈 분석을 통한 질병연구의 예**

[의학] 7개 질병 관련 유전자 찾았다

영국 50개 연구기관 과학자 200명은 제1형 당뇨병, 제2형 당뇨병, 고혈압, 관상동맥질환(심장병), 류머티스관절염, 양극성장애(조울증), 크론병(염증성장질환) 등 7대 질환환자 각각 2천 명씩 모두 1만 4천 명과 건강한 사람 3천 명 등 총 1만 7천 명의 DNA 샘플을 분석해 이 질환들과 관련된 24개 유전자를 찾아냈다고 과학전문지 '네이처'(Nature)를 통해 발표했다.

도넬리 박사는 일반적인 질병들은 대개 유전자가 환경과 생활습관과의 상호작용을 통해 발생하는 유전적 요인과 환경적 요인이 복합된 복잡한 질병들이라고 지적하고, 이 질병과 관련된 유전자를 찾아내면 질병이 어떻게 발생하고 어떤 사람이 걸릴 위험이 있는지를 파악할 수 있기 때문에 제때에 보다 효과적이고 개인에게 맞는 맞춤형 치료를 시행할 수 있을 것이라고 말했다.

출처 : 중앙일보(연합), 2007년 6월 7일자

#### (1) 염색체 이상

##### ① 다운(down)증후군

21번째 염색체가 3개인 경우에 나타나며 외모에서 둥근 머리, 아몬드 형태의 눈, 통통한 손발을 나타낸다. 흔히 심장, 내분비계통의 문제, 안면기형, 백혈병 등의 질병이 나타나는 경우가 많다. 다운증후군은 어머니가 35세 이상이거나 아버지가 나이가 많을 경우 나타날 가능성이 높다. 보통 중등도의 지적장애를 동반하며 변화에 적응하기 어려우므로 가족이나 지역사회서비스 프로그램을 통한 지속적 지원이 필요하다.

② 클라인펠터(klinefelter)증후군

성염색체의 이상으로 X염색체가 하나 더 결합되어 XXY의 형태인 경우로, 표현형으로는 남성이나 사춘기 이후에도 고환이 발달하지 않으며 불임을 나타낸다. 지능은 정상이며 신생아 남아 800명 중 1명꼴로 발생한다.

③ 터너(turner) 증후군

성염색체가 하나만 나타나는 경우(XO)로 표현형은 여성이 된다. 일반적으로 지적장애는 아니지만 기억, 판단과 관련된 학습장애를 동반하며 성적인 분화도 미숙하다. 신장이 작으며 2차 성징도 나타나지 않는다.

(2) 유전인자 이상

① 헌팅톤(huntington)병

중추신경계의 점진적 손상이 일어나 행동과 정신활동이 어려워지며 초기에는 모르다가 30, 40대에 나타나는 치명적 질병이다. 최근 유전자 연구에 의하면, 헌팅톤병은 4번째 염색체상에 위치한 유전인자에 의한 것으로 여겨진다(Seifert & Hoffnung, 2002).

② 다지증

손가락이나 발가락이 더 많은 경우로 흔한 우성인자에 의한 유전병이다. 외과적 수술로 교정되며, 발생빈도는 100~300명당 1명 정도로 나타난다.

③ 페닐케톤뇨증(phenylketonuria : PKU)

효소 결핍으로 동물성 단백질의 대사물질인 페닐알라닌이 사용되지 않고 혈액과 척수액에 축적되어 대뇌피질의 손상을 가져와 지적장애와 인지적 기능 저하가 초래되는 질병이다. 열성 유전질환이므로 보균상태에 머무는 경우가 많아서 발생빈도는 십만 명의 신생아 중에 1명꼴로 적게 나타난다. 조기 발견 시에 동물성 단백질을 제한하는 식이요법을 통해 발병을 막을 수 있다. 따라서 신생아 혈액검사와 식물성 단백질 공급 등의 의료적 조처와 수유와 식이요법 등에서 적극적인 부모교육이 필요하다.

### (3) 태내진단과 태아과학

출산 전에 태아의 문제를 진단하는 다양한 방법은 아래와 같다. 그러나 혈액검사와 초음파검사 외의 방법은 태아에게 해가 될 수 있으므로 자주 사용해서는 안 된다.

#### ① 양수검사

노산(35세 이상의 임신)의 경우 염색체 이상이 증가하는 경향이 있으므로 양수검사를 통해 진단하는 것이 좋다. 양수검사는 주사기로 소량의 양수를 채취하여 태아의 세포를 검사함으로써 이상을 진단하는 방법이다. 임신 초기에는 양수가 많지 않으므로 수정 후 14주경 이후에 검사하며 결과를 알기까지 1~2주 정도가 필요하다. 양수검사는 가장 흔히 사용되는 방법이지만 유산의 위험이 있으며 검사 시기가 늦어서 태아에게 심각한 결함이 있는 경우에도 유산하기에 너무 늦다는 단점이 있다(권민균 외, 2012)

#### ② 융모막검사

융모막검사는 장차 태반으로 발달하게 되는 융모막에서 태아세포를 추출하여 검사함으로써 염색체 이상을 발견하는 방법이다. 융모막검사는 수정 후 9주경에 검사가 가능하고 결과도 24시간 안에 얻을 수 있는 장점이 있으나 양수검사보다 유산의 가능성이 더 높고 태아가 사지기형을 일으킬 가능성이 있다.

#### ③ 초음파검사

가장 보편적으로 사용되는 태내진단법으로 임부의 복부에 초음파를 통하게 하여 태아의 크기, 형태, 위치 등을 밝히는 영상을 얻는 방법이다. 초음파검사는 임신 초기에는 정상 임신(태아의 월령, 쌍태아 여부)을 진단하기 위해서, 임신 중기에는 기형 여부를, 임신 말기에는 태아의 위치, 발육 정도 등을 평가하기 위해 사용된다. 초음파검사는 양수검사나 융모막검사 등에 비해 비교적 해가 적다고 알려졌으나 5회 이상 사용 시 저체중아를 출산할 가능성이 높아진다(Berk, 2006).

### ④ 혈액검사

임신 2개월경이 되면 임부의 혈액 속으로 태아의 세포가 섞여 들어오게 된다. 따라서 임부의 혈액검사에서 알파페토프로테인(alpha-fetoprotein)의 수준이 높아지는 경우 태아의 신장질환, 식도의 기형적 폐쇄, 신경관의 이상 등이 의심되며, 다운증후군과 같은 염색체 이상이 혈액 내의 세포에서 관찰되기도 한다(Berk, 2006).

## 2) 심리사회적 문제와 실천과제

많은 문화권에서는 임신 중에 놀라거나 스트레스를 받으면 태아에게 해롭다는 인식이 있다. 특히 우리나라의 경우 태중 교육 10개월이 이후의 10년보다 중요하다고 하여 태교를 강조하였다. 임산부의 정서적 불안이나 스트레스는 부신피질 호르몬 분비를 촉진하여 태아에게 영향을 미친다(권민균 외, 2012).

흔히 계획하지 않은 임신에 대한 부정적 반응, 임신과 출산에 관한 지식 부족, 부모로의 역할 변화에 대한 부적응 등이 심리적 문제를 일으키는 요인으로 지적되고 있다(이인정 · 최해경, 2007). 따라서 임산부를 위한 적절한 부모교육과 주변의 사회적 지원이 필요하며 임산부 자신도 스스로 변화를 수용하고 적응하려는 노력이 필요할 것이다.

또한 임신 중에는 영양소를 골고루 충분히 섭취하여야 하므로 평상시보다 300~500kcal를 증가시킨 5대 영양소가 골고루 균형 잡힌 식사를 해야 하며, 규칙적으로 비타민과 무기질 보충제를 섭취할 필요가 있다. 따라서 저소득 계층의 경우 충분한 영양 섭취와 비타민, 철분, 칼슘 등의 영양제 제공서비스가 이루어져야 할 것이다. 임산부의 정기검진과 적절한 운동, 충분한 휴식을 제공하기 위한 의료적, 사회적 서비스의 실천 역시 중요하다. 임신 중에는 의사의 처방 없이 약물을 복용해서는 안 되며, 금연, 금주하여야 한다. 특히 간접흡연 역시 직접흡연만큼 해로우므로 흡연환경을 피해야 한다. 그 외에 열악한 물리적 환경을 피하고 안정된 주거환경 등을 마련하기 위한 재정적 도움이 필요할 것이다.

6

Chapter

# 신생아 및 영유아기와 사회환경

신생아 및 영유아기는 인간이 태어나 젖을 먹고 걷고 말을 시작하며 영유아교육기관에 다니는 등 모든 것을 처음으로 경험하는 인생의 가장 어린 시절로 성장발달의 속도가 빠르며 변화가 풍부한 시기이다. 본 장에서는 신생아 및 영유아기의 발달을 이해하기 위해 신생아기, 영아기, 유아기의 단계별로 신체발달, 사회정서발달, 인지발달, 언어발달 내용을 소개했으며, 영유아기와 사회환경에 관해 가정환경과 사회환경을 그리고 신생아 및 영유아기의 사회복지실천 과제를 다루었다.

# ❶ 신생아 및 영유아기

## 1) 신생아기의 발달

일반적으로 생후 첫 2주간을, 그리고 심리학에서는 생후 1개월간을 신생아기(the-neonatal period)라고 한다. 신생아는 성인의 도움 없이는 생존할 수 없는 의존적인 존재이다. 하루 중 젖을 먹거나 배설 및 반사적 운동을 하는 시간을 제외하면 거의 대부분의 시간을 잠을 자며 지낸다. 태내환경과 아주 다른 바깥환경에 적응해야 하는 신생아는 반사행동 외에 놀라울 정도의 감각능력을 지니고 있다.

### (1) 신체적 특징

신생아의 신체적 특징으로는 눈 위의 면적과 얼굴과의 불균형이 심하고, 머리 둘레가 가슴둘레보다 크다. 어깨는 좁고 배는 부르며 엉덩이는 작고 팔다리가 짧다. 피부색은 붉고 주름이 많으며 몸 전체가 끈적끈적한 태지와 솜털로 덮여 있다. 그러나 며칠이 지나면, 피부는 건조해지고 솜털도 없어진다. 우리나라 신생아의 평균 신장은 남아 50.1cm, 여아 49.4cm이며, 체중은 남아 3.3kg, 여아 3.2kg이다(보건복지부질병관리본부 · 대한소아과학회, 2017).

### (2) 반사운동

신생아는 대부분 잠만 자고 있는 상태이지만 숨을 쉬는 것으로부터 깜짝 놀라는 행동, 젖을 빠는 행동 등은 계속하고 있다. 신생아의 운동은 외부로부터 어떤 자극이 가해졌을 때, 이에 반응하는 일종의 반사행동과 전신적 운동으로 나타나는데, 대부분 반사운동으로 움직이고 있다고 볼 수 있다. 반사운동은 대부분 말초적인 자극에 따라 반응하는 부분적 운동이다. 이러한 미숙한 정신활동은 대뇌의 발달에 따라 점점 사라져 생후 1년 정도가 되면 없어진다. 이 시기에 나타나는 대표적인 반사운동은 〈표 6-1〉과 같다.

〈표 6-1〉 신생아의 반사운동

| 종류 | 특징 |
|---|---|
| 빨기 반사 (sucking reflex) | 아기는 갓 태어나면서부터 무엇이든지 입가에 닿으면 빨고자 하는 반응을 나타낸다. 입가에 무엇인가 닿았다는 자극이 전달되면 그것이 무엇인가 분별하고자 하는 대뇌의 명령이 없이도 무조건 빠는 본능적 행동을 한다. 때로는 빨고자 하는 대상에 따라 빠는 속도와 시간, 강도가 다른 것을 볼 때 흡입반사에 뇌신경이 작용하고 있는 것을 알 수 있다. |
| 잡기 반사 (grasping reflex) | 신생아의 손바닥에 무엇인가 접촉시키면 아기는 그것을 꼭 잡는데, 이를 잡기 반사, 파악 반사 또는 다윈 반사(darwin reflex)라고 한다. 신생아의 양손으로 잡게 하면 자기 체중까지도 지탱할 수 있을 정도로 꽉 잡는 힘이 있다. |
| 바빈스키 반사 (babinski reflex) | 아기의 발바닥을 간질이면 마치 부챗살을 펴는 것 같이 발가락을 벌리면서 움직이는 것을 볼 수 있는데, 이를 바빈스키 반사라고 한다. 보통 6개월 이후에 서서히 없어진다. |
| 모로 반사 (moro reflex) | 아기의 위치가 갑자기 바뀌거나 아기에게 갑자기 큰소리를 들려주거나 강한 광선을 비추면 양팔과 다리를 쭉 펼치면서 누구를 껴안는 것처럼 움직인다. 마치 강한 자극에 깜짝 놀라는 모습과 같은 것이다. 이 반사운동은 생후 3~4개월부터 사라지기 시작한다. |
| 걷기 반사 (stepping reflex) | 신생아의 겨드랑이를 두 손으로 잡고 발을 바닥에 닿게 하면 무릎을 구부리고 두 발로 번갈아 움직이는 모습이 걷는 것처럼 보인다. 이 반사운동은 생후 2~3개월이면 없어지기 시작한다. |
| 젖 찾기 반사 (rooting reflex) | 신생아의 입 주변을 자극하면 자극물을 향해 고개와 입을 돌린다. 배가 고플수록 또 입에 가까운 부분을 자극할수록 더 민감하게 반응한다. 생후 3~4개월 이후에는 사라진다. |

### (3) 감각발달

신생아의 감각에 대한 과학적 연구가 진행되면서 신생아의 여러 가지 능력이 확인되고 있다. 다양한 실험연구의 결과를 보면, 신생아도 많은 능력이 있다는 것을 알 수 있다. 물론 신생아의 감각은 유전, 환경, 영양 및 자극 등에 따라 개인차가 있다.

#### ① 시각

신생아의 눈은 밝은 빛에 깜박거리고 움직이는 빛을 따라가기 위해 시선을 옮기고 움

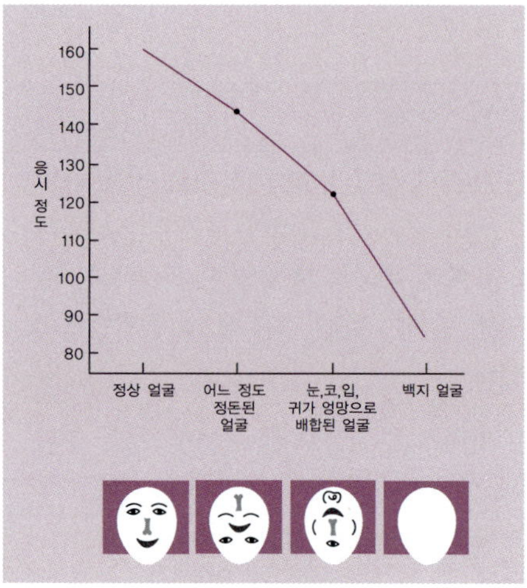


**[그림 6-1] 형태 선호 실험**

직이는 표적을 따라갈 수 있다. 또한 출생 후 몇 시간 안에 사물을 선택적으로 보는 능력이 있다(Haith, 1990). 영아가 무엇을 볼 수 있으며 무엇을 보기 좋아하는지 연구하기 위하여 시각선호방법(visual preference method)을 이용해 본 결과, 아기들은 직선보다 곡선을, 흑백색보다 색깔 있는 것을, 단순한 모양보다 복잡한 모양을, 이차원적 사물보다 삼차원적 사물을, 익숙한 장면보다는 새로운 장면을, 다른 사진보다는 얼굴 사진을 더 좋아한다(Fantz, 1961).

### ② 청각

신생아는 출생 후 몇 시간 이내에 소리에 대하여 민감한 반응을 보인다. 출생 후 영아의 청각적 정확도는 시각적 정확도보다 더 좋기 때문에 두 사람의 얼굴을 변별하는 것보다 두 사람 간 목소리의 차이를 더 빨리 변별할 수 있다. 또한 생후 20일만 되어도 어머니의 목소리와 모르는 사람의 목소리를 구별할 수 있다(Mills & Melhuish, 1974). 이 실험에서 아기들은 다른 여자의 목소리가 녹음된 것을 틀어줄 때보다 어머니의 목소리가 녹음된 것을 틀어줄 때 고무젖꼭지를 더 열심히 빨았다.

### ③ 후각

신생아는 독특한 냄새들 간의 차이를 구별할 수 있다. 지독한 냄새가 나는 액체와 냄새 없는 액체를 제시했을 때, 지독한 냄새가 날 때에 더 빨리 숨을 쉬고 더 많이 움직인다. 또한 바닐라와 날 생선의 냄새에 대한 표정이 달랐다(Steiner, 1977). 또한 출생 후에 어머니의 젖과 어머니가 아닌 사람의 젖을 구분하여 어머니 젖을 더 선호하는데, 이것은 태내기 중에 어머니 냄새에 익숙하기 때문이며(Sarnat, 1978), 모유 냄새는 아기를 유두로 향하게 하여 모유 시작을 돕고 어머니와의 애착을 증진시킨다(Porter & Winberg 재인용, 1999; 이은지, 2016).

④ 미각

신생아는 맹물과 단맛이 나는 포도당액을 구별할 수 있다(Weiffenbach, 1984). 아기의 혀에 맹물이나 포도당액 중 포도당액에 혀를 옮기며, 포도당의 농도가 짙을수록 아기의 반응이 더 커진다는 것이다. 아기들은 시거나 짜거나 아무 맛이 없는 액체보다는 단 액체를 선호하여 더 강하게 빤다. 또한 단맛에는 미소를 짓고 입술을 빠는 데 반해, 신맛에는 코를 찡그리고 입술을 내밀며 쓴맛에는 혀를 밀어내고 혐오적인 반응을 보인다(김혜리, 1995).

⑤ 촉각

촉각은 태내기 동안 이미 많이 발달되어 있고 신생아의 발달에 매우 중요한 역할을 한다. 신생아는 안아주거나 등을 토닥거리는 등의 피부 접촉을 통해 정서적으로 안정감을 얻게 된다. 온도반응에 민감하여 실내온도가 내려가면 신체운동이 활발해진다. 한편 아픔에 대한 신생아의 감각은 다소 둔한 편으로 출생 직후에는 아픈 자극에 대한 반응이 거의 없지만, 차츰 빠르게 발달한다.

### 2) 영아기의 발달

일반적으로 영아기는 신생아기를 지나 2세까지를 말한다. 이 시기는 신체적, 사회적, 지적, 언어 발달 및 기타 여러 행동발달의 속도가 빠르며 왕성한 때이다. 생후 1년 동안의 젖먹이 시기는 자신을 돌봐주는 사람에게 전적으로 의존하며 다른 사람들에게 반응한다. 걸음마기는 이유 및 걷기, 언어의 사용 통해 점차 성인으로부터 독립해 가는 시기이다. 이 시기의 전반은 주로 감각기관이 발달하고 후반은 지적인 발달이 현저하다.

#### (1) 신체발달

영아기는 신체적 성장이 빠르게 진행되는 시기이므로 제1성장 급등기라고도 한다. 한편 사춘기가 되면 또다시 성장이 빠르게 이루어지므로 이때를 제2성장 급등기라고 한다. 영아기는 신체적 성장뿐 아니라 생리적 기능과 운동기능이 점차 발달한다.

### ① 신체성장

영아기는 신장과 체중 그리고 근육, 골격, 뇌, 신경계 등 신체적 성장이 빠르다. 생후 1년이 되면 신장이 출생 시의 1.5배가 되어 약 76cm가 되고, 2세가 되면 성인 신장의 1/2인 84~85cm가 된다. 또한 체중은 생후 3~4개월이 지나면 출생 시의 두 배가 되고, 1세가 되면 세 배, 2세가 되면 네 배로 증가한다. 특히 활동량이 증가하면서 근육과 골격이 발달하고 체중이 증가한다. 신체적 성장이 몸통과 다리를 중심으로 이루어져 출생 시의 신체비율은 머리가 신장의 1/4이 되고, 18개월이 되면 1/5, 12세가 되면 1/7, 성인이 되면 1/8이 된다(표 6-2).

**〈표 6-2〉 우리나라 영유아 신장과 체중의 변화**

| 연령 | 남아 | | 여아 | |
|---|---|---|---|---|
| | 신장(cm) | 체중(kg) | 신장(cm) | 체중(kg) |
| 출생 시 | 50.1 | 3.4 | 49.4 | 3.3 |
| 5~6개월 | 67.6 | 8.0 | 66.3 | 7.5 |
| 11~12개월 | 76.0 | 9.9 | 74.8 | 9.4 |
| 15~18개월 | 81.2 | 11.1 | 79.9 | 10.5 |
| 21~24개월 | 86.2 | 12.3 | 85.0 | 11.7 |
| 2.5~3세 | 93.1 | 14.0 | 91.9 | 13.4 |
| 3.5~4세 | 100.3 | 15.9 | 99.2 | 15.3 |
| 4.5~5세 | 107.2 | 18.1 | 106.1 | 17.4 |
| 5.5~6세 | 113.6 | 20.4 | 112.5 | 19.6 |

출처 : 대한소아과학회(2007).

### ② 생리적 기능

생후 6개월이 되면 대부분의 영아들은 성인의 수면 양상을 보여 밤에 자고 낮에는 깨어 있는 모습을 보인다. 하루에 3~4차례 낮잠을 자며 2세가 되면 하루 중 전체 수면 시간이 12시간 정도로 감소하여 깨어 있는 시간이 늘어난다.

생후 4개월 무렵부터는 모유만으로는 충분한 영양을 공급해 줄 수 없으므로 이유식을 먹기 시작하여 유치가 나는 6개월부터는 반고형식을 첨가하여 먹을 수 있다.

생후 6~7개월이 지나면 대소변을 통제할 수 있는 근육과 신경이 발달하기 시작한다. 배변훈련은 영유아의 정서 및 성격 발달에 영향을 미치고 있으므로 지나치게 엄격하거나 허용적이기보다는 영유아의 생활리듬에 맞추어 칭찬과 격려로 관심을 갖고 일관성 있게 도와주는 것이 필요하다.

#### ③ 운동발달

영아기는 기기, 혼자 앉기, 걷기 등 새로운 운동기능의 발달이 빠르게 발달하는 시기로 대근육 운동과 소근육 운동이 점차 정교해진다. 대근육 운동은 6개월경에 몇 분간 혼자서 앉아 있을 수 있으며 점차 성장하면서 기기, 부축받아 서기, 도움을 받아 걷기가 가능해진다. 1세경이면 걷기 시작하며 18개월경에는 계단을 오르내릴 수도 있고 자전거의 페달을 밟고 탈 수 있다. 24개월경에는 달리기, 공차기, 뛰뛰기 등을 할 수 있다.

소근육 운동은 6개월경이 되면, 자신이 본 사물에 의도적이고 성공적으로 손을 뻗칠 수 있고 어깨, 팔꿈치, 손목과 손의 운동을 협응적으로 사용한다. 또한 손뼉을 칠 수 있고 양손으로 몇 가지 사물을 쥘 수도 있고 사물을 부딪치게 하기도 한다. 10개월 전후가 되면 엄지와 집게손가락을 사용해서 작은 물체를 잡을 수 있으며 18개월이 지나면 손가락과 손목의 통제력이 증가되어 사물을 비틀고 돌릴 수 있다. 이 시기의 영아는 양손을 모두 사용하나 어느 한 쪽을 보다 우세하게 사용하는 경향이 나타난다.

### (2) 사회 · 정서발달

영아기의 사회 · 정서적 특징은 단순한 반응에서 점차 복잡하고 다양한 행동의 수준으로 발달한다. 혼자 이동이 가능해지면서 사회적 접촉이 많아지고 선택적 행동이 증가함에 따라 사회적 행동의 수준을 높여가고 다양한 정서가 분화되어 여러 가지 감정을 나타낸다.

#### ① 사회성 발달

아기는 생후 2~3개월이 될 때까지 외부 자극에 단순한 반응만 보인다. 그러나 생후 3개월이 지나면 점차 사회적 행동을 보여 사람과 사물을 구분하여 반응하고 생후 4개월이 되면 미소와 웃음을 짓는 등 다른 사람의 정서에 반응한다. 생후 5~6개월부터 친근한 목소리와 성난 목소리를 구분하며 낯익은 사람을 보면 미소 짓고 친숙한 부모의 음성을 좋아한다. 생후 7~9개월에는 말하는 소리나 단순한 행동 및 몸짓을 모방하려고 한다. 생후 1년경이면 자신의 신체에 대해 관심을 갖고 초보적인 자기 인식과정을 거치며 18개월 이후에는 자아인식이 출현하면서 자긍심도 나타난다. 2살이 되면 성인의 요청에 응해 목욕을 하거나 옷을 입는 것과 같은 단순한 활동들에 협력할 수 있다(구광현 · 이희경, 2006).

이 시기의 놀이 형태는 혼자놀이의 특성을 보이며 점차 사회적 놀이가 나타나지만 물건을 나누고 공유하는 것에 어려움을 느끼는 시기이다. 영아기에 발달하는 사회적 행동에는 모방, 낯가림, 의존성, 부끄럼, 애착, 권위의 수용, 경쟁심, 관심 끌기, 사회적 협동, 저항행동 등이 있다.

### ② 정서발달

영아는 생후 4개월경에 개인적인 기질이 점진적으로 나타나 활동성의 수준에 따라 개별적인 정서반응을 나타낸다. 어떤 영아는 차고 몸부림치고 몸을 뒤트는 동작이 많고 또 다른 영아는 자거나 깨어 있을 때도 조용히 누워 있는 등 다양한 특징을 보인다.

5개월에서 7개월 사이에 영아는 낯선 사람에 대한 불안(stranger anxiety)을 경험하며 두려움을 나타낸다. 즉, 낯선 사람을 보면 울거나 움츠리고 도망가는 등의 반응을 보이며 엄마와의 애착형성에서 불안애착을 형성하게 되는 경우에 엄마와 떨어질 때 두려워하는 분리불안(separation anxiety)이 나타나기 시작한다.

12개월 전후가 되면 영아는 새로운 자신의 경험에 대한 반응과 그 반응의 강도에 있어서 개인적 기질의 차이를 나타낸다. 어떤 영아는 개방적으로 새로운 상황에 접근하기도 하고 또 다른 영아는 새로운 상황을 거부하거나 주저하기도 하여 새로운 음식을 밀치거나 거부하기도 한다. 또한 반응 강도에 있어서 넘어질 때 고함치고 크게 우는 영아가 있는 반면 또 다른 영아는 조용하게 울거나 훌쩍이거나 혹은 불편함을 언어적으로 전혀 나타내지 않고 단지 당황한 듯이 바라보기만 하기도 한다.

걸음마기 영아들은 여전히 양육자에 대한 의존성을 나타냄과 동시에 자기 주장적이며 자신을 독립적인 존재로 인식하는 등의 독립심을 나타내기 시작한다. 또한 분노와 좌절의 감정을 많이 느끼고 짜증을 낸다. Berger(2003)에 의하면, 영아가 1세경이 되면 기쁨, 불만족, 호기심, 공포, 분노의 정서를 보이며 2세경이 되면 자부심, 수치심 및 죄책감을 느낀다.

한편 인간에게 정서가 처음 나타나는 시기에 관하여 타고난다는 주장과 성장하면서 점차 분화된다는 주장이 있다. Watson과 Rayner(1920)는 영아가 사랑, 분노, 공포의 정서를 가지고 태어난다고 주장했으며, 신생아는 출생 시에 생리적 미소와 고통의 정서만 있다가 영아기부터 정서가 분화되어 생후 3개월에는 사회적 미소와 격노, 4개월에는 웃음, 7개월에는 노여움, 9개월에는 공포, 18개월에는 수치심 그리고 36개월에는 죄책감이 발달한다고 했다(강경미 · 구광현 · 김경회 · 김영옥 · 백경숙 · 신현기 외, 2003).

### ③ 애착의 발달

수유기 영아의 사회적 발달은 애착 발달과 연결된다. 생후 2, 3개월경에 영아는 비변별적인 사회적 반응을 보이나 점차 주양육자와의 애착관계를 형성하면서 주양육자에게 접근하고 친숙함을 표현하는 행동을 보인다. 영아는 애착 대상과 많은 상호작용을 해야 애착관계를 이룰 수 있다(Ainsworth, 1973).

6개월경 영아는 친숙한 이와 낯선 이를 구분하며, 이에 대해 다르게 반응한다. 특히 7개월경에는 친숙한 이와 접촉하고 가까이 있으려고 하는 적극적인 주도성을 보이고 애착 대상으로부터의 반응을 이끌어내기 위하여 손과 팔을 움직이기, 애착 대상을 따르거나 접근하기, 매달리기와 같은 적극적인 접촉행동으로 의도적인 신호를 보내기도 한다.

이러한 애착은 아기와 엄마 사이에 형성되는 정서적 유대관계로 사회성 발달의 기초가 된다(이희경, 1998; 홍계옥, 1994; Bowlby, 1969). 처음 아기가 엄마에게 애착을 형성하면, 엄마에게 더욱 접근하여 엄마가 있을 경우에는 더 안정감을 느끼며 덜 불안해 하고 엄마에게서 안심과 보호를 얻으려고 한다.

영아의 애착은 여러 발달 측면과 밀접하게 관련된다. 안정된 애착이 이루어진 영아는 엄마와의 애착을 토대로 주위 환경을 적극적으로 탐색하게 된다. 주변의 탐색을 통해서 영아는 사물을 이해하게 되고 다루는 기술을 배우며, 자신에 대해 더욱 유능감을 느끼게 된다. Bowlby(1969)의 이론에 의하면, 영아의 애착은 다음과 같은 4단계를 거쳐 발달한다.

〈표 6-3〉 애착의 발달과정

| 단계 | 연령 | 특징 |
|---|---|---|
| 1단계<br>무분별한 사회적 반응단계 | 출생후~2개월 | 상대방과 접촉을 유지하려는 애착의 전조행동으로 빨기, 쥐기, 울기, 미소 짓기 등의 행동을 한다. 사람을 변별해 반응하지는 않는다. |
| 2단계<br>변별된 사회적 반응단계 | 2개월~8개월 | 애착 대상과 소수의 친숙한 사람에게만 선호행동을 보여 낯선 사람과는 구분된 반응을 한다. |
| 3단계<br>적극적 접촉 추구의 단계 | 8개월~2세 | 애착 대상에게 매달리고 따라가는 적극적 접촉을 유지하며, 12개월경이면 확고하게 애착을 형성한다. |
| 4단계<br>목표수정 협력단계 | 2세 이후 | 애착 대상의 요구와 행동을 변화시키려는 전략을 사용할 수 있으며 애착 대상이 잠시 보이지 않아도 불안해 하지 않는다. |

### (3) 인지발달

신생아는 태어나면서 몇 가지 반사능력을 보이지만, 영아기로 접어들면서 급속한 인지적 성장을 보인다. 영아기의 인지발달에는 감각기관을 통한 지각적 경험과 대상영속성 개념의 획득 그리고 언어적 상호작용이 중요한 역할을 한다. Piaget는 인지발달을 유기체와 환경 간의 끊임없는 상호작용에 의한 적응의 과정으로 설명했다.

#### ① 지각의 발달

영아의 시각은 감각능력 중 가장 늦게 발달한다. 출생 후 몇 개월 동안은 심한 근시현상을 보이며 생후 1년이 되면 시력이 1.0에 가까워진다. 다른 사물에 비해 사람 얼굴을 가장 오랫동안 응시하며 생후 1~2개월 되면 눈, 코, 입을 구별하고 6개월경에는 낯익은 얼굴과 낯선 얼굴을 구별할 수 있다. 3~4개월이 되면 색 변별능력이 생기고, 붉은색, 초록색, 노란색을 구별할 수 있다. 영아들은 직선보다는 곡선을, 무늬가 없는 것보다는 무늬가 있는 형태를 더 선호한다. 시각절벽실험에 의하면, 4~6개월 정도의 영아들은 깊이 지각을 할 수 있다(Gibson & Walk, 1960).

영아의 청각은 예민하여 서로 다른 높낮이와 크기의 사람의 목소리를 잘 구별할 수

[그림 6-2] 시각절벽실험

있다. 3개월이 되면 '바', '파'와 같은 음소를 구별할 수 있고, 6개월이 되면 목소리와 얼굴을 짝 지을 수 있다. 8개월경에는 말소리의 뜻을 알아듣고 행동할 수 있다.

미각과 후각 역시 출생 초기에 대부분 완전하게 발달한다. 신생아도 단맛, 신맛, 쓴맛, 짠맛을 구별할 수 있고 2~3개월경에는 특정한 맛에 대한 기호가 생길 정도로 미각이 발달한다. 12개월경에는 영아의 미각이 매우 예민해지므로 거부하는 음식이 생기지 않도록 다양한 음식을 제공하는 것이 필요하다.

### ② 감각운동기의 사고

Piaget의 인지발달 이론에 비추어 영아기의 인지발달 과정을 살펴보면, 영아들은 자신의 신체운동과 감각기관의 경험을 통해 주변 환경을 탐색하고 정보를 받아들인다. 영아기는 인지발달 단계 중 감각운동기에 해당되는데, 이 시기에 획득되는 중요한 능력의 하나는 대상영속성(object permanence)의 개념이다. 대상영속성이란 어떤 사물이 자신의 감각영역을 벗어나도 그 사물이 그대로 존재하는 것이다. 이 개념은 자신과 주변 세계에 대한 논리적 사고가 가능해야만 획득될 수 있다.

즉, 대상이 눈에 보이지 않아도 존재한다는 것을 아는 것은 보이지 않는 대상에 대해 생각할 수 있다는 것을 의미한다. Piaget가 자신의 자녀들을 관찰하여 얻은 결과를 통해 밝힌 영아의 대상영속성 개념의 발달과정을 살펴보면 〈표 6-4〉와 같다.

〈표 6-4〉 대상영속성 개념의 발달과정

| 시기 | 행동의 특징 |
|---|---|
| 출생~1개월 | 시야에서 사라진 물체는 마음에서도 사라진다. |
| 1~4개월 | 숨겨진 물체를 찾으려 하지는 않지만, 숨겨진 장난감이 있는 곳을 잠깐 쳐다본다. |
| 4~5개월 | 사라진 물체에 대해 영속성을 갖기 시작하여 사라진 물체를 찾으려 한다. 그러나 숨겨졌다가 발견된 첫 번째 장소에서만 물건을 찾으려 하며 완전히 보이지 않는 대상은 더 이상 찾지 않는다. |
| 5~12개월 | 시야에서 사라진 사물을 적극적으로 찾으려는 단계로 물체가 영아의 지각의 한계를 벗어나도 찾을 수 있다. 그러나 물체를 다양한 곳에서 찾아보는 것이 아니라 한 번 찾았던 곳에서만 찾는다. |
| 12~16개월 | 대상이 숨겨져 있을 가능성이 있는 여러 장소에서도 확실한 개념이 획득되지 않아서 자신이 최근에 보았던 장소에서만 사라진 물체를 찾으려고 한다. |
| 18~24개월 | 숨겨진 대상에 대해 자신이 본 것뿐만 아니라 보지 않았던 것에 대해서도 스스로 표상이 가능하다. 대상이 이동해도 사라지는 것이 아니라 어느 곳엔가 계속 존재한다고 확신하여 사물이 사라지면 찾으려고 애를 쓴다. |

### (4) 언어발달

언어발달의 과정은 생리적, 인지적, 정서적 그리고 사회적 모든 영역의 발달과 긴밀하게 관련된다(김경희, 2003). 영아기의 언어발달은 영아의 전체적인 성장과 함께 보편적인 발달과정을 거쳐 발달하는데, 이는 유전적인 요인과 환경적인 영향으로 설명될 수 있다.

#### ① 언어발달의 이론

언어발달은 개인마다 단어 및 문법 습득의 속도에서 차이가 난다. 언어발달 이론은 인간의 언어기능이 선천적으로 타고난 특성이라고 보는 생득주의 이론과, 언어기능이 타고난 것이 아니며 경험에 의해서 학습된다는 환경주의 이론이 있다.

천성주의는 인간의 언어발달을 성숙의 과정으로 설명한다. Chomsky(1968)는 가설적으로 언어습득장치(LAD : Language Acquisition Device)의 개념을 사용하여 인간의 언어발달 과정을 설명하였다. 유아는 귀로 들은 단어들을 모아 구절과 문장을 만들고 문법을 발견하는 장치를 생득적으로 가지고 있어 일정한 시기가 되면, 언어능력을 습득한다고 본다. 그러므로 인간의 언어발달은 일정한 발달과정을 거치며 모든 문화권에서도 보편적인 특성을 가지며 규칙적인 순서에 따라 발달한다고 본다.

환경주의는 인간의 언어발달을 다른 학습 이론과 마찬가지로 자극과 반응의 결합 형태로 설명한다. Skinner는 조작적 조건화(operant conditioning)와 강화(reinforcement)의 원리를 사용하여 언어습득 과정을 설명했다. 유아는 옹알이 및 다양한 소리를 내는데, 주변에 있는 성인들이 그 문화권 내에서 사용되는 일부의 소리에 선택적으로 강화를 주므로 유아는 강화를 받은 소리를 자주 냄으로써 소리를 배우게 된다고 본다. 유아들은 반복적으로 이와 같은 과정을 통해 정확한 말을 배우고 다양한 어휘 및 문법적 체계를 습득하게 된다는 것이다.

Irwin과 Marge(1972)에 의하면, 언어를 습득하는 데에는 유전적 요소, 상징적 여건 및 환경적인 영향이 모두 중요하다고 주장하여 영아기부터 끊임없는 감각적 자극과 언어사용을 촉진시킬 수 있도록 사회적 환경을 제공하는 것이 언어발달에 중요한 요인이 된다고 주장했다.

### ② 언어발달의 과정 및 단계

영아는 입과 목청을 이용하여 다양한 소리를 내는데, 이러한 소리가 바로 영아의 언어이다. 영아는 처음에 자신의 소리를 인식하지 못하다가 점차로 자신의 소리를 인식하고 반복하게 된다. 영아의 소리는 처음에는 목에서 내는 소리를 내다가 2개월에서 5개월경에는 점차 입을 사용하여 모음과 비슷한 소리를 낸다. 또한 5, 6개월경에는 단순한 자모음을 반복하는 옹알이가 나타난다.

7, 8개월이 되면 옹알이를 통하여 2, 3음절의 소리를 연합시킬 수 있고 자신이 낸 소리를 반복적으로 사용하면서 성인의 소리를 모방하려고 한다. 12~15개월경이 되면, 점차 타인과 의사소통하기 위하여 단어에 흥미를 보이고 이해하기 시작하며 엄마, 아빠와 같은 단어를 말할 수도 있다. 영아기의 언어발달 과정을 살펴보면 〈표 6-5〉와 같다(김경회 외, 2013).

〈표 6-5〉 영아기 언어발달의 과정

| 월령 | 특징 |
|---|---|
| 1.5~3개월 | 목울림(쿠잉), 웃음, 소리내며 논다. |
| 5~6개월 | 자음의 도입과 들리는 소리에 근접한 소리를 내려고 한다. |
| 6~12개월 | 옹알이, 의사전달을 위한 동작, 단어의 이해와 소리의 모방이 시작된다. |
| 12~18개월 | 사회적 의미가 담긴 동작을 하며 한 단어로 말하기 시작하고 소리를 모방한다. |
| 18~24개월 | 50~400개의 어휘 및 동사, 형용사를 사용할 수 있고 이해력이 급증한다.<br>두 단어로 말하기가 증가하고 많은 이야기를 하고 싶어한다. |

언어발달의 단계는 전언어기, 일어문 시기(12~15개월), 이어문 시기(18~24개월), 문법폭발기로 설명된다. 그 내용은 다음의 〈표 6-6〉과 같다.

〈표 6-6〉 언어발달 단계

| 단계 | 발달특징 |
|---|---|
| 1. 전언어기<br>(출생~12개월) | 말을 시작하기 전의 소리행동을 한다.<br>울음, 쿠잉, 옹알이, 표정과 몸짓 등 |
| 2. 일어문 시기<br>(12~18개월) | 한 단어로 말하지만 여러 의미가 담긴 문장의 역할을 한다.<br>엄마, 물, 빠방 등 |
| 3. 이어문 시기<br>(18~24개월) | 두 단어를 조합하여 전보식으로 말한다.<br>'엄마 맘마', '아빠 빠방' 등 |
| 4. 문법 폭발기<br>(2세 이후) | 조사, 전치사, 부정어, 대명사, 부사구 등 사용능력이 증가하며 의사소통이 활발해지고 어휘 및 문장적용 능력이 발달한다. |

### 3) 유아기의 발달

영아기를 지나 유아기가 되면 여러 발달 영역에서 영아기와 두드러진 차이가 난다. 신체적으로 중요한 성장시기가 되며, 기본 생활습관이나 성격의 기초가 형성되는 사회·정서적인 발달이 이루어지는 시기이다. 또한 인지능력과 언어발달이 현저하여 표상적 사고와 언어사용이 활발하며 기초적인 학습능력과 의사소통 능력이 크게 발달한다.

유아기는 신체적, 사회적, 정서적, 언어적, 인지적 발달에서 많은 기능이 유능해지고 정교해지며 복잡하게 발달하는 것을 알 수 있다.

### (1) 신체발달

유아기는 영아기에 비해 속도는 완만하지만 꾸준한 신체적 성장이 이루어진다. 유아기의 신체발달은 운동능력과 밀접한 관련이 있으며 자신의 신체를 조절하고 환경을 통제할 수 있는 대 · 소근육 운동발달이 원활해진다. 이러한 운동발달은 자신 및 타인에 대한 태도, 자아개념, 자기존중, 사회적 적응 등 유아기의 모든 발달영역과 직결되므로 유아기의 신체발달은 매우 중요하다(이영훈 · 주연희 · 김성수, 2007).

유아기의 연령별 신체발달의 특징을 살펴보면 다음과 같다.

만 2세가 지나면서 유아는 똑바로 설 수 있고 의자에 걸터앉을 수 있으며 도움을 받아 한 발로도 설 수 있다. 넘어지지 않고 달릴 수 있고 옆걸음질, 뒷걸음질을 할 수 있다. 층계를 오를 때도 붙잡지 않고 오르내릴 수 있게 된다. 손의 사용은 선호하는 손이 정해지기보다 두 손을 교대로 사용한다. 흙 주무르기, 손가락으로 칠하기, 연필, 크레파스로 끄적거리기 등의 흉내를 내며 미술활동을 즐기기도 한다.

3~4세가 되면 키는 성인 크기의 60%가 자라며, 가슴과 배에 비해 팔과 다리가 가냘프다. 자르기, 주무르기, 크레파스나 연필로 그리기, 간단한 수수께끼 놀이 등을 즐길 수 있다. 공 던지기, 공 잡기를 시도할 수 있을 만큼 민첩해지고 넘어지지 않고 속력을 내어 달릴 수 있다. 음악에 맞추어 스키핑을 할 수 있고, 세발자전거를 탈 수 있다.

5세 유아는 체중과 신장의 증가율이 감소하고 머리의 둘레는 성인의 90%에 미친다. 혼자서 솔질, 빗질을 능숙하게 할 수 있고, 옷을 입을 수 있다. 망치질, 바느질, 크레파스나 연필로 그리기를 하며 공을 가지고 튀기기, 던지기, 받기를 할 수 있다. 일반적으로 새로운 활동, 신체의 협응력 개발에 대한 동기유발이 강하고 새로운 활동, 신체의 협응력 개발에 대한 동기유발이 강하다.

6세의 유아는 몸통의 길이, 넓이가 출생 시의 2배로 된다. 젓가락질을 할 수 있고 혼자서 능숙하게 옷을 입을 수 있고 신발끈도 맬 수 있다. 모든 글자를 따라 쓸 수 있으며 망치질, 바느질, 거친 솔로 칠하기, 크레파스나 연필로 그리기, 큰 바늘로 뜨기, 간단한 수수께끼 놀이 등을 즐길 수 있다. 한 발로 뛸 수 있으며 줄넘기도 할 수 있다. 또한 대부분의 유아가 달려와 넓이뛰기, 제자리 넓이뛰기를 할 수 있고 두발자전거를 탈 수 있으며 이때가 되면, 왼손잡이 또는 오른손잡이로 굳어진다.

### (2) 사회 · 정서발달

유아기는 기쁨과 즐거움 그리고 웃음에 둘러싸인 만족의 시기이다. 또한 공포와 근심, 고통과 분노 그리고 좌절의 시기이기도 하다. 인생 초기에 갖게 되는 정서적 경험은 장기간에 걸쳐서 성격형성에 영향을 미친다. 영아기에 자기를 돌봐주는 사람에게 안정적인 애착이 형성되면 유아기가 되면서 점차 다른 사람들과의 관계를 넓히고 자기를 표현할 줄 알며 다른 사람을 이해하고 상호작용을 하게 된다.

#### ① 사회성 발달

유아가 가족과 또래 및 유아교육기관에서 대인관계를 맺으며 보이는 사회성의 구성요소로는 자아, 성역할, 도덕성, 친사회적 행동, 공격성 등을 들 수 있다. 유아기 때 나타나는 사회성의 발달은 다음과 같다.

가. 자아의 발달

자아발달은 자아개념의 확대와 자아존중감이라는 두 측면에서 살펴볼 수 있다. 흔히 자아개념은 자기 자신의 특성(외모, 성, 행동, 경향, 흥미 등)에 대해 느끼고 있는 생각, 태도, 신념 등을 일컫는다. 자아존중감은 자신이 얼마나 가치 있는 사람인가에 대한 스스로의 평가이다. 3~4세 유아는 주위의 물건이나 사람들에 대해서 내 자동차, 내 모자 등 소유개념을 표현하여 자아에 대한 개념을 '나' 에 속한 물건이나 사람에게까지 확대해 간다. 4~5세에 이르러서는 자신을 탐색하고 자신의 능력이나 한계를 확인하려는 의도가 생긴다. 그러면서 서서히 주변의 일을 자신이 주도하고 시도하게 한다. Erikson에 따르면, 유아들은 4세가 되면 어떤 계획을 세울 수 있으며 목표를 달성하기 위한 주도성을 가질 수 있다. 또한 유아는 이러한 새로운 인지 기술을 사용해 보고자 하고 자신을 둘러싼 주변 세계를 정복하고자 한다. 교사나 부모들에게는 공격적으로 보일 만큼 매우 활력적이 된다(박성연 · 도현심, 2003). 한편 유아들도 학동기나 성인들처럼 명확하지는 않지만 자아존중감을 갖는다. 유아들은 다른 사람이 자기를 얼마나 좋아하는지(사회적 수용성) 그리고 자신이 어떤 일을 얼마나 잘하는지(유능성)를 분별할 줄 안다.

### 나. 성역할의 발달

성역할이란 한 사회에서 남자 혹은 여자에게 기대되는 역할을 말한다. 기본적인 성정체감은 만 3세경에 형성되어 자기가 남자인지 여자인지 안다. 또한 만 4세경이 되면, 시간이 흘러도 성은 변하지 않는다는 성안정성(stability)을 인식하게 되어 남아는 남자 어른이 되고 여아는 여자 어른이 된다는 것을 이해한다. 더 나아가 5~7세가 되면 성항상성 또는 일관성(constancy)을 인식하여 옷을 어떻게 입든 머리 모양이나 행동이 달라져도 성이란 변하지 않는다는 것을 안다.

### 다. 도덕성의 발달

도덕성이란 옳고 그른 것을 구분할 수 있는 능력으로 사회집단의 규칙과 규약을 인식하고, 이에 따라 판단하고 행동하는 사회적 습관과 습성을 말한다. 2세 이전에는 외부의 규칙을 인식하지 못하므로 자기중심적인 행동을 아무런 갈등 없이 한다. 예를 들어 상점에 들어가 아무런 죄책감을 느끼지 않고 과자를 집어먹기도 한다. 3~6세는 사회규칙을 내면화하는 시기이다. 아무도 없는데도 장난감을 갖고 싶은 유혹을 죄의식이라는 도덕적 감정으로 뿌리친다(김나영 · 이경열 · 정욱호 · 홍계옥, 2004). Piaget의 이론에 따르면, 유아들은 인지능력의 한계로 인해 타율적인 도덕성을 갖는다. 즉, 도덕적 판단의 기준을 부모와 같은 권위자에게서 받아들인다.

### 라. 친사회적 행동의 발달

친사회적 행동은 타인에게 관심을 갖는 건설적인 행동을 말하며 돕기, 나누기, 협동하기, 위로하기, 이타행동, 도덕행동 등이 포함된다. 친사회적 행동은 연령의 증가와 함께 발달하는데, 이는 연령이 증가할수록 자기중심적 사고에서 벗어나 다른 사람의 입장을 고려할 수 있는 공감능력이 발달하기 때문이다(구광현 · 이희경, 2006). 유아의 친사회적 행동은 친사회적 행동을 하는 모델의 관찰, 가르침, 강화 등으로 학습된다. 2~3세만 되어도 유아는 아픈 유아들을 도와주거나 장난감을 나눠주기도 하고 위안을 주려고 노력한다. 또한 초자아가 발달하면서부터 부모의 태도, 가치, 행동 등을 내면화하려는 과정에서 사회적 · 도덕적 가치를 따르게 되며 친사회적 행동을 하게 된다.

### 마. 공격성의 발달

공격성이란 일반적으로 분노, 적의, 불안, 원한 등에 의해서 타인이나 자신 또는 다른 대상에 대해 손상, 공포, 고통을 주는 행동 또는 공격에 대한 경향성을 말한다(김나영 외, 2004). 공격적 행동은 타인을 해치기 위한 욕구나 의도에서 비롯된다. 유아들은 2~3세 반쯤 되면 분명한 공격성을 보인다. 2세 반~5세 사이의 유아는 생활의 중심이 놀이집단으로 옮겨가서 사회적인 놀이를 할 때 공격적인 행동을 나타낸다. 보통 사교적이고 능력 있는 유아들이 싸움도 많이 한다. 공격성은 수단적 공격과 적대적 공격으로 구분되는데, 유아들의 공격성은 대부분 수단적인 것이다. 주로 자기가 가지고 놀고 싶은 물건을 갖기 위해 밀고 당기는 행동을 한다. 2~3세 유아들의 공격성은 주로 신체적 접근으로 나타나며 나이가 들수록 언어적 공격을 사용한다. 유아들의 공격성은 4세 정도에 두드러지게 나타나고, 그 이후에 감소하다가 취학 전에 다시 증가하는 것으로 나타났다(Hart up, 1974).

### ② 정서발달

정서란 어떤 자극에 직면하여 발생하거나 자극에 수반되는 생리적 변화나 공포와 불안, 분노, 질투, 기쁨과 애정, 호기심 같은 눈에 보이는 행동 등의 반응들을 말하는데, 일반적으로 나타나는 유아기 정서의 특징은 다음과 같다.

첫째, 유아의 정서는 격렬하고 강하다. 성인은 그의 정서를 통제하려고 애쓰는 데 반하여 유아는 그러한 노력을 하지 않고 느끼는 대로 표현한다. 강하고 격렬한 감정은 때로는 공격적인 행동으로 나타나기 쉬우므로 성인은 유아가 다른 사람의 감정을 이해하고 자기감정을 조절할 수 있도록 이끌어 주어야 한다.

둘째, 유아의 정서는 일시적이다. 격렬하게 표현된 감정이라도 대개 지속적으로 나타내지 않고 이전의 혹은 다른 형태의 정서적 반응을 보인다.

셋째, 유아의 정서는 유동적이다. 눈물을 뚝뚝 흘리며 울다가도 금방 웃기도 하고 친구와 싸우다가도 얼마 가지 않아 함께 논다.

넷째, 유아의 정서는 심미적이다. 유아는 성장함에 따라 구체적인 사물과 상호작용함으로써 창의적이고 심미적인 면을 키워가게 된다. 이러한 활동을 통하여 자신을 표현하는 가운데 유아가 지녔던 불편한 감정이나 긴장감 등을 해소하고 욕구를 충족시키는 경험을 하게 된다.

### 가. 공포와 불안의 발달

공포는 생리적인 반응을 동원하여 위협적인 사람이나 상황을 회피하려는 경향을 말한다. 공포와 불안은 모두 유아에게 긴장을 유발한다. 2~6세에는 그 이전과는 다르게 새로운 공포들이 많이 나타나기 시작한다. 이때의 공포는 대부분 길을 잃거나 매를 맞았던 것과 같은 과거의 경험과 관련이 있다. 상상력 또한 다양해져서 걱정을 하고 불안을 느끼게 된다.

### 나. 분노의 발달

분노는 하는 일을 방해받거나 원하는 것을 가질 수 없을 때 또는 요구를 거절당하거나 무엇을 강요당하거나 빼앗겼을 때 저항하는 정서의 표현으로 나타난다. 일반적으로 유아들은 분노의 표현으로 떼쓰기, 반항, 말 안 듣기, 고집 부리기, 침묵, 앙심품기, 보복 등의 행동을 한다. 화내는 행동은 2~3세에 절정을 이루고, 그 후에는 반항으로 나타난다. 4세가 지나면 때리거나 발로 차는 행동이 조금 나타나지만, 3세 이전처럼 무리하게 무조건 떼쓰는 행동은 줄어든다. 5세가 지나면서 분노가 줄어들어 안정된다.

### 다. 질투의 발달

질투는 공포나 분노와는 달리 신체, 생리적 상황이나 행동상의 어떤 관계로 인해 발생하는 것이 아니라 지적 및 사회성 발달, 즉 인간관계의 발달 가운데 생겨나는 행동이며 정서반응이다(김나영 외, 2004). 연령적으로 대개 3~4세경에 질투가 가장 심하다.

### 라. 기쁨과 애정의 발달

기쁨이나 애정은 미소나 웃음으로 표현된다. 언어가 발달하면서 3세부터 말로 기쁨을 표현하게 되며 건강한 유아일수록 기쁨을 명확히 표현하며 그 빈도 또한 잦다. 3~4세 유아는 또래 친구들과 어울려 놀기를 좋아하고 편을 나누어 승부를 겨뤄 이겼을 때 혹은 칭찬을 받았을 때 손뼉을 치고 웃으며 좋아한다.

### 마. 호기심의 발달

호기심은 정보와 지식을 더 알고 싶은 경향이라고 할 수 있다. 이러한 호기심은 3~4세 때 눈에 띄게 두드러진다. 이때 유아들은 '왜'라는 질문을 끊임없이 반복한다.

### (3) 인지발달

유아기의 인지적 사고는 논리적인 조작이 아직 미숙한 시기이다. 조작이란 과거에 있었던 사건을 내면화시켜 서로 관련지을 수 있는 것, 즉 논리적인 관계를 지을 수 있는 것을 뜻하는데, 피아제의 인지발달 단계에 따르면, 유아기는 전조작기에 해당한다. 이 시기에는 표상에 의한 상징적 사고가 가능하며 모방과 상징적 놀이를 즐기고 영아기에 비해 기억능력이 크게 증가한다. 왕성한 호기심을 보이나 아직도 직관적이고 자기중심적인 사고의 특성을 보인다.

Piaget 이론을 중심으로 유아기 사고의 특성을 살펴보면 다음과 같다.

첫째, 표상에 의한 상징적 사고(symbolic thought)가 가능해진다. 상징은 어떤 것을 나타내는 징표를 말하며 언어가 가장 보편적인 상징이다. 유아들은 상징을 사용하면서 가상놀이를 한다. 예를 들어 유아가 2세 이후가 되면 베개를 아기처럼 업고 다니며 인형에게 우유를 먹이는 흉내를 내기도 하고 엄마, 아빠가 되어 역할놀이를 한다. 이러한 가상놀이는 점점 더 복잡해져서 '마치 ~인 것처럼' 행동할 수 있는 정신적 표상능력을 나타낸다.

둘째, 자기중심적인 사고를 한다. 유아기의 이러한 자기중심성은 자기중심적 언어에서도 잘 드러난다. 자기중심적 언어는 자신이 하는 말을 상대방이 이해하든 못하든 상관없이 자기 생각만을 전달하는 의사소통양식이다.

[그림 6-3] 자기중심적 사고

셋째, 이 시기의 특성으로 사고의 비가역성을 들 수 있다. 사고의 가역성이란 사고과정에서 원상태와 변화된 상태를 되돌려서 추론할 수 있는 능력, 즉 출발한 곳으로 되돌아갈 수 있는 능력을 말한다. 이러한 가역성이 습득되어야만 보존개념(양의 보존과 수의 보존)이 형성된다. 그러나 유아기는 아직 가역성이 형성되지 못하였기 때문에 보존개념 역시 완전하게 형성하지 못한다.

넷째, 꿈을 현실과 구분하지 못하기도 한다. 이는 마음속으로 상상한 것과 현실의 상황을 구분하지 못하기 때문이다. 그리하여 유아들이 엉뚱한 말을 하거나 거짓말을 한다고 여겨질 경우에도 잘 살펴보면, 상상한 것이나 꿈꾼 것을 현실의 것과 구분하지 못해서 나타나는 경우가 많다.

다섯째, 물활론적 사고를 한다. 물활론은 생명이 없는 대상에게 생명을 부여하여 만물은 생명이 있다고 여기는 것을 말한다. 예를 들어 유아들은 인형과 놀아 주지 않으면 인형이 심심할 것이라 믿는다. 물활론적 사고는 유아기 초기의 특성으로 보통은 4~5세 경이면 감소하게 된다.

[그림 6-4] 물활론적 사고

### (4) 언어발달

2세 이후부터 유아들의 어휘는 급속히 증가한다. 또한 이 시기 동안 여러 가지 문법적 능력이 발달하면서 문장의 구사력도 향상된다. 말을 통한 사회적 상호작용이 활발해지면서 언어발달이 빠르게 진전되어 5세경이 되면 유창하게 언어를 구사할 수 있다.

#### ① 언어발달의 과정

유아기에는 사용하는 단어의 수가 급증한다. 24개월이 되면 두 단어로 이야기하는 것이 증가하며 30개월이 되면 세 개 이상의 단어를 사용하여 이야기한다. 36개월이 되면 어휘 수가 1,000개에 이르는데, 문법적인 오류를 범하기도 한다(Papalia & Olds, 1998). 어휘 수는 계속 증가하여 보통 6세까지 10,000개의 단어를 습득한다. 문장의 길이도 길어져 3~4세경에는 3~4개의 단어로 문장을 구성하며 4~5세경에는 4~5개의 단어로, 5~6세경에는 6~7개의 단어로 구성된 문장을 사용한다. 국내연구에 의하면, 한국 유아들은 2세경에 200~300개의 단어, 3세까지는 1,000개 단어, 4세까지는 1,500개 단어 그리고 5세까지는 2,000~2,500개의 단어를 알고 사용한다(이옥형, 1997).

3세경에는 부정문이나 복수형에 대한 개념을 갖게 되며, 특히 '싫어', '아니'와 같은 부정적 의미의 문장을 사용할 수 있다. 4~5세경부터 부사, 형용사를 사용하거나 어간에 붙이는 어미를 변화시킬 수 있다. 그리고 5~6세경에는 성인이 사용하는 문법과 유사할 정도로 대부분의 문법에 숙달하게 된다.

### ② 언어발달의 특징

유아기에 두드러지게 나타나는 언어발달 특징은 다음과 같다.

첫째, 유아들의 언어발달 능력은 크게 운동반응 표현과 언어반응 표현으로 구분될 수 있다. 운동반응 표현이란 유아가 언어로 표현하지 않더라도 이미 그 언어에 대한 개념을 가지고 있어 자신의 행동으로 이해한 것을 표현하는 것이다. 예를 들면 교사가 '동화책을 가져오자'고 했을 때, 유아는 아직 동화책이라는 말은 하지 못하더라도 그것의 의미는 알고 가져올 수 있는 이해능력을 말한다. 이러한 반응능력으로부터 유아는 점차 말하는 언어반응 능력이 발달되어 간다.

둘째, 유아들의 언어는 자기중심적인 특성이 있다. 친구들과 놀면서 대화를 할 때 서로 자기주장만을 하여 의사소통이 안 되는 경우가 있다. 또래와의 놀이를 통해 점차 사회적 기술을 배워가며 의사소통이 가능해진다.

셋째, 유아들의 언어발달은 추상적인 경험으로 발달되는 것이 아니라 구체적인 경험을 통하여 발달된다. 즉, 탈맥락의 상황보다는 의미 있는 상황에서 구체적 경험을 하면서 자연스럽게 발달하므로 구체적인 사물을 가지고 환경과의 상호작용을 할 수 있는 기회를 많이 부여해 주는 것이 좋다.

넷째, 유아들은 주위의 사물에 호기심을 가지고 끊임없는 질문을 계속함으로써 어휘와 문장의 구조를 발달시켜 나간다. 그러므로 성인들은 유아들이 쉴 새 없이 물어오는 질문에 적절한 반응을 보이며 올바른 언어 모델이 되어주어 바람직한 언어발달을 도와주어야 한다.

## ❷ 영유아기와 사회환경

개인을 둘러싸고 있는 사회환경은 다양하다. 좁게는 개인의 일차적인 가족, 넓게는 개인이 속한 사회집단 및 문화가 모두 개인의 행동에 영향을 미치는 환경이다. 특히 영유아기는 사회화 과정을 거치는 동안 가정환경의 영향을 많이 받으며 그가 경험하는 사회적 경험과 사회 · 문화적 환경이 발달과 행동에 직접적, 간접적으로 영향을 준다. 영유아기의 사회화와 사회환경 그리고 가정환경과 현대사회의 특징에 따른 사회환경을 개략적으로 살펴본다.

### 1) 사회화와 사회환경

#### (1) 사회화

영유아들은 성장하면서 점차 다양한 사회환경의 영향을 받으며 사회의 구성원이 되어 간다. 기존의 집단은 이미 구성원들 나름대로의 가치관, 신념, 세계관 등이 성립되어 있으므로 누구나 집단의 구성원이 되려면, 이러한 것들을 받아들여 자기 것으로 만들어야 한다. 사회화(socialization)란 바로 자기가 속한 사회집단에 공통된 가치관이나 신념 또는 세계관을 자기 것으로 만드는, 즉 내재화하는 것을 의미한다. 따라서 사회화는 출생과 더불어 모든 개인에게 필수적이고 오랜 시기에 걸치는 학습의 과정이다.

영유아들이 어떤 성인이 되느냐는 것은 자신이 속한 사회가 가지는 가치, 규범, 정서, 감각 및 목적에 따라 달라진다. 동일한 유전인자를 가지고 태어났다고 해도 각자의 환경이라든가 교육의 영향으로 성장하는 과정에서 많은 차이가 나타난다. 사회화 과정은 일종의 행동을 제약하는 과정이다. 인간은 무한한 가능성을 갖고 태어났을 것이라고 생각될 수 있다. 많은 가능성 중에서 그가 속한 사회에 공통된 가치관이나 신념 또는 세계관을 갖고 행동하도록 하는 것이 사회화이기 때문에 일종의 자유에 대한 제약이다.

인간은 사회화를 통해서 인간이 된다. 인간은 개체로 태어나면서부터 완전한 인간이 아니고 공동체(community) 안에서의 삶을 통해서 사회화됨으로써 비로소 인간이 된다. 이것은 인간이 본질적으로 사회적인 존재라는 것을 의미한다. 출생 시에 인간은 미완성의 불완전한 존재이나 가정의 보호 아래 가족들과의 상호 행동을 통해서 인간존재로서의 형태의 틀을 잡게 된다.

영유아의 사회화 과정에서 무엇이 가장 많은 영향을 주는가 라는 질문에 대해서는 몇 가지 의견이 있다. 어떤 사람은 먹는 것과 대소변을 가리는 데 따르는 유아훈련이 가장 큰 영향을 미친다고 주장한다. 한편에서는 그와 같이 제한된 훈련에서만 영향을 받는 것이 아니라 어머니가 자녀에게 대하는 태도가 중요하다고 한다. 전자와 후자의 차이는 어머니가 자녀를 대하는 데 있어 유아 버릇들이기라고 불리는 협의의 훈련인가, 혹은 어머니가 자녀를 대하는 모든 행동과 태도를 포함하는 것이냐에 달려 있지만, 또 다른 주장은 유아의 인성발달을 설명하기 위해 시기에 제한 없이 모든 사회화 과정을 중요시한다.

### (2) 사회환경

과거와 마찬가지로 현대의 교육도 인간이 어떻게 사회환경에 적응할 수 있느냐에 관심을 갖는다.

문화는 인간이 만든 사회적 환경이며 인간은 환경의 산물이라고 할 만큼 환경과 인간은 불가분의 관계를 갖는다. 사회환경은 집단생활의 산물로서 사상, 가치, 제도, 행동양식 등을 포함해 사회에 존재하는 모든 것과 사람들의 생활에 직접, 간접으로 영향을 미치는 모든 것을 뜻한다.

인간을 환경적 존재라고 한다. 환경과 인간의 관계는 물고기와 물의 관계와 같다고 할 수 있다. 물고기는 물을 떠나서 살 수 없을 뿐만 아니라 어떤 물에서 사느냐에 따라 물고기의 모양, 크기, 성질 등이 결정된다. 가정환경, 친구관계, 지역사회환경 등이 인간에게 미치는 영향은 매우 중요하다. 넓은 뜻으로 볼 때, 인간 형성 과정이란 환경조성 과정이라고 말할 수 있다. 인간 형성 과정에 가장 결정적인 작용을 하는 교육은 사회적으로 환경적 노력에 속한다고 할 수 있다. 이러한 환경적 노력은 널리 사회의 곳곳에서 진행되고 있다. 그중에서 막강한 교육력을 가진 가정의 부모, 학교의 교사, 매스미디어의 언론 방송인, 각계각층의 지도자들이 사회환경의 중요한 교육세력이다(정범모, 2000).

20세기 초에 인도의 정글에서 발견되었던 늑대소녀의 이야기는 인간행동에 관해 생각해 보는 실마리가 될 수 있다. 그들은 인간으로 태어났고 인간의 모습을 갖고 있었지만 늑대에 의해 양육되었으므로 인간의 행동양식이 아닌 늑대의 행동양식을 지니고 있었다. 심신의 발달에서 중요한 요인인 후천적인 경험과 학습은 그 개체가 환경에 적응하는 과정에서 얻어지는 것이지만, 인간의 발달상 중요한 환경은 물적 환경과 함께 심리적, 사회적, 인간적 환경이 된다. 특히 영유아기에는 어머니 또는 어머니와 같은 인물이 기본적인 환경이 된다.

인간은 자라나면서 다양한 사회적 접촉을 통해서 인간성을 이룩하고 여러 교육기관들을 통해서 배우고 성장한다. 인간은 사회를 떠나서는 존재하지 못한다. 자라나는 영유아들이 그 사회의 성원이 되어 그에게 알맞은 위치에서 주어진 역할을 효과적으로 담당하면서 자립적인 생활을 영위하고 그 사회의 발전에 이바지할 수 있게 된다.

### 2) 영유아의 가정환경

영유아는 가정이라는 울타리 안에 태어남으로써 가족 구성원이 되며 가정에서 처음으로 사회생활을 위한 교육을 받기 시작한다. 특히 영유아는 발달적 특성이 타율적으로 사고하고 모방성이 강하여 부모 및 성인의 권위를 잘 받아들여서 행동한다. 따라서 영유아는 일찍이 가정에서 부모로부터 언어, 생활습관, 행동의 기본적 양식을 학습하게 된다. 인간의 성격, 지적 능력, 사회성 등 대부분의 심리적 특성은 학교교육보다도 취학 전의 어린 시절에 받는 가정의 영향을 크게 받는다.

교육이 아동의 신체적 · 정신적 · 도덕적 · 정서적 발달을 도와주는 일이라고 한다면, 가정은 인간의 가장 최초의 교육의 장이며, 행동특성의 성장 · 발달을 도와주는 중심적인 곳이 된다. 가정에서 부모 · 형제와의 관계를 통해서 인간의 욕구를 표시하고 충족하며 적응하는 방법과 습관을 익히고 가족 구성원과의 인간관계를 통하여 사회성을 발달시키며 가족문화 속에서 성격의 형성과 가치관을 배워가게 되는 것이다.

가정환경 요인으로는 가정의 사회경제적 환경, 부모의 교육 수준 및 직업, 가족구조, 형제자매의 수, 부모의 양육태도 등 다양하며, 이러한 요인들이 영유아를 둘러싼 가정환경으로 작용한다. 이 시기의 가정환경은 영유아의 발달에 중요한 영향을 주는데, 그 이유는 다음과 같다.

첫째, 영유아의 건강한 성장발육은 가정환경과 성장환경의 질에 따라 다르다. 개인의 성장은 유전적인 요인 외에 환경의 복합적 요인이 작용하여 이루어진다. 영유아의 영양결핍이나 옳지 못한 식습관 그리고 스트레스 등 가정환경으로부터 비롯된 요인들은 유아의 건강한 성장에 방해를 준다(박순영 · 이종인 · 김희경, 2007).

둘째, 영유아의 성격형성은 가정환경의 영향을 크게 받는다. 유아의 많은 행동의 틀은 가정에서 그 기반을 확립해 나가므로 가정환경이 개인의 성격을 형성하는 데 결정적인 영향을 준다. 특히 유아의 정서능력이나 친사회적 행동 등 성격적 특성은 부모의 양육태도에 많은 영향을 받는다(남영옥, 2006; 우수경, 2004).

셋째, 영유아의 기본 생활습관은 대부분이 가정에서 형성된다. 이것은 영유아의 생활교육이 가정에서 최초로 이루어지기 때문이며 가정환경에서 비롯되는 여러 가지 생활문화가 영유아에게 전달되기 때문이다. '세 살 버릇이 여든까지 간다' 라는 말에서 영유아기의 가정환경이 생활습관 형성에 중요한 변인이라는 점을 확인할 수 있다.

또한 가정환경이 영유아의 사회화 과정에 중요한 영향을 미치는 이유는 다음과 같다(김선호 · 김정한, 1986).

첫째, 영유아들은 미성숙기를 가정에서 지낸다는 것이다. 미성숙기에 생명을 유지하는 데 있어 의식주의 기본문제 해결을 전적으로 가족에게 의존한다. 따라서 이와 같은 무력 상태는 영유아들로 하여금 가족들로부터 사랑을 받을 만한 행위를 하게 만든다. 영유아들은 환경에 의하여 인품이 쉽게 변화될 수 있다. 자기 자신의 행동에 대하여 확고한 기준이 없이 쉽게 영향을 받기 때문에 가정은 영유아의 사회화에 매우 중요하다.

둘째, 가정이 영유아에게 중요한 환경을 이루는 근거로서 영유아의 교육 내용과 기준이 가정에 의하여 정해진다는 점을 들 수 있다. 영유아들은 여러 가지 행동에 있어서 가정이 용납하는 방향으로 자기 자신을 적응시키지 않으면 안 된다.

셋째, 가정은 영유아의 정서적인 면에서 독특한 환경을 마련해 준다는 점이다. 가정은 애정면에서 뿐만 아니라 다른 정서면에서도 여러 가지 풍부한 경험을 제공한다. 영유아들은 가정 안에서 다른 구성원들과 생활하는 동안 여러 가지 지식을 얻으며 가정의 독특한 정서적 경험을 하게 된다.

### 3) 현대사회의 특징과 사회환경

현대사회는 산업화, 정보화, 세계화에 따라 사회·문화적 환경에 많은 변화를 초래했다(전인옥·박선희, 2007). 먼저 산업화는 여성의 취업을 확대시켜 가족의 기능과 자녀 양육에 많은 변화를 가져왔다. 가족과 직장을 분리시켜 핵가족중심의 개인주의적인 가족 가치관을 발달시켰고, 여권신장은 기혼녀의 사회참여를 촉진시켜 영유아의 사회적 보호의 필요성을 제기하도록 하였다. 또한 정보화는 지식의 생산, 처리, 전달 등을 골자로 하는 지식산업의 발달을 가져와 정보가 사회의 주요한 기능을 이루는 정보사회로 발달시켰다. 정보사회는 디지털의 발전을 넘어 시공간의 범위가 확장된 열린 사회로서 개인의 생활양식에서 주체성과 자율성을 요구한다. 나아가 4차 산업혁명 시대의 급속한 사회변화는 미래에 요구되는 역량을 대비하게 하고 있다. 마지막으로 세계화는 전 세계가 단일의 공동체로 확산되는 것을 의미하여 점차 세계를 한울타리로 보고 각 나라가 각각의 문화를 존중하며 상호 의존적 가치를 가지도록 요구한다. 이러한 세계화의 변화는 각 나라 간의 이해를 도모하기 위해 다양한 협정의 필요를 공유하도록 하고 있다. 이처럼 현대사회의 산업화, 정보화, 세계화는 21세기를 사는 영유아들의 사회환경으로 작용한다. 현대사회의 특징으로 본 영유아의 사회환경은 다음과 같다.

첫째, 현대의 영유아보육은 점진적으로 국가책임에 의존하는 비중이 커지고 있으므로 보육환경은 가정을 포함해 영유아가 많은 시간을 보내는 어린이집의 환경을 강조하는 개념으로 확대되었다. 우리나라는 현대사회의 변화에 대응하여 정책적으로 보육사업을 전개해 왔으며 보육환경의 개선을 위해 지속적으로 노력하고 있다.

둘째, 정보화와 더불어 빠르게 변화하는 미디어환경은 영유아의 생활환경으로 작용하고 있다. 미디어환경은 '벽이 없는 학교' 라고 할 정도로 영유아들에게 광범위한 경험을 제공해 주며 막대한 영향력을 행사하고 있어, 그 역기능 또한 간과할 수 없게 되었다. 모방심리와 감수성이 예민한 영유아들이 정보의 홍수 속에서 질 좋은 정보를 선택하여 올바르게 이용할 수 있도록 안전한 미디어환경을 제공해야 한다.

셋째, 세계화에 따른 사회·문화적 환경은 변화하고 있으며, 이러한 환경은 영유아의 교육환경에도 영향을 주고 있다. 현재 우리나라도 국제적 교류가 많아지고 국제결혼 및 이주가정의 증가 등으로 다양한 문화, 민족, 성 그리고 사회적 계층의 배경을 가진 영유아들이 어울리고 있다. 따라서 이러한 변화에 따라 문화 이해에 대한 개방적 태도와 반편견의 긍정적 생각을 갖도록 하는 교육이 시도되고 있다. 즉, 다문화 교육(multicultural education) 또는 반편견 교육과정(anti-bias curriculum)과 같은 것이다.

이처럼 현대사회의 여러 가지 변화는 영유아의 생활과 적응에 많은 영향을 주고 있다. 따라서 영유아가 현대사회에 잘 적응하고 행복하게 살아가도록 돕기 위해 시대감각에 맞는 교육적, 사회적 접근을 모색해야 할 것이다.

## ❸ 영유아기의 사회복지실천 과제

영유아를 건강하게 보호하고 육성해야 할 과제는 전 인류의 공통적인 책임이다. 영유아복지는 보호를 요하는 영유아뿐만 아니라 모든 영유아가 행복하게 살 수 있도록 그들의 요구와 잠재력을 존중하여 영유아의 발달을 지원하는 공적 서비스의 총체라고 할 수 있다. 특히 영유아복지는 실천대상이 영유아이므로 영유아의 보육과 교육에 대한 사회적 보장이라는 측면에서 가족복지와 사회복지의 실천분야가 강조되어야 한다.

### 1) 영유아 가족복지

영유아복지는 영유아가 속한 가정의 복지와 직결된다. 현대사회의 가정은 다양한 형태로 존재하므로 영유아의 보육에 어려움이 있는 가정은 좀 더 특별한 복지의 혜택을 필요로 한다. 그 외에도 우리 사회가 겪고 있는 저출산과 고령사회 문제는 가족복지의 증진이라는 목표에 접근하여 우리 사회가 해결해 가야 할 과제이다. 현대사회에서 제기되는 가족복지의 문제를 영유아기 가족 형태와 관련해 살펴보고 그 실천과제를 제시하였다.

#### (1) 현대사회의 가정

현대사회의 사회 · 문화적 변화는 가족의 기능과 자녀양육에서 주요한 변화를 야기하고 있다(전인옥 · 박선희, 2007). 특히 기혼녀의 취업 증가는 영유아의 사회적 보호의 필요성을 더 크게 부각시키고 있다. 오늘날 우리나라는 가족구조가 핵가족화, 소인수 가족화되었으며, 각각의 가정은 양부모 가정, 한부모 가정, 조손가정, 소년·소녀 가정, 취업부모 가정, 다문화 가정, 재혼가정 등 다양한 형태로 소개되고 있다.

첫째, 여성의 사회참여가 증가되면서 취업부모 가정이 늘고 있다. 기혼여성의 취업증가는 과거와 다르게 무급 가사노동 주부의 감소를 초래해 아동과 노인에 대한 가족보호와 부양의 기능을 약화시켰다. 우리나라는 고령 사회로 빠르게 진입하고 있으며 기혼여성 취업률은 계속 증가하여 53.4%에 이르렀고(통계청, 2017), 기혼여성의 취업은 영유아보육뿐 아니라 노인부양의 문제도 초래했다. 자녀양육에 대한 역할이 분산되고 영유아의 종일제 및 시간 연장 보육·교육의 필요를 가중시켰다.

둘째, 가족의 분리로 인한 한부모 가정 및 소인수가정이 증가되고 있다. 특히 이혼율이 증가하면서 한부모 가정 및 형제들로만 구성된 소인수가정이 늘고 있으며, 이들의 경제활동과 가족보호 등의 역할에 여러 가지 어려움이 예상될 수 있다. 많은 연구에서 이혼가정 유아가 경험하는 스트레스와 부적응문제를 지적하고 있다(정지연·한유진, 2007). 또한 농촌을 중심으로 조부모와 손자녀로 구성된 조손가정이 증가하고 있다. 조부모는 가족해체로 인한 자녀세대에 대한 실망, 손자녀와의 세대차이, 의사소통의 단절, 상호작용의 미약, 가족기능의 약화를 경험하며 손자녀는 가족해체 과정에서 심리적·정서적 외상, 학교 부적응 등의 문제를 경험하기도 한다(이화영, 2007).

셋째, 국제결혼이 많아지면서 서로 다른 문화가 공존해야 하는 다문화 가정이 증가하고 있다. 다문화 가정의 구성원들이 겪는 의사소통의 곤란, 문화갈등, 경제적 어려움은 여러 가지 갈등을 심화시킬 수 있으며, 이러한 갈등은 영유아기 자녀에게 부정적 영향을 줄 수 있다(구효진·최진선, 2007; 양순미·정현숙, 2006).

이상에서 살펴보았듯이, 현대사회의 가족 형태는 다양하며 각기 다른 환경에 속한 영유아에게 필요한 요구도 다양하므로 영유아복지는 가족복지의 증진을 통해서 접근해야 할 과제이다.

### (2) 가족복지의 과제

가족복지는 가족의 생활을 보호하고 가족 구성원들의 사회적 기능수행을 향상시키기 위하여 시행되는 모든 정책과 서비스를 의미한다(이인정, 2004). 우리나라 보육정책의 근간을 이루는 영유아보육법을 보면 영유아의 잘 자랄 권리뿐만 아니라 가정복지 증진을 목적으로 두고 있다(영유아보육법 제1조). 이는 영유아의 복지문제는 가족 구성원뿐만 아니라 가족단위의 복지증진이 필요함을 강조한 바이다. 이런 의미에서 가족복지는 가족과 가족 구성원이 경험하는 문제를 해결하여 가족이 건강하고 행복한 상태를 유지할 수 있도록 지원하는 거시적, 미시적인 사회적 대책으로 이해될 수 있다(최경석 · 김양희 · 김성천 · 김진희 · 박정윤 · 윤정향, 2006).

영유아기 자녀를 둔 다양한 가족이 당면할 수 있는 문제를 중심으로 우리 사회가 실천해야 할 과제를 제시해 본다.

첫째, 영유아가 있는 이혼가정 및 한부모 가정은 한부모와 어린 자녀의 특성에서 비롯되는 어려움을 경감시킬 수 있도록 지원해야 한다. 즉, 한부모의 경제활동과 영유아의 잘 성장할 권리가 최대한 보장될 수 있는 대책이 필요하며, 특히 저소득층의 가정에 대한 합리적인 지원이 요청된다. 또한 영유아기는 부모와 애착을 형성하는 중요한 시기이므로 영유아의 정서적, 심리적 지원이 강구되어야 한다. 영유아가 가정배경에 의해 불이익을 받지 않고 양질의 교육을 받도록 지원해야 한다. 현재 우리나라는 0~2세의 무상보육, 3~5세의 누리과정, 아동수당이 지원이 되고 있으나, 모 · 부자 가족정책의 지원은 선진국에 비해 낮은 편이다.

둘째, 장애영유아 자녀를 둔 가정은 장애아의 보육과 치료뿐만 아니라 가족단위의 복지가 필요하다. 우리나라는 영유아보육법에 장애아보육을 명시하고 있으며 장애아전담 및 장애아통합 보육을 제도화하고, 장애아 무상보육(0세～만 12세 취학 전 장애아)을 통해 지원하고 있다. 또한 유아교육법에 유치원의 특수교육을 명시하여 장애아의 유치원 교육을 의무화하고 있다. 앞으로 장애로 인한 가정의 해체를 막고 부모와 다른 형제의 부담과 스트레스를 줄이기 위해서 장애가족에 대한 지원이 필수적이다. 장애영유아 가족복지를 위 장애의 조기재활서비스와 장애아동가족 지원서비스가 확대되어야 할 것이다(이익섭, 2003).

셋째, 다문화 가정의 영유아와 그들의 가족을 위한 사회복지 대책이 필요하다. 이주여성 가정의 영유아들은 많은 경우에서 언어적, 사회적, 인지적 문제를 겪는다. 특히 농

어촌을 중심으로 다문화 가정이 증가하고 있는데, 이들 가족 간의 가치관과 문화 갈등이 자라나는 영유아에게 직접적인 영향을 준다(구효진 · 최진선, 2007). 따라서 다문화 가족을 위한 사회문화 적응 프로그램, 가치관 형성 및 언어교육 등 전반적인 서비스를 통해 가정의 안정과 영유아의 건전한 발달을 지원해야 한다.

종합적으로 볼 때, 우리나라는 복지의 대상이 영유아, 아동, 장애아 등 개별 가족에 대하여 주로 이루어지고 있고 가족 전체를 대상으로 하는 서비스는 미약하다. 보육정책은 여성의 경제활동을 지속시키고 양육 문제를 동시에 해결하는 정책으로 강화되어야 할 것이다(박미경, 2014; 이채정, 2018). 가족의 기능과 잠재력을 발휘할 수 있도록 다양한 가족 형태에 따라 가족 고유의 요구가 가족복지서비스에 반영되어야 비로소 모든 영유아들이 잘 자랄 권리를 보장받을 수 있을 것이다.

### 2) 영유아 사회복지

영유아 사회복지는 1991년 영유아보육법 제정과 2004년 유아보육법 제정으로 국가의 책임 있는 보육과 유아교육의 틀이 마련되면서 국가의 본격적인 개입이 확대되어 왔다. 현재 우리나라는 영유아에 대한 공보육과 공교육의 시대를 열어가면서 영유아와 그 가정을 지원하고 있다. 어린이집과 유치원에 대한 국가 지원체계를 중심으로 보육과 유아교육의 현황을 소개하고 향후 실천 과제를 제시했다.

#### (1) 영유아보육과 교육

우리나라는 1990년대에 후기 산업사회에 진입하면서 여성의 취업률이 증가하고 사회 · 문화적 환경의 급격한 변화가 오면서 영유아의 보육과 교육에 대한 국민적 수요가 증가되었다. 현재 우리나라의 영유아교육은 「 영유아보육법」에 따른 어린이집과 유아교육법에 따른 유치원으로 이원화되어 있는데, 전자는 보건복지부 관할이며 후자는 교육부관할로 운영되고 있다. 어린이집과 유치원의 특징을 소개하면 다음과 같다.

어린이집은 보호자의 위탁을 받아 영유아를 보육하는 기관을 말하며, "보육"이란 영유아를 건강하고 안전하게 보호 · 양육하고 영유아의 발달 특성에 맞는 교육을 제공하는 어린이집 및 가정양육 지원에 관한 사회복지서비스를 말한다(영유아보육법 제2조).

「영유아보육법」의 제1조에, 이 법은 '영유아의 심신을 보호하고 건전하게 교육하여 건강한 사회 구성원으로 육성함과 아울러 보호자의 경제적 · 사회적 활동이 원활하게 이루어지도록 함으로써 영유아 및 가정의 복지 증진에 이바지함을 목적으로 하고 있다(법률 제16078호)고 명시하고 있다. 어린이집의 유형은 국공립어린이집, 사회복지법인 어린이집, 법인 · 단체 등 어린이집, 직장어린이집, 가정어린이집, 협동어린이집, 민간어린이집이 있다. 어린이집의 이용 대상은 6세 미만의 영유아를 원칙으로 하지만 필요에 따라 12세까지 연장 보육할 수 있다. 보육을 우선으로 받을 수 있는 대상은 기초수급자 가정, 한부모가정, 차상위계층 가정, 장애자, 다문화 가족 등의 자녀로 하고 있으며, 영아보육, 장애아보육, 다문화아동보육, 시간연장형보육 등 보호자의 다양한 요구를 수용할 수 있는 취약보육을 우선 실시하도록 하고 있다. 영아전담어린이집은 0세에서 만 3세 미만의 영아들이 입소할 수 있으며, 장애아전담은 장애의 종류 및 정도에 따라 반을 운영하고, 시간연장형은 하루 보육시간을 12시간 이상 초과하는 보육의 형태이다. 그 외에도 무상보육 및 무상교육을 받지 않는 영유아에게 필요한 경우 시간제 보육서비스를 받도록 하는 등 점차적으로 다양한 수요에 대응한 정책 지원이 실천되고 있다. 어린이집은 보호와 양육의 기능이 크므로, 종일제를 원칙으로 운영된다. 보건복지부가 발급하는 보육교사 자격을 가진 보육교사가 국가수준의 표준보육과정을 적용하여 6세 미만의 영유아를 지도한다.

유치원은 유아의 교육을 위하여 「유아교육법」에 따라 설립 · 운영되는 학교를 말하며, 국가와 지방자치단체는 보호자와 더불어 유아를 건전하게 교육할 책임을 진다(유아교육법 제2조와 제3조). 유치원은 국가가 설립 · 경영하는 국립유치원과 지방자치단체가 설립 · 경영하는 공립유치원, 그리고 법인 또는 사인(私人)이 설립 · 경영하는 사립유치원이 있다. 유치원 입학 대상은 유아(만 3세 이상)이고 원장이 유치원 규칙에 따라 공정하고 투명하게 모집 · 선발하며 학년도는 3월 1일부터 다음 해 2월 말일까지로 하고 있다. 특수교육이 필요한 유아가 유치원에 입학하려는 경우에는 따로 입학절차, 교육과정 등을 마련하여 통합교육 실시가 가능하도록 하고 있다.

유치원은 3년 동안 무상교육이 실시되며, 맞벌이 가정 등 보호자의 요구에 따라 방과 후 과정을 운영할 수 있다. 즉, 종일제의 어린이집과 다르게 일일 4~5시간의 기본과정을 운영하며 기본과정 이후의 방과 후 과정이 운영되기도 한다. 유치원교사는 유치원교원 양성대학을 졸업한 후 교육부에서 발급하는 유치원교사 자격증을 갖추어 유치원교육과정을 적용해 유아를 교육한다.

현재, 0~2세 영아는 어린이집을 이용하지만 3~5세 유아는 부모의 선택에 따라 유치원과 어린이집을 선택적으로 이용하고 있다. 3~5세의 유아가 소속되어 있는 기관에 따라 관리감독기관이나 교사의 자격, 학급 편성기준, 평가기관 등이 다르므로, 국가적 차원에서 유치원과 어린이집의 질적 수준을 유지하려는 정책들이 강구되고 있다. 특히 2012년에 만 5세, 2013년부터 3, 4, 5세 대상으로 누리과정이 실행되어 그동안 유치원과 어린이집이 서로 다른 교육내용을 다루었던 것을 통합하여 적용하기 시작했다. 이것을 공통과정(Common Curriculum)으로 명명하여 양 기관에서 동일하게 적용하고 있다.

### (2) 영유아사회복지 실천과제

최근 우리나라의 보육 및 교육정책은 보육 및 교육의 공공성 강화와 질적 고양을 위해 수립되고 있으며, 이것의 실천을 위한 정책대안이 마련되어 왔다. 과거에 보육과 교육의 양적 확대를 위해 노력해 온 것과 매우 대조적이다. 국가의 영유아에 대한 공적 지원 시스템이 강화되면서 개별 영유아의 지원뿐 아니라 어린이집 및 유치원의 보육과 교육의 기능을 강화하는 등 영유아를 위한 복지 차원의 다각적인 접근이 시도되고 있다. 무상보육 및 교육의 확대, 특수보육 및 교육의 지원, 취약보육, 교사교육, 교원양성기관 평가 등을 들 수 있다. 0~2세의 무상보육이 실시되고 있으며, 3~5세의 누리과정이 공적 지원으로 이루어지고 있다. 또한 교육부는 양성기관평가를 통해 대학의 유아교육과를 3년 주기로 평가하고 있다. 이러한 제도적인 노력은 영유아의 교육에 관하여 국가의 책임 관리를 보여주는 것이라 할 수 있다. 지금도 영유아 교육의 질적 발전을 위해 다양한 실천방안이 제시되고 있지만, 미래 지향적인 발전 전략으로 향후 개선되어야 할 과제를 살펴보면 다음과 같다.

첫째, 어린이집과 유치원의 질적 수준 향상을 위해 지속적인 노력이 필요하다. 국가는 2012년 누리과정을 도입하면서 유치원과 어린이집의 차이를 줄이고 취원율의 향상을 가져오는 등 최근까지 출발점 평등교육과 유아교육의 양적 확대를 위해 노력했다고 할 수 있다. 최근에는 영유아교육의 질적 향상을 위해 공사립의 균형발전, 누리과정의 개정, 교사의 휴게시간 보장 등 구체적인 제안과 개선이 이루어지고 있다. 향후 어린이집과 유치원 간에 차이 나는 교사 자격, 운영시간, 평가체계 등에 대한 신중한 검토와 개선이 요구된다. 영유아가 부모의 선택에 의해 어린이집과 유치원에 보내지는데, 어느 기관에 다니느냐에 따라 교육의 격차가 나타나지 않아야 할 것이다.

둘째, 영유아 보육 및 교육 정책이 여러 행정부처의 연계된 지원으로 이루어지도록 요구된다. 영유아 지원은 보육과 교육, 그리고 발달 특성에 비롯된 공통의 의료, 영양, 경제, 여성고용, 과학기술 등 여타의 분야와 밀접하게 연관되어 있다(문무경, 2017). 영유아의 발달은 다학문적으로 접근해야 할 영역이므로 미래지향적인 관점에서 교육부나 보건복지부를 포함해 여성부, 행정안전부, 기획재정부, 노동부 등 여러 부처의 종합적인 지원체계가 요청된다.

셋째, 영유아보육과 교육에 대한 범국민적인 관심이 요구된다. 영유아보육, 교육은 영유아를 단순히 보호하고 양육하는 것에 그치는 것이 아니라 교육을 통해 그들의 인격적 성장과 발달을 지원하는 것이다. 영유아 가정을 지원하여 그 부모가 자녀를 교육하는 1차적 책임자의 역할을 할 수 있도록 가정을 지원해야 한다. 부모가 자녀 양육과 교육에 1차적 책임을 지는 것에 부담을 갖거나 회피하지 않도록 부모 됨의 교육이 전 국민에게 필요하다고 할 수 있다. 최근에 영유아기 부모교육을 의무화시켜야 한다는 주장까지 제기되고 있는데, 부모교육은 생애주기별로 예비부모, 영아기 부모, 유아기 부모를 대상으로 구분해서 해야 한다는 주장이 설득적이다(이윤진 · 이정림 · 임준범, 2017).

7

Chapter

# 아동기와 사회환경

아동기는 유아기를 지나 초등학교에 다니는 시기로, 이전의 시기보다 훨씬 복잡한 사회적 영향을 받게 된다. 거의 전적으로 가족의 영향 하에 놓여 있던 이전 시기와 달리, 아동기에는 공식적인 학교교육이 시작됨으로써 학교, 교사, 또래, 친구 등 가족 이외의 사회적 영향력이 중요하게 작용하게 된다.

본 장에서는 아동기에 나타나는 주요한 발달적 변화 및 특성을 살펴보고 아동기에 영향을 미치는 주요한 사회환경들로 학교환경, 또래 및 친구 환경, 대중매체 및 사이버환경이 아동의 삶과 발달에 미치는 영향을 알아보고자 한다. 아울러 사회복지실천 과제로는 아동기가 공식적인 학교교육이 시작되는 시기인 만큼 학교와 관련된 실천과제를 제시하고자 한다.

## ❶ 아동기의 발달

아동기는 6세에서 11세까지로 초등학교에 다니는 시기이다. Freud는 아동기를 잠복기라 하였는데, 이는 성격형성에 중요한 성적 에너지가 이 시기에는 억압되고 잠복되었다고 보았기 때문이다. 아동기에는 생활의 중심이 가정에서 학교로 옮겨감에 따라 많은 사회적 관계를 형성하고 사회 구성원으로서의 기초를 닦는 것이 중요한 과제가 된다. 또한 사회가 요구하는 도덕적 판단능력도 획득해야 하며 양심도 발달시켜야 하는 등, 이 시기 아동의 사회성 발달은 중요한 의미를 지니게 된다. Erikson은 근면성이 아동기의 발달과업이 된다고 하였으며 Piaget의 인지발달론적 관점에서는 전조작적 사고에서 벗어나 논리적 사고가 가능해지는 시기가 된다.

### 1) 신체 및 운동능력의 발달

아동기에는 신체적 성장속도가 영아기나 청소년기처럼 급속하지는 않으나 꾸준한 성장을 보이며 전체적인 모습이 성인과 유사해진다. 아동기 동안 평균키는 남아가 여아보다 크지만 10~12세에서는 여아가 남아보다 크다. 이는 여아가 사춘기의 성숙이 먼저 일어나기 때문이다. 아동기 초기에는 신체적 외양에서 성별에 따른 차이를 별로 보이지 않으나 사춘기가 시작되면서 2차 성적 특징이 나타나 남녀는 차이를 보이기 시작한다. 5, 6세경부터 유치가 빠지기 시작하여 영구치로 대치되는데, 12세 정도가 되면 어금니도 나서 얼굴 모습이 성인과 비슷해진다.

신체적 특징은 아동에게 있어서 매우 중요하게 작용한다. 왜냐하면 신체의 크기나 골격은 운동이나 친구와의 놀이에 중요하기 때문이다. 운동할 기회가 적은 아동은 허약한 신체를 갖게 되는 결과를 낳는다. 반면 크고 체격이 좋은 아동의 경우 주위의 어른이나 학급 친구들에게 운동을 잘할 것으로 기대되어 신체적 활동에 참여할 기회를 많이 갖게 된다. 신체적 특성으로 인한 이와 같은 경험의 차이는 아동의 사회적 성격발달에 영향을 미쳐 신체발육이 빠르고 운동능력이 뛰어난 아동은 긍정적인 사회성 발달을 보이는 반면, 발육이 늦거나 운동능력이 미숙한 아동은 사회적 위축감을 느끼게 될 수 있다.

최근에는 비만 아동이 급속도로 증가하고 있다. 비만 아동은 자신에 대해 부정적인 자아상을 갖는 경우가 많으며 정상체중 아동보다 낮은 자아존중감을 나타내는 경향이 있다. 또한 또래로부터 놀림이나 괴롭힘을 경험하는 경우도 있는 것으로 보고되고 있는데(박응임 · 정운선 · 이혜상, 2005), 이는 외적으로 보이는 신체적 특성 때문일 수도 있겠지만, 그로 인한 부정적인 자아상 등의 심리적 문제가 결합하여 작용한 결과로도 볼 수 있다.

### 2) 지적 능력의 발달

아동기는 인지적으로 성숙하여 자신을 둘러싼 세계에 대한 사고와 이해가 변화하게 된다. 이전의 전조작적 사고에서 벗어나 새로운 형태의 사고과정을 보인다. Piaget는 이를 구체적 조작사고라 칭하였는데, 그에 의하면 이 단계에서 아동은 여러 가지 개념적 능력을 획득하게 된다고 한다. 그 대표적인 것이 보존개념의 획득이다.

보존개념이란 외형이 변화해도 중간에 더하거나 빼지 않는 한 질량과 같은 물리적인 내용은 그대로 보존된다는 것을 말한다. 높이가 높고 폭이 좁은 컵의 물을 높이가 낮고 넓은 컵에 옮겼을 때, 양은 같지만 물의 높이가 낮아진다. 이때 전조작기 아동은 물의 양이 변화했다고 생각하지만, 구체적 조작기의 아동은 물을 담은 용기의 모양이 변했더라도 물의 양은 같다는 개념, 즉 보존된다는 것을 안다. 이러한 보존개념의 획득은 동일성, 보상성, 가역성의 원리라는 3차원의 논리를 이해하게 됨으로써 가능해진다. 동일성의 원리란 중간에 양을 더하거나 빼지 않아 그 양이 동일하다는 것이다. 보상성의 원리란 컵 하나는 높이가 높지만, 다른 컵은 대신 밑면이 넓다는 것이다. 가역성의 원리란 원래의 컵으로 다시 되돌려 부으면 원래의 상태로 되돌아간다는 것을 말한다. 보존개념의 획득은 한 상황에만 집중되던 주의를 다른 상황으로 확산시킬 수 있는 탈중심화(decentration)가 이루어진 결과라고도 볼 수 있다.

이와 같이, 구체적 조작기에 오면 탈중심화로 인해 높이 하나에만 주의를 기울이는 일면적, 직관적 사고에서 벗어나 높이와 넓이의 관계를 동시에 고려하게 되는 다면적, 논리적 사고가 가능해진다. 사고의 탈중심화는 보존개념의 획득뿐만 아니라 전조작기에서는 제한된 능력을 보였던 여러 가지 과제도 해결할 수 있게 한다. 즉, 사물을 크기나 길이, 명암과 같은 양적 차원에 따라 순서적으로 나열할 수 있는 서열화 능력도 생기게 된다. 또한 부분과 전체의 관계를 생각할 수 있게 됨에 따라 유목화의 과제도 해결할 수 있게 된다.

사고의 탈중심화는 아동이 성장함에 따라 점점 더 일반적이 되고, 보다 복잡한 상황에도 적용할 수 있게 된다. 이로써 조합능력(combinational skill)도 가능해진다. 조합능력은 수의 보존개념을 획득한 후에 갖게 되는 개념적 기술로서 아동은 이 능력을 획득함으로써 더하기, 빼기, 곱하기, 나누기와 같은 수를 다루고 조작할 수 있게 된다. 6세 이후 초등학교에 입학하여 셈의 기초적 기술을 가르치는 것은 우연이 아니고, 이 시기에 지적으로 준비되어 있는 인간의 주요한 측면을 충족시키는 것이라 볼 수 있다(Newman & Newman, 2006).

지금까지 살펴본 바와 같이, 구체적 조작사고가 발달함에 따라 아동은 물리적 세계의 규칙과 대상 간의 관계를 지배하는 원리에 대한 이해가 가능해진다. 그 결과 과학, 역사, 수학 등의 학문적 습득이 이루어지고 학문적 습득을 통해 정보와 상상력이 증가되며 사고의 확대가 일어난다. 이러한 놀라운 사고의 발달은 자신을 둘러싼 사회에 대한 인식도 변화시킨다. 아동이 6, 7세가 되면, 다른 사람들은 자신과 다르게 외부 상황을 인식한다는 것을 깨닫게 된다. 유아기의 자아중심적인 사고방식에서 벗어나 다른 사람의 시각에서 사물과 상황을 파악할 수 있는 능력이 생기는 것이다. 다른 사람의 관점과 상황을 이해한다는 것은 사회적 상호관계를 파악해야만 가능한 것인데, 사회적 관계에 대한 인식이 곧 사회인지(social cognition)이다.

Flavell과 Miller(1998)는 사회인지란 자기 자신, 타인, 인간공동체, 나아가서는 국가와 같은 인간이 모인 집단에 있어서의 사회과정 또는 심리과정에 대한 지적 사고라 정의하였다. 그러므로 사회인지는 개인 간, 집단 간 또는 국가와 같은 사회체계의 상호작용 또는 관계를 포함하는 것이다. 이러한 관계를 이해하는 능력은 개인의 사회적 사고의 성숙도에 따라 차이가 있다. Specht와 Craig(1987)는 사회적 사고의 성숙을 이끄는 데는 직접적으로 관련되는 세 가지 인지적 요소가 포함된다고 지적하였다. 첫 번째는 사회적 추론능력으로 타인의 감정, 사고, 의도에 대해 유추하고 가정할 수 있는 능력이다. 10세 정도가 되면 타인의 사고에 대하여 추론할 수 있게 되는데, 다른 사람의 입장을 잘 추론하는 아동일수록 성숙한 사고를 하며 친근한 대인관계를 형성할 수 있다. 사회적 사고의 두 번째 요소는 사회적 관계에 대한 이해로 아동은 공정함, 충성, 권위에 대한 존중,

합법성, 정의와 같은 여러 가지 사회적 관계에 연관된 개념을 이해해야 한다. 세 번째 요소는 사회적 규칙이나 인습과 같은 사회적 통제에 관한 지식의 획득이다. 이와 같은 사회적 개념들의 획득이 아동의 사회적 사고와 인간관계의 성숙을 가능하게 한다.

사회인지의 발달에서 가장 기초적이면서도 중요한 것은 자신에 대한 이해로부터 출발한다는 것이다. '나는 남과 다르고 나의 사고, 감정, 동기 등은 주변의 다른 사람과 다르다' 라는 인식은 복잡한 사회적 상호관계의 기초가 되며 다른 개체에 대한 정보를 처리하는 원천이 된다. 아동기는 자신을 이해하는 데 있어 신체적인 특징뿐만 아니라 심리적 특성, 즉 외적 요인에서 내적 요인으로까지 확장이 가능하다. 한편 다른 사람에 대한 이해는 자신을 다른 사람의 위치에서 생각할 수 있는 인지적 능력에서 비롯된다. 다른 사람의 감정이나 사고 또는 욕구를 이해하여야만 공감이나 이타심 등이 생긴다. 남의 위치에서 본다는 것은 사회적 행위를 이해함을 뜻하며, 사회적 관계를 파악하는 능력이 있음을 나타낸다. 따라서 다른 사람의 위치에서 볼 수 있는가 혹은 생각할 수 있는가 하는 조망수용 능력(perspective taking)은 사회인지의 핵심개념이 된다.

### 3) 사회심리적 특성의 발달

아동이 초등학교에 입학하면 그들의 사회적 환경은 급격히 변화하고 가정 밖에서 보내는 시간이 늘어나게 된다. 그들의 활동중심은 학교가 되며 친구는 아동의 성장발달에 매우 중요한 의미를 지니게 되는 반면, 가족의 기능 및 영향력은 아동의 사회화에 있어서 상대적으로 줄어들게 된다. 친구들과의 상호작용을 통해 사회생활에 필요한 여러 기술을 터득하고 자신이 속한 문화의 가치관과 행동규범을 획득하면서 아동은 사회화된다. 특히 또래 친구들과의 사회적 비교(social comparison)를 통해 자아개념이 확고해지게 된다. 한편 아동기는 성역할 고정관념이 강하게 나타나는 시기가 된다. 따라서 여기서는 자아개념과 성역할의 발달을 중심으로 아동기의 사회심리적 특성의 변화를 살펴보고자 한다. 아울러 아동들의 학교생활 적응이나 친구관계 형성에 중요한 요인으로 작용하는 공격성의 발달을 살펴보고자 한다.

### (1) 자아개념의 발달

자아개념(self concept)은 다른 사람과의 상호작용 속에서 발달한다. '다른 사람이 자신을 어떻게 보느냐' 에 따라 자신을 평가하게 되고, 이는 자신을 타인과 구별되는 실체로서 인식해 나가는 인지적 구성의 일부가 된다. 이러한 사회적 자아개념은 조망수용능력에 따라 좌우된다. 긍정적 자아개념을 가진 사람은 여러 행동에 자신을 갖고 있으나 부정적 자아개념을 지닌 사람은 열등감을 갖고 사회적 관계를 두려워한다. 자아개념의 평가적 측면이 바로 자존감(self-esteem)이다. 자존감이란 자아를 긍정적 가치로서 인식하는 개념으로 다른 사람들의 수용과 인정으로 형성된다.

자아개념은 자신에 대한 매우 단순한 인식에서 시작되나 연령이 증가하면서 상황에 따른 자신의 능력인식 등으로 복잡해진다. 4~7세 유아들은 '난 여자다', '나는 영미의 친구이다', '나는 TV를 많이 본다' 와 같이 분류에 의한 자아인식을 나타낸다. 그러나 아동기에 오면 사회적 비교가 가능해지면서 비교에 의한 자아인식을 하게 된다. 예컨대 '난 친구보다 키가 작아', '난 산수는 잘하는데, 음악은 못해', '난 다른 애들보다 인기가 많아' 와 같이 상대적인 자아의 개념을 갖게 된다. 자아개념은 영역에 따라 사회적 자아(예 난 인기가 많아), 학업적 자아(예 난 수학을 잘해), 신체적 자아(예 난 키가 작아) 등으로 세분될 수 있다.

### (2) 성역할 발달

5~6세의 아동은 성역할 고정관념이 심해 '남자만 의사가 되고, 여자는 간호사밖에 될 수 없다', '남자는 밖에서 일을 하고 여자는 아이를 키운다' 등 남녀역할을 확고하게 구분하는 경향이 있다. 이러한 성역할 고정관념은 초등학교에 들어가면서 뚜렷이 증가하는 것으로 보고되고 있다(Berk, 1994).

한편 성역할 인식은 성별에 따라 차이를 보여 일반적으로 남아는 남성적 특성을 훨씬 더 많이 인식하는 데 비해 여아는 남성적 특성과 여성적 특성을 비슷하게 인식하는 것으로 보고되고 있다. 성역할 발달에는 생물학적 요인도 영향을 미치지만, 사회화의 과정이 중요하게 작용한다. TV와 같은 대중매체는 성역할 발달에 지대한 영향을 미친다.

TV 드라마 혹은 선전광고에서 남자들은 적극적인 모습으로 유능하게 사회생활을 하고 여자들은 가정일에 매달리며 감성적이고 소극적인 역할을 보여주는 경우가 많아, 이러한 프로그램을 시청하는 아동은 부지불식간에 남녀 성역할에 대한 고정관념을 강화시키기 쉽다. 가장 강력한 사회화 기관인 학교 역시 성역할 고정관념을 키워주는 면이 없지 않다. 초등학교 때의 자리 배치, 남녀 역할 및 행동에 대한 전통적인 기대 등은 정형화된 성역할을 발달시키게 할 수 있다.

최근 남성성과 여성성을 양극에 존재하는 대립되는 개념으로 보지 않고, 두 가지 특성을 함께 지닌 양성성(androgyny)이 바람직한 성역할 특성으로 주장되고 있다. 양성적인 성 특성을 지닌 아동이 사회적으로 자신감 있고 자존감 높으며 성취도가 높은 것으로 밝혀졌기 때문이다. 이처럼 오늘날에는 생물학적인 성에 구애받지 않고 남성성과 여성성을 모두 겸비한 양성적 아동이 창조적이며, 여러 상황에서 자신감을 갖고 높은 적응력을 보임에 따라 양성성이 미래 지향적인 아동의 성역할 특성으로 인식되고 있다.

### (3) 공격성 발달

공격성에는 두 종류가 있다. 먼저 도구적 공격성(instrumental aggression)으로 자신이 원하는 물건이나 자리 등을 차지하기 위해 방해되는 사람을 떠밀거나 소리치는 경우이다. 다른 하나는 적대감을 갖고 다른 사람을 의도적으로 때리거나 가해하는 적대적 공격성(hostile aggression)이다. 도구적 공격성은 아동의 의사소통이 원활해지는 4~7세가 되면 줄어들기 시작하나 적대적 공격성은 연령의 증가와 더불어 증가되는 양상을 보인다.

일반적으로 공격성에는 성별의 차이가 있는 것으로 인식되고 있다. 많은 연구에서 남아의 공격성이 여아보다 높게 나타나는데, 이는 생물학적 호르몬의 영향과 더불어, 문화적 기대의 차이에서 비롯된다고 볼 수 있다. 남아들의 공격적 행동에 대해 묵인 또는 허용하는 사회문화적인 분위기가 남아들의 공격성을 높이는 결과를 초래할 수 있다. 총이나 칼 등, 남아들에게 제공하는 장난감이나 놀이 형태 또한 공격성을 조장하는 요인이 된다고 할 수 있다.

한편 부모의 신체적 체벌과 엄격한 통제와 같은 양육방법은 아동의 공격성과 매우 높은 상관이 있는 것으로 나타났다(김민정 · 도현심, 2001). 이 결과는 부모의 공격성이 자녀의 공격성에 전달됨을 시사한다. 공격성의 원인을 규명하기 위해 유치원과 초등학교 학생을 대상으로 한 연구결과(임승렬, 1996)에서는 인지적 요소가 공격성의 원인이 된다고 주장하고 있다. 즉, 공격적 아동은 의도성을 추론하는 데 편향된 경향이 있으며, 이 의도성 지각이 분노의 감정을 일으키고 적대적으로 대응케 한다는 것이다. 정태연과 윤진(1992)도 공격적 아동은 공격적 행동과 관련 있는 독특한 인지특성을 지니고 있다는 주장을 한 바 있다. 따라서 다른 사람의 감정을 이해하는 조망수용훈련을 통해 자신의 공격성을 줄이는 사회인지적 처치는 공격성 감소를 위한 유용한 중재 프로그램이 될 수 있을 것이다.

## ❷ 아동기와 사회환경

아동기는 이제껏 절대적 비중을 차지하던 가정환경의 영향력이 상대적으로 감소하고 학교환경이나 친구 및 또래 환경 등이 중요한 사회환경으로 대두하게 된다. 뿐만 아니라 현대의 정보화 사회에서 TV, 컴퓨터, 인터넷 등의 대중매체와 사이버환경은 이제 아동의 삶에서 배제될 수 없는 생활의 큰 부분이 되었다.

### 1) 학교환경

초등학교에 입학하면 아동은 많은 시간을 학교에서 보내게 되며 학교환경이 중요한 사회환경으로 대두된다. 가정을 떠나 아동들이 접하게 되는 공식적인 기관으로서 학교만큼 아동에게 지대한 영향을 미치는 곳은 없을 것이다. 아동은 학교생활을 통해 지식을 습득하는 것뿐만 아니라 사회인으로서의 기초를 닦게 된다. 이와 같이, 학교는 아동이 가족 외에 처음으로 경험하는 사회적 기관으로 가족과 구별되는 다음과 같은 특징을 지닌다(Dreeben, 1967).

첫째, 아동의 통제와 교육에 대한 책임이 친족관계가 아닌 책임을 부여받은 특정의 사람들에게 주어진다. 둘째, 아동들은 1년 단위로 한 학년씩 통과해 나가며, 매 학년이

끝날 때마다 그 학년의 교사와의 관계를 끝내고 새로운 교사와의 관계를 형성하게 된다. 즉, 일정 기간마다 기존 관계를 종결하고 새로운 관계를 확립하는 양상이 연속적으로 이뤄진다. 셋째, 구성원들의 연령분포가 다양한 가족과 달리, 학교에서는 연령적으로 동일한 집단의 일원으로 아동이 해당 집단에 소속된다. 넷째, 학교와 가족은 모두 성인과 아동으로 구성되어 있지만, 구성비율이 달라서 가족보다 학교에서 아동의 숫자가 훨씬 많다. 이러한 구조적 특징으로 학교는 아동의 발달에서 아동의 사회화, 사회적 규범의 학습 등에 중요한 역할을 수행하게 된다.

학교는 아동들의 발달과 사회적응에 필요한 여러 가지 능력과 기술을 교육하는 곳이다. 학교에 입학한 아동과 그렇지 않고 유치원에 남게 된 아동을 1년이 지난 후에 비교해 본 연구결과, 동일 연령인데도 학교에 들어간 아동이 유치원에 남아 있던 아동보다 기억, 언어, 읽기 기술 등이 월등히 앞서 있는 것으로 나타났다(Varnhagen, Morrision, & Everall, 1994). 이와 같이, 학교교육은 인지적 · 학습적 기반을 제공함으로써 아동의 잠재능력을 계발하는 기능을 수행한다. 뿐만 아니라 아동은 여러 가지 규칙이나 일을 처리해 가는 방법, 문제해결 기술, 나아가 그들이 살고 있는 사회와 문화에 적응하는 방법도 학교생활을 통해 습득하게 된다. 예컨대 학교에서는 아동들이 규율을 따르고 급우와 협력하고 서로 존중하며 바람직한 시민이 되는 것들을 가르친다. 이와 같이, 학교는 아동들에게 지식을 전하고 성장 후 사회의 일원으로서 직업과 경제적 독립을 준비하도록 도울 뿐만 아니라 아동의 사회적 · 정서적 발달을 돕는 사회화 대행자의 역할을 수행함으로써 아동기 아동에게 있어 학교는 매우 중요한 사회환경이 된다.

상술한 바와 같이, 학교는 아동기 아동의 발달 및 성장, 그들의 삶에 강력한 영향력을 지니는 사회환경이 되는데, 우리 사회의 학교환경은 어떠한가? 현대 한국사회의 학교 및 교육 환경은 양적인 면에서는 커다란 진보가 있었다. 교원 1인당 학생 수 및 학급당 학생 수는 꾸준히 감소하여 교육환경은 개선되고 있다. 그러나 우리 사회는 입시 위주의 교육제도, 왜곡된 교육풍토 등 아동들의 건강한 발달을 저해하는 교육환경의 문제를 안고 있다. 학교는 전통적으로 지 · 덕 · 체의 조화로운 발달이나 지식과 인격을 겸비한 전인적 인간의 형성을 목적으로 추구하는 사회조직이다. 그러나 우리 사회의 학교교육은 입시 위주의 교육으로 부모의 지나친 경쟁의식과 고학력 사회풍토로 인하여 진정한 인간교육을 실현할 수 없는 상황이 되고 있다. 초등학교에 들어가자마자 아동들을 늦게

까지 학원에 붙들어 놓고 과다한 공부와 시험, 숙제 등의 중압감을 느끼게 하는 반면, 친구를 만난다거나 심신을 단련할 문화활동이나 체육활동을 할 시간이나 기회는 적어 아동들의 스트레스는 더욱 가중된다.

또한 우리 사회의 출세주의, 권위주의, 집단주의는 왜곡된 교육풍토를 조장하여 교육환경을 악화시키는 결과를 초래하고 있다. 교육을 출세 수단으로 간주하여 교육의 결과에만 치중하여 아동들이 어떤 공부를 어떻게 해서 어떤 사람이 되어가는지 등 교육의 과정이나 질에는 별 관심을 두지 않는다. 권위주의 역시 우리 사회에 긴 역사의 뿌리를 갖고 있다. 권위주의의 가장 큰 폐해는 자율성의 상실이고 타율과 의타의 습성이다. 한국의 권위주의는 한국교육을 집단주의에서 해방시켜 주지 못하고 있다. 학교생활은 집단체제에 따라 진행되는 것이 당연시되어 개별화된 교육과정, 개별화된 교육방법, 개별화된 학습진도의 개념은 설 자리가 없다. 출세주의는 학교 풍토를 고달프고 삭막하게 만들고 권위주의는 학생들을 숨 막히는 학교생활로 몰며, 집단주의는 개별적인 인간감각을 잃게 만든 채, 학교는 입시를 위한 단편적 지식의 수수만이 능사인 곳으로 변질되어 가고 있다.

이와 같이, 오늘날 우리 사회의 학교 및 교육환경은 입시 위주의 교육제도와 왜곡된 교육풍토 등으로 교육과정의 비정상화를 가져와 아동의 정신건강과 사회성 형성에 커다란 장애 요인이 되고 있다. 또한 우리 사회 전반에 걸쳐 있는 출세주의와 권위주의, 집단주의 등은 교육풍토를 황폐화시키는 결과를 가져오고 있다. 이외에도 교육열이 유난히 높은 한국의 부모는 공교육 이외에 과외, 학원 등 사교육에 크게 의존하고 있어 아동들에게 이중의 교육 부담을 주고 있는 것이 우리의 현실이다.

### 2) 또래 및 친구 환경

아동은 성장하면서 외부 세계와의 접촉이 점차 늘어나고 부모의 품에서 벗어나 또래들과 지내는 시간이 많아지기 시작한다. 또래란 사회적으로 동등한 사람으로 동등한 지위의 사람들 또는 적어도 또래로 있는 동안에는 유사한 행동수준에서 상호작용하는 사람들을 가리킨다. 아동들은 많은 시간을 또래들과 함께 지내고 서로를 사회화시킨다. 또래의 상호작용은 초등학교에 들어가면서 점차 정교해진다. 복잡한 사회적 가상놀이의 협동 형태가 흔히 나타나게 될 뿐만 아니라 공식적인 규칙에 의해 이루어지는 게임에 적극적으로 참여하게 된다.

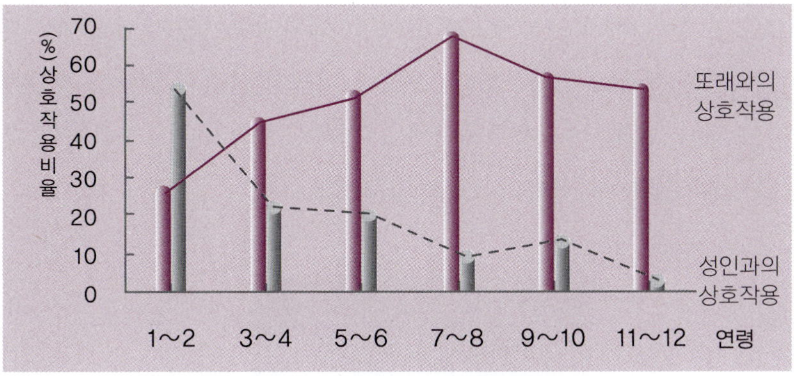


**[그림 7-1] 또래 및 성인 상호작용의 발달적 양상**

아동기는 또래 간 접촉이 진정한 의미의 또래집단으로 발전하게 된다. 또래집단은 단순히 놀이 친구라기보다는 정기적으로 상호작용하며 소속감을 공유하게 하고, 어떻게 행동해야 할지를 규정하는 암묵적 또는 명시적 규준을 제시하며 조직적 구조를 발달시켜 나가는 집단이 된다. 아동기 아동들은 자신들이 만든 규준을 공유하며 각자 집단 내에서 안정된 역할 또는 지위를 갖기 시작한다. 더욱이 이 시기의 아동들은 집단에 자신을 동일시하며 소속 또래집단이 자긍심의 근원이 되기도 한다. 또한 또래집단과의 상호작용 속에서 집단작업의 가치를 발견하게 되며 몰입감과 공유된 목표에 대한 충성심을 발달시키고 사회적 조직이 어떻게 목표를 추구해 가는가도 배우게 된다. 사춘기에 이르면, 아동들은 부모형제보다도 친밀한 친구로 구성된 일종의 도당(clique)이라 할 수 있는 소집단과 더 많은 시간을 보내게 된다. 초기 또래 도당들은 대개 유사한 가치관과 활동 선호도를 갖고 있는 4~8명의 동성의 또래들로 구성된다. 일단 도당이 구성되면, 그 도당은 자기들만의 독특한 옷 입기, 언어와 행동표현방식 등 다른 도당과 구별되려고 하며 도당 성원들 간에 강한 집단 동일시와 소속감을 형성하는 데 도움이 될 수 있는 규준을 발달시킨다.

또래와의 접촉이 성장과정에 미치는 영향을 보기 위해 Harlow와 동료들(Alexander & Harlow, 1965)은 새끼 원숭이들을 또래들과는 접촉할 기회를 주지 않고 어미와의 관계 속에서만 성장하도록 하였다. 그 결과 어미하고만 키워진 이들 원숭이들은 정상적 유형의 사회행동을 발달시키지 못했다. 후에 또래 원숭이들과 접하도록 하였을 때, 이들 원숭이들은 또래들을 회피하였으며 접근하는 경우에는 매우 공격적이거나 반사회적인 행동을 보였다. 한편 어미 없이 또래들하고만 자란 원숭이들은 집요하게 서로 매달리며 서로 간에 강한 애착을 형성하였다. 그러나 이들의 사회적 발달은 정상적 발달에서와는 달리 사소한 스트레스나 욕구불만에도 크게 동요되거나 흥분하는 모습을 나타냈다(Higley, Hopkins, Byme, Hirsh, & Suomi, 1992).

**[그림 7-2] 어미 없이 자란 원숭이**

이러한 연구들은 부모와 또래가 아동의 사회적 발달에 각기 다르게 독특한 영향을 미친다는 것을 시사한다. 일반적으로 민감하고 반응적인 부모와의 일상적인 접촉은 영아로 하여금 기본적인 상호작용 기술을 습득하게 할 뿐만 아니라 환경을 탐색할 수 있게 하는 안정감을 제공한다. 또한 또래들과의 접촉은 아동들로 하여금 스스로 자신의 기본적인 상호작용 틀을 다듬도록 하며 유능하고 적응적인 사회적 행동을 발달시키도록 돕는다.

아동들은 또래 환경을 통해서 적응적인 사회적 행동유형을 배우기 때문에 좋은 또래관계를 형성하는 것이 중요하다. 또래는 아동에게 중요한 사회화 대행자가 되며, 부모가 아동에게 영향을 미치는 방법과 동일한 기제인 강화와 모델링 등이 또래 관계에서도 나타난다. 뿐만 아니라 또래집단은 행동의 규준을 제공하는 기능을 수행한다. 어떻게 옷을 입고 생각하며 행동하는가에 대해 또래 아동들 간 나름대로의 규준이 있어 아동에게 지침으로 작용하게 되며, 연령의 증가와 더불어 아동들은 규준적 또래 압력에 점점 더 반응적으로 되어간다. 사춘기가 되면 아동들은 또래의 압력을 특히 강하게 받게 되고, 이 시기의 아동들은 또래집단에서 따돌림을 당하는 것보다 더 나쁜 것은 없다고 생각한다(Kinney, 1993). 사춘기에 나타나는 또래 압력에 대한 강한 동조성은 자율성 발달에 필요한 단계이기도 하다. 부모로부터 독립하려는 노력을 하고 있는 사춘기 이후 아동들은 완전한 독립성을 확립하기 전에는 또래 수용에 의한 안정감을 필요로 하기 때문이다.

아동들은 또래집단에 의하여 인정받고 싶은 욕구가 매우 강하다. 아동들은 심리적으로 어떤 집단의 성원이 되기를 추구하는 경향이 있으며, 자기가 속한 집단에 의하여 자신을 정의하고자 한다. 아동기 또래집단의 경험은 이후 집단활동의 전초적 경험이라 할 수 있다. 또래집단의 경험을 통해서 아동들은 집단조직을 평가하고 조직 내에서 자신의 위치를 평가하는 기술을 배우게 된다. 이러한 사회적 기술이 이후에 사회적 집단 내에서의 기능에 대한 기초가 되는 것이다.

아동기가 되면 친구와 우정을 나누는 소중한 경험을 하게 된다. 이는 이제까지 가족의 영향하에 놓여 있던 아동이 학교라는 사회집단의 일원이 되면서 겪게 되는 새로운 경험이다. 친구와의 경험은 여러 가지 측면에서 가족과 다르다. 가족 구성원은 자의에 의해서 선택되지 않으나 친구의 선택은 자유의사에 의하여 이루어진다. 또한 부모와 자녀, 형제와 같은 가족 간의 관계는 지위의 차이가 존재하지만 친구와의 관계는 동등하다. 아동들은 친구와의 일상적인 상호작용을 통하여 다음의 세 가지를 배우게 된다(이인정 · 최해경, 2007). 첫째, 친구관계를 통해 삶의 방식이 다양하다는 것을 실제로 체험하게 된다. 친구들과 어울리면서 친구의 가족들은 이제껏 유일하게 경험되었던 자신의 가족과 다른 나름대로의 인습이 있다는 것을 알게 되고, 더 이상 삶의 방식에 대하여 자기중심적인 사고를 하지 않게 된다. 둘째, 친구집단의 경험을 통하여 또래집단의 사회적 규범과 압력에 점점 더 민감해진다. 반면 성인은 아동의 행동에 영향을 미칠 수 있는 힘을 점점 상실한다. 가족뿐만 아니라 교사도 아동의 사회적 압력에 친구들보다 약한 영향을 미친다. 그러므로 친구로부터 받아들여지고 인정받는 것은 이 시기 아동의 자아개념 형성에 매우 중요한 역할을 한다. 셋째, 친구와의 긴밀한 경험은 후에 원만한 대인관계 그리고 이성과의 친밀한 관계에 기여한다.

이와 같이, 아동은 세계를 자신과 다른 관점에서 보는 친구들과의 상호작용을 통해서 자신의 관점에 있어서 한계를 이해하기 시작한다. 뿐만 아니라 친구집단 내에서 놀이나 활동을 할 수 있는 기회들은 아동을 자기중심적인 사고와 행동에서 탈피하여 어른의 사고와 행동의 융통성에 가까워지게 한다.

아동들은 가족에게서 욕구를 충족할 수 없을 때 종종 친구나 또래집단에 의지하게 된다. 또래집단은 아동에게 가족 내에서 결핍된 심리적 욕구와 안정감을 보상해 줄 수 있는 순기능을 하기도 하지만, 한편으로 가족의 요인, 사회적 변화, 개인적 성격이나 학교생활에의 부적응에서 기인된 반사회적 행동들을 강화하는 매개체가 될 수도 있다. 성인들의 가치에 만족할 수 없는 또래집단의 아동들은 성인들의 입장에 대해 합세하여 부정적인 태도를 취할 수 있고 집단적으로 성인들의 가치로부터 자신들을 벗어나게 만드는 비행에 빠져들 수 있다. 그러나 또래집단은 문제를 해결하는 데도 활용될 수 있다.

### 3) 대중매체 및 사이버환경

대중매체는 의사소통의 한 형태이다. 사람들은 이 의사소통 매체를 통하여 송신자와 수신자 사이의 메시지를 신속하게 전달받을 수 있다. 대중매체는 한 사회의 문화를 형성하고, 이 대중매체의 중재는 어떤 형식으로든 우리에게 영향을 미치게 된다. 이 중재자를 통하여 우리는 경험을 변화시키고 향상시킬 수도 있으며 좋은 경험뿐만 아니라 해로운 경험도 접할 수 있다.

이제까지 대중매체에 대한 논의는 TV에 관한 것이 많았지만, 최근 인터넷이나 컴퓨터 등의 사이버환경에 대한 관심이 더욱 커지고 있다. 21세기로 접어들면서 정보화, 사이버, 인터넷, 스마트폰, 컴퓨터 등의 용어는 더 이상 생소한 단어가 아니다. 교육과 관련해서도 특정 장소에서 활자화된 매체를 통하여 교사로부터 지식과 정보를 습득하던 과거와 달리 유비쿼터스(ubiquitous)의 시대인 오늘날에는 컴퓨터를 통한 학습이 보편화되고 있다.

아동의 환경 역시 TV나 컴퓨터 등의 정보화 매체와 밀접하게 관련되어 있다. 사이버 세상 속에서 상상을 펼치며 갈등을 해소할 뿐만 아니라 자신이 알고자 하는 호기심과 정보의 욕구를 쉽사리 충족하며 학습한다. 현대사회에서 대중매체 및 사이버 환경은 아동의 생활에서 분리할 수 없는 중요한 환경으로서 아동의 발달과 삶의 양식에 커다란 변화를 가져왔다. 그러나 그 효과에 대해서는 긍정적 영향과 부정적 영향에 대한 대립된 입장이 공존하고 있다.

### (1) TV

오늘날 대부분의 가정은 TV를 보유하고 있으며 아동의 생활에서도 TV에 늘 노출되어 있어 아동들은 많은 시간을 TV와 더불어 지낸다. 발달단계의 특성상 아동기는 모방심과 상상력이 매우 강한 시기여서 TV 시청이 아동의 발달에 미치는 영향은 더욱 크다고 할 수 있다.

TV가 적절히 활용될 경우, 인지발달을 촉진하고(Rice, Huston, Truglio, & Wright, 1990), 사회·정서발달 측면에서 친사회적 행동을 습득케 한다는 연구(Hearold, 1986)가 보고된 바 있다. 일반적으로 TV 매체는 아동의 사회환경을 구성하는 중요한 요인으로 좋은 교육 프로그램의 시청을 통해 간접경험으로 세상의 다양한 정보를 얻으며 친사회적 행동의 제시 등 잠재적인 영향력의 측면에서 긍정적으로 평가되고 있다. 그러나 이러한 효과는 교육 프로그램의 선별과 성인의 모니터링, 시청시간의 조절을 통해서 가능하다. 그렇지 못할 경우 TV는 아동의 발달에 부정적인 영향을 미칠 수 있다. TV나 비디오를 중심으로 한 대중매체의 선정적이고 폭력적인 내용에 아동과 청소년들이 무방비 상태로 노출되어 있는 게 현실이다. 폭력적인 프로그램은 아동의 공격성, 반사회적 행동을 증가시키며 TV 드라마나 광고에 나타난 전통적인 성역할상 제시 등은 성특성에 대한 고정관념을 갖게 한다. 이외에도 비현실적 사회상 제공, 수동적인 학습자 태도 형성 등의 부정적 측면이 지적되고 있다.

이와 같이, TV 시청은 긍정적 효과와 부정적 효과를 모두 지니고 있다. 즉, 언제, 어떠한 프로그램을 얼마나 시청하느냐에 따라 TV는 아동에게 긍정적인 환경이 될 수도 부정적인 환경이 될 수도 있다. 따라서 TV 시청은 아동과 부모가 함께 책임져야 하는 부분이다. 특히 TV가 실생활과 같다고 믿는 아동일수록 TV의 영향을 민감하게 받는 바, TV의 비현실성을 분명히 지적해 주는 것도 반드시 필요하다.

### (2) 컴퓨터와 인터넷

미디어 세대, 영상 세대라 불리는 아동들과 청소년들은 수용자로서, 소비자로서, 또는 생산자로서 영화와 게임, 인터넷, 컴퓨터, 스마트폰 등의 각종 미디어와 뗄 수 없는 관계를 맺고 있다. 최근에는 가정과 학교의 컴퓨터와 인터넷의 보급률이 급증함에 따라

미디어교육의 궁극적인 목표나 평가에 대한 성찰이 그 확산 속도를 따라가지 못할 정도이다. 이제 컴퓨터나 인터넷은 학습보조자 혹은 정보매개체의 기능을 넘어서서 컴퓨터 중독, 게임 매니아 등의 단어가 등장하게 되었다.

컴퓨터나 인터넷은 유용한 학습기구, 교수매개체, 정보의 산실 등과 같은 유용한 목적으로 활용될 것이 권장된다. 그러나 게임중독, 통신중독, 음란물중독과 같은 역기능을 함께 가지고 있는 것이 심각한 문제로 제기되고 있다. 아동들에게도 컴퓨터와 인터넷은 매우 친숙한 환경이 되었다. 아동들에게 이들 매체가 흥미로운 이유는 역동적인 시각적 이미지를 가지고 있을 뿐만 아니라 다른 어떤 매체보다도 능동적인 상호작용이 가능하기 때문이다. 도전할 목표가 있고 자신의 행동결과를 확인할 수 있으며 화면에서 이루어지는 일을 통제할 수 있기 때문에 아동들은 컴퓨터 게임에 매력을 느끼고 쉽게 빠져들게 되고 심할 경우 중독에 다다르게 되기도 한다.

우리나라 아동기 자녀를 둔 부모의 최대 고민이 '게임' 이라고 할 정도로 아동들의 게임 몰두 현상은 매우 심각하다. 게임에 몰두한 이후 컴퓨터로만 대화하는 아동들, 화내고 때려 부수는 아동들, 식사도 거른 채 몰두하는 아동들 등, 다양한 유형의 문제양상을 보이고 있다. 게임에 잘못 길들여진 아동은 외톨이→인터넷 게임중독→학업중단의 순서를 밟거나, 또는 반대로 인터넷 게임중독→사회적 부적응→외톨이의 과정을 겪기도 한다. 게임에 중독된 아동들이 아예 현실의 범죄자로 이어지는 사례도 있다. 게임을 취미가 아닌, 삶의 전부로 받아들여 현실과 가상공간을 구별하지 못해 쉽게 폭력성을 드러내고 범죄를 저지르기도 하는 것이다.

이상과 같이, 현대의 정보화 환경은 멀티미디어 환경(그림, 영상, 음향 등)으로 아동들에게 유용한 학습도구의 역할을 수행하며 원하는 정보와 학습자료를 편리하게 얻게 해 주는 매력적인 환경이라 할 수 있다. 그러나 한편으로 건전한 발달을 저해하는 심각한 유해환경이 되고 있다. 따라서 정보화 환경의 순기능은 살리면서, 그와 동시에 유해한 역기능적 측면의 영향으로부터 아동들을 보호하는 것이 앞으로 우리 사회가 해결해야 할 중요한 과제가 될 것이다.

### 4) 지역사회환경

지역사회는 공통의 규칙하에 같은 이웃, 동네, 도시에서 살고 있는 사람들의 집단 그 이상의 의미를 지닌다. 공동체 의식, 밀접한 교류, 공통의 관심사를 갖고 있는 사람들의 집단이므로 지역사회의 가장 중요한 요소는 사람들 간의 관계이며 소속감과 집단에 대한 의무감이라 할 수 있다.

인간과 환경 사이의 관계를 타협하게 하는 지역사회 생태학은 인간과 물리적 환경뿐만 아니라 사회적 환경 사이의 심리학적 그리고 실제적인 관계 형성까지를 포함하며 아동의 성장과 발달에 큰 영향을 미친다. 예컨대 물리적 환경에는 인구밀도, 소음, 주택유형, 놀이환경, 나아가 인구특성, 거리, 공원, 편의시설 등이 포함되는데, 이러한 환경은 아동의 성장과정에 의미 있게 작용하게 된다.

지역사회는 일반적으로 아동이 자신의 비구조화된 시간을 보내는 환경이다. 아동들이 탐색하고 다른 아동들과 상호작용하고, 그곳에서 생활하는 성인들을 관찰하며 다양한 경험을 할 수 있는 장소이다. 지역사회는 학습을 위해서도 많은 잠재적 요소를 가진 환경이다. 도서관, 박물관, 동물원 등 아동들이 이용할 수 있는 풍부한 자원을 가지고 있다. 지역사회의 구성원이 아동의 긍정적인 성장과 발달에 초점을 맞춘 목표를 가지고 개입할 때 아동은 지역사회환경을 통해 긍정적인 발달을 도모할 수 있을 것이다. 그러나 우리 사회의 급속한 경제성장은 경제적 풍요 이면에 많은 부작용을 낳았다. 즉, 물질만능주의가 팽배해지고 퇴폐향락 풍조가 만연하고 도시화로 인해 수도권 과밀인구집중 현상을 보이는 등 우리 사회에 많은 문제를 야기하였다.

또한 극심한 도시화 현상은 빈부격차의 심화, 유해환경에의 노출, 사고 또는 위험 요소의 증대 등 많은 문제를 내포하고 있다. 특히 퇴폐, 향락산업의 창궐은 아동들이 오가며 보게 되는 것과 간접경험을 통해 건전한 성장 및 발달에 유해한 환경이 되고 교육적으로도 악영향을 미치고 있다. 최근에는 학교 주변에 비디오방, 불량만화방, 오락실 등 각종 유해업소가 난립하면서 불량배들이 유흥비 마련을 위해 등하굣길에 학생들을 상대로 폭력을 행사하거나 금품을 갈취하는 등의 범죄가 발생하기도 한다. 심지어 학교 내에서도 동료학생이나 후배들을 상대로 폭력을 행사하는 사건이 증가하고 있는 실정이다.

그런가 하면, 과거에 중요시 여겨졌던 '우리'라는 공동체 의식이 오늘날에는 '나'라는 개인주의로 대치되면서 이웃 간의 관계가 소원해지고 형식화되어가고 있다. 뿐만 아니라 지역사회의 상부상조 전통은 희박해져 과거 지역사회 내에서 자체적으로 수행되던 복지적 기능은 오늘날 찾아보기 힘들게 되었고, 결국 사회의 전문화된 기관에서 그 역할을 수행할 것이 기대되고 있다.

## ❸ 아동기의 사회복지실천 과제

학교는 아동들이 많은 시간을 보내는 학습과 생활의 공간임과 동시에, 지식함양과 자아실현을 통해 건전한 사회 구성원으로 성장할 수 있도록 체계적인 사회화를 담당하는 중요한 사회환경의 하나이다. 우리나라는 헌법과 교육기본법에서 교육받을 권리와 의무를 규정하고 있다. 학교는 학생들이 교육의 목적을 달성할 수 있도록 적절한 환경을 제공하고 교육과정을 통해 학생들의 사회화를 도모할 책임이 있고 학생들은 학교교육을 통해 시민으로서의 기능을 배울 권리가 있는 것이다. 구체적으로 아동기는 인성교육의 결정적 시기라 할 만큼 올바른 인성이 함양되는 것이 중요한 과제이므로, 이를 위해 포괄적 역할을 수행할 수 있는 학교사회사업이 활성화될 필요가 있다. 다음으로 학업수행 능력이 중요시되는 아동기에는 학업과 관련된 특수한 욕구를 지닌 아동에 대한 특수교육이 적절히 행해져야 할 것이다. 아울러 가정환경을 벗어나 처음으로 접하는 사회환경인 학교환경에의 적응력은 이후 보다 큰 사회 적응력의 기초가 되므로 심리행동적 문제로 적응에 어려움을 겪는 아동에게는 그 힘을 배양할 수 있는 적절한 치료 및 지원서비스가 필요하다 할 것이다. 이에 학교사회사업과 특수교육, 상담 및 치료서비스를 중심으로 사회복지실천 과제를 논하고자 한다.

### 1) 학교사회사업의 활성화

우리나라에서는 1970년대부터 학교사회복지의 필요성에 대한 문제제기가 계속되어 왔다. 1990년대 중반 이후부터는 학교사회복지의 필요성에 대한 논의가 심화되고 지역사회복지관과 전문상담실을 중심으로 학교와 연계된 학교사회복지서비스가 제공되기 시작하였다.

학교사회복지란 학교라는 교육제도 내에서 실천되는 복지활동의 한 분야로서 신체적, 정서적, 사회적인 문제들로 인해 어려움을 겪고 있는 아동들에게 사회복지의 제 원리와 기술을 적용하여 가정, 학교, 지역사회의 자원체계를 조정, 활용하고 문제를 해결하거나 예방함으로써 교육의 효과를 극대화하고 사회적 역기능을 예방하는 활동이라 할 수 있다(이순형 · 이혜승 · 민하영 · 이영미 · 이소은 · 한유진 외, 2006). 학교사회복지의 목적은 사회복지의 목적과 학교의 목적을 상호 접목시킨 것으로 볼 수 있는데, 구체적으로 살펴보면, 첫째, 취약한 학생이나 학교 부적응학생을 포함하는 모든 학생들이 자신의 교육적 욕구에 적합한 교육을 받을 수 있도록 공평한 교육기회를 제공하는 것이다. 둘째, 공평한 교육기회를 보장받는 모든 학생들이 학교생활에 잘 적응하며 자신의 심리사회적인 기능을 향상시킬 수 있도록 전문적인 심리치료, 가족치료, 사회복지서비스를 제공하는 것이라고 할 수 있다. 셋째, 학생들의 총체적인 삶의 질을 향상시켜 궁극적으로는 학생복지를 실현하는 것이며, 이를 통하여 학교가 전인교육의 교육목적을 달성할 수 있도록 도와주는 것이다(한인영 · 홍순혜 · 김혜란 · 김기환, 1997). 학교사회복지의 구체적인 목적은 학생에게 자신감을 키워주고 계속적으로 배울 수 있는 준비를 시키며 닥쳐오는 변화에 대한 적응력을 키워주는 것이다. 또한 정서와 성격 문제의 초점에서 벗어나 학생 자신이 스스로 배우게 하고 생각하게 하며 문제해결을 도출해 낼 수 있도록 도와주는 것이다(이순형 외, 2006).

우리나라 학교사회복지의 전개과정은 3단계로 나눌 수 있다. 첫 단계는 1990년대 학교사회복지가 도입된 시기로 사회복지관, 지방교육청 등에서 시작된 시기이다. 두 번째 단계는 학교사회복지의 확대기로 지방교육청과 사회복지공동모금회에 의해 상주형 학교사회복지사업이 학교현장에서 확대된 시기이다. 우리나라에서 공식적인 상주형 학교사회복지사의 활동은 서울시 교육청의 1997년 시범사업으로 시작되었다고 할 수 있다. 세 번째 단계는 2003년부터 교육부에 의해 학교사회사업이 공식적으로 실시된 시기이다. 교육부는 교육복지 투자 우선 지역사업의 하나로 지역사회 교육전문가를 각급 학교에 배치하였으며 학교사회복지의 제도화를 위한 노력을 기하였다.

학교사회복지의 대상은 광범위하며, 그 학생들의 문제 유형이나 원인도 상당히 복잡한데, 학교사회사업의 일차적 대상은 다음과 같다(김상균 · 김연옥 · 오정수 · 노혜련 · 김기환, 1997).

- 대인관계와 관련된 행동상의 문제를 보이는 학생들로서 폭력행동, 비사교적인 행동, 교사나 성인의 권위에 대항하는 행동을 나타내는 학생
- 심리 · 정서적 문제를 갖고 있는 학생들로서 우울증, 소외, 공포, 자살기도 등을 보이는 학생
- 학교규칙을 위반하는 학생들로서 장기결석, 등교거부, 잦은 지각, 무단조퇴, 수업불참 등의 행동을 하거나 근신정학을 받은 학생
- 가정환경의 문제를 갖고 있는 학생들로서 주로 결손가정, 빈곤가정, 부모가 이혼 또는 재혼한 가정, 소년소녀가정의 학생
- 부모가 아동양육에 문제를 보여 부모로부터 학대나 방임을 받은 학생
- 위기 상황을 보이는 학생들로서 갑작스러운 심리적, 행동적 변화를 보이는 학생
- 학습부진을 보이는 학생들로서 지적 능력은 있으나 학업목표를 달성하지 못하는 학생
- 비행이나 범죄 행위를 하는 학생들로서 폭력, 가출, 본드 흡입, 불량서클 가입, 임신 등의 상태에 있는 학생

최근 들어 비행문제 행동 등으로 학교생활에 적응하지 못하는 양상이 초등학생들에게도 많이 나타나고 있다. 초등학생의 신체적 발육이 빨라지고 환경의 변화가 심해지면서 초등학생의 문제도 다양하고 심각해져 가고 있다. 초등학생의 문제는 청소년 문제의 뿌리가 되므로 치료적 차원뿐만 아니라 예방적 차원에서 초등학생에 대한 관심을 확대시켜야 할 것이다.

우리나라의 학교사회사업은 1990년대 이후 도입되어 실시되고 있지만, 제도적으로나 전문성 면에서 많은 과제를 안고 있는 실정이다. 학교사회복지의 실천 가치는 모든 아동들이 법으로 보장된 권리인 의무교육을 받음으로써 자기계발을 이루어야 함에도 교육을 계속 받을 수 없거나 교육의 성과를 방해하는 장애가 있을 때 그러한 학생을 돕는 데 있다.

## 2) 특수교육의 확대 및 질적 제고

학교사회복지의 목적이 취약한 학생이나 학교 부적응학생을 포함하는 모든 학생들이 자신의 교육적 욕구에 적합한 교육을 받을 수 있도록 공평한 교육기회를 제공하는 등의 포괄적인 기능을 수행하지만, 문제의 내용 및 정도에 따라 전문적인 서비스와의 연계가 필요할 수 있다. 예컨대 일반아동의 정상범주에서 크게 벗어난 특수한 장애를 가진 아동의 경우 전문적인 교육 또는 치료적 개입이 요구된다. 특히 아동기에는 학업수행이 중요한 과제가 되므로, 이 시기에는 이와 관련된 장애에 대한 적절한 전문적인 개입이 필수적이다. 학업능력과 관련된 장애에는 대표적으로 지적장애와 학습장애가 있다.

### ① 지적장애

정상적인 아동보다 지능발달이 현저히 늦을 때 지적장애(mental retardation)라 한다. 이들은 지능검사 결과가 70 이하이면서, 아동이 속해 있는 집단에서 적응에 장애를 보이는데, 지적장애 정도에 따라 세분된다. 일반적으로 가벼운 정도(50~69), 중간 정도(35~49), 심한 정도(20~34), 아주 심한 정도(20 미만)로 구분된다.

지적장애의 원인은 아직도 정확히 알 수 없으나, 여러 가지 이유로 지적장애가 될 수 있다. 먼저 선천적 요인으로 다운증후군과 같은 염색체 이상, 페닐케톤뇨증(PKU)과 같은 유전적 요인을 들 수 있다. 두 번째, 생물학적 요인으로 임신중독증, 피임약의 복용, 산모의 음주 등, 임신 시 모체를 통한 경우와 출산 시의 난산, 뇌염, 교통사고 등으로 지적장애아가 되기도 한다. 세 번째, 사회환경적 요인으로 인지적 자극의 결핍, 아동학대 등이 원인으로 작용하기도 한다.

### ② 학습장애

학습장애는 비교적 근래에 도입된 개념으로 우리나라의 경우 1994년에 '특수교육진흥법' 을 개정하면서 학습장애라는 용어를 법적으로 사용하기 시작하였고, 이를 특수교육의 대상자로 규정하였다. 이 장애는 Kirk(1962)에 의해 처음 소개된 장애로서, 그는 '학습장애(LD : Learning Disability)란 말하기, 읽기, 쓰기, 산술, 기타 학교 교과목들에 포함된 여러 과정들 중의 하나 또는 그 이상에서 나타나는 지체, 장애 또는 발달지연 등을 지칭한다고 개념을 규정하였다. 이러한 문제는 대뇌기능장애 또는 정서적, 행동적

장애로 인한 심리적 결함에서 야기된 것으로 추정되며 지적장애나 감각적 결손, 교수 요인들에 의해 초래된 결과는 아니다' 라고 정의하였다.

Hammill(1990)은 '학습장애란 듣기, 말하기, 읽기, 쓰기, 추론 또는 계산 등의 획득과 사용상의 주요한 곤란 등에 의해서 나타난 이질적인 장애군을 지칭하는 일반적 용어' 라고 정의하고 있다. 그에 의하면, 이러한 장애들은 중추신경계의 기능장애에 기인하는 것으로 가정되며, 이는 생애전반에 걸쳐서 일어날 수 있다고 한다. 또한 자기 조절적 행동, 사회지각 및 사회적 상호작용 등의 문제 등과 함께 나타날 수 있으나, 그러한 것들이 단독으로 학습장애를 만들어 내는 것은 아니라고 하였다(허혜경 · 김성희, 2006).

학습장애아들을 위해서는 의학적 접근과 더불어, 인지적 결함이나 취약부분의 교육적 접근도 병행되어야 한다. 아울러 정서적 요인 및 환경조건의 적절한 상호작용이 필요하다. 학습장애의 결과, 학습동기가 저하되는 2차적 문제가 발생될 수 있는바, 장애아동의 특성을 이해하고 학업성취를 도울 수 있는 체계적인 지도가 필요하다.

### 3) 상담 및 치료 서비스 지원 확대

아동기는 가족을 벗어나 처음으로 학교라는 공식적인 기관에서 생활해야 하는 사회적 요구에 적응해야 한다. 일반적으로 이 시기 아동들은 학교생활을 통해 지적 능력을 발달시키고 친구들과의 상호작용을 통해 사회적 관계를 경험하고 필요한 사회적 기술과 태도를 학습하며 아동기의 발달과제를 완수하고자 근면성을 발휘할 것으로 기대된다. 물론 대부분의 아동들이 별 어려움 없이 학교환경에 잘 적응하며 아동기의 과제를 순조롭게 이행해 나갈 것이다. 그러나 친구와의 관계에서나 학교생활에 어려움을 경험하고 학교 가기를 두려워하거나 거부하는 아동들도 있으며, 자신의 심리적 고통을 공격적인 행동으로 외부로 표출하거나 또는 반대로 자기 자신에게로 공격의 방향을 돌리는 경우도 있다. 이때 경미한 수준의 부적응적 행동을 넘어 장애로 진단될 정도의 심각한 심리행동적 장애를 보일 경우 전문적인 상담 및 심리치료적 개입이 필요하다. 아동기에 주로 보이는 심리행동적 장애로 품행장애와 우울장애를 들 수 있으며, 최근에는 컴퓨터와 인터넷이 일상생활의 큰 부분으로 자리 잡게 됨에 따라 인터넷 중독으로 어려움을 경험하는 경우도 늘고 있다.

### ① 품행장애

품행장애는 반사회적인 공격증후군이라고도 불리며 폭력과 싸움, 불복종과 반항, 울화, 파괴적 행위, 협박, 반항, 거짓말, 도둑질 등의 행위를 나타낸다. 또한 무단결석, 가출, 비행친구에 대한 복종, 불량집단에의 소속으로 이어지기도 한다. 초기 품행장애행동은 이후의 공격적, 반사회적 행동의 심리적, 사회적 비행으로 이어져 심할 경우 법적 처벌의 대상이 되기도 한다. 남아의 경우 초기 비행은 성인기의 범죄로 발전할 가능성이 높은 반면, 여아의 초기 비행은 성인기 범죄보다는 사회, 정서적 문제와 관련되는 경향이 있다.

품행장애 아동은 비교적 빈곤계층에서 많이 나타나지만, 부모의 애정과 관심도가 높은 가정에서는 열악한 환경에서도 품행장애로 될 확률이 높지 않았다(허혜경 · 김성희, 2006; Glueck & Glueck, 1972). 그러나 현대사회에서는 가정의 사회경제적 지위나 부모의 애정도와 상관없이 많은 사회환경적 위험 요인들이 아동들의 비행을 조장하고 있다. 학교폭력이라든가 무분별한 폭력적 전자게임, 온라인상의 부적절한 동호인 사이트, 과도하게 압박하고 있는 학업스트레스 등은 아동들의 일탈을 유혹하고 있다. 이러한 위험 요인들은 아동기 품행장애로 이어질 가능성이 높고 학습문제나 인터넷 또는 스마트폰 중독, 충동조절장애를 수반하기도 한다.

품행장애 아동에 대해서 처벌이냐 지도냐 라는 상대적인 가치문제가 논란의 대상이 되고 있는데, 최근에는 치료 지향적 지도에 더 많은 관심이 모아지고 있으며 가족치료, 효율적 상호 교환기술, 사회성 훈련 프로그램의 필요성이 많이 인식되고 있다.

### ② 우울장애

최근 20여 년 동안 아동기 우울장애에 대한 이론적 · 임상적 연구들이 확산되고 있다. 우울장애는 슬픔을 느끼고 우울해 보이며 참기 힘든 불행한 기분, 저하된 정서상태가 지속적으로 나타나게 되는 현상이다. 또한 낮은 자존감, 사회적 위축, 신체적 고통, 성취감 상실 및 생리적 기능(수면, 식사, 배설)의 변화가 동반되고, 심한 경우 자살에 이르게도 한다.

아동기 우울장애는 성인의 우울증과 유사하나 몇 가지 증상에서 차이를 보인다. 성인 우울증은 전형적인 정서적, 인지적, 동기적, 신체적 증상을 나타내지만, 아동기 우울증은 우울감을 호소하지 않으면서 주로 짜증, 분노, 발작, 신체증상을 보인다(김태련 · 강우선 · 김경은 · 김도연 · 김문주 · 방량규, 2003). 또한 공격성, 품행문제, 섭식문제 등의 특징을 가지며 비협동적, 무감동, 무관심, 쾌활함 결여 등의 행동을 보인다. 아동기 우울장애는 심각한 합병장애를 수반할 확률이 높은데, 불안장애, 파괴적 행동장애를 보이는 경우가 가장 높으며, 그 밖에 반항장애, 주의력 결핍장애, 반사회적 장애, 알코올이나 물질사용장애 등을 나타내기도 한다.

아동기 우울증 치료를 위해서 약물치료가 행해지기도 하는데, 성인의 경우와 달리 아동기에도 약물치료의 효과가 있는지에 대해서는 의견이 엇갈리고 있다. 약물치료 이외에 인지 · 행동치료나 놀이치료가 행해질 수 있다. 인지치료는 부정적, 비합리적 사고양식을 합리적인 사고로 수정하는 데 초점을 두는 것이며 행동치료는 즐거운 경험, 사회적 기술 향상, 의사소통, 갈등 해소 및 사회문제 해결기술 개선을 통해 행동의 변화를 꾀하는 치료적 접근을 취한다. 놀이치료에서는 놀이를 통해 환경에 대해 보다 긍정적이고 신뢰 있는 관점을 형성하여 긍정적인 자아의 측면을 발견하고 계발해 나가도록 한다.

### ③ 인터넷 중독

수년 전부터 개인용 컴퓨터와 인터넷의 활발한 보급으로 이제는 대부분의 아동들에게 학교과제 및 정보를 입수하는 데 인터넷은 필수적이 되었다. 그러나 인터넷은 이러한 유용한 측면 이외에 간과할 수 없는 다른 측면을 내포하고 있다. 인터넷에의 지나친 몰두, 즉 인터넷 중독이다. 중독을 치료하고자 하는 아동의 경우에는 단지 인터넷 문제만이 아닌 학교적응의 어려움이나 의욕저하, 스트레스, 우울 등의 문제를 함께 지닌 경우가 많다.

인터넷 중독이란 인터넷 사용에 있어 자율적인 통제가 불가능할 뿐만 아니라 병적으로 집착하여 인터넷을 사용하는 증상이다. 인터넷 중독은 과도한 게임사용으로 인해 학업과 직장생활에 문제를 일으키고 가정 및 대인관계에도 지대한 영향을 끼치며 현실과 가상공간을 구분하지 못하게 되는 등의 심각한 문제를 야기시킨다. 인터넷 중독을 하나의 질환으로 인정할 것인지 말 것인지에 대해서는 논란이 있다. 인터넷 중독 질환이라는 병명을 사용하는 경우도 있고 병적 인터넷 사용이라고 부르기도 한다. 일부에서는 인터넷 중독 현상을 독립적인 장애로 보는 것을 반대하고 다른 질환, 즉 충동조절장애나 강박장애, 우울증의 한 증상으로 보기도 한다.

우리나라의 경우, 2002년 4월 한국정보문화진흥원 내에 인터넷중독예방 상담센터를 처음으로 설치하였으며 2004년 전국에 인터넷중독예방 상담협력기관을 지정하였다. 2005년에는 기존 인터넷중독예방 상담기관 전화번호를 전국적으로 1375로 단일화하고 상담센터의 확대와 전국 시 · 군 · 구 단위에 상담협력기관을 확충하여 급증하는 인터넷 중독 피해사례를 접수하고 있다. 정보화 시대를 치열하게 살아가야 할 아동들에게 인터넷 활용능력을 갖추는 것은 매우 중요하다. 그러나 인터넷은 삶의 질을 향상시키는 대단한 잠재력을 가지고 있지만, 반면 악영향을 미칠 수 있는 가능성도 함께 지니고 있다. 인터넷 사용의 오용, 남용으로 인한 중독 및 불건전 인터넷 사이트의 이용은 오늘날 우리 사회에 큰 폐해를 불러일으키고 있다.

그런데 인터넷은 그 자체의 속성으로 인터넷 중독을 야기할 수 있다. 아동들은 현실공간에서 기성세대로부터 받고 있는 일상적인 억압과 획일적 통제로부터 벗어나 자기만의 시간과 공간을 가지고 싶어 하는 욕구가 강한데, 사이버 공간은 이러한 욕구를 충족시켜 주기 때문에 아동들에게 매우 매력적인 환경이 된다. 인터넷 중독은 더 이상 개인의 문제가 아니며 정보에 민감한 아동들의 심각한 사회적 문제로 인식되어야 한다. 이제 우리는 단순히 교육정보 제공자로서 인터넷 활용에 관심두기보다는 올바른 사이버 문화의 정착과 정보윤리를 준수함으로써 성장하는 아동 및 청소년들에게 위해가 되는 일이 없도록 하는 데 더 많은 주의와 노력을 기울여야 할 것이다.

8

Chapter

# 청소년기 및 청년기 사회환경

본 장은 청소년기와 청년기의 발달측면과 사회환경 그리고 사회복지실천 과제에 관하여 다룬다. 발달측면은 신체발달측면과 심리발달측면 그리고 사회성 발달측면으로 나누어 살펴본다. 학자마다 청소년기와 청년기를 구분하는 연령대와 기준은 다양한데, 본 내용에서는 청소년기를 12세에서 18세로 구분 지었으며, 청년기를 성인 초기로서 19세에서 30세로 구분하였다.

# ❶ 청소년기

## 1) 청소년기(12~18세)의 발달

### (1) 신체발달

일반적으로 청소년기에는 신체적 성숙이 뚜렷이 나타난다. 키의 성장은 아동기 동안에도 일어나지만 청소년기에 보다 분명해지고 여자의 경우 체지방이 증가하여 둥근 외모를 갖게 되는 반면, 남자는 오히려 체지방이 감소되어 모가 난 외모를 갖게 된다. 또한 남자는 안드로겐이라는 남성 호르몬으로 인해 어깨가 넓어지는 반면 여자는 에스트로겐이라는 여성 호르몬으로 인해 골반 부위가 넓어진다(김태련 · 장휘숙, 1998).

무엇보다도 청소년기 성장의 특징은 성적 성숙이라 할 수 있다. 성적 성숙은 1차 성징과 2차 성징으로 나누어진다. 1차 성징은 성이나 생식기능과 직접 관련된 것으로 여자에게는 자궁, 난소, 질의 발달을 의미하고 남자에게는 음경과 전립선의 발달을 의미한다. 2차 성징은 성을 구별하기는 하지만, 직접적인 생식기능과 연관되지는 않는 것으로 여기에는 생리, 가슴의 발달, 체모, 목소리의 변화, 몽정 등이 포함된다.

청소년기는 어느 발달단계보다 신체 이미지가 자아존중감에 중요한 영향을 미치는 시기이다. 청소년기의 신체적 측면이 성별에 따라 어떤 영향을 주는지 살펴보면 다음과 같다.

#### ① 남 · 여 청소년의 신체적 성숙

청소년기에 들어서면서 남자들은 매우 급격하고 일정하지 않는 신체적 성숙 때문에 한동안 혼란스러워한다. 신장이 커지고 근육의 힘이 절정에 달하면서 스스로 신체에 대해 어색함을 느끼기도 하지만, 이러한 변화는 운동활동과 경쟁력을 증가시켜 긍정적 신체 상을 낳게 된다. 뿐만 아니라 목소리가 굵어지고 수염이 자라며 체모가 생기고 음경이 자라면서 사정을 경험하는데, 일반적으로 청소년의 80%가량이 한 달에 한 번 정도 몽정을 한다. 이러한 경험은 성적 쾌감과 동시에 불안과 죄의식을 동반하기도 한다.

남자 청소년은 신체적 성숙에 따른 영향이 여자 청소년에 비해 훨씬 크고 그 양상도 다르다. 즉, 여자 청소년과 달리 성숙이 늦은 남자 청소년의 경우 적응이 오히려 더 어렵다. 그러나 조숙한 경우에는 또래들에 비해 더 뛰어난 운동능력을 갖게 되어 부러움의 대상이 될 뿐만 아니라 능동적이 되고 자신감을 갖게 된다. 또한 이성관계에 있어서도 조숙한 청소년이 긍정적 자아개념을 형성하게 된다. 반대로 발달이 늦은 청소년들은 미성숙하고 불안전하며 대처능력과 인지능력에서도 떨어지는 경향을 보인다(김태련 · 장휘숙, 1998). 이러한 경향은 교우관계에도 영향을 미쳐 발달이 늦은 청소년들이 심한 열등감을 갖는다.

여자 청소년에게 나타나는 사춘기의 분명한 징후는 생리이다. 초경은 일반적으로 12~13세에 시작된다. 보통 처음에는 배란이 되지 않으므로 초경 후 12~18개월이 지나야 임신이 가능하다. 일반적으로 생리주기는 여자의 기분과 감정변화에 상당한 영향을 미치므로 정신보건전문가들 중에는 여자의 정신병리를 이해하는 데 생리주기를 고려하는 경우가 많다. 청소년 전기의 생리는 전체적인 신체 상과 성역할 그리고 정체감을 재조정하는 역할을 하게 된다.

일반적으로 여자 청소년들은 남자 청소년들과 달리 초반에는 신체적 성숙을 축복으로 받아들이기보다 추하고 더럽고 불쾌한 것으로 느낀다. 이처럼 신체에 매력을 느끼지 못하다가 가슴이 발달하면서 자신의 신체를 가치 있고 긍정적인 것으로 받아들이게 된다.

신체적 발달에는 개인차가 큰데, 남자 청소년과 달리 여자 청소년의 경우 신체적 조숙이 별로 인성발달에 큰 도움을 주지 못한다. 즉, 또래에 비해 발달이 빠른 경우에는 또래들과의 상호작용이 적어지고 부정적인 신체상으로 인해 오히려 왜곡된 자기개념을 형성한다. 반대로 발달이 늦은 여자 청소년의 경우 남자 청소년에 비해 자기 비하가 적은 편이다(최옥채 외, 2011).

### 2 청소년기의 성적 성숙

청소년기에는 성적으로 충분히 성숙되기 때문에 성적 충동에 있어서 성인과 유사한 경향을 나타낸다. 더욱이 매스컴, 잡지, 광고 등을 통한 성적 자극은 충동적이고 즉흥적인 청소년의 심리와 맞물려 많은 사회적 문제를 낳는다. 그러나 대부분의 기성세대들은 마치 청소년들이 성에 대해 순진하고 공부만 하는 어린아이인 것처럼 잘못 인식하고 청소년들의 성적 충동에 대해 적절히 대처하지 못하고 있다.

남녀 청소년들은 성적 표현의 한 방법으로 자위행위를 경험하는데, 이것은 정상적이다. 오히려 전문가들은 청소년기에 지나친 억압으로 자위행위를 하지 않는 것에 관심을 갖는다. 일부 청소년은 성인들과 친구들로부터 얻은 잘못된 정보로 인해 자위행위에 대해 심한 죄의식을 느끼는 경우가 있는데, 이것이 청소년의 정신건강을 해치게 된다. 자위행위의 빈도는 남자 청소년들이 더 많지만, 여자 청소년들 중에서도 자위행위를 하는 경우가 있으며, 이는 자연스러운 성적 표현이다.

여자 청소년에게 성적 표현은 성적 긴장의 방출이라기보다는 주로 애정과 친밀함을 표현하는 수단이다. 여자 청소년의 성관계는 내부로부터의 성적 자극보다 자신이 좋아하는 남자가 원할 때 그 사람에 대한 사랑의 표현으로 이루어진다. 여자 청소년의 경우에는 이성에 대한 성적 관심이 발달하기 전에 일차적으로 같은 성에 대한 동성애적 관심을 보이기도 한다.

이 시기에는 청소년기의 성적 성숙에 비해 실제적으로 성과 관련된 정확한 지식이 부족하고 개방적인 사회 분위기에 휩쓸려 성에 대한 가치관을 확립하지 못한 채 무분별하게 저질러지는 성행위 때문에 많은 문제가 발생한다. 성과 관련한 문제로 청소년의 임신과 출산을 들 수 있다. 아직 부모로부터 심리적으로나 경제적으로 독립하지 못한 청소년들의 임신과 출산은 그들의 정상적인 발달과업을 방해하고 사회화 과정에 심각한 문제를 초래한다.

### ③ 운동발달

청소년기에는 급격한 신체발달과 더불어 운동능력도 현저하게 발달한다. 운동능력의 발달은 근육의 발달과 밀접하게 관련되어 있다. 청소년기 동안 남성은 여성보다 근육조직이 더 많이 증가하고 근육의 힘도 강해지기 때문에 체력이 더욱 우세하다. 남성은 여성에 비해 속도, 기민성, 균형, 던지기, 뛰기 등의 전신운동 기술이 더 많이 발달한다. 남성과 여성의 차이에는 체격과 심폐기능의 차이, 신체에 대한 관심의 차이, 사회적 관습으로부터 받는 제약 등에 따라 나타난다.

운동능력의 발달은 청소년들에게 개인적인 만족과 사회적응에 중요한 원동력이 되며 집단 내에서 우위를 확보하는 데 절대적인 역할을 한다. 운동능력이 발달한 청소년은 성격이 활달하며 모든 일에 자신감을 가지고 행동하지만, 발달이 지연되면 긴장감, 열등감 등과 같은 부정적 정서를 갖게 된다. 즉, 청소년기 운동능력의 발달은 가정생활, 학교생활 및 사회생활의 적응과도 밀접하게 관련되어 있다.

### (2) 사회 · 정서발달

#### ① 사회성 발달

Erikson(1992)은 자아정체감을 자신에 대한 과거로부터의 내적 동일성이자 연속성인 동시에 타인과의 관계에서 자신의 존재에 대한 동일성과 연속성을 의미한다고 하였다. 즉, 자신의 과거와 현재에 연결하여 느끼는 안정감 그리고 스스로 갖는 자기 자신에 대한 개념과 타인과의 관계 속에서의 자신에 대한 일관성 있는 느낌을 의미한다. Erikson은 청소년기의 주요 발달과업이 자아정체감의 형성이라 하면서 이것이 제대로 형성되지 않으면, 정체감 혼란이 일어날 수 있다고 하였다. 정체감 혼란은 여러 가지 형태로 나타나는데, 첫째, 책임감 있는 성인으로서의 책임을 피하기 위해 아동기로의 퇴행이 일어날 수 있다. 또 다른 위험은 너무 빨리 정체감을 형성하는 것이다. 이는 너무 빨리 부모가 원하는 방식대로 미래의 역할을 결정하기 때문에 좀 더 성숙한 정체감 형성의 기회를 차단한다는 점에서 위험하다.

역할정체감을 형성한다는 것은 내가 누구인가에 대한 답을 할 수 있는 것을 의미한다. 즉, 독립적인 '나'로서 어떻게 행동하고 반응할 것인지 타인들이 예측할 수 있도록 일관성 있는 자신을 보여주는 것을 의미한다. 정체감이 형성되어야 이성과 상호 의존할 수 있는 능력이 생기고 성행위를 즐길 수 있게 되며, 자신이 상실된다는 두려움 없이 타인과 의미 있는 친밀한 관계를 맺을 수 있게 된다(Lidz, 1968).

자신이 누구이며 어떻게 살기를 원하는지에 대한 분명한 정체감이 형성되지 않고서는 어떤 직업을 선택할 것인지 그리고 누구와 언제 결혼을 할 것인지 아니면 혼자 살 것인지, 어디서 살 것이며 어떻게 여가를 보낼 것인지 등 모든 것을 결정하기 어려워진다.

Marcia는 정체감 위기가 있을 때 사람들이 대응하는 네 가지 방식을 다음과 같이 제시하였다(최옥채 외, 2011).

##### 가. 정체감 성취

정체감 성취는 가장 유용한 형태로서 내면화된 가치체계를 계발하고 직업결정을 하는 데 상당한 노력을 기울여야 이러한 정체감 달성단계에 도달할 수 있다.

나. 정체감 유실

이 범주에 해당하는 사람들은 정체감 위기를 경험하지 못하는 사람들이다. 이들은 어떤 어려움과 불안 없이 성인기로 들어서고 직업과 가치에 대한 결정을 스스로 하는 것이 아니라 부모에 의해 이미 오래전에 결정되어 있다. 즉, 부모가 살기를 원하는 방식대로 사는 것에 대해 갈등을 하지 않는 유형이다. 여기서 유실이라는 것은 변화와 성장의 가능성을 차단하였다는 의미이다.

다. 정체감 혼란

정체감 혼란을 경험하는 사람들은 인생의 방향을 결정하는 데 심각한 어려움을 보이며 또한 이러한 위기를 해결하지 못한 사람들이다. 이 사람들은 스스로 결정을 내리지 못하기 때문에 자신감이 낮고 한 장소에 오랫동안 머무르지 못하며 타인과 의미 있는 관계를 맺지 못한 채 방황하게 된다.

라. 유예

이 범주에 해당되는 사람들은 아직 개인적 가치와 직업에 대한 결정을 하지 못해 심한 불안을 경험하는 사람들이다. 그러나 이 사람들은 위기를 해결하기 위해 끊임없이 노력한다. 그러나 때로는 '신은 과연 존재하는가' 와 같은 해결되지 않는 질문에 매달리는 경향도 있다.

### ② 도덕성 발달

청소년기의 도덕적 사고는 사회가 기대하는 바에 따라 행동하며 사회적 규범과 의무를 준수하려는 인습적 수준에 속한다. 청소년은 자신의 사회적 역할에 수반되는 도덕적 책무를 중시하며, 그러한 책무를 충실히 수행하려고 노력한다. 그들은 친구 간의 우정을 지키려는 강한 의무감을 가지고 있으며 규칙과 질서를 중요시하고 인간관계의 신의를 소중히 여긴다.

청소년기 도덕적 사고의 특징 중의 하나는 도덕적 상대주의이다. 도덕적 상대주의란 모든 사람이 준수해야 할 객관적이고 보편적이며 타당한 도덕률의 존재를 부정하고, 개인적이며 주관적인 관점에서 도덕성을 판단하는 것이다. 청소년 초기에 인습적 수준의 도덕성은 정의, 공평성, 생명의 존엄성 등과 같이 어느 시대를 막론하고 준수되어야 할 절대적이며 보편적인 도덕원리를 전제로 한다. 그러나 인습적 수준으로부터 벗어나면서 후인습적 수준에 도달하지 못한 청소년은 선악과 가치에 대한 절대적 기준을 부정하고 도덕률을 근본적으로 임의적인 것으로 보는 도덕적 상대주의를 선택한다(송명자, 1996). 도덕적 상대주의의 불안정성과 불확실성으로부터 벗어나 개인의 권리와 존엄성에 대한 확신을 갖는 후인습적 수준에 도달하는 것은 청소년기에 이르러서이다.

도덕성의 발달에 영향을 주는 요인으로는 부모, 동년배, 학교, 대중매체 등이 있다. 부모가 청소년에게 애정적이고 수용적이면 도덕성 발달수준을 상승시키는 반면에, 엄격하고 통제적이면 도덕성 발달수준을 오히려 하락시키는 경향이 있다는 것이다. 훈육에 있어 부모의 일관성은 도덕성 발달의 중요한 요인이 되지만, 일관성이 부족하면 불복종, 불안, 적대감을 갖게 되어 낮은 수준의 도덕성을 갖게 된다.

동년배는 도덕적 가치관을 강화하는 역할을 수행하기도 하지만, 반사회적 행동에 대한 불안감이나 죄책감을 감소시켜 주는 역할을 수행하여 낮은 수준의 도덕적 판단을 갖게 하기도 한다. 또한 학교는 도덕교육을 통하여 도덕적 판단수준을 향상시키고 높은 수준의 도덕적 행동을 수행할 수 있도록 하며 대중매체는 상징적 모델을 통하여 태도, 행동, 가치관, 정서반응 등을 학습할 수 있는 기회를 제공하고 프로그램의 성격에 따라 도덕성 발달에 영향을 미치게 된다(이근홍, 2007).

### 3 정서발달

청소년기에는 정서가 폭발적이면서 변화가 심하며 극단적인 정서변화를 경험하게 된다. 이러한 정서적 특성 때문에 청소년기를 질풍노도의 시기라고 한다. 청소년기는 낙관과 비관, 자랑과 수치심, 사랑과 증오 등 극단적인 정서변화를 가져오게 되며, 이것은 급속한 신체 성장 및 성적 성숙으로 인하여 정서적으로 불안정하기 때문에 나타난다.

청소년기는 불안, 분노, 질투, 열등감, 수치심, 우울, 죄책감 등과 같은 부정적 정서를 경험하는 경우가 많다. 이는 자기의 능력이 부족하거나 신체적 변화에 결함이 있거나 자신의 욕구가 충족되지 못하거나 장래에 대한 확신이 부족할 경우에 느낀다. 또한 자신과 타인이 대립되어 있거나 신체적으로 매력이 없다고 느끼거나 성적인 관심과 근심이 있을 경우에도 불안을 느낀다.

청소년기의 분노는 자신의 욕구좌절, 간섭, 압박, 불공평한 취급, 무시, 개인적 자유의 속박 등에서 나타나며 강한 분노는 주로 사람과 관계된 사회적 성격을 띤다. 남자 청소년은 여자 청소년보다 더 많은 분노를 폭발하며 발로 물건을 차거나 물건을 던지거나 문을 쾅 닫고 밖으로 나가는 등 신체적으로 분노를 표현한다. 여지 청소년은 울거나 자기 방에 틀어박혀 나오지 않는 것으로 분노를 표현한다.

청소년기의 질투는 남녀관계, 경쟁의식 등에서 많이 나타나며 공포는 물질적 대상보다는 사회적 사태에 관한 것이 많다. 호기심은 새로운 것이나 미지의 것에 대한 탐색에서 나타나며 자신과 이성의 신체적 발달에도 많은 관심을 갖는다.

청소년이 정서적으로 잘 적응하면, 가정생활과 학교생활에서 즐거움을 느끼며 활동을 적극적으로 하려는 동기가 생기게 된다. 그러나 청소년이 정서적으로 적응하지 못하고 긴장상태가 지속되면 소화불량, 식욕부진, 두통, 체중감소, 불안정, 주의집중장애 등을 초래한다. 이러한 정서적 문제가 심화되면, 성격 부적응을 가져와 회피행동, 비협조적 태도, 공격적 행동 등을 초래한다. 따라서 청소년기에는 자신의 정서변화에 대한 인내심을 길러야 하며 타인의 반응에 지나치게 민감한 반응을 보이지 않도록 노력해야 한다(김동배 · 권중돈, 1998).

### (3) 인지발달

#### ① 형식적 조작사고

청소년은 아동과 다른 방식으로 세계에 대한 개념을 형성하기 시작한다. 청소년은 자신의 지각과 경험보다는 논리적 원리에 의해 지배되기 때문에 보다 추상적 사고가 가능해지며 가설 연역적 추리를 할 수 있다. 또한 청소년은 종합적 사고를 할 수 있으며 관련 변인의 연결능력을 갖게 되고 다차원적인 사고를 할 수 있게 된다.

청소년은 사물이 눈앞에 존재하든 존재하지 않든 간에 그 사물에 대하여 머릿속으로 생각할 수 있는 추상적 사고가 가능하다. 이러한 추상적 사고능력의 향상은 사회적 · 이념적인 문제에 대하여 논리적 · 진보적으로 추론할 수 있게 한다. 따라서 청소년의 사고와 관심 영역은 사회, 정치, 철학, 종교 등으로 확장된다(이옥형, 2002).

즉, 청소년은 주어진 문제를 해결하는 방안에 대해 체계적으로 가설을 설정하고, 그 검증을 통해 결론을 도출하는 가설 연역적 추리를 할 수 있다. 이것은 직접 관찰 가능한 것 외에도 현재 존재하고 있지 않지만 가능한 것에 대하여 추론할 수 있어야 가능하다. 또한 하나의 문제에 직면했을 때 가능한 한 모든 해결책을 논리적으로 궁리해 봄으로써 종합적 사고를 할 수 있다. 이것은 조작의 수준을 보다 높은 수준에서 조직화하려는 것으로 요인들을 분리시키고 검증하는 체계적 접근방법을 여러 내용 속에서 사용할 수 있는 능력이다(허혜경 · 김혜수, 2002).

청소년은 관련된 변인들을 연결시킬 수 있는 능력을 갖게 되며, 여러 명제 간의 논리적 추론을 이끌어 내는 명제적 사고를 할 수 있게 된다. 그들은 한 가지 측면의 사고에 국한되지 않고 다차원적인 사고능력이 발달함에 따라 다른 사람의 관점에서 사고할 수 있으며 대인관계에서 상대방의 의도를 더 잘 이해할 수 있다.

그러나 청소년기에 부모와 사회에 대한 반항적, 자기중심적 사고를 벗어나지 못할 경우 이들이 가진 논리적, 구체적, 추상적 사고능력이 오히려 반가족적, 반사회적 행동을 초래할 수 있다(손병덕 외, 2014). 그러기에 자신과 타인의 상대적인 역할과 관계를 생각하고 타인의 생각, 감정, 의도를 주의 깊게 관찰하며 대처할 수 있는 사고력을 계발할 수 있도록 돕는 것이 필요하다.

### ② 사회인지의 발달

사회인지란 다른 사람이 어떤 생각을 하고 있는지, 어떤 감정을 가지고 있는지, 그 의도는 무엇인지 등과 같은 타인과의 사회적 관계를 이해하는 능력이다. 청소년기에는 자신과 사회적 관계를 고려할 수 있는 능력이 발달한다. 그들은 보다 정확하게 타인의 느낌이나 사고 또는 의도를 추론하기 시작하며 인지적 성장에 따라 자신의 생각은 물론 타인의 생각을 보다 잘 인식할 수 있게 된다(김태련 · 장휘숙, 1998).

청소년기에 개인의 인지적 발달은 계속되지만, 청소년의 자아중심성에 의해 사회인지 발달이 방해를 받게 된다. 청소년의 자아중심성은 자신의 독특한 세계와 타인의 보편적인 세계를 구분하지 못하고 자신이 특별한 존재라는 착각에 빠져 자신에 대한 강한 자의식을 보이는 것이다.

청소년의 자아중심성이 강하게 나타나는 특징적 행동으로는 상상의 청중과 개인적 우화가 있다. 상상의 청중(imaginary audience)은 청소년 자신이 타인들에게 집중적으로 관심과 주의의 대상이 되고 있다고 믿는 것이다. 청소년은 상상의 청중을 즐겁게 하기 위해서 많은 힘을 기울이며, 타인이 눈치를 채지도 못하는 작은 실수로 번민하게 된다. 상상의 청중에 대한 자신의 위신을 손상시킨다고 생각되면, 작은 비난에도 심한 분노를 느낀다. 이러한 상상의 청중은 청소년의 다양한 사고와 행동에서 나타난다.

개인적 우화(personal fable)는 청소년이 자신은 특별하고 독특한 존재이므로 자신의 감정이나 경험의 세계는 다른 사람과 근본적으로 다르다고 믿는 것이다. 즉, 청소년은 자신의 우정, 사랑 등은 다른 사람이 결코 경험하지 못하는 것으로 생각하며 다른 사람이 경험하는 죽음, 위험, 위기가 자신에게는 일어나지 않으며, 혹시 일어나더라도 피해를 입지 않을 것으로 확신하고 있다. 개인적 우화는 이와 같이, 청소년의 자기 과신에서 비롯된 것으로 자신의 독특성에 대한 비합리적이고 허구적인 관념이다. 청소년의 개인적 우화는 그들에게 자신감과 위안을 부여하는 측면도 있으나, 심하면 자신의 존재의 영속성을 믿게 됨으로써 과격한 행동에 빠져들게 될 위험이 있다(송명자, 1996).

## 2) 청소년기와 사회환경

### (1) 청소년기와 가족환경

#### ① 부모와의 관계

청소년기의 자녀와 부모와의 관계를 조사한 한 연구에 따르면, 사춘기에서 중기 청소년기 사이에 가족경험에 변화가 생기는 것으로 나타났다. 그 결과 청소년과 부모들이 함께하는 시간이 매우 짧았다. 어머니, 아버지는 청소년 자녀와 하루에 1시간쯤 함께 했고 대부분의 시간은 TV를 시청했다. 청소년들이 가족과 함께 보내는 시간은 5학년에서 9학년 사이에 50%로 떨어졌고, 대부분의 청소년들은 그들의 침실에서 혼자 있는 시간이 증가하였다(이소희 · 손홍숙 · 홍숙자 · 송순 · 이명옥 · 이규미 외, 2004). 부모-청소년 간에 재미있는 성차를 발견하였는데, 어머니들은 청소년들과 깊이 관련되어 있었다. 어머니와 청소년 자녀의 상호작용은 함께 이야기하기, 함께 외출하기, 식사하기에서 긍정적으로 평가되었다. 특히 여아들은 아버지보다 어머니와 더 가깝고 대인관계와 개인적인 문제들을 어머니와 이야기했다.

그리고 아버지들은 보통 청소년과 함께하는 시간 동안 좋은 분위기임을 보고했다. 그에 비해서 청소년들은 그들의 아버지와 함께하는 시간에 5학년에서 9학년 간에, 특히 여아들에게 즐거움이 감소했다(Larson & Richard, 1994).

그러나 개인주의의 영향으로 부모의 이혼과 재혼을 많이 경험하는 청소년들에게 함께하는 부모, 헤어지는 부모, 새로 형성되는 가족에 적응하는 방법은 매우 중요한 문제가 될 것이다.

#### 2 형제관계

청소년의 형제관계는 다섯 가지 패턴으로 나눌 수 있다(이소희 외, 2004).

① 양육적 관계 : 부모역할을 제공하는 양육자 관계로 언니와 동생 간에 이루어지는 관계이다.

② 동료관계 : 친구처럼 대하고 형제를 좋아하기 위해 노력하고 함께 있기를 좋아한다.

③ 비판적 관계 : 형제 간에 강도 높은 갈등과 귀찮게 구는 관계로 특성화된다.

④ 경쟁관계 : 형제에게 대항하고 그들의 성공을 비교한다.

⑤ 무심한 관계 : 정서적 긴장감도 없고 함께 하는 일이 거의 없는 관계이다.

결국 형제관계는 정서적으로 따뜻하거나 함께하지 않기도 한다. 청소년들의 형제와의 관계와 부모, 조부모, 교사, 친구와의 관계에 대한 비교연구에서 어느 다른 관계보다 형제 간의 관계는 더 빈번한 갈등을 보고하였다(이소희 외, 2004). 갈등의 일반적인 원천은 귀찮음, 소유(예 허락 없이 옷을 빌려감), 지루한 일에 대한 책임, 이름 부르기, 프라이버시의 침해, 부모들의 불평등한 대우 등이다.

다른 관계들보다 형제 간에 더 많은 갈등을 갖는다 할지라도 청소년기에는 형제 간의 갈등이 아동기보다는 적다. 청소년기 동안 형제관계는 보다 일시적이고 감정적으로 덜 열성적인데, 이는 청소년기에 형제와 함께하는 시간이 줄어들기 때문이다. 청소년은 친구와 함께하거나 학교, 직장과 같은 가족 밖에서 지내는 시간이 많아서 형제 간에 함께하는 시간과 갈등이 줄어든다. 그러나 형제는 청소년의 인생에 중요한 사람이고 형제는 정서적 지지의 중요한 원천이기도 하다.

### (2) 청소년기와 친구 환경

청소년의 또래 관계는 단순한 또래 관계와 우정이 건네는 친구관계로 나누어 생각해 볼 수 있다. 또래 관계는 같은 연령대의 사람들이다. 청소년에게 또래는 같은 연령대의 같은 반 친구, 지역사회 구성원, 협력자로서 커다란 관계망을 형성한다. 이들 중에서 친구는 매우 다른 측면이 있다. 청소년에게 친구는 같은 연령대의 또래인 경향이 있지만 모든 또래가 친구는 아니다. 그럼에도 불구하고, 친구는 가치 있고 상호적인 관계를 발달시키는 사람이다. 이러한 친구는 단순히 같은 연령대의 단순한 존재와는 매우 구별되는 존재이다.

청소년들은 부모와 멀어지면서 또래, 친구와 함께하는 시간이 많아진다. 청소년기 동안 가족과 함께하는 시간은 반으로 감소하고 친구와 함께 하거나 혼자 있는 시간은 증가한다. 청소년기 동안 가족과 친구관계는 양적인 면뿐만 아니라 질적인 면도 변화한다. 청소년들은 동료의식이나 절친함에 대해 부모들보다 친구들에게 더 의존적이다. 친구관계는 가장 편안함을 느끼고, 거의 모든 것을 터놓고 이야기할 수 있는 대상으로 청소년들의 행복한 경험의 원천이다.

### (3) 청소년기와 학교환경

청소년기의 생활이 대부분 학교생활을 통해 이루어지기 때문에 학업과 학교생활은 청소년기의 사회적 행동과 밀접하게 관련되어 있다. 학교에서 교사의 통제 증가는 초기 청소년들의 증가된 능력과 자율성에 대한 요구와 동기와 자아존중감 발달에 긍정적으로 어울리지만은 않는다. 특히 교사와의 관계는 또래관계나 부모의 돌봄, 가정의 경제적 지위보다도 청소년들의 학교적응과 밀접한 관계가 있다.

청소년기에 학교는 가족 밖의 중요한 관계, 즉 교사와 또래와 관계를 형성하고 학업성취를 통해 자아를 실현하고 미래 직업생활을 개척할 수 있는 매우 중요한 환경이기 때문에 청소년의 발달과 적응에 매우 밀접한 관련이 있는 환경이라 할 수 있다.

또한 학교는 청소년의 기질과 성향이 반영되며 사회문화적 환경을 제공하고 긍정적·부정적 경험을 얻을 수 있는 장인 동시에 청소년들의 공격성이 표출되고 폭력적 행동이 표면화될 수 있는 중요한 환경이다.

### (4) 청소년기와 매스미디어

정보화 사회에서 살아가고 있는 청소년은 TV나 인터넷과 같은 다양한 미디어가 쏟아내는 엄청난 정보의 홍수로 삶의 질적인 변화를 경험하고 있다. 미디어가 갖는 청소년 발달에 대한 잠재적 영향력은 매우 크며, 대부분 부정적인 관점에서 보이고 있다.

TV는 젊은이들의 음주, 섹스, 성역할 고정관념 형성으로 비난을 받으며 음악은 청소년 자신과 타인에게 폭력적 행동을 동기화한다고 비난을 받고 영화와 컴퓨터 게임은 폭력 때문에 비난을 받는다. 잡지들은 여성의 사회화에 미치는 영향과 잡지들이 제공하는 여성스러움을 흉내 내려다 청소년을 쇠약해지게 하는 것 때문에 비난받는다. 청소년들이 미디어를 사용하는 이유는 오락적 즐거움, 정체감 형성과 높은 감동, 부정적 정서에 대한 대처, 젊은이들의 문화적 동일시 등으로 특징을 지을 수 있다(Arnett, 2000). 오락추구, 시간 때우기, 외로움 달래기, 회피, 캐릭터 매력 순으로 관련되며 남학생이 여학생보다 온라인 게임 등을 많이 이용하였다.

청소년의 온라인 게임과 관련하여 게임의 긍정적 혹은 부정적 측면에 관한 논의가 다양하게 나타나고 있다. 게임을 이용하는 청소년은 새로운 문화를 통해 자아실현의 경험, 경제활동 경험 등 다양한 경험을 통해 자기 효능감, 게임통제, 자신감의 향상, 자기통제기술 등을 습득하며, 이는 이용자들에게 긍정적인 영향을 미친다. 반면 컴퓨터 게임이 인간의 사고능력 발달을 저해하며 폭력적인 인성을 형성하고 수동적인 성격을 조장한다(권영길 · 송노원, 2009). 컴퓨터 게임은 보통 혼자서 하는 경우가 많아 대인관계를 기피하고 사회적 고립을 증가시켜 개인주의적 성향을 키워 사회성을 저해시킬 수 있으며, 게임 상황이 비현실적으로 구성되어 있기 때문에 현실감을 감소시켜 현실 세계와의 괴리를 발생시킬 수도 있다. 온라인 게임은 적절한 수준의 사용을 넘어서면 중독이라는 부작용을 가져오게 되며, 온라인 게임 중독은 일상생활 장애, 강박적 사용, 금단현상, 내성, 현실구분 장애 등 개인적 차원뿐 아니라 범죄 행동으로까지 이어질 수 있기에(김기석, 2017), 청소년생활에 도움이 되는 긍정적인 게임문화를 정착시켜야 한다.

## ❷ 청년기

### 1) 청년기(19~30세)의 발달

#### (1) 신체발달

청년기는 신체적 황금기로 아동기보다 더 건강하고 질병율도 낮으며, 이러한 최적의 건강상태는 중년기에 건강이 쇠퇴하기 시작할 때까지 지속되고 균형 잡힌 모습을 갖추게 된다. 육체적 힘은 25세에서 30세 사이에 최고조에 이르며, 그 후에는 점진적으로 쇠퇴한다. 그러나 대부분의 신체적 능력과 기술은 규칙적으로 사용하기만 하면, 그 기능이 청년기 이후에도 지속된다.

규칙적 운동과 적절한 영양섭취는 신체적 건강과 균형을 유지하는 데 매우 큰 도움이 된다. 운동은 심장근육의 힘과 순환기능을 향상시킨다. 규칙적 식사습관과 균형 있는 식단에 의한 적절한 영양공급은 성취할 수 있는 건강의 최고 수준뿐만 아니라 얼마나 그 수준을 유지하는가—즉, 건강이 쇠퇴하는 정도에도 영향을 미친다. 또한 과도한 흡연이나 음주, 약물사용은 성인의 신체에 해로운 결과를 초래한다(이인정 · 최해경, 2007).

#### (2) 사회성 발달

##### ① 친밀감 형성

인간은 발달단계에서 특정한 위기를 겪는다. 각 위기에 적절히 적응하면서 다음 위기에 적응할 수 있는 준비를 한다. Erikson(1992)은 이 위기는 각 단계에서 중대한 의미를 갖는다고 하였다. 그리고 이와 관련된 문제들은 전 생애 동안 지속해서 발생한다. 청년기는 친밀성을 추구하는 것이 특징인데, 이는 성적인 관계를 형성하는 것 이상을 말한다. 친밀감(intimacy)은 자신의 정체성을 희생하는 것을 두려워하지 않고 다른 사람과 나누고 그에게 줄 수 있는 능력을 말한다. 친밀감을 획득하지 못한 사람은 고립감(isolation)에 시달릴 것이다. 많은 경우 이러한 사람들은 이전의 심리 · 사회발달의 위기를 극복하지 못하였다.

### ② 결혼

청년기는 정서적 친밀감, 관심사의 공유, 미래에 대한 비전 공유, 성적 친밀성이 결합된 이성 간의 관계를 형성하기 위한 가능성을 탐색하는 시기이다. 그리고 대부분의 청년들이 성적 친밀성과 정서적 친밀감이 포함된 데이트를 하게 된다. 결혼은 청년기에 이러한 친밀한 관계를 성취하는 데 중심이 되는 배경이다. 대부분의 성인에게 있어 삶의 행복은 성인생활의 다른 어떤 영역보다도 만족스러운 결혼생활에 달려 있다. 결혼양식에도 변화가 있는데, 점점 결혼연령이 늦어져 그 결과로 아이를 갖는 연령이 늦어지고, 소수의 자녀를 출산하게 되고, 자녀양육 기간이 짧아지는 현상이 발생하고 있다.

청년기가 되면 잠재적 결혼상대자를 만날 기회가 많이 생긴다. 이러한 기회 중에서 어떤 경우가 결혼까지 연결되는지 이것을 결정하는 요소들은 다음과 같다(Newman & Newman, 2006). 첫째, 결혼 후 장기간에 걸친 상대방에 대한 헌신에 두 사람이 얼마나 준비가 되어 있는가 하는 것이다. 상대방에 헌신할 수 있으려면, 자신의 정체감이 충분히 확립되어서 타인과 깊은 정서적 유대를 형성하는 것이 놀랍거나 당황스럽기보다는 즐거운 것으로 여겨져야 한다. 즉, 자아정체감을 성취한 사람들만이 참된 친밀한 관계를 형성할 수 있으며 정체감 확립이 채 되어 있지 않은 사람들은 친근한 관계를 맺지 못하고 고립된다.

둘째, 결혼은 결혼 적령기에 대한 사람들의 기대에 부응하는 반응이기도 하다. 남자는 35세까지 그리고 여자는 30세까지 많은 사람들이 결혼하며, 남자가 여자보다 늦게 결혼하는 것으로 나타난다. 2017년 기준(통계청, 2018) 평균 초혼연령이 남자는 32.94세, 여자는 30.24세로 나타나 결혼연령이 늦어지고 있는 추세다.

### ③ 독신

최근 자기 결정에 의한 비혼자가 늘고 있는 추세다. 비혼자가 어떤 이유로 결혼을 하지 않든 간에 자기 나름의 생활방식으로 스스로 만족한 생활을 하기도 하며, 가족에 대한 의무로부터 자유롭고 자기 삶에 대한 통제가 가능한 것을 즐긴다. 독신으로 사는 것의 장점은 가족에 구속되지 않고 자유롭게 자신의 시간을 쓸 수 있다는 점이다. 단점으로는 외로움이나 성생활, 안전의 문제, 경제적 긴장감 등의 경험을 한다는 것이다(손병덕 외, 2014). 독신 남성의 경우 상대적으로 독신 여성보다 신체적, 정신적 건강의 문제를 더 많이 겪는다.

### ④ 직업의 세계

대부분의 사람들은 직업을 생존을 위해 필수적인 것으로 간주하지만, 어떤 사람들은 창의력을 발휘하거나 자부심을 획득하기 위한 사회로 간주하기도 한다. 다시 말해서, 직업을 갖는 이유로는 경제적 이유가 가장 중요하겠으나 그에 못지않게 자기실현의 통로와 사회생활의 핵심 요소로서의 의미도 커서 직업에 대한 만족은 개인의 자아존중감과 행복에 큰 영향을 미친다(정옥분, 2004).

남자들은 직업을 자신의 정체감의 중심적 부분으로 느끼도록 사회화된다. 반면에 여자들은 직업에 대하여 복합적 사회화를 경험한다. 최근에 여자들도 남자들과 마찬가지로 직업과 성취에 대해 포부를 갖도록 사회화되는 경향이 있지만, 그 결과는 다양하다. 어떤 여자들은 직업을 결혼에 대한 대체물로 간주하는 반면, 또 어떤 경우에는 직업과 결혼을 만족스럽게 결합시키기도 하며 직업을 갖되 자신의 일차적 역할을 아내와 어머니로 간주하는 여자들도 있다.

청년기는 직업을 선택하는 시기이다. 직업을 선택하거나 직업에 대해 준비하는 과정에서 그 사람은 자신의 개인적 능력과 특정한 직업이 갖는 다음과 같은 요소들이 조화를 이루는지를 평가해야 한다(Newman & Newman, 2006).

첫째, 전문적 기술로 대부분의 직업은 그 직업에 고유한 일정수준의 기술적 전문성을 필요로 한다. 그러므로 각 개인은 특정한 직업에서 요구되는 기술이나 능력이 자신에게 있는지를 평가해야 한다. 또한 앞으로 그러한 기술을 향상시킬 잠재력이 있는지 그리고 그러한 능력을 발휘하는 데서 만족을 얻을 수 있는지에 관해서도 평가해야 한다. 직업에 대한 준비나 훈련의 단계는 그 직업에 필요한 새로운 기술의 학습을 반드시 포함하는데, 이러한 학습의 성공 여부가 그 직업에 종사하겠다는 결정을 내리는 데 중요한 역할을 한다.

둘째, 권위적 관계로 각 직장에서 구성원들은 지위와 정책결정에 관해 계급에 입각한 상하관계를 갖는다. 그러므로 직업을 선택할 때는 누가 자신의 일을 평가할 것이며 평가에 대해 어떤 기준이 적용될 것인가를 이해하고 직책에서 자신의 자율성의 한계를 파악하여야 한다. 새로 직장에 들어가면 명령계통의 구조를 파악하고 권력을 쥐고 있는 사람들에게 순응해야 하며 정책결정의 통로를 알고 자신이 영향을 미칠 수 있는 길을 알아내야 한다.

셋째, 그 직업에 존재하는 고유한 요구나 위험이다. 모든 직업은 독특한 직업적 요구를 갖는다. 예를 들면 생산성에 대한 규칙이라든지 자기표현에 대한 규범과 같은 것이다. 어떤 직업은 높은 수준의 헌신을 요구하기도 하는데, 이 경우에는 직업상 역할에 의해 여가나 가족생활 등이 모두 제한을 받게 된다. 근무자가 상당히 소외되는 직업도 있으며, 또 어떤 직업은 신체적 위험이나 심리적 스트레스가 존재하는 경우도 있다.

넷째, 동료들과의 인간관계로서 이것에 대한 규범은 협동적 또는 경쟁적인 관계로 구분할 수 있다. 협동적 관계를 가질 수 있는 우호적 동료들의 존재는 작업환경을 크게 향상시켜 준다. 이에 반해, 어떤 직업은 경쟁을 강조하며 경쟁을 촉진하기 위하여 자극이 주어진다. 즉, 어떤 사람에게는 경쟁적 환경이, 또 어떤 사람에게는 협동적 환경이 적성에 맞는다. 그러므로 새롭게 직업을 갖는 사람은 그 직업 그리고 직장의 인간관계의 질을 평가하고, 그것이 자신의 사회적 욕구를 충족시켜 줄 수 있는지를 결정해야 한다.

### (3) 도덕성 발달

청년기는 친밀한 관계, 직업, 인생목표를 포함한 주요한 관계를 강렬하게 추구한다. 일련의 개인적인 도덕가치를 형성하는 것도 이 시기이다. 도덕성(morality)은 무엇이 옳고 무엇이 그른가에 대한 일련의 원칙을 의미한다. 도덕적인 주제는 매우 중요한 것에서 사소한 일상의 결정에 이르기까지 광범위하다. 평생 동안 도덕성이 발달하더라도 청년기는 특히 중요한데, 이때가 사람들이 독립적인 결정과 선택을 하는 권리를 얻는 시기이며, 이 시기에 발달한 가치가 평생 작용하기 때문이다. 도덕발달을 제시한 Kohlberg(1981)의 6단계 중 청년기는 인습 후 차원(post conventional level)인 제3차원에 진입하는 초기 단계라고 볼 수 있다. 제3차원은 다른 사람들이 말하는 것을 초월하는 도덕적 양심이 발달한다. 이 차원에서 사람들은 법과 기대를 숙고하고 나름의 옳고 그름을 판단하며 행동은 법이 아닌 원칙에 근거하며 이기적인 관심을 뛰어넘어 타인의 필요와 안녕이 매우 중요하다. 제3차원 내 5단계는 사회적으로 수용한 법과 원칙을 따르는 것을 의미한다. 법이란 일반 대중의 복지에 좋은 것으로 여겨지나 이때의 법은 해석과 변화의 여지가 있는 성격을 띤다.

### (4) 인지발달

신체적 · 생리적 발달과 마찬가지로 청년기의 지적인 인지발달은 정점에 달한다. 인지란 정의하기가 매우 어려운 개념이며 관찰할 수 없는 모든 사건들을 일컫는다. 인지는 5개의 과정인 주의, 지각, 기억, 사고, 문제해결을 통하여 반응하게 된다(조복희 2002).

인지발달은 정신구조가 정신적 성숙과 경험의 상호작용으로 인해 연령에 따라 변하게 된다. 청년기 후반에 이르면 위에서와 같은 5개의 과정을 다 수행할 수 있는 인지능력이 생긴다.

Piaget는 청소년기에 형식적 조작사고가 발달한 이후에는 인지발달이 거의 이루어지지 않는 것으로 보는 반면, Arlin은 그 이후에도 인지발달은 지속적으로 이루어진다고 하였다. 최근에는 인지능력은 기억, 반응시간, 추리, 창의성에서 각각 다르게 나타나며 기계적 암기나 지적 과제의 수행 속도 등은 10대 후반에 가장 뛰어나지만, 판단, 추론, 창의적 사고 등은 전 생애를 통하여 발달하는 것으로 알려져 있다(이인정 · 최해경, 2007).

청년기의 인지발달은 Piaget 이론에서는 마지막 단계인 형식적 조작기에 해당된다. 청년은 구체적 사고에서 벗어나 추상적 사고가 가능한 형식적 사고를 할 수 있으며 자신의 견해뿐만 아니라 타인의 견해에서 자신을 보고 평가할 수 있게 된다. 이 시기의 사고 특성으로는 추상적 사고, 가설적 · 연역적 사고, 체계적이고 조합적 사고, 은유적 의미를 이해할 수 있게 된다.

학습 이론(Bandura, 1989)에서는 청년기의 인지는 자극과 반응의 연합으로 사고의 수준이 높아지면 높아질수록 복잡해진다. 청년기에는 사고가 복잡해짐에 따라 하나의 자극에 대해 몇 개의 다른 자극과 반응의 관계가 나타난다.

정보 이론은 인간의 인지과정을 컴퓨터의 정보처리 과정과 비교한 이론으로서 논리와 규칙을 사용하는 유사점이 있다(조복희, 2002). 새로운 기술로 말미암아 컴퓨터의 구조 및 프로그램이 점점 복잡해지듯이 인간의 인지과정 또한 아동에서 청년기로 성장하는 동안 더욱 복잡해진다.

청년기에는 지적 발달도 두드러져서 지능수준이 정점에 달하는 시기이기도 하다. 그러나 지능(intelligence)은 창의성(creativity)과는 명백히 구별되는 별개의 인지기능이다. 지능에는 유동성 지능과 결정성 지능으로 분류할 수 있다. 유동성 지능이란 신경계 발달에 의해 교육적 · 문화적 영향을 덜 받는다. 유동성 지능은 10대 후반에 발달하며 성인 초기에 감소하기 시작한다. 그러므로 유동성 지능은 청년기가 절정기라고 볼 수 있다. 결정성 지능이란 학습한 정보를 기억하고 사용하는 능력으로 어휘력, 일반 지식, 사회적 지식, 능력, 연역적 사고에 대한 반응으로 나타나며 생애 말기에 이르기까지 계속해서 증가할 수 있다. 유동성 지능은 성인 초기에서부터 감소되나 결정성 지능은 학습에 따라 계속 성장할 수 있다. 창의성은 수렴적 사고보다 확산적 사고와 밀접한 연관이 있다. 확산적 사고란 하나의 문제에 대해 여러 가지로 답할 수 있는 사고이고 수렴적 사고란 하나의 정답을 유도하는 사고이다(Guilford, 1967). 이러한 확산적 사고는 청년기에 두드러지게 발달한다.

### 2) 청년기와 사회환경

#### (1) 이성교제 및 배우자 선택

이성에 대한 관심은 청년기가 되면서 인생의 동반자를 구하는 애정으로 발달하게 된다. 이때 정서 지향적이고 낭만적인 사랑에서 벗어나 영속적 관계를 유지할 수 있는 동반자를 구하기 위해서는 자아정체감과 성역할 정체감을 형성해야 한다. 청년기에는 소설, 시, 노래, 영화 속에서 등장하는 낭만적 사랑을 추구하게 되나 성역할 정체감과 자아정체감이 확립되면서 영속적 관계를 유지할 수 있는 인생의 동반자를 구하게 된다. 성역할 정체감, 자아정체감이 정립되어 있지 않을 경우, 애정을 자기가 느끼고 있는 불안의 도피처로 활용하는 신경증적 사랑을 하는 경우가 많다. 그러므로 청년기의 이성교제는 사춘기의 단순한 호기심에 의한 이성교제가 아니라 평생의 동반자를 탐색하고 결정하는 결혼을 전제로 하는 이성교제이기 때문에 더욱 큰 의미를 갖는다(이소희 외,

2004).

이성교제는 가능성 있는 많은 결혼대상자들과 인간관계를 형성하고 발전시킬 수 있는 기회를 제공하고 자기의식과 자기 이해를 증진시킬 수 있을 뿐만 아니라 인간관계와 기술을 발전시킬 수 있으며 조화를 경험할 수 있는 기회를 제공한다. 또한 두 인격의 상호 적응성과 사교적 기술이 필요하며 사회화의 기능, 이성에 대한 적응기능, 인격 도야의 기능 및 오락기능, 배우자 선택의 기능을 제공한다.

청년기의 이성교제와 배우자 선택은 결혼을 위한 마지막 단계이며 행복한 결혼생활을 위해서는 현명한 배우자 선택이 필수조건이라 할 수 있다. 배우자 선택을 위해서는 자기 자신을 알아야 하고 상대자의 욕구, 성격, 관심, 가치관을 파악해야 한다. 그리고 두 사람의 관계가 타인에게 미칠 영향을 고려해야 하며 서로의 일치성을 확인해야 하고 사랑이 있어야 하며 결혼의 지속성 여부를 고려해야 한다.

배우자 선택의 방법에는 중매혼, 자유혼, 절충형으로 구분할 수 있다. 중매혼은 당사자의 애정이나 성격보다는 가문이나 사회경제적 지위가 중요한 선택기준이 된다. 자유혼은 배우자 선택이 당사자의 의사에 맡겨지는 경우이다. 절충형은 중매혼과 자유혼의 요소가 결합된 형태이다(이소희 외, 2004).

Lewis는 배우자 선택과정을 유사성 단계, 라포 단계, 자기 공개단계, 역할 탐색단계, 역할 조화단계, 상호 결정단계 등 6단계로 제시하였다(곽형식 · 박영애 · 박인전 · 양점도 · 윤종희 · 이소희 외, 2002). 이중 유사성 단계에서는 상대방의 사회적 배경, 가치관, 성격 등이 유사함을 지각한다. 라포(rapport) 단계에서는 상대방에 대해 긍정적인 평가를 하고 호감과 친밀감을 느끼며 자기 공개단계에서는 상대방에 대한 신뢰감이 증진되면 서로 자유롭고 솔직한 자기표현을 하는 단계로 발전한다. 역할 탐색단계에서는 밀접한 관계 속에서 자신의 역할을 구축해 가고 상대방의 역할에 대한 기대를 형성한다. 역할 조화단계에서는 서로에 대한 역할 기대와 역할수행을 상호 보완적인 조화로 이루어 가며 마지막 단계인 상호 결정단계에서는 서로의 역할을 수용하여 확정하고 동반자로서의 정체감과 일체감을 느낀다.

### (2) 직업 준비 및 선택

청년기는 직업에 대한 준비를 하고 직업 선택에 대한 의사결정을 해야 하는 결정적 시기이다. 이는 청년기에 달성해야 할 과업 중의 하나이기도 하다. 직업은 성인기 삶의 형태를 결정하는 요인이라 할 수 있다. 직업을 선택하고 준비하는 과정을 직업발달이라고 하며, 이런 과정에서는 개인의 인성 특성과 사회적 · 경제적 · 직업적 현실과의 조화를 맞추는 것이 이상적이다.

Holland(1973)의 성격유형 이론에서는 자신의 성격에 맞는 직업을 선택하는 것이 좋다고 보았으며 직업과 관계되는 성격유형에는 현실적 유형(realistic type), 지적 유형(intellectual type), 사회적 유형(social type), 관습적 유형(conventional type), 기업가적 유형(enterprising type), 예술가적 유형(artistic type) 등을 제시하였다.

이 중 현실적 유형은 남성적 특징을 보이며 신체적으로 강인하고 문제해결 시에 실제적인 경향을 보이나 사회적 기술이 부족하며 노동자, 농부 등 단순 근로자에 적당하다. 지적 유형은 개념적이고 이론적인 성격유형으로 수학이나 과학 분야에 적합하다. 사회적 유형은 여성적 특징을 보이며 사람 사귀는 것을 좋아하고 언어적 기술이 뛰어나므로 사회사업이나 상담, 교사직에 적합하다. 관습적 유형은 비구조적 활동을 싫어하는 유형으로 은행원이나 사무원, 비서직에 적합하다. 기업가적 유형은 다른 사람을 거느리거나 지배하려는 유형으로 세일즈맨, 정치가, 경영직에 적합하다. 예술가적 유형은 예술적 표현을 통해 자신의 세계와 교감하며 관습적인 것을 싫어하는 유형으로 작가나 화가, 음악가에 적합하다(조복희, 2002).

## 3 청소년기 및 청년기 사회복지실천 과제

### 1) 청소년기 사회복지실천 과제

청소년기는 인간발달의 단계 중 가장 격동적이고 불안정하며, 이후 생의 방향을 결정하는 중대한 시기라고 할 수 있다. 성인도 아니고 아동도 아닌 중간 지점에서 부모로부터 심리적으로 독립하여 자신에 대한 정체감을 형성하고 진로를 결정하며 사회적 역할을 수용하는 과업을 달성해야 한다. 이러한 혼란의 시기에 처해 있는 청소년을 위한 사회복지 개입은 매우 다양한 실천적 의미를 지닌다. 그 중 몇 가지 중요한 점을 언급하면 다음과 같다.

첫째, 청소년기는 신체적 성숙과 더불어 성적인 성숙이 특징적으로 나타나는 시기이다. 최근 십 대 청소년의 임신과 출산, 성매매 등이 사회문제가 되고 있는 것은 기성세대들이 생각하는 것처럼 청소년이 성에 대해 더 이상 순진한 어린아이가 아니라는 것을 보여준다. 따라서 이러한 청소년의 성의식에 대해서 성인들이 먼저 현실적이고 객관적으로 바라보아야 하며 청소년에게는 보다 실질적인 성교육이 실시되어야 한다. 단순히 남성과 여성의 신체적 차이와 임신과 출산에 대한 교육뿐만 아니라 실제적인 피임과 성행위에 대한 교육이 필요하며 청소년들이 성을 더 이상 음성화하기보다 부모나 교사와 개방적으로 의논하고 표현할 수 있는 분위기를 조성해야 한다. 그러기 위해서는 부모와 교사 역시 청소년의 성을 이해하고 청소년에게 성에 관한 이야기를 개방적으로 할 수 있는 인식의 전환과 더불어 교육이 이루어져야 한다.

십 대 임신은 청소년에게 신체적 질환이나 정신적 질환, 학업 실패, 빈곤 등 주요한 삶의 영역에서 장기적인 문제를 초래할 위험성이 높다. 즉, 임신기간 동안 적절한 의료적 도움을 받지 못해서 미혼모나 아기의 건강에 위협이 될 수 있는 의학적 문제들이 발생할 수 있다. 또한 이들은 고등학교까지 학업을 마치지 못하는 비율이 높고 빈곤과 복지 혜택에 의존하는 비율도 높으며 스스로 기르기를 결정할 경우 자녀양육에 대한 특별한 지원이 필요하다.

또한, 십 대 미혼모의 배우자 가운데 80% 이상이 역시 십 대인 것으로 알려져 이들에 대한 관심도 필요하다(Zastrow & Kirst-Ashman, 2013). 십 대 부모가 낳은 아기들도 지속적인 돌봄의 어려움으로 방치되거나 학대받을 가능성이 있다.

사회복지사는 청소년 임신을 예방하기 위해 성, 피임, 임신에 따른 위험과 책임에 관한 교육과 정보를 제공해야 한다. 청소년 미혼모에 대해서는 임신, 유산, 출산, 아기를 기르거나 입양하는 데 대한 결정에서 상담, 정보제공, 의뢰, 자원 연결 등의 도움을 제공할 수 있다. 또한 미혼모의 진로, 미혼부와의 관계, 원가족과의 관계 등에 대해서도 상담과 도움을 제공해야 한다.

둘째, 청소년기의 발달과업 중 하나는 정체감 형성에 있다. 그러나 우리나라 청소년들은 경쟁위주의 입시제도로 인해 정체감 형성을 위한 여유 있는 시간을 갖기 어렵고 진로선택에 대한 자신의 가치관을 확립하기 이전에 부모에 의해 수동적인 진로결정이 이루어지기 쉽다. 또한 부모나 교사 역시 건전한 역할 모델이 되지 못하기 때문에 청소년들은 또래집단에 휩쓸리거나 매스컴의 영웅을 동일시하는 경향이 있다. 이러한 불안정한 정체감은 청소년문제의 원인이 될 뿐만 아니라 직업의 부적응, 가족해체 등 성인기에 나타나는 많은 문제의 원인이 될 수 있다. 따라서 청소년기에 건전한 동일시 모델을 통한 정체감 형성은 많은 문제를 사전에 예방한다는 측면에서 매우 중요하다.

셋째, 청소년기에 사회복지실천에서 관심을 가져야 할 문제는 청소년 비행이다. 청소년 비행은 대개 청소년기에 시작되며, 이에 적절하게 대처하지 못할 경우에 비행과 범죄로 이어진다. 그리고 청소년 비행은 범죄뿐만 아니라 무단결석, 가출, 음주, 유흥업소 출입 등 신분에 어긋나거나 규범을 위반하는 행동을 포함한다. 최근에는 청소년의 인터넷 중독과 인터넷 관련 범죄도 심각한 문제가 되고 있다.

대부분의 청소년들이 성인기로의 전환을 성공적으로 하지만 이러한 과정에서 매우 어려움을 겪는 청소년들이 있다. 「청소년보호법」을 통해 청소년 문제를 예방, 해결하고 있으나 유해환경의 증가로 청소년 비행은 점점 더 증가하고 있다.

사회복지사들은 비행청소년들을 돕는 프로그램에 지속적으로 참여해 왔다. 사회복지관이나 청소년기관을 통해 상담서비스를 제공하고 보호관찰 프로그램에서 사회복지기관에 의뢰된 비행청소년들을 지도하며 법원에서 교정사회복지사로 활동하기도 한다. 또한 비행 예방을 위해 인근 학교와 연계하여 학교사회 사업도 실시하고 있다(이인정 · 최해경, 2007).

비행에 대한 사회복지실천을 보면, 사회복지사들은 비행청소년들에 대한 상담과 더불어 이들을 교화하기 위한 교육, 직업 알선, 주거시설 마련, 보건의료서비스 등을 제공한다. 또한 청소년 비행은 흔히 가족문제에 의해서 일어나는 경우가 많으므로 가족관계를 개선하기 위한 가족상담과 가족치료도 제공한다. 인터넷 중독과 인터넷 범죄를 예방하기 위한 교육과 청소년에게 해로운 인터넷 사이트에 대한 감시활동이 철저히 이루어져야 한다.

### 2) 청년기의 사회복지실천 과제

첫째, 청년기에는 신체적 발달에 있어서 최고 상태의 기능을 유지하기 위하여 적절한 영양과 규칙적 운동이 도움이 된다. 균형 잡힌 식습관에 의한 적절한 영양공급 상태는 최고 수준의 영양을 줄 뿐만 아니라 하강하는 비율에도 영향을 준다. 운동은 심장근육의 순환 용량 및 강도를 향상시킨다. 특히 다리 근육의 운동은 심장으로 가는 혈액의 흐름을 촉진시켜 간접적으로 뇌를 포함한 모든 연령에서 기능화를 유지시킨다. 반면 지나친 음주, 흡연, 약물복용은 성인의 신체에 좋지 못하다(조복희, 2002). 따라서 사회복지기관에서는 성인을 위한 운동시설과 프로그램을 실시하고 지역보건소나 식품회사 등과 연계하여 건강을 유지하기 위한 식이요법, 금주, 금연, 약물 복용을 위한 교육 프로그램이 필요하다.

둘째, 청년기에 인지발달 능력 중 결정적 지능은 향상시킬 수 있으므로 사회복지기관에서 교육이나 문화적 습득을 통한 프로그램 실시가 필요하다. 또한 이 시기에 주요한 심리적 발달 과업은 친밀감의 성취이다. 친밀감의 대상은 가족이나 직장 동료나 이웃과의 인간적인 접촉을 통함으로써 이루어질 수 있다. 가족을 대상으로는 예비부부나 부부교실을 운영하여 신혼기의 결혼생활 적응과 가족생활 계획 수립을 지원하고 가족상담을 통하여 가족원 간의 갈등을 해소함으로써 가족 간의 친밀한 관계를 유지할 수 있어야 한다. 연령대가 비슷한 주부 모임으로 취미교실 등을 진행함으로써 상호 교류를 촉진시키고 친밀감 형성과 더불어 자아정체감의 안정성을 유지시켜야 한다.

셋째, 청년기에는 부부관계와 새로운 가족관계에 대한 갈등을 경험하게 된다. 또한 자녀를 출산하기는 하지만, 자녀양육 기술이 미흡함에 따라 자녀양육과 관련된 문제 등으로 인하여 갈등을 경험할 가능성이 높다. 따라서 사회복지기관에서는 자녀 출산을 위한 예비지식과 부모역할 프로그램을 실시해야 하며 부부관계나 가족관계를 위한 상담프로그램을 실시하여 가족 간의 갈등을 해소해야 한다. 또한 자녀 출산으로 인하여 가사노동과 산후조리를 지원할 수 있는 인력지원 체제가 필요하고 부모의 이혼 등으로 한부모 가족이 된 자녀와 취업부모의 양육지원 사업과 결혼상담, 취업알선 사업도 필요하다. 아울러 직장인을 위한 교양 프로그램, 여가 프로그램을 개발하여 직장에서 받은 스트레스를 해소할 수 있도록 지원해야 한다.

9 Chapter

# 성인기와 사회환경

성인기는 청년기가 끝나는 30대 초반부터 시작하여 노년기가 시작되기 전 단계인 약 65세 이전까지의 시기이다. 성인기는 생애의 거의 절반 정도를 차지하는 긴 기간이므로 성인기 내에서도 그 발달적 특징은 시기마다 매우 다르다. 따라서 본 장에서는 성인기를 성인 초기(성년기)와 성인 후기(중 · 장년기)로 나누어 설명하고자 하며 성인 초기(성년기)는 청년기가 끝나는 30대 초반부터 39세까지, 성인 후기(중 · 장년기)는 중년기가 시작되는 40세부터 노년기가 시작되는 65세 전까지로 구분하였다. 성인 초기는 성년기로, 성인 후기는 중 · 장년기로 지칭하고자 한다.

# ❶ 성년기

## 1) 성년기의 발달

### (1) 신체적 발달 특성

#### ① 신체적 특성

성년기는 신체적인 건강상태와 신체적인 힘이 최고조에 달하는 시기이다. 19세경부터 20대에 걸쳐 신체의 근육과 내부기관의 발달이 최적의 상태에 도달하고 면역체계의 발달로 인해 이전의 발달단계보다 질병률도 낮다. 신체적으로도 균형 잡힌 모습을 갖추게 되고 근육의 발달은 성인기에 완전히 이루어지며 근력의 절정이 25세에서 30세 사이에 나타나 육체적인 힘이 최고조에 달한다(Zastrow & Kirst-Ashman, 2013). 근력은 30세 이후부터 감소되기 시작하며, 주로 등과 다리의 근육이 약해지기 시작하나 팔 근육의 약화 정도는 덜하다. 수공능력의 정교성은 성인기에 가장 효율적인 상태로 발달하지만 손가락과 손 움직임의 민첩성은 30대 후반부터 감소되기 시작한다.

그러나 성년기에 이러한 신체적 건강상태를 계속 잘 유지하기 위해서는 규칙적인 운동과 적절한 영양공급이 필수적이다. 규칙적으로 운동을 하고 적절하게 영양을 공급하였을 경우에는 신체적 기능과 건강을 지속적으로 유지할 수 있지만, 그렇지 않을 경우에는 건강수준이 점점 쇠퇴하게 된다. 특히 과도한 스트레스, 흡연과 음주, 약물사용 등은 성년기의 건강유지에 매우 해로운 요소이다

#### ② 감각의 발달

감각은 가장 예민한 상태이며 성년기 동안 거의 변하지 않는다. 시각적 예민성은 20세경에 가장 크며 40세까지는 감소하지 않는다. 청각은 20세경에 가장 좋은데, 이 시기 이후 점진적으로 하강하게 된다. 미각, 후각, 촉각, 온도 및 고통에 대한 감수성은 안정적이어서 45세에서 50세까지 둔화되지 않는다. 뇌의 무게는 성년기에 최대에 도달한다.

### (2) 인지적 발달

일반적으로 인간의 인지발달은 대략 25세경부터 하강곡선을 그리는 것으로 알려져 있다. 그러나 연령의 증가에 따른 인지기능의 쇠퇴가 거의 없거나 매우 적으며 인지기능의 쇠퇴가 있다고 하더라도 종류에 따라 변화의 정도는 다르다는 주장이 제시되고 있다(김태현, 1994; 윤진, 1986). 즉, 인간의 인지발달은 성인기 이후 특정한 영역의 인지적 능력만 감소하며 많은 부분은 계속 유지되는 것으로 보고된다.

Wechsler 성인 지능검사방법을 사용한 베일리의 연구에서, 성인의 동작성 검사점수는 26세를 정점으로 점점 하강하는 것으로 나타난 데 비해 언어적 검사 항목의 점수는 청년기에 오히려 상승하는 것으로 보고되었다(Turner & Helms, 1983).

또한 연령에 따른 지능의 변화에서도 시각 운동적 융통성은 25세를 정점으로 쇠퇴하였으나 인지적 융통성에는 변화가 없었고 결정성 지능과 시각 표상 점수는 연령이 증가함에 따라 오히려 향상되었다. 시각 운동적 융통성이란 시각 및 운동능력 간에 협응을 요구하는 과제에 있어서 익숙한 것에서부터 익숙하지 않은 유형으로 전환하는 능력이고 인지적 융통성은 한 사고방식에서 다른 사고방식으로 전환하는 능력이다. 결정성 지능은 언어 이해, 계산 기술, 귀납법 추론과 같은 능력으로 교육 및 문화적 습득을 통하여 획득되는 능력을 나타내고 시각 표상 능력은 시각적 자료들을 조직화하고 처리하는 능력을 말한다.

같은 맥락에서 Horn(1979)은 성인기의 지적 능력을 결정성 지능(crystallized intelligence)과 유동성 지능(fluid intelligence)으로 구분하여 살펴보아야 한다고 주장하였다. 결정성 지능은 학교교육이나 일상생활에서의 경험을 통해 얻게 되는 지능이며 어휘력, 일반상식, 사회적 상황에 대한 반응 등이 속한다. 이에 반해 유동성 지능은 타고난 지능으로 생물학적으로 결정되며 경험이나 학습과 무관한 것으로 공간지각, 추상적 추론, 지각속도 등을 포함한다. 이 두 가지 지능은 각각 절정에 도달하는 시기가 다른데, 유동성 지능은 10대 후반에 절정기에 도달하고 성년기부터 점차 감소하는 반면, 결정성 지능은 성인기의 교육경험의 결과로 생의 말기까지 지속적으로 증가한다(이인정 · 최해경, 2007).

또한 창조성의 발달은 25세경에 창조적 발명, 발견, 예술작품 등을 통한 창조성의 발현이 최고 정점에 도달하며 이로부터 약 10년 동안 최고의 생산성을 보이는 것으로 보고된다.

결국 성인기의 인지발달에 대한 학자들의 의견을 종합해 볼 때 성인기에는 새로운 지능발달이 활발하게 이루어지지도 않지만, 인지기술의 상실도 뚜렷하게 나타나지 않는다. 그러나 일부 지적 영역, 즉 언어성 지능검사의 영역, 결정성 지능부분과 시각표상능력, 창의성 등의 인지 영역은 오히려 성인기에 보다 향상된 능력을 보이는 것으로 요약된다.

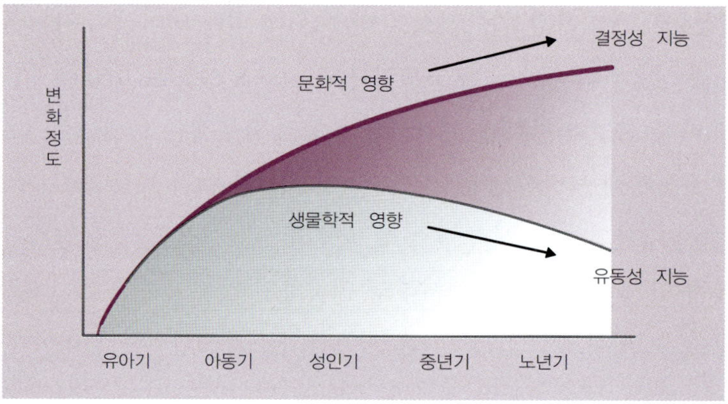


출처 : 권중돈· 김동배(2005).

**[그림 9-1] 성인기 이후의 지능변화**

### (3) 발달단계로서의 성년기

#### ① 친밀감의 형성

Erikson은 성년기의 중요한 심리적 발달과업으로 가족 및 가족 이외의 사람들과의 친밀한 관계 형성을 제시하였다. 이 시기의 친밀감 형성은 자신의 자아정체성 확립을 기초로 이루어진다. 이전 발달단계에서 자신의 자아정체성이 잘 확립되었다면, 이를 토대로 타인과 개방적이고 지지적이며 조화로운 관계를 형성할 수 있는 능력이 고양된다. 타인과 진정한 의미의 친밀감을 형성하기 위해서는 감정이입 능력, 자기통제 능력 그리고 타인의 장단점을 수용할 수 있는 능력을 갖추어야 한다.

성년기의 친밀감은 자신을 둘러싼 동성 혹은 이성의 모든 주변 사람들과의 친밀감 형성을 포괄하는 개념으로 결혼상대와 애정을 나눌 수 있고 사회생활에서 우정을 나눌 수 있는 관계를 포함한다. 그렇지만 이 시기에는 특별히 이성에 대한 관계가 보다 심각해지고 이성에 대한 친밀감의 탐색이 강하게 시작되는 시기이다. 따라서 이 시기 친밀감 형성의 중요한 한 부분은 결혼을 통해 확립되어 가는데, 그렇다고 결혼 자체가 바로 친밀감의 완성으로 이어지는 것은 아니다. 결혼 초기의 배우자 간의 상호 적응에 대한 요구, 자녀 출산과 양육, 부모나 친척의 기대 등이 오히려 친밀감 형성을 방해할 수 있다. 그러므로 결혼관계를 통해 서로의 욕구를 만족시키고 상대의 장단점을 파악하며 서로의 인격적 성숙을 이루어가는 과정에서 보다 완성된 친밀감이 형성된다.

친밀감의 과업을 성취한 성인은 타인과 아이디어나 계획을 의논하며 개인적 감정표현도 서로 허용하고 자신을 가치 있고 유능한 존재로 인식하게 된다. 그러나 청소년기와 청년기에 자아정체감 및 자율성을 확립하지 못한 성인은 고립감을 형성할 가능성이 높으며 군입대나 취업준비, 부부간의 흥미와 취미의 상이성 등과 같은 상황적 요인도 고립감 형성에 기여한다(김태련 · 장휘숙, 1998).

### ② 성인으로서의 독립성 확립

나는 누구이고 나의 삶의 가치는 어디에 있는가와 같은 기초적이고 포괄적인 의미의 자아정체감의 확립은 청소년기의 발달과업이다. 그러나 인간의 자아정체감 형성은 한 번으로 완성되지 않는다. 청소년기에 이루어진 '나는 누구인가' 에 대한 성찰은 성년기에 접어들면서 다시 검토된다.

30대는 권위, 독립, 자기 충족감 등을 이루는 데 대한 관심이 증가하는 시기이다. Levinson(1978)은 30세가 되면 삶을 심각하게 바라보고 지금 자신이 살고 있는 삶이 진정으로 자신이 바라던 것인가 하는 물음을 스스로에게 하기 시작하는 시기라고 하였다. 사춘기에는 자기 발견이 일어나지만, 30대 초기에는 성인으로서의 자신의 지위를 세우고 주요한 사회적 역할을 맡으면서 진지하고 민주적인 협력관계를 계발하는 능력을 배양해야 한다. 성년기에 자신에 대한 성찰과 성인으로서의 자신을 만들어가지 못한다면 결혼문제, 직업의 변화, 불안과 우울 등의 위기를 겪기도 한다.

Gould(1978)는 성년기의 발달과업을 '어린 시기의 환상에서 벗어나는 것' 으로 규정하였다. 그는 성인기의 성숙을 자립(self-reliance)과 자기수용(self-acceptance)을 위해 유아기의 환상과 잘못된 가정에서 벗어나는 과정으로 설명하였다. 그에 의하면, 16~22세에는 부모의 영향에서 벗어나 성인으로서의 정체성을 구축하는 시기이고 22~28세에는 부모의 도움에 대한 기대에서 완전히 벗어나 성인으로서의 삶을 적극적으로 구성해야 하며 28~34세에는 자신의 한계에 대한 인정을 바탕으로 능력을 계발해야 하는데, 이 과정에서 그전에 몰랐던 자신의 새로운 재능, 관심, 소원 등을 발견하기도 하며, 이로 인해 우울이나 환멸을 느끼거나 또는 자기 자신에 대해 새롭고 현실적인 안목을 가지고 다시 보기도 한다. 그리고 35~45세에는 명확한 성인세계에 합류하여 성인으로서의 권위와 자율성을 확보해야 한다.

이처럼 성년기는 부모에 대한 의존에서 전환하여 비로소 성인으로서의 독립성을 확보하는 시기이다. 그러나 성인 초기의 이러한 발달이 순조롭지 못하면 부모로부터 독립된 자신의 삶의 목표를 세울 수 없고 미래에 대한 두려움과 시간에 대한 압박감, 무가치함의 혼란에 빠지게 된다.

## 2) 성년기와 사회환경

청년기까지 인생을 준비하는 시기라면 성인기부터는 그동안 준비된 발달을 토대로 자신의 목표를 성취하고 생산성을 실현하는 시기이다. 따라서 성인기에는 가치를 명료화하고 인생의 목표를 설정하며 목표달성을 위한 계획을 세우고 실현해 나가야 한다. 성인기의 개인적 발달과업은 그 어느 발달단계보다도 사회적 과업수행을 지향하는 특성이 강하고 성인기의 개인적 목표는 사회환경 안에서 사회적인 목표와 맞물리기 때문에 개인적 목표와 사회적 목표는 함께 동반되는 경우가 많다. 성인 초기에 일어나는 큰 이슈는 직업, 결혼, 부모역할 등이다.

### (1) 직업

성년기의 주요 사회적 발달과업은 자신에게 적절한 직업을 선택하고, 그 직업에 건강하게 적응하는 일이다. 이 시기는 직업에 대한 실험과 훈련의 단계로 직업을 선택하고, 그 직업이 요구하는 전문적인 기술이나 지식을 연마하고 직장에서의 안정적인 인간관계를 형성해야 한다. 자신의 직업에 건강하게 적응한 사람은 직장 내 업무를 수행하는 과정에서 자신에게 축적된 지식과 기술을 적극 활용할 뿐만 아니라 더 나아가 일을 통해 자신의 창의성을 발휘할 수 있게 된다. 또한 직장 동료와도 만족스러운 인간관계를 형성할 수 있고, 이러한 과정에서 성취에 대한 자신감을 보다 고양시킬 수 있다.

그러나 자신의 직업에 잘 적응하지 못하면 자신과 직업에 대해 불만족하게 되고 심리적인 불안감을 경험하게 되며 자존감이 저하되고 일 자체에 대한 분노가 생활 전반에 대한 분노로 이어질 수 있다. 직업에의 부적응은 업무능력의 저하를 가져오고 장기결근, 이직 및 잦은 직장의 변화로 이어져 자기존중감을 심각하게 손상시킬 수 있다.

개인이 직업을 선택하고 직업에 대해 준비하는 과정에 대하여 Ginzberg(1990)는 절충 이론을 주장하였다. 그는 개인의 직업선택은 성인기를 전후한 몇 년 사이에 이루어지는 것이 아니고 상당히 오랜 기간 지속된다고 보고 직업의 선택은 공상기, 잠정적 선택기, 현실적 탐색기의 3단계[1]를 거쳐 결정된다고 제시하였다.

Super(1990) 역시 그의 자아개념 이론에서 직업선택은 연령에 따라 변화하는 자아개념과 밀접한 관련이 있다고 보았다. 따라서 직업선택은 청년기 및 성년기에 주로 이루어지지만 직업에 대한 정체감은 일생을 거쳐 달성되는 과정으로 8단계[2]의 과정을 거치는데, 성년기에는 일반적으로 확립단계에 이른다고 보았다.

---

1) • 1단계(공상기) : 약 11세 정도의 시기로 아동들이 놀이하는 가운데 다양한 직업역할을 수행해 보는 단계
- 2단계(잠정적 선택기) : 11세에서 18세 까지의 시기로 청년들이 흥미, 능력, 가치를 직업기회들과 부합시키기 시작하는 단계
- 3단계(현실적 탐색기) : 18세 이후의 시기로 젊은 성인들이 다양한 종류의 직업을 적극적으로 탐색하고 대안을 좁히고 마지막으로 특정 직업에 다소 영구적으로 개입하는 단계

2) • 결정화단계 : 청년 초기. 직업에 대해 막연하고 일반적인 생각에 머무는 단계
- 구체화단계 : 청년 후기. 다양한 직업세계에 대한 지식이 늘고 직업에 대한 생각이 보다 구체화되어 선택을 구체화시키는 단계
- 실행단계 : 20대 초반. 한두 개의 초보적인 직업을 시험해 보거나 실제 직업세계를 경험하면서 최종 선택을 향해 진행하는 단계
- 확립단계 : 20대 후반. 직업을 선택하고 자신의 직업을 자아개념의 일부로 받아들이는 단계
- 강화단계 : 30대 중반. 자신의 직업분야에서 더 빨리 더 높은 지위에 오르려고 노력하는 단계
- 유지단계 : 40대 중반. 자신의 직업분야에서 높은 지위를 획득하고 전문가가 되는 단계
- 쇠퇴단계 : 50대 후반. 은퇴가 가까이 오면서 점차 일의 양을 줄이고 직업에서 자신을 서서히 분리하는 단계
- 은퇴단계 : 직장에서 은퇴하고 직업 이외의 역할을 찾는 단계

따라서 직업선택의 과정은 청년기나 성년기의 어느 한 시점에서 이루어지지만, 어린 시절부터 오랜 기간 동안 직업선택의 과정이 지속적으로 진행되며 일생을 통해 변화하고 확립되어 간다고 볼 수 있다.

개인이 직업을 선택하는 데 영향을 주는 주요 요인은 '부모', '사회계층', '지능 · 적성 · 흥미' 등이다(정옥분, 2005). 부모는 자녀의 성장기부터 자녀의 흥미나 활동을 제한하거나 의도적으로 특정 방향의 활동을 장려하기도 한다. 가업의 계승에 영향을 줄 수도 있고 자녀가 선택할 직업의 범위를 한정 짓기도 한다. 중류계층 이상의 부모들이 하류계층의 부모보다 직업에 대한 지식이 더 폭넓기 때문에 자녀의 직업선택에 보다 양질의 조언을 할 수 있다. 부모의 직업 자체도 자녀에게 영향을 줄 뿐만 아니라 사회계층이 높을수록 자녀의 학업성취와 교육수준에 긍정적인 영향을 줄 가능성이 많으므로 사회계층은 자녀의 직업선택에 영향을 주는 주요 변인이 된다. 또한 직업의 직종에 따라 요구되는 적성과 능력이 다르기 때문에 개인의 지능 · 적성 · 흥미는 직업을 선택하는 데 중요한 요인일 뿐만 아니라 직업에서의 성공을 결정짓는 요소이기도 하다.

### (2) 결혼

결혼은 이성에 대한 친밀감에 기초하여 배우자를 선택하고 새로운 가정을 형성하는 과정이다. 결혼은 성인으로서의 독립을 상징하는 매우 중요한 통과의례일 뿐만 아니라 실질적으로도 독립된 성인으로서의 의무와 책임이 따르는 인생의 중요한 결정이다. 따라서 결혼을 하기 위해서는 심리적 · 사회적 · 경제적 준비가 되어 있어야 한다.

배우자의 선택은 결혼생활의 안정과 행복의 가장 중요한 요소이다. 그러므로 배우자를 선택할 때에는 상대방에 대한 다양한 사항들을 고려하여 신중하게 결정해야 한다. 배우자를 선택할 때 근접성, 이상적 이성상, 부족한 부분에 대한 보상적 욕구, 환경의 동질성, 성향의 동질성 등의 요인이 선택의 동기로 작용할 수 있다. 그러나 배우자를 선택하는 과정에서 더욱 고려해야 할 중요한 요인은 신체적 · 정신적 건강, 성숙한 성격, 사회적 · 경제적 · 문화적 배경을 포함한 성장배경, 건전한 이념과 가치관, 연령, 경제적 능력 등이다(유안진 · 김혜선, 1996).

배우자의 선택에서 결혼 동기가 건전하지 못할 경우에는 결혼을 결정하지 않는 것이 바람직하다. 만일 결혼 동기가 연애에 실패한 후 상처를 치유하기 위해서, 동정심에서, 외로움을 이길 수 없어서, 불행한 가정에서 탈출하기 위해서, 혼전임신 등과 같이 부정적인 경우에는 결혼생활이 행복해질 수 없기 때문이다. 한편 정서적으로 불안정한 사람, 신경질적인 사람, 열등감이 강한 사람, 터무니없는 우월감을 갖는 사람, 냉혹한 사람, 무계획적인 사람, 독립심이 부족한 사람 등은 배우자로서 적합하지 않다는 것이다. 또한 쉽게 싫증을 느끼는 사람, 극단적인 허영심을 소유한 사람, 무책임한 사람, 금전의식이 올바르지 못한 사람, 사회적응 능력이 결여된 사람 등도 결혼생활을 순조롭게 이끌 수 있는 능력이 없는 사람들이기 때문에 배우자로서 적합하지 않다(서병숙, 1993).

결혼은 친밀감과 성숙한 사회적 관계를 확립하는 데 매우 중요한 요소이다. 결혼을 하면 첫 몇 년간은 상호 적응과정이다. 서로 다른 가족 내에서 성장한 사람들 간의 문화차이에서 오는 갈등이나 금전지출, 성생활, 원가족과의 관계 등에 대해 서로 의논하고 협의하는 과정이 필요하다. 어떤 결혼이 성공적일지는 예측하기가 어렵지만, 성공적인 결혼의 공통점은 상호 심리적인 헌신과 결혼관계가 허용하는 한계와 자유를 공존시킬 수 있는 사랑이 요구된다. 그리고 사회구조의 변화에도 불구하고 결혼생활을 하는 성인이 그렇지 않은 성인보다 삶의 만족도가 더 높고, 일반적으로 개인은 결혼관계를 통해서 친밀감의 욕구를 보다 더 잘 충족시킬 수 있다.

### (3) 부모역할과 자녀양육

결혼을 통해 가족을 구성하고 자녀의 출생도 이루어진다. 자녀의 출생과 더불어 자연스럽게 부모가 되며 자녀를 양육하는 부모로서의 역할을 수행하게 된다.

Rossi(1968)는 부모가 되는 단계로 다음의 4단계를 제시하였다.

- 1단계(기대단계) : 임신을 확인하고 부모로서 요구되는 새로운 역할을 인식하는 단계
- 2단계(허니문단계) : 부모와 자녀 간의 애착이 형성되는 단계. 이 단계에는 부부간의 친밀감과 자유가 감소하고 피로감이 증가하는 등 적응의 어려움과 부모로서의 역할에 대한 흥분과 기쁨이 공존한다.
- 3단계(안정단계) : 부모로서의 역할을 정립하고 가족과 지역사회의 문제에 대처하

는 것을 학습하는 단계

- 4단계(종결단계) : 막내 자녀가 가정을 떠나는 단계로 이혼이나 아동보호 상실 등으로 자녀양육이 조기에 종결되는 경우도 이에 해당된다.

대부분의 부부들이 결혼 초기에 자녀를 갖게 된다. 그러나 자녀의 출생은 부부의 그 동안의 삶의 방식과 가족생활에 많은 변화를 가져온다. 아기는 전적으로 성인에게 의존적이기 때문에 가족 중 누군가는 자녀양육을 전담해야 한다. 그리고 막연하게 아기는 귀엽고 천사같이 선하다는 생각만을 가지고 있는 성인이라면, 실제 자녀양육 행동에 얼마나 많은 육체적인 피로와 어려움도 함께 동반되는지를 깨닫게 될 것이다. 자녀양육은 성인 초기의 부부들에게 많은 기쁨이기도 하지만, 실제적인 어려움도 많다. 그래서 실제로 첫 자녀가 태어난 후 부부의 결혼만족도는 오히려 떨어지는 것으로 보고된다.

부모역할의 어려움은 자녀양육 기술의 부족, 가족구조의 핵가족화, 취업부모, 가사노동과 자녀양육 역할 분담 등의 요인에 의해 영향을 받으며, 이는 부부갈등의 원인으로도 작용한다. 특히 취업부모 가족의 자녀양육 문제는 어린이집 문제, 자녀양육기 여성의 취업률 저하, 출산율 저하 및 고령화 사회로의 진입 등과 같은 심각한 사회문제를 야기 시키기도 한다.

따라서 자녀를 출산하기에 앞서 부모가 되기 위한 준비가 필요하다. 첫째, 부모됨(parenthood)에 대한 준비가 필요한데, 이는 부모가 되고자 하는 강한 욕구가 있어야 함을 의미한다. 둘째, 부모됨에 대한 교육으로 육아에 대한 지식을 가지고 있어야 한다. 셋째, 부부간의 부모역할 재규정이 필요하다.

# ❷ 중 · 장년기

## 1) 중 · 장년기의 발달

### (1) 신체적 변화

#### ① 신체기능의 변화

청년기에 최고조에 도달했던 신체적 기능은 40대가 되면서 점차 감퇴되고 건강도 약화된다. 점차 육체적인 일을 하는 능력이 약화되고 질병에 걸리는 비율도 높을뿐더러 회복하는 데 걸리는 시간도 길어진다. 에너지 수준도 점차 감소하고 작업능력도 저하된다(Zastrow & Kirst-Ashman, 2013). 그러나 중 · 장년기에도 규칙적인 운동과 좋은 식습관을 계속 유지한다면, 여전히 젊은 시절의 신체적 기능을 유지할 수 있고 노화의 속도도 늦출 수 있다.

#### ② 감각기관의 변화

중 · 장년기에는 감각기관의 능력이 저하된다. 특히 시각은 원시가 되는 경향이 뚜렷해져서 돋보기가 필요해진다. 그러나 때때로 근시는 청년기보다 좋아지기도 한다. 청력도 감소되는데, 특히 고주파 소리에 대한 예민성이 저하된다. 미각과 후각도 점차 감소되나 시각과 청각만큼 확연하지는 않다(Ebersole, 1979).

#### ③ 외모의 변화

40대 초반 이후 신진대사가 저하되어 기초대사량이 줄기 때문에 체중이 늘고 허리를 중심으로 피하지방의 축적이 누적되는 경향을 보인다. 피부와 근육의 탄력이 줄어들고 주름이 생기기 시작한다. 흰머리가 나기 시작하고 머리카락이 빠져 탈모가 시작되기도 한다. 그러나 규칙적인 운동과 적절한 식이요법으로 노화의 진행을 늦출 수 있기 때문에 중 · 장년기의 외모 변화에는 개인차가 있다.

#### ④ 질병에 대한 취약성

중년기 이후에는 신체 전반의 노화로 인하여 질병에 걸릴 위험성이 높아진다. 신진대사가 저하되고 호르몬의 변화로 인해 건강상의 문제에 취약하다. 청년기까지는 사고가 사망의 가장 큰 원인이지만 중년기 이후에는 질병에 의한 사망이 가장 큰 비중을 차지한다. 당뇨, 고혈압, 순환기 질환, 암, 류머티즘, 디스크 등의 발병률이 청년기보다 월등히 높으며 여성의 경우 여성호르몬의 감소로 골다공증에 걸리기 쉽다.

남성들은 위험한 직종에서 일할 가능성이 높고 남성다움을 강조하는 분위기와 질병을 가볍게 여기는 경향이 있기 때문에 여성들보다 중 · 장년기에 질병에 노출될 확률이 더 높다. 또한 공격적이고 성취 지향적인 성격을 가진 사람은 심장 관련 질환에 걸릴 확률이 높다. 그러므로 정기적인 건강검진과 규칙적인 운동은 성인기 이후 삶의 질을 높이고 유지하는 데 매우 중요한 요인이 된다.

### 5 성적인 변화

중 · 장년기에는 호르몬의 변화로 인해 광범위한 신체적 · 정서적 변화를 겪게 되는 갱년기를 경험하게 된다. 여성의 경우는 월경이 종료되는 폐경을 맞게 되고 더 이상 임신을 할 수 없게 된다. 폐경에 수반하여 많은 생리적인 변화가 일어나는데, 이 기간을 갱년기라고 부른다. 여성의 폐경은 평균 50세를 전후하여 일어나지만 개인차가 있다. 갱년기가 되면 여성호르몬인 에스트로겐의 분비가 감소되어 번열증, 두통, 성교통, 요실금과 같은 신체적 증상들이 나타난다. 대표적인 여성 갱년기 증상은 번열증인데, 이는 얼굴이나 상체에 갑자기 열이 나고 땀이 나는 증상으로 수초 내지 수 분 동안 지속되다가 오한이 뒤따르기도 한다. 어떤 여성들은 더 이상 아이를 낳을 수 없다는 점과 중년기 신체 증상들 때문에 중년기 우울증에 빠지기도 한다.

남성들은 여성의 폐경만큼 급격한 변화는 없으나 완만한 성 감퇴현상이 나타난다. 남성들의 생식능력은 계속 유지되지만, 남성호르몬의 감소로 성 기능이 약화되고 성적 무력감, 우울 등을 경험한다. 테스토스테론 분비의 감소는 근육조직의 손실과 그로 인한 근력감소, 심장질환의 위험성도 증가시킨다(정옥분, 2004). 이 시기에 많은 남성들이 발기불능과 배뇨장애를 경험한다. 남성들도 늙는 것을 두려워하고 성적인 힘이 사라져간다고 인식하면서 우울증을 경험하기도 한다(Hyde & DeLamater, 1997).

갱년기에 겪게 되는 생리적 증상들은 심리적인 요인들과 복합적으로 작용하여 여성과 남성 모두에게 자신감을 떨어뜨리고 피로감, 우울, 분노감을 증가시킬 수 있다. 그러나 이런 중년기 변화를 자연스러운 노화과정 중의 하나로 받아들인다면 심각한 갈등을 막을 수 있다. 성인 후기의 신체적인 변화에 적응하는 것도 이 시기의 중요한 발달과업이 된다. 그렇지만 어떤 사람들은 중년기의 변화를 보다 심각하게 받아들이고 심리적인 어려움을 겪기도 하며 이혼, 외도, 자살시도 등의 문제로 이어지기도 한다.

### (2) 인지적 변화

일반적으로 중 · 장년기의 인지능력은 신체적 능력의 감소와 더불어 점차 감퇴하기 시작하는 것으로 생각하기 쉽다. 그러나 속도에 크게 의존하는 능력을 제외하고 중 · 장년기 인지능력의 감소는 그다지 크지 않다는 것이 보다 최근의 정설이다. 많은 연구결과를 종합해 볼 때, 인지적 능력은 중 · 장년기까지 안정적으로 지속되며 60세 이후가 되어야 쇠퇴하는 것으로 볼 수 있다.

#### ① 지능의 변화

인간의 지능은 중년기 이후에는 하강곡선을 보이는 것으로 인식되어 왔다. 성인의 지능에 관한 전통적인 연구들은 나이 들수록 지능은 감소한다고 보고하였다(Wechsler, 1958). 그러나 이들 전통적인 연구결과들은 횡단적 연구방법에 기인한 것이고, 종단적 연구방법에 의한 결과는 그와 다르다. 종단적 연구들은 지능이 연령이 증가함에 따라 오히려 향상되거나 유지되는 것으로 보고하고 있다. 즉, 20대 때의 지능지수가 50대 때도 동일하게 지속된다는 것이다. 따라서 중 · 장년기 이후에도 지능의 감퇴는 없으며 청년기의 지능을 유지한다고 할 수 있다.

#### ② 기억능력

중 · 장년기 동안 기억능력의 감퇴는 거의 일어나지 않으나 단기 기억부분에서는 감퇴가 일어나는 것으로 보고된다. 정보를 보고 그것을 약 60초 동안만 머리에 기억할 수 있는 단기 기억능력은 중 · 장년기 동안 명백한 약화현상을 보인다. 그러나 기억의 또 다른 형태인 장기간에 걸쳐 정보를 보유하는 장기 기억능력은 큰 변화 없이 지속된다(Turner & Helmes, 1983).

인지적 반응속도는 중 · 장년기 이후 다소 늦어지는 것으로 보고된다. 따라서 50세 이후에 저장되어 있는 기억정보를 인출하고 활성화하는 데 걸리는 시간은 20대가 필요로 하는 시간보다 60% 정도 증가한다(Santrock, 1995). 따라서 중 · 장년기에 기억능력의 감퇴가 거의 없는데도 불구하고 감퇴하는 것처럼 보이는 이유는 정보처리 시간이 길어지는 데 기인한다고(송명자, 1996) 해석된다. 단, 중 · 장년기 이후 정보처리 시간이 길어지는 이유가 중추신경계의 기능 저하 때문인지 혹은 조심성, 심사숙고, 불안 등의 요인에 의한 것인지에 대해서는 아직 논란이 되고 있다.

### ③ 유동성 지능 대 결정성 지능

사람들이 사용하는 지능은 유동성 지능과 결정성 지능으로 구분할 수 있는데, 두 유형의 지능발달은 연령에 따라 상이하다.

유동성 지능(fluid intelligence)은 신경계와 생리학적 능력에 기초를 둔 운동속도, 지각, 기억, 새로운 정보를 인지적으로 다루는 것과 같은 능력을 포함하는데, 이것은 청년기까지 증가하다가 이후 미세한 점진적 감퇴가 이루어진다. 그러나 감퇴의 정도가 적어서 중 · 장년기가 끝나는 시기까지도 거의 비슷한 수준을 유지한다고 할 수 있다.

결정성 지능(crystalized intelligence)은 언어능력, 어휘력, 이해력, 공간개념 등을 포함하는데, 유동성 지능과 달리 결정성 지능은 생애 전반을 통해 증가한다(Neugarten, 1977). 특히 단어의 유창성, 공간지각 능력 등은 오히려 중 · 장년기에 정점에 도달한다(Schaie, 1990).

### ④ 인지양식

인지양식은 정보처리 과정에서 나타나는 개인의 특징적인 유형을 말한다. 예를 들면 어떤 사람은 사려 깊고 반성적인데 비해 어떤 사람은 충동적이다. 또한 어떤 사람은 수렴적 사고를 많이 하는 데 비해 어떤 사람은 확산적 사고를 주로 한다. 이러한 개인의 인지양식은 아동기에 형성되지만 성인기에 지속적으로 개별화되고 중 · 장년기 이후에는 경직되는 경향이 있다. 따라서 중 · 장년기에 속한 사람들은 새로운 것을 학습하는 데 어려움을 느끼게 되는데, 그 이유는 지적능력의 감소 때문이 아니라 경직된 개인의 인지양식 때문이라고 할 수 있다. 반면에 오랜 경험을 통해 습득된 지혜가 있기 때문에 이 시기에 문제해결 능력은 오히려 높아진다.

### (3) 발달단계로서의 중 · 장년기

#### ① 전환의 시기 : 중년기 위기

중년기 위기라는 말은 Jung에 의해 가장 먼저 쓰여졌다. 생의 전반부에는 자신의 외부세계에 몰두하지만, 후반부에는 질병, 사망, 개인적인 한계 등을 느끼면서 자신의 내면세계를 성찰하기 시작한다. 중년기가 되면 여성이든 남성이든 자신의 일생을 돌아보고 재평가해 보게 된다. 결혼생활, 가정생활 그리고 직업에서 자신이 그동안 성취한 것과 실패한 것에 대해 고찰한다. 어떤 사람들은 그동안의 삶을 재정비하고 새로운 헌신과 성장의 기회로 삼기도 하나 어떤 사람들은 현재의 생활방식에 회의를 느끼고 새로운 인생을 살고 싶어 하지만, 그 방법을 알지 못해 고민하기도 한다. 그래서 이 시기를 전환의 시기라고도 하며, 이 전환은 위기가 될 수도 혹은 기회가 될 수도 있다.

남성들은 직업에 대한 불만이 증가하기도 하고 일상의 지루함과 성취감의 상실을 경험하기도 한다. 여성들은 자녀의 학업이나 진로와 같은 자녀문제나 노부모 봉양문제, 자신의 존재와 인생에 대한 무의미와 우울감을 느낄 수 있는데, 이는 폐경이라는 극적인 신체적 변화와 함께 흔히 동반되어 나타나는 반응인 경우가 많다.

즉, 중년기 위기는 심리적 후회감, 불안감, 초조감, 허탈감과 함께 과거 및 현재의 삶과 활동에 대한 재평가 및 부정적 견해를 동반하는 종합적인 개념이다. 그러나 모든 중년기 성인들이 부정적인 심리적 경험을 하는 것은 아니며, 오히려 삶에 대한 긍정적인 태도를 보이는 성인들도 많다. 그러므로 Levinson(1978)은 이 시기의 회의와 탐색, 수정에의 욕구는 발달상의 정상적이고 보편적인 과정으로서 자아의 가장 건강한 측면에서 유래된 적절한 현상이라고 평가하여 중년기 위기감을 부정적인 현상에 국한하지 않았다.

#### ② 중 · 장년기의 발달과업

중 · 장년기는 인생의 나머지 절반의 시작점이자 전환점이다. 중 · 장년기는 생물학적으로나 사회적으로나 많은 변화가 생기기 때문에 한 개인이 그동안 해왔던 역할들에 큰 변화가 일어나는 시기이다.

Erikson(1968)은 이 시기의 발달과업을 생산성 대 침체로 설명하였다. 생산성은 직업이나 전문적인 측면에서 사회에 공헌하는 생산적인 창조성을 의미하며 사회와 가정에 필요한 사람이 되고자 하는 것을 의미한다. 배우자나 친구와 같은 최소한의 친밀한 관계를 넘어서 다음 세대에 관심을 가지고 보다 이타적인 태도를 지니는 것을 말한다. 자녀를 양육하고 가족을 돌보는 일뿐만 아니라 사회와 인류를 위한 공헌이 모두 포함된다. 이 시기에 생산성이 원활하게 획득되지 못한다면 침체에 빠지게 된다. 침체는 심리적인 움직임이나 성장이 결여되어 가정이나 사회에서 이타적인 공헌을 하지 못하는 것이다. 이런 사람들은 자기중심적이고 타인의 입장에 관심이 없으며 자신의 욕구 이상의 것을 바라거나 다음 세대의 발전을 고려하지 않기 때문에 침체감에 빠지게 되고 발달적 위기에 처하게 된다.

Peck(1968)은 Erikson이 제시한 중 · 장년기 발달과업에 동의하면서 이 시기에 나타나는 보다 많은 갈등을 다룸으로써 Erikson의 개념을 확장하였다. Peck은 성인기에 발생하는 일곱 가지 이슈를 제시하였는데, 그중에서 네 가지가 중 · 장년기에 겪을 수 있는 갈등이라고 하였고, 이러한 갈등을 어떻게 해결하느냐가 이 시기의 성공적인 적응에 매우 중요하다고 하였다.

① 지혜에 대한 가치부여 대 물리적 힘에 대한 가치부여 : 이 시기에는 육체적인 힘이 감소하고 건강상의 문제가 증가되기 때문에 자신의 에너지를 육체적인 활동보다는 정신적인 활동으로 이동시킨다. 따라서 이 시기를 효과적으로 보내는 사람은 정신적인 능력을 문제해결 수단으로 삼는 사람이다.

② 인간관계의 사회화 대 성적대상화 : 중 · 장년기에는 대인관계에서 상대방을 성적 친밀성이나 경쟁의 대상으로 보기보다는 친구, 동료로 생각하는 동반자 관계로의 재정의가 이루어진다. 따라서 이성 간에 서로를 성적 대상으로 삼기보다는 개인적 인격에 가치를 두도록 한다.

③ 정서적 · 정신적 융통성 대 경직성 : 이는 중 · 장년기가 되면 가까운 가족과 친구들을 떠나 새로운 정신적 태도를 요구하는 새로운 상황에 적응하는 것을 말한다. 이 시기에는 부모의 사망, 자녀의 독립 등으로 그동안 인생의 초점이 되어왔던 대상들이 사라지게 된다. 따라서 자신의 감정과 에너지를 다양한 사람과 새로운 활동으로 전환할 수 있어야 한다. 또한 새로운 견해나 활동에 대한 융통성을 보여야 하는데, 그렇지 못할 경우 정신적인 경직과 정신적 빈곤에 처할 수 있다.

한편 Levinson(1978)은 중 · 장년기에 성취해야 하는 발달과제로 다음 세 가지를 주장하였다. 첫째, 자신의 과거에 대하여 재평가함으로써 남은 인생을 새로이 계획할 수 있는 토대를 마련해야 하는 것, 둘째, 인생의 나머지 부분을 새로운 시기로 시작하기 위하여 지난 삶의 부정적인 요소들을 검토 · 수정하여 새로운 선택이 이루어져야 하는 것, 그리고 마지막으로 개별화(individualization)를 성취해야 하는 것이다. 여기서 Levinson이 의미하는 개별화는 그 이전까지 상극의 관계에 있고 동시에 있을 수 없는 것으로 간주하였던 경향이나 상태가 자신에게 동시에 존재함을 깨닫고, 이를 자아정체감 내에 통합하는 것을 말한다. 예를 들어 장년기의 남자는 자신을 젊었다고 느낄 수도 있고 늙었다고 느낄 수도 있으며 또는 그 중간에 있다고 느낄 수도 있다. 이러한 상황에서 중요한 과제는 젊음과 늙음의 중간에 있는 조건들을 잘 파악하고 받아들이는 것이다(이인정 · 최해경, 2007).

그리고 Gould(1978)는 중 · 장년기에 벗어나야 할 다섯 가지 비합리적 가정을 제시하였다. 첫째, 안전이 영원히 지속될 것이라는 가정이다. 실제로 중 · 장년기에는 부모의 사망을 겪거나 성인 자녀가 부모를 돌보는 역할 전도가 일어난다. 둘째, 자신과 자신이 사랑하는 가까운 사람들에게 죽음이 일어나지 않을 것이라는 가정이다. 실제로는 많은 중 · 장년기 성인들이 부모의 죽음을 겪고 자신의 죽음도 예견 받는다. 셋째, 배우자 없이 사는 것이 불가능하다는 생각이다. 특히 장년기의 여성들은 배우자의 보호 없이 살 수 없다는 사고를 버림으로써 더 광범위한 사회적 접촉을 경험하게 되고 인격발달을 도모할 수 있다. 넷째, 가족 밖에서는 어떠한 삶이나 변화도 존재할 수 없다는 가정이다. 그러나 중 · 장년기에 자신을 재정의하고 결혼생활에 대한 새로운 협상과 실험을 통해서 가족 밖의 생활과 자신의 변화 가능성을 발견하는 경우는 흔히 볼 수 있고 개인의 인생에 의미 있는 일이다. 다섯째, 자신이 순수하다는 가정이다. 많은 성인들이 탐욕, 시기, 경쟁과 같은 속성들이 존재한다고 인식한다. 중 · 장년기에는 이러한 속성이 자신에게도 있음을 깨닫고 자신의 장점뿐만 아니라 약점도 알아야 한다.

## 2) 중 · 장년기와 사회환경

### (1) 가족 내 역할변화 : 샌드위치 세대

중 · 장년기의 가족생활환경은 가족 구성원 간의 역할변화에서부터 시작된다. 중 · 장년기 성인들은 부모로서의 역할과 성인 자녀로서의 역할을 모두 수행해야 한다. 중년의 성인들은 나이 든 노부모와 새로운 관계를 정립해야 하고 청소년기나 청년기로 접어드는 자신의 자녀와의 관계에도 새로운 역할정립이 요구된다.

노부모들은 점점 연로해 가기 때문에 중년의 성인 자녀에게 점점 더 의존적이 되어 간다. 이에 중 · 장년기 성인은 노부모를 직접 모시고 봉양해야 하는 책임을 갖게 된다. 동시에 중 · 장년기에는 자녀와도 새로운 관계를 형성해야 한다. 이제 자녀는 아동기를 지나 청소년기로 성장해 간다. 이 시기는 자녀나 부모 모두 생의 전환기에 접어드는 시기이기 때문에 부모-자녀관계에 더 많은 갈등이 일어날 수 있다. 청소년기 자녀를 둔 중 · 장년기 성인은 자녀들이 그들의 발달과업을 잘 성취할 수 있도록 돕고 보살피는 부모 역할 의무에 충실해야 할 뿐만 아니라, 동시에 노부모를 봉양하고 수발드는 성인 자녀의 의무를 수행해야 하는 '샌드위치 세대' 가 된다.

따라서 중 · 장년기 성인은 가족 구성원의 성장과 발달을 지원할 수 있는 안정된 가족 환경을 구성해야 한다. 가족 구성원의 지위에 따라 적절한 책임과 의무를 나누어 가져야 하고 민주적이고 합리적인 가족 내 의사결정 과정을 확립해야 한다. 이와 같이, 중년기는 노부모 세대와 성인기로 접어드는 자녀 세대 사이에 낀 샌드위치 세대로 노부모와의 관계에서도 자녀와의 관계에서도 새로운 역할관계 정립이 요구되는 시기이다.

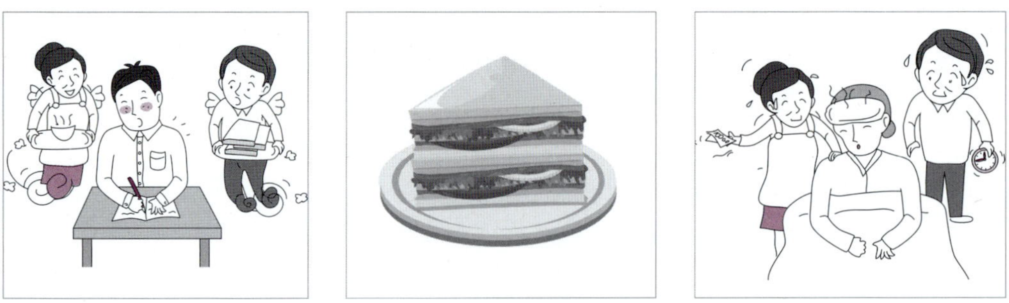

[그림 9-2] 샌드위치 세대

### (2) 부부관계의 변화 : 중년기 전환

중년이 되면 남녀 모두 외모, 역할, 태도 등에서 결혼할 당시와는 많이 달라지기 때문에 중 · 장년기의 부부관계는 또 다른 이해를 필요로 한다. 중 · 장년기 부부들에게 있어 서로가 각자의 역할에 얼마나 동의하는가 하는 것이 부부간의 적응에 가장 중요한 부분이 된다. 여성과 남성은 중년기 전까지 각각 여성적 역할과 남성적 역할에 집중하였기 때문에 그동안 많이 사용하지 못하여 남아 있는 반대 성의 성적 에너지를 사용하고자 하는 욕구가 자연스럽게 발현된다. 따라서 중년기 이후부터 여성은 남성적 에너지를, 남성은 여성적 에너지를 사용하는 중년기 전환이 일어난다. 이에 중년기 이후 여성은 보다 적극적이고 활발하게 사회활동에 몰두하고자 하며 남성은 가정생활에 관심을 보이고 보다 세심해진다. 중 · 장년기 부부들은 이러한 역할전환에도 적응해야 한다.

### (3) 직업적 성취와 직업전환

직업에서의 직무수행 능력은 대체로 중 · 장년기에 매우 높아진다. 그동안 관련 업무에 대한 지식과 숙련도가 증대된 결과이다. 그러나 엄밀히 말하면, 직무수행 능력이 연령의 변화에 따라 어떻게 달라지는가는 일의 종류에 따라 다르다. 일반적으로 지식과 기술숙련이 요구되는 직업에서는 연령이 증가할수록 직무수행 능력이 높아지지만, 체력과 빠른 반응속도를 요하는 직업에서는 연령증가와 반비례한다. 그러므로 속도와 관련된 직업을 가진 성인은 중년기 이후에 직업적 스트레스를 겪게 되고 때로는 직업전환을 심각하게 고려하기도 한다. 그러나 체력이나 빠른 속도를 요구하는 분야 이외의 직업분야에서는 그동안의 오랜 경험과 지식, 기술을 활용하여 높은 수준의 직무성취 능력을 보인다. Baltes와 Baltes(1990)는 중 · 장년기에 높은 수준의 생산성과 직무수행 능력을 유지할 수 있는 것은 '선택적 능력발휘를 통한 보상(selective optimization with compensation)' 을 할 수 있기 때문에 가능하다고 하였다(권중돈 · 김동배, 2005). 즉, 중 · 장년기의 근로자들 본인은 가장 핵심적인 업무에 집중하고 다른 업무는 위임하거나 업무량은 줄이는 등 직무에 필요한 기술에 있어서 자신의 약점을 최소화하고 강점을 최대화할 수 있는 능력이 있기 때문에 높은 수준의 생산성과 직무수행 능력을 유지할 수 있다.

중 · 장년기에는 자신의 직업에 보다 익숙해지고 잘 적응되어 보다 높은 지위와 높은 급여를 받게 되므로 경제적인 안정과 만족을 느낄 수 있다. 그러나 한편으로는 지금까지 자신이 달성해 온 직업적인 성취가 과연 청년기에 자신이 꿈꾸었던 것이었는지 재평가해 보게 되는 시기이기도 하다. 그러므로 중 · 장년기는 직업적 성취도가 최고조에 도달할 가능성과 직업적 전환을 해야 하는 가능성이 공존하는 시기이다. 40대 성인들은 직업적 성취의 열망이 가장 높기 때문에 경쟁 관계에서 많은 직업적 스트레스를 받게 된다. 또한 남성과 달리 여성은 직장업무와 가사노동 및 자녀양육이라는 이중부담으로 보다 많은 긴장을 초래한다.

중 · 장년기의 직업전환은 점점 보편적인 현상이 되고 있다. 중년기에는 자기의 직업에서 은퇴할 수 있는 시간이 얼마 남지 않았으므로 자기의 목표성취를 되돌아보게 되고 목표를 달성할 수 있는 가능성이 없으면, 목표를 축소하거나 직업을 전환하려고 시도한다. 또한 새로운 직업 전망이나 보다 높은 수준의 개인적 욕구를 충족시키기 위해 직업을 전환하기도 하는데(조복희 · 정옥분 · 유가효, 1997), 이는 자발적인 직업전환에 속한다. 자발적 직업전환은 개인의 동기나 성격, 취업기회, 생계수단 확보 등의 요인이 복합적으로 작용하여 결정된다. 그러나 비자발적인 직업전환은 당사자뿐만 아니라 가족생활 전체에도 중대한 위기를 초래할 수 있다. 비자발적인 직업전환은 개인의 업무수행 능력문제로 발생하기도 하지만 경기침체나 경제적 불황상태로 '구조조정' 과정에서 초래되는 명예퇴직이나 정리해고의 경우가 이에 포함된다.

### (4) 부모역할의 변화 : 빈 둥지 시기

자녀의 발달단계를 기준으로 볼 때, 중 · 장년기의 자녀들은 청소년기부터 자녀 독립기 단계에 분포해 있다. 이 시기 자녀는 점차 부모에게서부터 독립하려는 의지가 생기는 시기이다. 자녀는 더 이상 이전의 부모-자녀관계를 필요로 하지 않으며 더 많은 독립을 추구한다. 따라서 자녀가 청소년기로 이행하는 시기에는 청소년의 독립을 인정하는 방향으로 부모-자녀관계가 조정되어야 한다. 부모는 지나친 간섭이나 통제에서 벗어나 명확한 한계를 설정해 주고 자녀에게 자율과 책임을 줌으로써 새로운 부모-자녀관계의 역할 모색에 나서야 한다.

이 시기 부모는 자녀를 성인으로 인정하고 그들의 의사를 존중하는 태도를 가져야 한다. 자녀가 결혼이나 취업 등의 이유로 부모들의 품에서 벗어나 독립하는 과정을 받아들이고 자녀와의 새로운 역할관계를 정립해야 한다. 막내 자녀까지 모두 부모로부터 독립하면 다시 중년의 부부만이 남는다. 즉, 자녀들이 모두 떠나고 둥지가 텅 빈 '빈 둥지' 시기가 된다.

중년의 여성들은 자녀가 모두 독립하여 가정을 떠날 때 허전함과 역할 상실감으로 우울증을 경험하기도 한다. 이것을 '빈 둥지 증후군(empty nest syndrome)' 이라고 한다. 그러나 모든 중년 여성이 빈 둥지 증후군을 경험하는 것은 아니며, 오히려 어떤 여성들은 양육자로서의 어머니 역할과 책임의식으로부터 해방감을 느끼고 자신의 정체성을 찾아 자기 인생에 새로운 의미를 부여하고 자신감, 독립심, 행복감을 나타내기도 한다. 자녀가 모두 독립하는 '빈 둥지' 시기는 중 · 장년기에 겪어야 하는 발달의 과정이다. 따라서 '빈 둥지' 시기에는 부부관계를 친밀한 2인군 관계로 재조정함과 동시에 며느리, 손자녀 등과도 친밀함을 유지하는 전체적인 가족관계의 재조정이 필요하다.

## 3 성인기의 사회복지실천 과제

### 1) 성년기의 사회복지실천 과제

#### (1) 신체적 발달의 사회복지실천 과제

성년기에 신체적인 기능상태를 지속적으로 유지하기 위해서는 규칙적인 운동이 필수적이다. 따라서 사회복지기관에서는 지역주민들을 위한 운동시설을 설치하거나 각종 체육활동 프로그램을 개발하여 실시할 필요가 있다.

또한 지역의 보건소나 기타 식품회사 등과 연계하여 가정 식단 꾸미기 프로그램을 개발하여 지역사회 내에 보급하고 금주 및 금연 교실, 스트레스 관리 프로그램 등을 개발하여 운영할 필요가 있다.

### (2) 심리적 발달의 사회복지실천 과제

이 시기의 중요한 발달과업은 친밀감의 성취이고, 이를 기초로 결혼이 형성된다. 따라서 비슷한 연령의 타인들이나 직장동료와 친밀감을 형성할 수 있는 친목도모 취미교실 등의 활성화가 도움이 될 수 있다. 또한 젊은 (예비)부부들을 위한 부부교실 등을 개설하고 신혼기의 결혼생활 적응, 가족생활계획 수립, 부부상담 등을 실시하여 부부간의 친밀한 관계가 유지될 수 있도록 도움을 주어야 한다.

### (3) 사회적 발달의 사회복지실천 과제

첫 자녀를 출산한 젊은 부모는 육아에 대한 지식과 기술이 모두 부족할 뿐만 아니라 급속히 핵가족화 된 사회환경에서 자녀양육에 대한 역할분담의 문제가 부부갈등을 증폭시킬 수 있다. 이에 임산부교실이나 부모역할훈련 프로그램을 실시하고, 경우에 따라서는 가정봉사원이나 보육 도우미 등을 파견하여 산후조리 및 자녀양육을 지원할 필요가 있다. 또한 직장생활과 기타 사회적인 관계 형성을 위해 전문사회교육 프로그램을 실시할 수 있을 것이다.

## 2) 중 · 장년기의 사회복지실천 과제

### (1) 신체적 발달과 사회복지실천 과제

중 · 장년기에는 신체구조의 변화와 신체기능의 저하로 인하여 성인병에 걸릴 위험성이 크게 증가한다. 따라서 사회복지기관에서 성인병 예방을 위한 건강교육이나 건강상담 프로그램을 실시하는 일은 중요하다. 중 · 장년기 성인에게 적합한 건강관리와 유지를 위한 운동시설을 설치하여 지역주민들에게 개방

출처 : http://www.bongchuny.or.kr

**[사진 9-1] 종합사회복지관에서 관절염재활 프그램에 참여하는 모습**

할 필요가 있다. 또한 만성질병이나 장애노인을 부양하는 성인가족에 대한 가정봉사원이나 간병인 파견, 질병이나 사고로 인해 중도장애인이 된 중년기 성인에 대한 각종 재활 및 치료 프로그램의 실시, 중년기 우울증, 불안 등을 예방하기 위한 각종 상담, 성적 무능력으로 인해 고통 받는 중년기 남녀 성인과 중년기 성치료기관과의 연계체계의 확립 사업 등이 요구된다.

갱년기 장애에 수반되는 신체적 변화에 적절히 적응할 수 있도록 돕고 우울증, 불안 등의 정신장애를 사전에 예방하기 위해서는 중 · 장년기 성인을 대상으로 하는 개인상담, 집단상담, 부부상담, 가족치료 등을 강화할 필요가 있다.

### (2) 심리적 발달과 사회복지실천 과제

사회복지기관에서는 중 · 장년기 성인의 인지기능 유지를 지원하는 프로그램을 개발하고 실시할 필요가 있다. 예를 들어 각 지방자치단체나 문화센터를 중심으로 한 사회교육 프로그램은 평생교육의 기능을 담당할 수 있고, 이를 통한 전문기술교육은 중 · 장년기 자립능력의 배양과 여가생활의 질을 향상시킬 수 있다.

또한 중 · 장년기에 나타나기 쉬운 생리적 변화, 심리적 변화, 직업에서의 실패, 부부갈등과 이혼 등이 원인이 되어 발생하는 중년기 위기를 극복하고 자아실현을 원조할 프로그램을 개발하고 실시하여 중장년 성인의 심리적인 어려움을 돕는 것은 중요하다. 더 나아가 중년기의 심각한 위기 상황에 직면하여 각종 정신질환 증상을 보이는 성인들을 지원하기 위한 심리치료도 중요한 사회복지실천 과제이다. 이들이 손쉽게 치료서비스에 접근할 수 있는 의료체계를 확립하고 실시하는 일도 마련되어야 한다.

### (3) 사회적 발달과 사회복지실천 과제

사회복지기관에서는 현대사회에서 점점 해체되어가는 가족기능을 대체하는 역할을 담당할 필요가 있다. 개인상담 및 가족상담을 통하여 가족 구성원 간의 갈등을 해소시키고 가족관계의 악화를 사전에 예방하여야 한다. 아동, 청소년, 노인, 장애인의 보호와 재활을 지원하기 위한 각종 서비스를 실시하여 중년기 가족의 미흡한 기능을 보완해 주고 부랑인복지, 시설보호 사업 등을 실시하여 해체된 가족기능을 대체해 줄 수 있어야 한다(권중돈 · 김동배, 2005).

중 · 장년기 성인을 위해 현실적으로 매우 필요한 복지서비스는 고용 관련 서비스이다. 중 · 장년기 성인들이 직장에서 겪는 스트레스와 긴장해소를 위한 상담 프로그램, 실직 · 이직 등에 대비한 상담서비스, 고용보험제도의 활성화 노력, 실업보호혜택과 재정지원에 관한 상담, 재취업과 관련된 정보를 제공해 주는 등의 모든 활동은 이 시기 성인에게 큰 도움이 된다. 중년기의 실직은 경제적인 어려움으로 연결되기 쉽고, 앞으로 일할 수 없는 노인기로 접어든다는 심리적인 부담과 신체적인 노쇠함으로 인해 청년기보다 훨씬 심각한 위기를 가져온다.

재취업을 원하는 경우나 혹은 중 · 장년기에 처음으로 취업을 원하는 여성들에게 직업훈련사업과 고용알선사업을 실시할 필요가 있다. 또한 실직자를 위한 쉼터, 고용보험 수혜절차에 대한 상담과 가족에 대한 재정지원 서비스도 함께 이루어지는 것이 바람직하다.

여가환경이 변화되어감에 따라 여가의 의미와 가치 등을 교육하여 여가활동에 참여를 유도함으로써 중년기 삶의 질을 높일 수 있다. 또한 사회계층 간 위화감이 생기지 않도록 여가문화의 인프라를 구축하고 놀이 위주의 성격에서 벗어난 다양한 여가활동 프로그램을 개발하고 보급할 필요가 있다.

### 3) 성인기의 이상행동

이상행동의 진단에 널리 사용되는 지침인 미국정신의학협회의 DSM-IV는 정신장애를 17개 범주로 나누고 있다. '유아기, 아동기, 청소년기에 흔히 처음 진단되는 장애' 의 범주를 제외하고 나머지 16개 범주는 아동, 청소년기에도 발병하지만 주로 성인기에 발병하기 쉬운 정신장애들로 다음과 같다(박선환 · 박숙희 · 신은영 · 이주희 · 정미경 · 김혜숙, 2001; 이인정 · 최해경, 2007).

① 정신분열증(schizophrenia)과 기타 정신증적 장애 : 정신장애 중에서 가장 부적응적인 이상행동으로 뇌의 기질적 이상이 없는 상태에서 여러 가지 원인에 의해 사고, 감정, 지각, 행동 등 여러 측면에 장애를 초래하는 뇌기능 장애이다. 환각, 사고장애, 망상, 혼란된 언어, 기이한 행동, 감정의 둔화 등을 보인다.

② 기분장애(mood disorder) : 일정기간 동안 일상생활이 어려울 정도로 극도로 우울하거나 기분이 들뜨는 상태가 주된 증상이며 우울이 지속되는 우울장애와 우울증상과 조증이 번갈아 나타나는 양극성 장애가 있다. 우울증이 심하면 자살로 이어질 수 있고 여성의 경우 출산의 영향으로 산후우울증을 경험하기도 한다. 중년기에는 신체적, 사회적, 경제적 변화와 스트레스 요인으로 갱년기 우울증을 겪기도 한다.

③ 불안장애(anxiety disorder) : 특별한 이유 없이 사소한 문제에 대해 정상반응 이상으로 심한 긴장과 비합리적인 불안을 느끼는 것이 주된 증상으로 공포증, 강박장애, 외상 후 스트레스 장애, 공황장애, 일반화된 불안장애 등이 포함된다.

④ 신체형장애(somatoform disorder) : 기질적인 원인이 없고 신체 의학적으로는 설명할 수 없으나 정신적 원인이 통증을 비롯한 여러 가지 신체증상으로 나타나는 장애로 신체화 장애, 전환장애, 심인성 동통장애, 건강염려증, 비정형 신체변형장애 등이 포함된다.

⑤ 인격장애(personality disorder) : 개인이 문화적 기대로부터 심하게 벗어난 지속적인 내적 경험과 행동양식을 보이는 것으로서 부적응적 성격과 그로 인한 지속적인 부적응적 행동이 주된 증상이다. 반사회적 성격장애, 편집성 성격장애, 강박적 성격장애 등 세 군집에 10개의 성격장애가 포함되어 있다.

⑥ 적응장애(adjustment disorder) : 확인 가능한 정신사회적 스트레스에 반응하여 나타나는 임상적으로 심각한 정서적 또는 행동적 증상으로 실직, 가족갈등, 진학, 직장문제, 퇴직 등으로 인한 우울, 불안, 행동문제가 포함된다.

⑦ 물질 관련 장애(substance-related disorder) : 술, 담배, 마약 등 중독성 물질을 사용한 결과로 나타나는 심리적 · 사회적 기능손상으로 남용약물(알코올 포함)의 섭취와 관련되는 장애, 투약의 부작용과 관련되는 장애, 독소 노출과 관련되는 장애가 포함된다. 알코올, 니코틴, 코카인, 환각제, 아편, 암페타민 등 물질별로 진단이 이루어진다.

⑧ 성 장애 및 성적 정체성 장애(sexual and gender identity disorder) : 성과 관련된 이상행동으로 성기능부전과 변태성욕으로 구분되는 성장애와 자신의 생물학적 성에 반대되는 성에 대해 강하고 지속적인 동일시와 자신의 성에 대한 지속적인 불편함과 고통이 동반되는 성적 정체감 장애가 포함된다.

⑨ 섭식장애(eating disorder) : 음식을 먹는 것과 관련된 이상행동으로 신체에 대한

잘못된 이미지로 인해 먹지 않아 체중이 지나치게 감소하는 신경성 식욕부진증과 빨리 다량의 음식을 먹고 토하는 행동이 반복적으로 일어나는 신경성 폭식증으로 구분된다.

⑩ 인지장애(cognitive disorder) : 의식, 기억, 언어, 판단 등 인지적 기능이 심각하게 손상된 장애로 치매, 섬망, 기억상실증이 포함된다.

⑪ 허위성장애(factitious disorder) : 환자역할을 하기 위하여 신체적 증상이나 심리적 증상을 의도적으로 만들거나 조작하는 것을 특징으로 하는 장애이다.

⑫ 해리장애(dissociative disorder) : 의식, 기억, 정체감, 환경에 대한 지각 등 통합적인 기능에서 붕괴가 갑작스럽거나 점진적으로 일어나는 것이 주된 증상으로 해리성 기억상실, 해리성 둔주, 해리성 정체감장애, 이인성 장애 등이 포함된다.

⑬ 수면장애(sleep disorder) : 수면과 관련된 부적응으로 수면곤란증과 수면상태에서 일어나는 비정상적 행동인 수면이상증으로 구분된다.

⑭ 충동조절장애(impulse control disorder) : 자신이나 다른 사람에게 해가 될 수 있는 행위를 하려는 충동과 유혹에 저항하지 못하는 것이 주된 증상으로 간헐적 폭발성 장애, 병적 도벽, 병적 방화, 병적 도박 등이 포함된다.

⑮ 다른 곳에 분류되지 않는 일반적 의학적 상태로 인한 정신장애 : 두부외상, 간질, 뇌혈관 장애 등 다양한 신체적 질병으로 유발될 수 있는 정신장애 및 성격변화를 포함한다.

⑯ 임상적 관심의 초점이 될 수 있는 기타 장애 : 정신장애의 범주에는 들지 않으나 임상적 관심을 요하는 문제들로 신체건강에 영향을 미치는 심리적 요인, 관계의 문제, 학대나 방치와 관련된 문제, 학교 거절증, 시험불안, 아동 · 청소년 · 성인의 반사회적 행동, 만성피로증후군, 화병 등 잡다한 문제들이 포함된다. 특히 화병은 우리나라에서 특징적으로 보여지는 증후군으로 중년 여성들에게 많으며 감정의 억제가 누적되어 몸의 열기, 답답함, 치밀어 오름, 우울, 불안 등의 신체 · 정신 증상으로 나타난다.

이상의 성인기의 이상행동들은 개인의 생물학적 요인, 가족갈등, 취업, 진로, 대인관계, 이성관계, 사회부적응 등의 요인에 의하여 발생되기 쉽다. 따라서 긍정적이고 유연한 사고를 갖고 가족 등 지인과의 친밀한 의사소통, 스트레스의 적절한 해소가 정신건강에 도움이 될 수 있다. 특히 중 · 장년기는 생의 전환기로서 노화와 같은 신체적인 변화요인, 경제적인 요인, 실직과 같은 사회적인 요인 등의 문제로 인해 이상행동이 발생되기 쉽다. 이에 자신의 신체적, 사회적, 경제적 상황을 받아들이고 건강관리와 꾸준한 운동, 삶의 목표와 부부관계에 대한 재정립 등 삶의 전환기로서의 준비가 필요하다.

10

Chapter

# 노년기와 사회환경

노년기는 생의 마지막 단계로 노화가 본격적으로 진행되는 시기이다. 이 시기에 이르면, 인간은 누구나 살아온 삶을 되돌아 보고 가까운 사람의 죽음을 경험하면서 자신의 죽음을 대비하기도 한다. 은퇴를 기점으로 다양한 생활환경상의 변화를 겪게 되고 가족관계 및 사회적 관계에서의 질적인 변화가 일어난다. 노년기의 여가생활은 노년기 삶의 질을 결정짓는 중요한 요인이 되기도 하며 치매와 우울증, 노년기 만성질환으로 인해 신체적, 심리적 어려움을 겪을 수도 있다. 따라서 본 장에서는 노년기의 발달 측면과 사회환경 그리고 사회복지실천 과제에 대하여 다룬다.

# ❶ 노년기

## 1) 노년기의 개념 및 발달

노년기는 인생의 마지막 발달단계로, 보편적으로 65세부터 노년기가 시작되는 것으로 본다. 이는 서구의 사회보장제도 급여 수급 자격을 65세부터 시작되는 것으로 보고 있고 우리나라의 노인복지법과 노인장기요양보험법에서도 65세를 노인으로 규정하고 있기 때문이다. 이에 노년기는 65세부터 사망에 이르는 기간까지를 이른다고 볼 수 있겠다.

최근 통계에 의하면, 기대수명이 증가함에 따라 우리나라의 평균수명은 1970년 평균 61.9세(남자 58.7세, 여자 65.8세)였던 것이 2015년에는 평균 82.1세(남자 79.0세, 여자 85.2세)로 증가하였다. 통계청(2016)의 장래인구추계에서는 2050년에는 88.3세(남자 86.3세, 여자 90.2세)로 상승할 것으로 보고 있다(표 10-1). 이렇듯 기대수명의 증가로 인하여 과거에 비해 노년기가 연장됨에 따라, 이에 대한 학문적, 사회적 관심이 증폭되는 중요한 배경 요인이 되고 있는 것이다.

〈표 10-1〉 평균수명의 변화

| | 1970 | 1980 | 1990 | 2000 | 2010 | 2020 | 2030 | 2050 | 2060 |
|---|---|---|---|---|---|---|---|---|---|
| 기대수명 계 | 61.9 | 65.7 | 71.3 | 76.0 | 80.7 | 83.2 | 85.2 | 88.3 | 89.5 |
| 남자 | 58.7 | 61.8 | 67.3 | 72.3 | 77.2 | 80.3 | 82.7 | 86.3 | 87.8 |
| 여자 | 65.8 | 70.0 | 75.5 | 79.6 | 84.0 | 86.2 | 87.8 | 90.2 | 91.2 |

출처 : 통계청(2012, 2016).

노화와 노인에 대한 과학적 연구라 할 수 있는 노년학은 19세기를 거쳐 20세기에 들어오면서 노화현상에 대한 다양한 학문분야의 과학적 연구가 이루어지면서 획기적인 발달을 하게 되었다. 현대의 노년학 연구는 ① 신체재생 능력이 저하되는 원인과 결과, 신체적 노화의 영향, 신체적 노화와 관련하여 발생하는 질병의 예방, 치료, 재활을 연구하는 생물학적 노화 관련 영역, ② 노화에 따른 감각처리 과정, 지각, 조정, 정신기능, 인간발달, 성격, 대처능력에 초점을 둔 심리적 노화 관련 영역, ③ 환경과의 상호작용, 노인에 대한 태도, 가치, 신념, 사회적 역할, 자아상, 노화에 관한 적응, 개인적 노화가 이루어지는 사회의 속성, 사회가 개인의 노화에 미치는 영향, 노인이 사회에 미치는 영향 등의 사회적 노화에 관한 영역까지 그 범위가 매우 광범위하다(권중돈, 2004).

평균수명의 증가로 인하여 노년기의 연장 그리고 노년학에 대한 학문적 관심 증대로 인하여 노년기를 65세부터 죽음까지 이르는 시기로 정의하던 것을 최근에는 연령에 따라 세분하는 경향을 보인다. 노년기를 노년 전기(60~75세)와 노년 후기(75세 이상)로 분류(Newman & Newman, 2006)하기도 하고, 연소 노년기(young old, 65~75세), 고령 노년기(old old, 75~85세), 초고령 노년기(oldest old, 85세 이상)로 구분(Bee & Boyd, 2011)하기도 한다.

〈표 10-2〉는 노년기의 일반적인 개인적 목표를 보여준다.

**〈표 10-2〉 노년기의 개인적 목표**

| 목표 | 정의 |
|---|---|
| 활동력 향상 | 생활 전반에 걸친 활동력 및 관여 수준 향상 |
| 사회적 관계와 가치 유지 | 상호적인 사회적 관계, 지역사회와의 유대 유지 및 종교적 믿음 향상, 재정적 독립성 획득 |
| 사회적 분리 | 사회 및 지역사회에 대한 의무 감소, 종교적 활동 증가, 고령자를 위한 사회적 서비스로부터 독립성 유지 |
| 활력있는 생활양식 | 배우자와의 애정적 관계 유지, 신체적 매력 유지, 건강하며 활력 넘치는 태도로 독립성 유지, 생활여건 향상 |
| 안정과 안전 | 이웃환경의 안전 대비, 건강 위험 및 재정적 문제로부터 보호 |
| 서비스 의존도 증가 | 문제해결 및 욕구충족을 위해 서비스를 필요로 할 수 있다는 것을 인정 |
| 편안한 생활 | 원하는 것을 추진할 수 있고 가족으로부터 독립성을 유지, 편안하게 생활하고 여가시간을 많이 가질 것 |
| 활동수준 감소 | 나빠진 건강상태로 인한 자원봉사 활동 감소 |
| 생활 전반에 걸친 독립성 | 사생활을 유지하면서 독립적으로 생활 |

출처 : Rapkin & Fischer(1992).

### 2) 노화

노화란 불가피한 현상으로 예방하기 불가능한 발달적 과정이다. 그러나 노화의 과정에는 개인차가 존재하기도 한다. 여러 학자에 의해 정의된 노화의 특성을 정리해 보면, 첫째, 노화는 유기체에 내재되어 있는 필연적인 것으로 인간이 출생하여 죽음에 이르는 전 과정에 걸쳐서 일어나고 노년기에는 특히 그 속도가 빨라진다. 둘째, 노화는 신체의 구조나 기능에 있어서의 변화뿐만 아니라 인간의 적응이나 행동에 있어서의 변화유형도 포함한다. 즉, 노화는 생물학적 그리고 심리적 변화 및 사회적 변화까지 모두 포함하는 복합적인 과정이다(홍숙자, 2001). 결론적으로 노화는 병리적인 현상 또는 질환이 아니며 누구에게나 일어나는 보편적인 현상이라 할 수 있다.

### 3) 신체적 변화

노년기의 신체적 노화는 외부적으로 관찰 가능한 신체구조의 변화와 내적으로 진행되는 신체적 기능상의 변화로 진행된다. 피부는 탄력성을 잃으면서 주름이 잡히고 반점들이 생겨나며 정맥이 튀어나오는 현상은 보다 보편적으로 된다. 남녀 모두 머리카락이 많이 성글게 되고 백발이 된다. 노년기에는 척추의 디스크 수축으로 인해 신장이 감소하고 척추 사이에 있는 콜라겐의 감소로 인해 허리를 구부러지게 만들어 체격이 줄어들기도 한다(정옥분 · 김동배 · 정순화 · 손화희, 2008).

노년기에 이루어지는 감각기능의 변화를 살펴보면, 시각적 노화의 경우 중년기에 이미 대부분 경험하게 된다. 즉, 중년기부터 노안이 나타난다. 노년기의 노화된 눈에 가장 흔한 병리현상은 백내장과 녹내장으로 백내장을 가진 노인은 완전히 불투명해진 수정체로 인해 고통을 받는다. 녹내장은 안압이 증가하여 망막과 시신경에 손상을 끼치는 질환이다. 또한 노년기의 청각기능은 감퇴하여 청각적 민감성이 떨어지게 되며, 미각의 경우 맛을 느끼는 미뢰의 숫자가 줄어들게 되어 맛에 대한 민감성이 줄어든다.

노화가 진행되면서 두드러지게 나타나는 또 다른 신체적 변화 중의 하나는 소화기능의 약화이다. 연령이 증가하면서 효소작용, 위액, 타액이 양이 줄어들면서 소화가 힘들어진다. 폐의 크기도 줄어들게 되어 호흡활동에 장애가 오기도 한다. 심장의 크기 역시 축소하여 심장의 지방분이 늘어나고, 심장의 기능이 현저하게 떨어지면서 심장질환에 걸릴 확률이 높아진다(Zastraw & Kirst-Ashman, 2013).

이러한 신체 기능의 저하는 노년기 질환의 가능성을 높여준다. 대부분의 노인은 고혈압, 당뇨병, 심장병, 관절염, 신경통, 신장질환 등의 만성질환을 갖고 있다. 질환은 노년기 삶에 많은 영향을 미치는데, 신체적 고통, 경제적 비용부담, 사회적 활동의 감소 등으로 인해 노인을 보다 의존적으로 만들고 자아존중감을 낮추는 것으로 알려져 있다(조복희, 2004).

### 4) 인지적 변화

일반적으로 생각하는 것과는 다르게 노년기에 인지적 기능이 쇠퇴한다는 명확한 증거는 없다. 청소년, 성인들보다 노인들의 지능이 낮다는 연구결과는 노인의 지능검사 수행능력이 쇠퇴하는 것이지 실제로 인지적 능력이 저하된다는 것을 의미하는 것은 아니다(Papalia et al., 1998). 즉, 노년기가 되면 지각과 청각 능력이 감소하여 문제를 지각하고 과제를 수행하는 데 어려움이 존재한다는 것인데, 속도는 지능검사의 중요한 요인이기 때문이다. 그리고 기존의 지능검사가 청소년이나 성인 대상으로 개발이 되어 노인에게는 익숙치 않으므로 지능검사 수행에 장애요인이 될 수 있다는 것이다(Zastraw & Kirst-Ashman, 2013).

Newman과 Newman(2006) 역시 노년기의 인지수행 능력이 다른 연령대에 비해 떨어지는 이유가 인지적 기능의 하락을 의미하지 않는다고 보았다. 이들은 세대 간에 교육적 기회가 동일하지 않았다는 점, 노인 세대가 지능검사에 대한 경험이 상대적으로 적었다는 점에서 노인들의 지능검사 점수가 낮을 수 밖에 없음을 주장한다. 기존의 지능검사들이 학업성취도와 관련이 있는 문항으로 구성되므로, 이를 경험해 보지 않은 노년기 세대에게는 지능을 측정하는 데 부적합할 수 있다는 것이다.

그러나 인지적 수행능력의 갑작스러운 하강이 노년기에 일어나기도 한다. 이는 사망을 앞둔 몇 주 혹은 몇 달 전, 혹은 말기 질환자에게서 발견될 수 있는 현상이다. 즉, 노년기에만 일어나는 현상이 아니라 말기 질환자인 젊은 세대에게도 나타난다(Zastraw & Kirst-Ashman, 2013).

노년기 인지적 변화에 대한 Schaie(1989)의 연구결과에 의하면, 심장혈관계 및 다른 만성질환이 없거나 사회경제적 지위가 높고 인지적 자극을 제공해 주는 환경이며 융통성 있는 성격유형을 갖고 있고 높은 인지적 기능을 보유한 배우자가 생존해 있으며, 지각처리 속도가 성인기와 마찬가지로 일정하게 유지되는 경우 노년기에도 높은 인지적 기능을 보유하고 있는 것으로 나타났다.

요약하면, 노년기의 인지능력은 적절한 학습과 훈련으로 이전 상태를 유지하거나 향상시킬 수도 있다는 것이다. 다만 같은 훈련을 받더라도 젊은 연령층의 효과가 더 크다는 사실은 노년기의 보유기능이 점차 감소한다는 것을 보여준다. 노년기가 되면 기본적으로 보유기능이 감소하기는 하지만, 이러한 상황 속에서도 긍정적인 변화가 가능한 것이다(Dychtwald, 1999).

### 5) 성격발달

#### (1) Erikson의 자아통합감 대 절망감

Erikson은 노년기 성격발달의 핵심을 자아통합감 대 절망감의 시기로 보고 있다. 자아통합감이란 개인이 그의 인생을 만족감과 안정감을 갖고 바라보며 만족스러운 사회적 관계와 생산적인 생활을 통한 행복감을 갖고 생활양식의 존엄성을 지키는 것이다. 여기서 자아통합감이란 성격의 완전한 통일감을 의미한다.

자아통합감의 부족은 흔히 죽음에 대한 공포와 함께 삶이 너무 짧다는 느낌을 동반한다. 절망감을 경험하는 사람은 시간이 고갈되어 가고 있고, 다른 인생을 시작하는 것이 너무 늦었다고 느낀다. 또한 인생 초기에 수립했던 목표들을 달성하기 위해 자신의 잠재력을 충분히 사용했더라면 하는 아쉬움을 갖는다(Erikson, 1982).

Erikson에 의하면, 노년기에 발달하는 미덕은 지혜인데, 그것은 죽음에 직면했을 때 나타나는 인생 그 자체에 대한 박식하고 초연한 관심이다. 이와 같은 지혜는 노년기의 인지적인 능력뿐만 아니라 중요한 심리적 자원이다. 지혜란 '나는 무엇을 다르게 했어야 하는데', 혹은 '무엇을 할 수 있었는데'라는 커다란 후회 없이 지금까지 살아온 인생을 그대로 받아들이는 것을 포함한다. 지혜는 어떻게 살아야 하는지를 안다는 것뿐만 아니라 열심히 살아온 인생에 대한 피할 수 없는 종말로 죽음을 받아들이는 것을 의미한다. 또한 지혜는 자기 자신, 자신의 부모, 자신의 인생의 불완전함을 인정하는 것이다.

### (2) 분리 이론과 활동 이론

분리 이론(Cumming & Henry, 1961)은 노화를 노인과 그가 속한 사회체계 간의 상호 후퇴의 과정으로 본다. 다만 사회로부터의 점진적인 후퇴가 노인에게 부정적인 경험이 되는 것이 아니라 많은 노인들은 분리를 긍정적인 관점에서 바라본다고 한다. 이는 노년기가 내성이 증대하고 자아에 전념하게 되며 사람이나 사물들에 정서적인 투자를 줄이는 연령이 되기 때문이라고 설명한다. 따라서 분리는 강제된 과정이라기보다는 자연적인 과정이다. 은퇴 및 배우자와의 사별은 분리가 시작되는 대표적인 예라고 볼 수 있겠다. 분리 이론에서는 노화가 다음의 세 가지 측면에서 진행된다고 설명한다.

① 생활공간의 축소 : 연령이 증가함에 따라 교류하는 사람은 더 적어지고 수행하는 역할도 더 적어진다.

② 개인주의의 증대 : 노년기에는 이전 시기보다 덜 엄격하면서도 기대치가 낮은 역할들과 관계들을 형성한다.

③ 변화의 수용 : 타인들과의 상호작용이 줄어들고 내성이 증가하는 노년기에는 관계와 역할들로부터 분리된다.

활동 이론(Lemon, Bengtson, & Peterson, 1972)은 은퇴한 노인들이 계속 생산적이며 활동적이고 싶어한다고 바라본다. 분리 이론과는 반대로 노인들이 자아에 전념하고 사회로부터 심리적 거리를 갖는 데 저항한다고 주장하면서 삶에 대한 행복과 만족감은 사회생활에 대한 참여와 변화에 대한 노인의 적응능력에서 나온다고 한다. 그러므로 은퇴와 같이 종결되는 역할들을 대치할 수 있는 활동을 발견하는 것이 노년기를 잘 보내는 데 핵심적 관건이 된다고 설명한다.

노화에 대한 분리 이론과 활동 이론은 모두 성공적인 노화를 단일한 유형으로 특징지으려고 시도했다고 볼 수 있다. 그러나 실제로 노화에 적응하는 방식은 그들의 활동 및 관여 수준보다는 그들의 성격과 일생을 통해 발달한 적응양식에 의해 좌우된다고 보는 것이 바람직할 것이다(정옥분, 2002).

### (3) 성공적 노화

성공적인 노화를 정의하는 것은 쉬운 일이 아니다. 학자마다 그 정의가 다양하고 노인 개인의 관점에 따라 성공적인 노화를 결정짓는 요인이 서로 다를 수 있기 때문이다. 노화에 적응하는 성격유형에 대한 대표적인 연구인 Reichard, Livson과 Peterson(1962)의 연구에서는 노화과정에 적응하는 다섯 가지 성격유형을 확인하였다. 그 유형은 다음과 같다.

① 성숙형 : 가장 이상적인 유형으로 자신의 강점뿐만 아니라 약점도 인정하며 지나온 삶을 긍정적으로 받아들인다. 전반적인 삶에 대한 만족도가 높고 자신의 인생을 값진 것으로 평가하며 과거에 대한 후회나 미래에 대한 두려움이 없다.

② 흔들의자형 : 성숙형에 비해 수동적이기는 하지만 높은 수준의 자아수용을 보이고 타인에 대해 의존적이며 노년기를 책임으로부터 자유로운 시기로 인식한다.

③ 무장형 : 노화에 대한 불안을 방어하기 위해 사회적 활동과 기능을 계속 유지하려 노력한다. 다만 이 유형의 노인들은 노년기의 수동성과 무기력함을 그대로 받아들일 수 없어 계속적으로 활동을 유지함으로써 노화의 과정을 막아보려고 한다.

④ 분노형 : 젊은 시기에 인생의 목표를 달성하지 못한 채 노년기를 맞이하였다는 것에 대해 비통해한다. 인생의 실패의 원인을 자신이 아니라 불행한 시대, 경제상황, 부모나 형제 또는 자녀의 탓으로 돌림으로써 현재의 자신을 받아들이지 않으려 애쓴다.

⑤ 자학형 : 현재의 시기를 인생의 실패로 보고, 그 원인을 자신에 돌리며 자신을 원망한다. 시간이 흐르면서 더욱 심한 우울에 빠지고 자신이 쓸모없는 존재라고 생각하며 심한 경우에는 자살을 시도하기도 한다.

이러한 다섯 가지 유형 중에서 성숙형과 흔들의자형, 무장형은 노년기에 잘 적응한 것으로 볼 수 있으나 분노형과 자학형은 부적응한 것으로 분류할 수 있다.

한편 Rowe와 Kahn(1998)에 의하면, 성공적인 노화란 신체적 건강, 인지적 기능의 보유, 사회적이고 생산적인 활동에의 지속적인 참여라는 세 가지 요인으로 구성된다고 본다. 일반적으로 성공적인 노화는 높은 생활만족도, 사회적 지원망의 긍정적 기능, 좋은 신체적 · 정신적 건강상태, 경제적 안정, 삶에 대한 높은 통제감과 관련이 있는 것으로 알려져 있다(정옥분, 2002).

## 6) 죽음

### (1) 죽음의 단계

노년기는 사망까지 이르는 시기이므로 노년기에 접어들게 되면 가까운 가족과 친구, 친지 등의 사망을 자연스럽게 경험하면서 자신의 죽음에 직면하게 된다. Kübler-Ross(1969)는 200명의 암환자를 대상으로 한 연구를 토대로 죽음의 5단계인 부정(denial), 분노(anger), 타협(bargaining), 우울(depression) 그리고 수용(acceptance)의 단계를 제시하였다.

① 부정 : 자신의 죽음이 임박하였다는 것을 알게 되는 단계로 대부분의 사람들은 의사의 진단이 잘못되었다거나 뭔가 착오가 있다고 믿는다.

② 분노 : 자신의 죽음에 대한 생각에서 나온 분노나 격노의 감정이 의료진이나 가족 또는 세상으로 향해지는 단계이다.

③ 타협 : 이 단계에서는 의료진이나 가족 또는 신에게 죽음의 시기를 늦춰줄 것을 간구하게 된다.

④ 우울 : 죽음을 늦추기 위한 어떤 노력도 소용이 없음을 알게 되어 임박한 죽음을 직면하면서 슬픔에 빠지게 된다.

⑤ 수용 : 이 단계에 이르면 적극적으로 죽음에 대응하면서 죽음이 예상된 결과이고 감수해야 하는 과정임을 받아들인다.

Kübler-Ross(1969)의 죽음의 단계 이론은 죽음의 과정에 대한 이해를 높였다는 점에서 큰 의미가 있지만, 그 연구대상이 말기 암 환자들만으로 하고 있어서 이를 일반 대중들에게 일반화시킬 수 있겠는가 라는 연구방법상의 한계를 갖고 있다. 또한 Kübler-Ross가 제시한 죽음의 단계는 개인의 종교, 가치관, 문화적 전통 등과 같은 배경 변수들에 따라 다양한 편차가 있을 수 있으므로 이를 죽음에 이르는 단계라기보다는 죽음에 직면하는 개인의 다양한 반응으로 이해하는 것이 보다 적절할 것으로 보인다(Bee & Boyd, 2003).

### (2) 사별과 애도

노년기의 사별은 슬픔, 죄의식, 후회감, 혼돈감, 목표 상실, 동기나 흥미의 상실 등과 같은 다양한 정서적 반응을 보이게 하며 애도(mourning)의 과정을 거치게 한다. Bowlby(1961)에 의한 애도과정은 4단계로 무감각의 단계, 그리움의 단계, 혼란과 절망의 단계 그리고 재조정의 단계이다.

① 무감각의 단계 : 죽음을 목격한 사람은 멍하고 어리둥절해하며, 특히 예기치 못한 죽음이었던 경우 며칠 동안 이러한 정서적 반응이 지속된다.

② 그리움의 단계 : 고인을 되찾으려고 고인을 보았거나 사랑했던 사람을 찾아다니는 과정으로 좌절감, 분노, 죄의식을 느끼면서 격렬한 슬픔을 경험하거나 통제할 수 없을 정도로 울기도 하고 식욕부진이나 불면증을 경험하기도 한다.

③ 혼란과 절망의 단계 : 사랑하는 사람의 죽음을 수용하지만 무력감, 절망, 우울감이 동반된다. 절망, 혼란의 단계를 지나면서 극도의 피로감을 경험하기도 하고 수면시간이 증가할 수도 있다.

④ 재조정의 단계 : 애도의 마지막 단계에 이르러서는 가정이나 직장에서 정상적 생활을 회복한다. 우울증이 사라지고 수면습관을 회복하며 고인에 대한 생각으로 슬퍼지기도 하지만, 그 생각에 붙잡히지는 않는다.

이러한 애도의 과정은 죽음의 형태나 남은 사람들의 특성과 환경에 따라 다르게 나타날 수 있지만, 평균 6개월에서 2년 정도의 적응기간이 걸리는 것으로 알려져 있다(홍숙자, 2001).

### (3) 노화에 영향을 미치는 요인

심리적 측면에서 다양하게 일어나는 노화의 과정은 여러 가지 요인에 의해 영향을 받게 된다. 무엇보다 생물학적 손상은 노화과정을 촉진한다. 사고, 골절, 중화상, 심리적 스트레스, 알코올 의존, 약물남용 등이 그 예이다. 좋지 못한 식습관 또한 노화를 촉진시키는 중요한 요인이다. 환경적 요인도 노화과정에 영향을 미치는 요인이지만, 신체적으로 정신적으로 활동적이면 노화과정의 속도를 늦출 수 있다. 삶 전반에 대한 긍정적인 태도와 사고방식 역시 노화를 늦추지만, 높은 불안수준, 대화상대의 부족, 부정적인 사고방식, 환경의 변화 등은 노화과정을 촉진하는 요인이 되기도 한다. 마지막으로 유전적인 요인 역시 노화과정에 관여되는데, 부모 세대가 건강하고 장수한 노인은 노화 속도가 늦는 것으로 나타난다(Zastraw & Kirst-Ashman, 2013).

## ❷ 노년기와 사회환경

### 1) 은퇴

노년기에 어떤 사회적 지위에서 물러나 그 지위와 관련된 역할 수행을 중단하게 되는 현상을 은퇴(retirement)라 하며 은퇴의 가장 대표적인 유형이 일에서 물러나는 퇴직이다. 퇴직이라는 것은 일반적으로 고용상태의 어떤 직위에서 물러나 그 직위에 관련된 역할수행을 중단하게 되는 것으로 퇴직자로서의 역할을 받아들이는 일련의 과정이라 볼 수 있다(김동배 · 권중돈, 2005).

퇴직은 퇴직시기와 자발성 여부에 따라 정년퇴직과 조기퇴직으로 구별된다. 정년퇴직이란 생물학적 연령을 퇴직 시기로 정하는 것으로 우리나라의 경우 대부분 55세 이하를 정년제로 택하고 있다. 이로 인해 아직도 젊은 연령에 강제 퇴직을 당한다는 의식이 강하며 결과적으로 퇴직에 대한 태도가 부정적인 경향이 있다(홍숙자, 2001).

연령 이외에 은퇴 시기를 결정짓는 요인으로는 개인의 건강 악화, 손자녀의 양육지원 등과 같은 가족의 요구, 연금수령을 위한 연령 도달, 노년기 근로자에게 불리한 근무조건 등이 있다(Bee & Boyd, 2003).

은퇴로 인하여 노년기에는 다양한 생활변화를 경험하게 되는데, 먼저 수입의 감소를 들 수가 있다. 연금수령과 퇴직금 등으로 수입이 없는 것은 아니지만, 지출은 지속적으로 이루어지므로 경제적 어려움을 겪을 수가 있다. 특히 은퇴 이후 노년기의 경제생활에 대한 준비가 거의 없는 저소득층이라면, 노년기 빈곤과 직결될 가능성이 더욱 높아지게 된다.

은퇴 후 노인의 건강에 대한 연구들에서는 은퇴가 노년기 건강과 직접적인 관계가 없다고 보고하고 있다. 건강이 좋지 않아 은퇴를 결정한 경우를 제외하고는 건강한 상태에서 은퇴한 노인들의 건강에는 변화가 없는 것으로 나타나는 것이다. 삶에 대한 전반적인 만족도 역시 은퇴 후에 변화가 없는 것으로 나타나는데, 이는 은퇴를 스트레스의 근원으로 보지 않기 때문인 것으로 해석된다(Palmore, Burchett, Fillenbaum, George, & Wallman, 1985).

이상과 같이, 은퇴가 노년기 삶의 질에 부정적인 영향을 미칠 것이라는 일반적 생각과는 다르게 연구결과에 나타나는 것은 은퇴의 결정이 자발적인가, 강제적인가에 따른 효과 때문인 것으로 보인다.

### 2) 노년기 재취업

노년기의 재취업은 청 · 장년이 실업 또는 구조조정으로 실직을 한 후 다시 취업을 하는 것과는 다르게 직업에서 정년 또는 명예퇴직을 한 후 자발적인 의사에 의하여 돈을 벌기 위한 고용활동을 하는 것을 의미한다. 노년기 재취업은 근로시간을 축소하거나 은퇴를 번복하는 형태로 이루어지고 임금은 거의 50%까지 줄어들기도 한다. 연령이 증가하면서 파트타임 직업으로 이동할 위험은 증가하는 경향이 있고 파트타임 직업으로 이동하여 근무시간을 축소하면서 서서히 퇴직하는 부분 은퇴가 되기도 한다(이현기, 2001).

노인의 재취업 여부는 노년기 삶을 결정짓는 중요한 요인으로 노인을 대상으로 한 이지현 등(2008)의 연구에서는 재취업한 노인들의 자아존중감, 가족관계, 대인관계, 경제상태 영역의 삶의 질이 취업 이전보다 유의하게 높아진 것으로 나타났다.

### 3) 노년기의 가족생활

노년기의 가족생활은 중년기와는 다른 질적인 변화를 겪게 된다. 성인기 자녀는 결혼이나 독립으로 인해 모두 부모의 곁을 떠나게 되어 노부부만이 남는 '빈 둥지' 시기가 되고 손자녀의 출생으로 인해 이전에는 경험하지 못했던 조부모역할을 수행하게 된다. 이러한 노년기의 가족생활 변화가 어떤 노인들에게는 만족의 근원이 되기도 하지만, 다른 노인들에게는 갈등과 불만의 원인이 되기도 한다.

### (1) 노년기의 부부관계

결혼만족도에 대한 연구들은 노부부만이 남는 시기가 자녀를 양육하는 시기보다 그 만족수준이 높다는 것을 보여준다. 노년기의 부부관계는 결혼 초기에 비해 덜 열정적이고 상호 간 자아노출의 수준이 낮아지지만, 상대적으로 결혼관계에 대한 상호적인 투자와 가족애, 상호 간 충정심의 수준이 높아진다(Bengtson, Rosenthal, & Burton, 1990). 노년기 부부는 이전보다 더 많은 시간을 함께 보내고 병약하고 불편한 배우자를 돌보며 부부 모두 병약한 경우에 조차 상호 간에 보살핌을 주고받는다. 노년기 부부에게 배우자는 동반자로서 중요한 의미를 가지게 되며 남은 생애 동안 서로를 지지해 주는 중요한 역할을 하게 되는 것이다.

반면 부부간의 갈등으로 인한 노년기 이혼율이 최근 증가함에 따라, 이른바 황혼 이혼이 사회 문제화되기도 한다. 최근의 이혼통계에 의하면, 20년 이상 동거한 부부의 이혼 비율이 지속적으로 증가하고 있고, 이에 따라 55세 이상 연령에서의 이혼비율이 연령별 분포에서 증가 추세를 유지하고 있는 것으로 나타난다(통계청, 2012). 노년기의 이혼은 다른 연령대에 비해 그 영향이 더 심각한 것으로 볼 수 있는데, 이혼을 하게 되면 제한된 접촉으로 인해 사회적으로 소외될 가능성이 높고 고립된 생활을 할 가능성이 높아지게 된다. 실제로 이혼한 노인의 1/3 정도는 친구와 접촉조차 하지 않으며 남성이 더 고립되는 경향이 있다고 한다(류현수 · 이정숙 · 김주아, 2007).

노년기 이혼이 증가하는 것은 이 시기에 부부간 새로운 문제가 발생하였다기보다는 오히려 우리나라의 강한 도구적 가족이념으로 인해 자녀 때문에 참고 유지해 온 결혼생활을 자녀의 결혼과 독립 이후에는 부모로서 책임을 다하였다는 마음에서 비롯된 것으로 해석할 수 있겠다. 노년기의 재혼은 남성이 여성보다 용이한 것으로 보고된다. 이는 전통적으로 남성들이 혼자서 자신을 돌보는 일에 익숙하지 않은 반면, 여성의 경우에는 오히려 가사활동이 자유로울 뿐만 아니라 남성을 부양하는 것에 대한 부담감을 갖기 때문에 재혼을 기피하는 경향을 보이기 때문이다(정옥분 외, 2008).

### (2) 조부모역할

노년기에는 손자녀의 출생으로 인하여 이전에는 경험하지 못했던 조부모역할을 수행하게 된다. 조부모역할에 대한 초기 연구인 Neugarten과 Weinstein(1964)의 연구에서는 다섯 가지 유형의 조부모역할이 있음을 발견하였다.

① 공식적 유형 : 이 유형의 조부모들은 손자녀에 관심을 갖지만 부모역할에 관여하지 않으면서 가끔 손자녀를 돌보는 역할을 수행한다.

② 즐거움 추구형 : 손자녀와 함께 놀아주는 것을 즐기는 유형으로 손자녀와의 상호작용은 즐거움을 주는 행동으로 인식한다.

③ 대리부모 유형 : 자녀의 취업이나 부재 등을 이유로 손자녀의 양육책임을 전적으로 담당하는 유형이다.

④ 가족 지혜의 보유형 : 전통적인 권위적 가족관계에서 나타나는 조부모의 역할로 조부모는 자녀와 손자녀에게 권위를 행사한다.

⑤ 원거리 유형 : 손자녀와 거의 접촉을 하지 않고 생일이나 명절에만 만나는 유형이 이에 속한다.

우리나라의 조부모역할에 대한 서동인(1991)의 연구에서는 조모의 역할이 훈계자 역할, 물질적 제공자역할, 대리모역할, 가계역사 전수자역할, 손자녀 지지자역할, 생활 간섭자역할 등이었고, 이 중 훈계자의 역할을 가장 많이 수행하는 것으로 나타났다. 또한 친조모, 외조모에 대한 역할 기대가 달라서 친조모에게는 훈계자역할이, 외조모에게는 대리모역할이 기대되었다.

### (3) 노년기의 형제자매 관계

형제자매 관계는 출생부터 시작하여 유지 · 발달하다가 죽음을 맞이하여 소멸하는 연속적인 발달과정을 갖는다. 형제자매 관계가 갖는 이러한 평생발달적 특성은 형제자매들이 한 개인의 모든 생애단계에 걸쳐 상호 영향력을 주고받는 형제애 과업이 죽음에 이르기까지 나타난다는 사실을 암시한다(윤희 · 한경혜, 1994).

일반적으로 노년기에 이르게 되면 과거에 존재하였던 형제자매 간의 경쟁심이나 갈등이 쉽게 수용되고 상호 이해와 동조성이 강화되는 경향을 보인다. 특히 여가시간이 증가하므로 신체적 · 심리적으로 상호 의존적인 존재로서 큰 도움을 줄 수도 있다. 배우자나 자녀 등의 지원이 충분치 않을 때 형제자매와의 교류는 중요한 사회적 지지 자원이 되기도 한다. 그러나 노년기에는 활동성이 약화되는 시기이므로 형제자매가 근거리에 거주하지 않으면 서로 간의 잦은 접촉이 불가능할 수 있다(류현수 외, 2007).

### 4) 독거노인

최근 노부모 부양에 대한 의식변화와 고령화의 영향으로 인해 3세대 이상 가구는 지속적으로 감소하는 반면, 자녀와 별거하여 노인부부만 사는 가구와 노인 홀로 사는 가구는 점차적으로 증가하고 있는 추세이다.

독립 주거에 대한 강한 선호성을 보이는 미국의 경우, 자녀와의 동거가 노인의 심리적 복지감에 부정적으로 작용하지만, 전통적인 가족문화 규범으로 인해 성인 자녀와의 동거 규범이 있는 우리나라에서는 자녀와의 동거가 노인의 심리적 복지감에 긍정적인 영향을 미치는 것으로 나타난다(원영희, 1995). 그러나 이후의 다른 연구들은 단순하게 자녀와 동거하는가 여부보다는 건강, 경제수준 등 노인의 의존성, 자원 보유 정도 등의 특성이 심리적 복지감에 더 큰 영향을 미치는 것으로 보고되고 있다(한경혜 · 윤순덕, 2001).

다만 노인부부가 아닌 독거노인의 경우, 가족동거 노인이나 노인부부 가족보다 정신적, 물질적, 신체적 건강상태가 더 낮으며 주변 환경으로부터 고립되기 쉽고 가사일에 어려움을 겪는 것으로 나타난다(김태현 · 한은주, 2004).

### 5) 노년기의 여가생활

노년기의 여가생활은 재생산의 수단 혹은 심신피로의 회복 등을 목적으로 하는 성인기의 여가와는 다른 의미를 갖는다. 일반적으로 여가가 직무만족, 직무의욕, 생산성 향상, 창조적 재생산을 위한 휴식 등 노동 관련성과 자유재량의 시간에 자발적 참여를 기반으로 하는 자유선택적 개념으로 인식되는 것과는 달리 노년기의 여가생활은 은퇴로 인한 역할 상실에서 오는 고독감을 해소하고, 나아가서는 자아존중감과 자아실현의 기회를 제공하여 줄 뿐만 아니라 생활만족 및 행복감을 추구하는 중요한 수단이 된다(백경숙 · 권용신, 2007).

한국 노인의 생활시간에 관한 김진욱(2006)의 최근 연구에서는 은퇴한 노인이 증가함에 따라 여가시간이 다른 연령계층에 비해 많이 증가하지만, 여가의 질은 다른 연령계층에 비해 상대적으로 열악한 것으로 나타났다. 또한 농촌에 거주하는 노인이 더 늦은 연령까지 더 많은 일을 하고 있는 이유로 인해 도시에 거주하는 노인보다 여가시간이 상대적으로 적었다. 배우자가 없거나 고령인 노인들은 더 많은 여가시간을 가지는 것으로 분석되었는데, 대부분이 여가시간을 집에서 보내며 TV 시청과 같은 수동적인 활동으로 보내는 것으로 나타났다(김진욱, 2006).

## ❸ 노년기의 사회복지실천 과제

### 1) 노년기의 부적응 행동

#### (1) 치매와 우울증

치매(dimentia)는 뇌의 질환 또는 손상과 관련하여 의식장애가 없이 기억장애를 포함하는 다양한 인지기능의 장애가 지속적으로 나타나는 경우를 말한다. 인지기능의 장애에는 기억력, 지남력, 시 · 공간 인지력, 판단력, 추상적 사고력, 실행능력 및 언어능력의 장애 등이 속하며 치매환자는 이러한 다양한 인지기능의 손상으로 인해 일상생활 및 사회적 · 직업적 기능의 저하를 겪게 된다(이정균 · 김용식, 2000).

치매는 다양한 요인에 의해 발생하는데, 가장 흔한 것이 알츠하이머병에 의한 치매이며 다음으로는 혈관성 치매이다. 치매는 연령이 증가함에 따라 유병률이 증가하게 되는데, 65세 이상 인구의 15% 정도가 가벼운 치매이며, 5% 정도가 심한 치매이고, 80세 이상의 인구에서는 20% 정도가 심한 치매로 추정된다(이정균 · 김용식, 2000).

우울증은 노년기에 볼 수 있는 보편적인 증상이다. 노년기에는 건강의 쇠퇴를 포함하여 가정과 사회에서의 역할 상실, 경제적 어려움, 배우자 사별 등 여러 종류의 상실을 경험하므로 우울증에 빠지기 쉽다. 우울증의 위험 요인은 스트레스를 주는 생활사건, 배우자와의 사별, 사회적 지원망의 결여 등이다. 우울증의 치료는 우울증을 초래한 것으로 보이는 뇌졸중이나 관절염 등 신체질환부터 치료하는 것이 원칙이다. 항우울제는 치료 효과가 매우 좋지만 증상이 사라지더라도 6개월 정도 꾸준히 치료해야 하며 재발한 경우에는 최소 1년 정도 치료해야 한다(정옥분 외, 2008).

노인성 치매와 우울증(가성치매)은 비슷한 증상을 보이기도 하는데, 그 주된 차이점은 〈표 10-3〉과 같다.

〈표 10-3〉 치매와 노인우울증(가성치매)의 감별

| | 치매 | 노인우울증(가성치매) |
|---|---|---|
| 병력 | 서서히 발병해서 서서히 진행 | 급격히 발병해서 빠른 진행 |
| | 유병기간이 길다 | 유병기간이 짧다 |
| 태도 | 인지기능 저하에 무관심 또는 숨기려는 경향 | 인지기능 저하를 과장하려는 경향 |
| | 질문에 대답을 하려고 시도 | 대답 자체를 잘 않으려 함 |
| 사회적 기능 저하 | 초기에는 두드러지지 않음 | 초기부터 두드러짐 |
| 임상양상 | 저녁 · 밤에 심해짐 | 저녁 · 밤에 심해지지 않음 |
| | 주의집중력 저하 | 주의집중력 유지 |
| | 단기 기억력이 더 심하게 저하 | 장 · 단기 기억력 모두 저하 |
| | 모르는 정도가 일정 | 기억장애의 정도가 자주 변함 |

출처 : 이정균 · 김용식(2000).

### (2) 노인학대

노인학대에 대한 개념 정의는 문화에 따라 상이하며 학자들 간에도 의견이 일치하지 않는다. 넓은 의미의 노인학대는 방임을 포함하고 좁은 의미의 노인학대는 신체적 학대에 국한되기도 한다. 그러나 학대에 대한 사회적 인식이 높아짐에 따라 노인학대를 방임과 유기를 포함하는 넓은 의미로 정의하는 것이 일반적이라 할 수 있겠다. 이에 노인 학대란 노인의 가족 또는 타인이 노인에게 신체적, 언어 · 정서적, 성적, 경제적으로 고통이나 장해를 주는 행위 또는 노인에게 필요한 최소한의 적절한 보호조차 제공하지 않는 방임 및 유기를 의미한다(중앙노인보호전문기관, 2008).

노인학대에 대한 김한곤과 김지아(2006)의 연구에서는 대상자의 30%가 학대의 경험이 있는 것으로 보고하고 있는데, 언어 및 정서적 학대와 방임의 유형이 가장 빈번한 것으로 나타났다. 노인학대 피해자의 특성으로는 남성보다 여성이 주 피해자에 해당되며 75세 이상의 고령 노인들이 많은 것으로 보고된다. 상당수의 노인학대 피해자는 노인학대 가해자와 함께 거주하고 있으며 자신이 노인학대의 원인 제공자라고 스스로를 책망하는 등 수동적인 성향을 갖고 있다고 한다. 이들은 사회적으로 고립되어 있으며 의존적이며 유약한 성격 특성을 갖고 있는 것으로 나타난다. 반면 노인학대 가해자는 배우자 또는 친인척이 대다수이며 알코올이나 약물에 중독된 사례가 많았다. 책임을 다른 사람들에게 전가하는 경향이 있고 자신의 역할을 혼돈하며 화풀이를 가족 성원들에게 하는 경우가 많았다. 또한 가해자 스스로 분노를 조절하는 능력이 부족하고 비자발적으로 노인을 부양하는 경우 노인학대가 빈번하게 일어나는 것으로 나타났다.

아동학대와 아내 학대에 비해 사회적 관심이 비교적 적었던 우리나라에서 노인학대에 대한 심각성이 최근 들어 부각되고 있는데, 중앙 노인보호기관 및 지역 노인보호기관을 통하여 학대노인에 대한 보호 및 치료, 노인학대 실태조사 및 노인학대예방사업 등을 실시하고 있다.

### 2) 노년기와 사회복지실천

우리나라는 이미 2000년도에 65세 이상 노인 인구가 전체 인구의 7%를 차지하는 고령화 사회로, 2018년에는 전체 인구의 14% 이상을 차지하는 고령사회로 진입하였다. 2025년에는 노인인구가 전체인구의 20% 이상을 차지하는 초고령사회로 진입하고, 2060년에는 전체 인구의 41%를 차지할 것으로 예측된다(통계청, 2018).

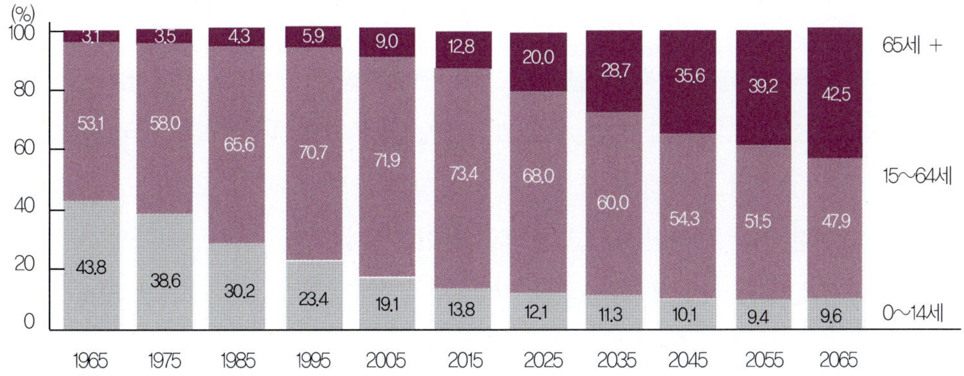


**[그림 10-1] 연령계층별 인구 구성비, 1965-2065**

출처 : 통계청(2016). 장래인구추계.

고령화와 함께 출산율의 급격한 감소는 생산성이나 노인부양의 측면에서 사회의 큰 부담이 될 것임을 어렵지 않게 예측할 수 있다. 실제로 통계청의 장래인구추계(2016)에 의하면, 생산가능인구 1백 명당 부양할 인구(유소년, 고령인구)인 총부양비는 2015년 36.2명에서 2037년 70명을 넘고, 2059년에는 100명을 넘어설 전망이다. 노부모에 대한 가족의 부양의식이 우리 사회의 전통적인 가치였으나 가족의 노부모에 대한 부양의식이 과거에 비해 많이 낮아지고 있고 가족의 해체로 인하여 홀로 사는 노인 인구가 급증하고 있다는 통계도 노인인구에 대한 보다 적극적인 사회적 대응이 필요함을 보여준다.

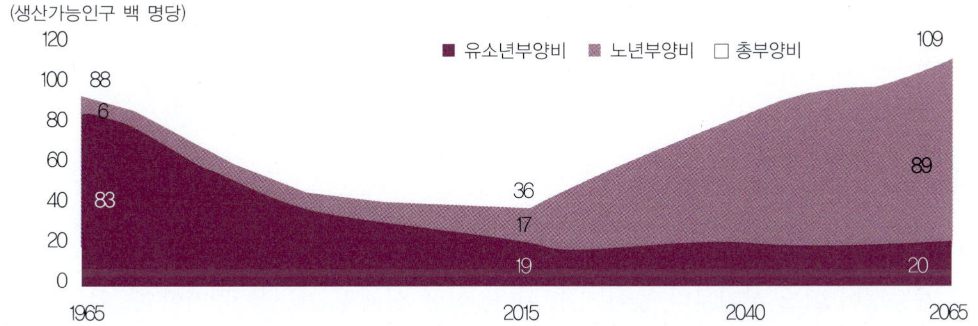


**[그림 10-2] 총부양비, 유소년 부양비 및 노년 부양비, 1965~2065**

출처 : 통계청(2016). 장래인구추계.

### (1) 노년기의 소득보장

노년기의 소득보장은 생존과 직결되는 가장 근본적인 문제이다. 경제활동 중단으로 인한 소득의 감소를 보전하기 위한 제도로 국민연금과 기초연금이 있다. 국민연금보험제도는 전 국민을 대상으로 하는 사회보험의 유형으로 노령, 폐질 또는 사망과 같은 사회적 위험에 대한 부담을 분산시키고 보험료와 연금액에 대한 내용을 법률로 정하여 일정한 수급자격을 갖춘 사람에게 연금을 지급하는 공적 연금제도이다. 즉, 연령이 증가하면서 생업에 종사할 수 없게 되거나 예기치 못한 사고나 질병으로 장애를 입거나 사망할 경우 생계가 어렵게 되므로 평소에 조금씩 보험료를 납부하였다가 노령, 장애, 사망으로 소득능력을 상실하였을 때 본인과 그 유족에게 매달 연금을 지급하여 안정된 생활을 할 수 있도록 돕는 소득보장제도이다. 기초연금제도는 생활이 어려운 노인에게 연금을 지급함으로써 노인의 생활안전을 지원하고 노후 소득보장 사각지대를 해소하기 위한 목적으로 시행되는 것으로, 65세 이상 인구 중 70%가 수급받을 수 있도록 하고 있다. 그러나 우리나라의 국민연금제도에 의한 급여액과 기초연금액(2018년 9월 기준 25만 원)이 현실적으로 반영되지 못한 난점으로 인해 수입이 없는 노인들의 실질적인 생활을 보장하는 제도로서의 기능이 부족하다고 평가된다.

따라서 현재 대다수의 노인들은 개인적인 차원에서 노후생활을 대비할 수밖에 없었던 세대라 할 수 있다. 그러나 과거에는 노후 대책에 대한 사회적 인식이 그리 높지 않았을 뿐만 아니라 무엇보다 가족의 노인 부양기능이 높았던 시기였으므로 별다른 대비 없이 노년기를 맞이하였기에 현재 직면하는 경제적 어려움은 더 클 수밖에 없다. 이에 보다 적극적으로 사회적 차원에서 노년기 소득을 보장하기 위한 정책개발이 요구된다.

### (2) 노년기의 건강보호대책

노화가 본격적으로 진행되는 노년기에는 신체기능의 전반적인 저하와 만성질환에 노출될 가능성이 어느 시기보다 높아지게 된다. 이에 신체적 기능을 유지할 수 있는 예방 및 치료 정책의 요구가 높다고 할 수 있다.

특히 노년기 건강 교육 및 유지를 위한 다양한 사회체육 활동 프로그램의 보급 및 확대가 요구된다. 2008년 7월 도입된 노인장기요양보험제도는 65세 이상의 노인 또는 65세 미만의 노인성 질병을 가진 자로 혼자서 일상생활을 수행하기 어려운 대상자를 위하여 신체활동 또는 가사지원 등의 장기요양급여를 제공하는 것을 내용으로 한다. 다만 이러한 공공정책들이 모든 노인 질환자들에게 충분한 지원이 되고 있지 못하는 점을 감안하여 노인 질환예방을 위한 검진서비스 체계의 개선, 치매 등 노인성 질환자 및 그 가족에 대한 의료적, 경제적, 정서적 지원서비스 등이 통합적으로 이루어져야 할 것이다.

### (3) 노년기 여가생활

한국 노인의 여가생활 실태에 대한 연구들은 대부분의 노인들이 여가의 질이 열악하며 수동적인 활동으로 보내고 있음을 보여준다. 노년기의 여가생활은 삶의 질에 기여하는 중요한 요인이라는 측면에서 이를 지원할 수 있는 다양한 사회정책 개발 및 프로그램 개발이 시급하다고 할 수 있다.

이를 위해서는 노인 여가활동 관련 기관마다 특성이나 차별화된 점을 찾아볼 수 없는 획일적인 프로그램의 나열은 지양하여야 하며, 모든 계층의 노인에게 균등한 여가의 기회가 제공되어야 한다. 더불어 노인들이 여가활동에서 적극적 주체로서의 태도와 의식을 가질 수 있는 인식개선 사업도 진행되어야 할 것이다. 노인 여가 프로그램 전문가도 양성되어 노인의 욕구에 대응할 수 있는 다양한 접근이 시도되어야 한다(나항진, 2002).

### (4) 노년기 재취업

경제적 어려움 또는 자아실현 등을 이유로 은퇴 후 많은 노인들은 재취업을 원하고 있다. 고령자통계(통계청, 2018)에 의하면, 55~79세 고령자 중 장래에 일하기를 원하는 비율은 64.1%로 전년보다 증가하고 있으며, 취업을 원하는 가장 큰 이유는 생활비 보탬(59.0%)과 일하는 즐거움(33.9%)인 것으로 나타났다. 그러나 노인을 위한 일자리가 대부분 단순 근로활동이나 시간제 근로로 이루어지고, 그조차 수요를 모두 충당시키지 못하고 있는 실정이다. 이에 노인의 다양한 능력을 계발할 수 있는 여러 분야에서의 일자리 창출이 필요하며 재취업을 위한 직업교육 프로그램도 개발되어야 한다.

### (5) 노인상담 활성화 및 프로그램의 다양화

노화의 과정과 은퇴, 배우자 및 친지 등의 죽음은 노년기의 심리적 적응에 많은 어려움을 일으키는 요인이 된다. 따라서 이로 인해 경험하게 되는 고독, 소외감, 우울 등의 감정을 치유하고 지원할 수 있는 노인상담의 활성화와 노인 전문상담 인력의 양성이 필요하다고 할 수 있다. 그리고 노인복지기관이나 시설에서는 다양한 노인 계층의 욕구를 충족시킬 수 있는 프로그램이 개발되어야 한다.

Part 4

# 체계에 따른 사회환경

환경체계는 물리적 환경과 사회적 환경 그리고 이들 간의 상호작용 모두를 의미하는 것으로 인간은 환경체계와 분리될 수 없는 존재이며 환경체계와 지속적인 상호작용을 통해 발달해 간다. 체계는 일정기간 동안 물리적인 환경을 공유하면서 맺은 상호작용을 통해 조직화되고 안정화되어 있으며, 이들 요소들의 집합체로 조직화(organization), 상호 인과성(mutual causality), 지속성(constancy), 공간성(spatiality), 경계(boundary)라는 특징을 지닌다.

본 장에서는 인간을 둘러싼 환경 속에서 인간이 환경적 요구에 적응하기도 하고 환경을 자신의 요구에 맞게 수정하거나 변화시키는 호혜적 상호작용(reciprocal interaction)을 통해 삶을 어떻게 영위해 나가며 환경이 체제로서 어떠한 속성을 지니고 있는지 사회복지적인 측면에서 살펴보고자 한다.

11 Chapter

# 체계 이론, 가족체계 이론, 생태학적 이론

사회복지실천을 위해서는 인간의 행동과 사회환경에 대한 이해가 선행되어야 한다. 이를 위해 본 장에는 먼저 인간행동과 사회환경에 대한 과학적 지식과 이해가 사회복지실천 영역에서 갖는 의미를 살펴볼 것이다. 나아가 사회복지전문직에서 미시적, 거시적 방법에 의한 인간 이해에 근거하여 사회복지실천 현장에서 만나게 될 클라이언트를 보다 효과적으로 도울 수 있도록 인간행동과 사회환경 각각에 대한 이해를 넓히고 사회복지실천과의 관련성을 살펴볼 것이다.

## ❶ 체계 이론

체계 이론은 인간과 환경의 관계를 이해하는 데 있어 체계가 성장 또는 변화하며 안정성을 유지해 가는 속성과 방법을 설명하고 있다. 체계는 그 자체로서 하나의 완전한 체계이면서 동시에 다른 체계의 상위 또는 하위체계가 될 수 있으며, 각 체계들 간에는 위계가 존재한다.

체계 이론은 전체주의적 관점을 지향하기 때문에 하나의 사건이나 행동문제에 초점을 맞추지 않고 상호 관련성을 고려하여 관계를 설명한다. 즉, 인간행동을 단순한 원인에 입각하여 설명하기보다는 다양한 변인들 간의 상호작용을 이해할 수 있는 개념적 틀을 제시하고 복잡 · 다양한 수준을 이루는 각각 체계의 역동적 상호작용에 초점을 두고 있다. 또한 체계는 명백하게 규정된 경계에 의해 외부환경과 구별되며, 그 경계 내의 구성 요소들은 비교적 안정된 상태를 이루며 상호작용을 하게 된다.

체계 이론은 생물학자인 Ludwig von Betalanffy에 의해 1940년대에 처음으로 제시된 이후 1960년대부터 주목을 받게 되었으며 체계 요소들 간의 상호 관련성과 의존성을 강조하는 특성으로 인해 과학적 사고의 급격하고 중요한 변화를 가져왔다. 이러한 체계 이론의 기본 가정은 [BOX 11-1]과 같다.

**[BOX 11-1] 체계 이론의 기본 가정**

- 사회체계는 하나의 단위 또는 전체를 형성하는 상호 관련된 성원들로 구성되어 있다.
- 사회체계의 조직적 한계는 임시적 또는 정립된 경계나 성원들에 의해 설정된다.
- 경계는 사회체계에 하나의 체계로서의 정체감과 초점을 부여한다.
- 체계환경은 체계 경계선 외부의 것으로 규정되는 것이다.
- 사회체계의 생활은 그 참여자의 활동을 단순히 합산한 것이다. 오히려 사회체계는 독특한 구조와 의사소통 유형을 지닌 독특하고 상호 관련된 관계망으로 볼 수 있다.
- 사회체계의 성원들 사이에는 높은 정도의 상호 의존성과 내적 조직이 있다.
- 모든 체계는 다른 체계의 하위체계와 상위체계일 수 있다.
- 사회체계의 한 성원의 변화는 전체 사회체계의 속성에 영향을 미친다.

- 사회체계와 외부 환경과의 상호작용은 사회체계의 기능적 능력과 내적 구성에 영향을 미친다.
- 사회체계 내·외부의 변화로 인하여 체계의 구조적 불균형 상태가 야기될 경우 체계는 균형상태를 회복하기 위한 시도를 한다.

출처 : 권중돈 · 김동배(2005).

체계란 상호 의존적이고 상호작용하는 부분들로 구성된 전체, 즉 부분들 간에 관계를 통해 일련의 단위를 이루고 있는 집합체로 정의되며(Bertalanffy, 1968) 정보, 에너지, 자원 등을 교환하면서 역동적으로 존재하는 실체를 말한다. 또한 체계는 인과적인 관계 속에서 직접 또는 간접으로 관련된 구성 요소들의 복합체이며, 이때 각 구성 요소는 어떤 특정한 기간 내에서 다른 구성 요소와 안정적으로 관련되어 있다(최옥채 외, 2011; Buckley, 1967). 체계 이론의 주요 개념을 살펴보면 다음과 같다.

## 1) 구조적 특성

### (1) 개방체계와 폐쇄체계

체계는 크게 개방체계와 폐쇄체계로 나누어진다(그림 11-1). 개방체계란 다른 체계와 에너지, 정보 자원 등을 빈번하게 상호 교류하는 체계이며, 폐쇄체계는 다른 외부체계들과 상호 교류가 없거나 혹은 교류할 수 없는 체계를 말한다. 그러나 현실에서는 어느

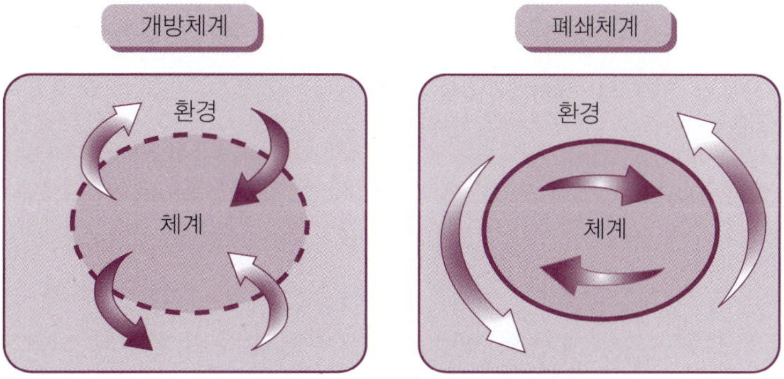


[그림 11-1] 개방체계와 폐쇄체계

체계도 완전한 개방상태 혹은 완전한 폐쇄상태로 존재하지 않으며 개방체계와 폐쇄체계의 연속선상에 존재한다.

(2) 경계

체계들 간에는 일정한 경계가 있다. 경계란 외부 환경으로부터 대상체계를 구분해 주는 일종의 테두리이며 체계와 체계 사이를 구분해 주기 때문에 체계의 독특성 혹은 정체성을 유지한다. 다시 말하면, 체계에서 경계는 첫째, 그 체계의 정체성을 규정해 주며, 둘째, 주위 환경의 내적 · 외적 교환을 통제하는 기능을 한다고 볼 수 있다(Kuhn & Beam, 1982).

### 2) 진화적 특성

체계는 항상 일정 부분 자신을 변화시키고 있을 뿐만 아니라 유지하고 있다. 이것이 바로 체계의 진화적 속성이다. 진화적 속성을 나타내는 개념에는 균형, 항상성, 안정상태가 있으며, 이들은 경계의 개방성에서 상이한 정도를 반영하는 개념이다(Anderson & Carter, 1984). 체계의 진화과정에서의 에너지 흐름은 엔트로피와 넥엔트로피, 시너지의 개념으로 설명된다(장인협 · 김융일 · 정진영 · 이정숙 · 조홍식, 1991).

(1) 균형

균형은 외부 환경으로부터 새로운 에너지의 투입 없이 현상을 유지하려는 체계의 속성이다. 이는 체계가 고정된 구조를 가지고 주위 환경과 수직적인 상호작용을 하기보다 수평적인 상호작용을 하면서 거의 교류를 하지 않는 상태로 주로 폐쇄체계에서 나타난다.

(2) 항상성

항상성은 균형보다 일정한 수준의 개방체계를 전제로 하며 환경과 지속적으로 상호작용하면서 정적인 균형보다 역동적인 균형을 이루고 있는 상태이다.

### (3) 안정상태

안정상태는 부분들 간의 관계를 유지시키고 쇠퇴해서 붕괴되지 않도록 에너지가 계속적으로 사용되는 상태이다(Laszlo, 1972). 환경과의 교류뿐만 아니라 환경에 적응하기 위해 체계의 구조를 변화시키는 상태로서 개방체계에 존재한다.

### (4) 엔트로피

엔트로피는 체계구성 요소들 간의 상호작용이 감소함에 따라 유용한 에너지가 감소하는 상태를 말한다. 예를 들어 가정 내에서 부부 사이가 좋지 않아 서로 대화가 줄어들고 긴장감이 발생하면, 그로 인해 부모-자녀관계도 불안정해진다. 이때 부부간 상호작용의 감소는 가족 내 질서 및 위계를 불안정하게 만들고 부모-자녀 간 경계도 불명확하게 만들게 된다. 이러한 역기능적 행동의 증가가 바로 엔트로피 상태인 것이다(최옥채 외, 2011).

### (5) 넥엔트로피

넥엔트로피는 체계 내에 질서, 형태, 분화가 있는 상태를 말한다. 넥엔트로피가 증가하면 체계 내에 질서와 법칙이 유지되며 정보의 필요성이 높아진다. 예를 들어 부부갈등으로 인해 가족 내 엔트로피가 증가한 경우 부부가 외부 도움을 통해 관계가 회복되면, 그로 인해 부모-자녀관계에도 새로운 질서와 위계가 만들어지고 회복되는 계기를 맞게 된다. 이러한 순기능적 행동의 증가가 바로 넥엔트로피 상태인 것이다(최옥채 외, 2011).

| | 폐쇄체계 | | 개방체계 | |
|---|---|---|---|---|
| 높다 | ← | 엔트로피 | → | 낮다 |
| 낮다 | ← | 넥엔트로피 | → | 높다 |
| 낮다 | ← | 질서 | → | 높다 |
| 높다 | ← | 혼란 | → | 낮다 |
| 낮다 | ← | 법칙 | → | 높다 |
| 적다 | ← | 정보의 필요성 | → | 많다 |

출처 : 김유숙(1998).

**[그림 11-2] 체계유형과 에너지 교환**

### (6) 시너지

시너지는 체계 내에 유용한 에너지가 증가하는 것을 의미하며, 이는 체계구성 요소들 사이에 상호작용이 증가하면서 나타난다. 이러한 시너지는 개방적이고 살아 있는 체계에 적합하다. 예를 들어 부부가 외부 상담을 통해 관계가 개선되면 가족 전체의 분위기가 긍정적으로 바뀌고 예전과 달리 가족 모임이나 행사에 적극 참여하거나 자녀들이 더욱 성숙해지는 등의 긍정적 변화가 나타날 수 있다. 이러한 변화들이 바로 시너지 효과인 것이다(최옥채 외, 2011).

### (7) 기능적 요건

체계의 기능적 요건으로는 적응, 목표달성, 통합, 형태유지가 있다. 첫째, 적응기능이란 체계가 외부 환경으로부터 자원을 얻어 이를 분배하거나 보존하는 활동을 의미하며, 둘째, 목표달성이란 체계가 내부적으로 목표의 우선순위를 정하고, 그 목표를 달성하기 위해 상위체계인 외부 환경과 교류하면서 체계 내부의 구성 부분들을 동원하는 기능을 말한다. 셋째, 통합이란 체계가 내부적으로 부분들의 상호작용을 조정하고 유지하는 활동을 일컬으며, 넷째, 형태유지란 체계 내에 발생하는 긴장을 다루는 활동을 말한다. 이 기능을 도식화하면 〈표 11-1〉에서 수직축의 외적 차원은 환경을 말하고 내적 차원은 체계 내부를 말하며 수평축의 도구 차원은 외부로부터 에너지를 확보하고 보존하는 것을 말하며 완성 차원은 목적 지향적 활동을 말한다.

**〈표 11-1〉 체계의 기능적 요건**

| | 도구적 | 완성적 |
|---|---|---|
| 외적 | 적응기능 | 목표달성 |
| 내적 | 형태유지 | 통합 |

출처 : 최옥채 외(2011).

### (8) 과정적 특성

체계의 행동적 특징을 설명하는 개념에는 투입—전환—산출과 피드백의 개념이 있으며, 모든 사회체계는 투입—전환—산출이라는 교환과정을 통해서 사회환경과 교류한다

(그림 11-3).

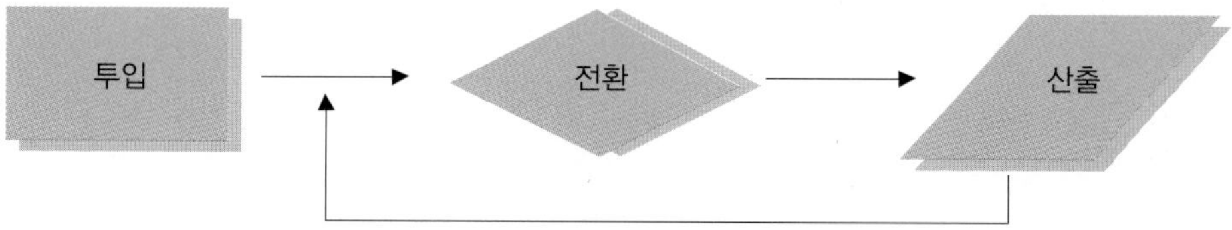


[그림 11-3] 체계의 투입 - 전환 - 산출 과정

① 투입

투입이란 환경으로부터 에너지와 정보를 받아들이는 것을 말하며 과업 관련 투입과 유지 관련 투입이라는 두 가지 형태로 나뉜다(Chess & Norlin, 1988). 예를 들면 과업 관련 투입은 클라이언트의 문제이며 유지 관련 투입은 사회복지사 또는 돕는 데 필요한 기타 자원들이 된다.

② 전환

전환이란 투입을 산출로 변환시키기 위해 체계가 갖고 있는 구조적 배열을 말한다. 구조는 체계의 투입이 산출되는 과정에서 나타나는 일종의 순서로 구조에 포함되는 것은 역할, 공식적인 행정적 준비, 가치, 시간, 예산, 계획안, 공간, 다른 체계들과의 유대 등이다(이인정 · 최해경, 2007).

③ 산출

산출이란 투입된 자원을 전환과정을 통해 내놓은 결과물로 산출은 과업산출, 유지산출, 소모로 분류된다. 예를 들면 과업산출은 클라이언트의 문제가 종결된 결과이며 유지산출은 클라이언트가 습득한 지식과 기술을 들 수 있으며 소모는 사회복지사의 탈진이 될 수 있다(이인정 · 최해경, 2007).

④ 피드백

피드백이란 체계의 작동을 점검하고 적응적 행동이 필요한지를 판단하여 이를 수정하는 능력을 말하며 부정적인 피드백과 긍정적인 피드백으로 나뉜다. 부정적인 피드백은 체계가 목표를 성취하기 어려운 방식으로 행동하고 있다는 정보를 주어서 목표와 조화를 이루도록 행동을 수정하게 하며 긍정적인 피드백은 체계가 목표와 관련하여 적절하게 행동하고 있으며, 그 같은 행동이 더욱 요청된다는 의미를 전달한다(이인정 · 최해경, 2007).

## ② 가족체계 이론

부모와 자녀 간의 기능을 설명하기 위해 체계 이론의 개념을 적용하는 가족체계 이론은 가족이 의사결정하고 특별한 목표를 세우고 성취하며 규칙을 정하는 과정에 영향을 미치는 요인들과 가족의 복잡한 상호작용을 설명하는 데 유용하다(박성연 · 성숙자 · 김상희 · 김지신 · 박응임 · 전춘애, 2007). 또한 역기능적 가족의 역동을 설명하려고 노력하는 과정에서 도출된 이론으로(장휘숙, 2008) 가족이 바람직하게 기능하기 위해서는 가족체계의 일부로서 존재하는 하위체계가 서로 분리되어 있어야 한다는 것이다. 한 예로 가족은 배우자, 부모-자녀, 부모 그리고 개인적 하위체계를 포함하는 데 분리된 하위체계의 경계가 희미해질 때 근친상간과 같은 역기능적 가족의 출현이 가능하다고 본다.

[BOX 11-2] 가족체계 이론에서 가족에 대한 가정

- 가족체계의 맥락 내에서 상호작용이 연구되어야 한다.
- 가족은 독특한 상호작용패턴을 갖는다.
- 대부분의 가족들은 가족체계가 손상되는 일이 없이 지속될 수 있도록 안전성을 추구한다.
- 가족체계는 시간 경과에 따라 변화한다.

출처 : 장휘숙(2008).

가족체계 이론은 가족집단 간 복잡한 상호작용을 설명하는데, 이 이론의 핵심개념은 전체성, 상호 의존성, 유형(규칙, 역할, 의사소통양식), 상호 호혜적 상호작용, 피드백, 경계, 엔트로피, 동귀결성, 적응, 항상성을 포함한다(박성연 외, 2007).

### ① 전체성

가족은 서로 독립적으로 행동하는 개인들의 단순한 집단이 아니다. 가족은 전체성의 원리에 따라 움직인다. 가족의 기능을 이해하기 위해서 가족집단은 전체로서 간주되어야 한다.

### ② 상호 의존성

상호 의존성은 전체성의 원칙과 관련되며 가족 내의 한 구성원이 다른 모든 구성원에게 영향을 미치는 것을 의미한다. 예를 들어 가족체계 내에 질병, 사망, 승진 등의 변화를 경험할 때, 그 체계 내의 모든 구성원은 어느 정도의 영향을 받는다.

### ③ 유형

가족체계 내에서 유형은 구성원의 행동을 조절하고 상호 간 행동을 예측하는 기능을 하며 규칙, 역할 그리고 의사소통양식의 유형으로 대부분의 가족체계에서 나타난다. 몇몇 유형들은 모든 가족체계에서 공통적인 일반 지침을 따르기도 하지만, 대개의 유형들은 개별 가족체계에 따른 독자적인 특성을 반영한다.

### ④ 규칙

규칙은 가족체계 내에서 어떠한 행동이 인정되고 적절한지를 이해하기 위한 일반적인 근거를 제공하며 구성원의 행동을 관리하기 위한 규칙을 발전시킨다.

### ⑤ 역할

역할은 가족체계 내에서 수용 가능한 행동의 윤곽을 밝히고 체계의 기능을 조절한다. 일반적으로 역할은 특정한 임무를 수행하는 구성원으로 하여금 적절하게 행동하도록 하는 규칙과 관련이 된다.

### ⑥ 의사소통양식

의사소통양식은 주로 가족체계 내의 관계적 특성과 밀접하게 관련되며, 대부분의 가족에서 언어적, 비언어적, 맥락적 양식을 볼 수 있다(Becvar & Becvar, 1998). 언어적 의사소통은 목소리 톤, 표정, 신체 자세, 손동작을 포함하며 비언어적 메시지는 언어적 메시지와 함께 메시지 내용에 대한 힌트, 암시적 명령이나 요청이 될 수 있다. 맥락적 의

사소통은 비언어적 의사소통과 밀접하게 결합되며, 흔히 언어적, 비언어적 의사소통이 일어나는 상황과 연관된다. 이러한 의사소통양식은 각 가족체계마다 독특하며 가족 구성원들이 자주 상호작용하고 정보를 교환할수록 체계는 변화에 대하여 더 융통성 있고 수용적이 된다.

⑦ 상호 호혜적 상호작용과 피드백

체계 이론은 가족 구성원 간 또는 가족체계 간 상호작용에서의 원인-결과 과정을 지지하지 않고 가족과 체계 간의 상호 호혜적 상호작용에 강조점을 둔다(Becvar & Becvar, 1998). 다시 말해, 한 가족 구성원의 반응은 다른 가족 구성원의 반응을 일으키게 하는 자극으로 순환작용하며 서로의 행동에 전체로서 영향을 미치는 과정에서 가족 구성원 또는 하위체계 간의 상호작용을 유지하기 위하여 피드백이 끊임없이 발생하게 된다.

⑧ 경계

경계는 다른 체계로부터 가족체계를 분명하게 구분하고, 특정한 가족체계의 구성원들 사이를 구별하기 위해 한계를 두는 것으로(Knowles, 1997) 정보교환, 의사소통, 정체감 및 행동을 조정하도록 도와준다. 이러한 추상적이고 심리적인 구분은 특정 하위체계 내에 있는 가족 구성원과 그 하위체계에서의 역할에 대해 설명하는 명시적 규칙뿐만 아니라 암묵적 규칙에 근거한다.

⑨ 엔트로피

엔트로피는 체계기능에 있어서의 무질서 또는 혼돈된 상태를 의미하며, 가족은 두 가지 방법으로 엔트로피의 존재에 대응할 수 있다. 첫째, 긍정적인 활동은 외부 정보와 에너지를 받아들이고 사용함으로써 무질서와 혼돈으로부터 체계를 이동시키며, 둘째, 부정적인 활동은 엔트로피의 수준을 증가시켜 체계를 더 높은 수준의 혼돈이나 분열 쪽으로 이동시킨다. 이러한 활동은 가족과 다른 환경체계 간 정보의 교환을 거부하고, 어떤 문제 또는 위기가 존재한다는 사실에 저항함으로써 그 자체를 유지하려는 기능을 한다.

⑩ 동귀결성

동귀결성은 가족이 공통의 목표를 공유하지만, 다른 방법으로 달성된다는 것을 의미한다. 예를 들어 부모-자녀 하위체계의 궁극적인 목표는 자녀를 효과적으로 역할하는 성인으로 키우는 것이 될 수 있으나 각각의 가족체계는 이러한 목표를 다양한 방법으로 성취하게 된다.

⑪ 적응

가족체계는 변화에 적응하고자 유형을 재구조화하려는 내·외적인 사건과 과정들에 의해 끊임없이 도전받는다. 어떠한 것도 오랜 기간에 걸쳐 가족에게 충분히 안정적이지 않기 때문에 변화는 가족체계의 효과적인 기능에 대한 지속적인 위협이다. 따라서 체계가 효과적으로 기능을 지속하기 위해서는 적절하게 역할하지 않는 유형은 주기적으로 재조정되어야 한다.

⑫ 항상성

가족체계 기능의 궁극적인 목표는 시간에 걸친 항상성을 유지하는 것으로 시간적 변화에 따라 두 가지 용어가 적용된다. 형태발생성은 성장, 변화, 혁신 그리고 창의성을 경험하고, 그에 맞게 구조와 유형에 적응함으로써 변화를 일으키는 요인들에 대응하기 위한 가족체계의 경향성을 의미하며(Hoffman, 1973), 형태안정성은 조직, 구조 및 유형을 유지하려고 시도함으로써 시간의 흐름에 따라 안정성을 유지하려는 가족체계의 요구를 설명한다. 건강한 가족체계는 변화와 안정의 역동적 요인들 간의 항상성을 지속적으로 유지하고자 한다.

## 3 생태학적 이론

생태학은 원래 생물학에서 유기체와 그 주변의 자연·사회·물리적 환경 간에 존재하는 상호 의존적 체계에 대해서 연구하는 학문으로 유기체 자체보다 유기체가 존재하는 전체 체계와 유기체 간 주고받는 상호작용에 더 주목한다.

생태학적 이론은 생태학, 동물행동학, 자아심리학, 스트레스 이론, 형태심리학, 역할 이론, 문화인류학, 인본주의심리학, 상징적 상호작용 이론, 일반체계 이론, 권력관계의 역동 이론과 같은 다양한 이론의 영향을 받았으며 궁극적 목적은 인간발달의 과정, 발달이 일어나는 맥락적 환경 그리고 인간이 접해 있는 다차원적 환경 간 상호작용과 상호 연계성에 대해 분석적 · 통합적으로 조망하는 데 있다(윤종희, 1994).

생태학적 이론에서는 발달을 촉진시키는 개인적 요인뿐 아니라 행동적 환경을 통하여 인간에게 영향을 미치는 복잡한 힘의 관계망을 탐색한다. 일생에 걸쳐 이루어지는 발달을 D = f(P.E), 즉 발달이란 시간의 흐름에 따라 이루어지는 개인(Person)-환경(Environment) 사이의 함수관계라고 본 Lewin의 이론을 보다 정교화한 Bronfenbrenner의 생태학적 이론에서는 개인과 환경을 발달의 산물이자 생산자라고 보고 환경뿐만 아니라 개인 또한 발달에 있어서 중요한 역할을 한다(Garbarino, 1983)고 보았다.

### 1) Bronfenbrenner의 생태학적 체계 이론

Bronfenbrenner(1979)는 인간발달의 생태학을 '능동적으로 성장하는 인간과 끊임없이 변화하는 환경 간 일생을 통하여 점진적으로 이루어지는 상호 조절과정에 대한 과학적인 연구'라고 정의하였다. 그는 이 발전적 상호 조절과정은 즉각적인 장면과 장면 사이의 관계에 의해 영향을 받고 그 장면들은 더 큰 맥락에 의해 영향을 받는다고 보았으며 인간발달을 이해하는 데 있어 탈 맥락적인 아닌 맥락 내(development-in-context) 발달에 초점을 맞출 것을 강조하였다.

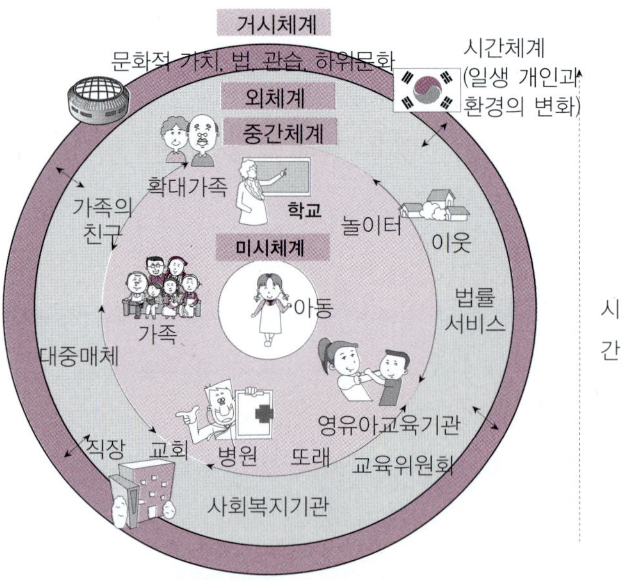


[그림 11-4] Bronfenbrenner의 생태학적 체계모델

Bronfenbrenner는 인간발달은 실제의 생활환경에서 연구해야 할 필요성이 있다고 주장하면서 생태학에 대한 개념 모형을 제안하였다(그림 11-4). 그는 인형 속에 또 다른 인형이 겹겹이 포개진 러시아 인형세트로 개인을 둘러싼 다차원적 환경을 묘사하였다. 이러한 겹 구조의 환경체계는 유기체를 중심으로 미시체계(microsystem), 중간체계(mesosystem), 외체계(exosystem), 거시체계(macrosystem)로 구성된다.

### ① 미시체계

미시체계는 발달하는 개인이 독특한 물리적·물질적인 특성을 가진 환경 내에서 경험하는 활동, 역할 및 대인관계의 유형이며 미시체계의 예로는 아동의 경우 가족, 친구, 이웃이 포함된다.

### ② 중간체계

중간체계는 발달하는 개인이 적극적으로 참여하는 둘 이상의 환경들 간의 상호관계로 이루어진다. 즉, 미시체계들 간의 상호관계를 말하며 중간체계의 예로는 아동의 경우 가정, 학교, 이웃, 동료집단 사이의 관계, 성인의 경우는 가족, 직장, 사회생활 사이의 관계를 들 수 있다. 일반적으로 이 체계들 간의 관계가 밀접하면 아동의 발달은 순조롭게 진행된다. 예를 들어 가정-학교 간 상호 호혜적이고 효과적인 의사소통 체계를 갖고 있으면 자녀의 학교적응을 촉진할 수 있다는 것이다.

### ③ 외체계

외체계는 발달하는 개인이 적극적인 참여자로 관여하지는 않으나 발달하는 개인이 속한 환경에서 일어나는 일에 영향을 주거나 영향을 받는 사건이 발생되는 하나 또는 그 이상의 환경을 의미한다. 외체계의 예로는 아동의 경우 부모의 직장, 손위형제가 다니는 학교 학급, 부모의 친구 조직망, 지방교육청의 활동, 교육위원회, 대중매체 등이 포함된다. 또한 아동학대의 확률을 높이는 열악한 주거환경, 부모의 실직, 만성적 빈곤과 같은 요인들은 부모의 통제권을 벗어난 외체계이지만, 강한 친족지원망, 교회활동 참여 등은 이러한 문제를 예방하는 외체계 요인으로 볼 수 있다.

### ④ 거시체계

거시체계는 기본적인 신념체계가 이념과 함께 하위체계(미시, 중간, 외체계)들의 형태와 내용에서 나타나는 일관성으로서 특정 문화권의 광범위한 이념적 가치, 규범, 제도 유형 등이 포함된다. 거시체계의 예로는 자녀에 대한 부모의 역할관 및 신념, 자녀양육 가치관 및 태도, 아동이 속해 있는 사회문화적 배경을 들 수 있으며, 이들 요인들은 아동의 발달에 지속적인 영향을 미친다(그림 11-5). 이와 함께 사회의 근본적인 변화를 가능하도록 하는 산업화, 도시화, 민주화, 세제개혁, 시민권 운동, 여성권리 운동 등도 거시체계의 예라고 할 수 있다.

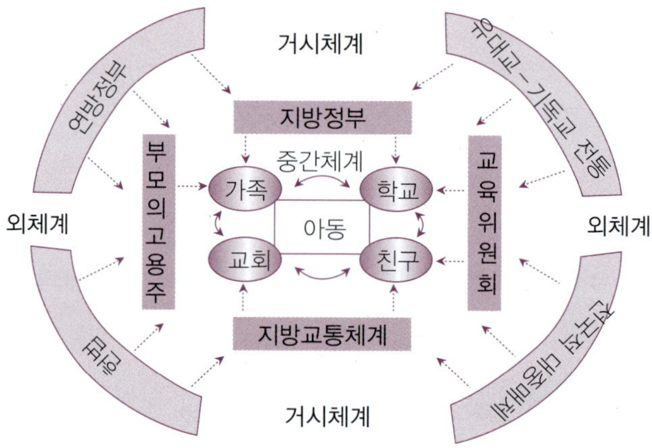


출처 : 정옥분(2002).

**[그림 11-5] 거시체계**

### 2) Bubolz와 Sontag의 모형

인간생태학을 개념화하고 정리한 Bubolz와 Sontag(1993)는 환경을 인공적 환경(Human-Built Environment : HBE), 사회 · 문화적 환경(Social-Cultural Environment : HCE), 자연 · 물리 · 생물 환경(Natural Physical-Biological Environment : NPBE)으로 구분하였으며 인간유기체(Human Environed Unit : HEU)는 이 세 종류의 환경과 상호작용하며 서로 영향을 주고받는 것으로 보았다(이소희 외, 2004). 이를 토대로 모형을 제시하면 [그림 11-6]과 같으며 주요 개념을 살펴보면 다음과 같다.

① 인간 유기체(Human Environed Unit : HEU)는 이 모형의 분석 단위로서 개인이 될

수도 있고 개인이 모인 집단도 될 수 있다. 예를 들면 가족을 분석 단위로 할 때 가족 구성원은 자신의 환경과 상호작용하는 유기체이다.

② 인공적 환경(Human-Built Environment : HBE)은 인간이 인위적으로 만든 환경으로서 예를 들면 도로, 건물, 자동차 등이다.

③ 사회 · 문화적 환경(Social-Cultural Environment : SCE)은 자연 · 물리 · 생물 · 환경과 인간의 행동이나 가치관에 강력하게 영향을 미친다. 예를 들면 법률, 규범, 문화적 가치 등이다.

④ 자연 · 물리 · 생물 환경(Natural Physical-Biological Environment : NPBE)은 살아가는 데 가장 필수적 자원을 제공한다. 예를 들면 대기, 기후, 흙, 물, 식물, 동물, 풍토 등이다.

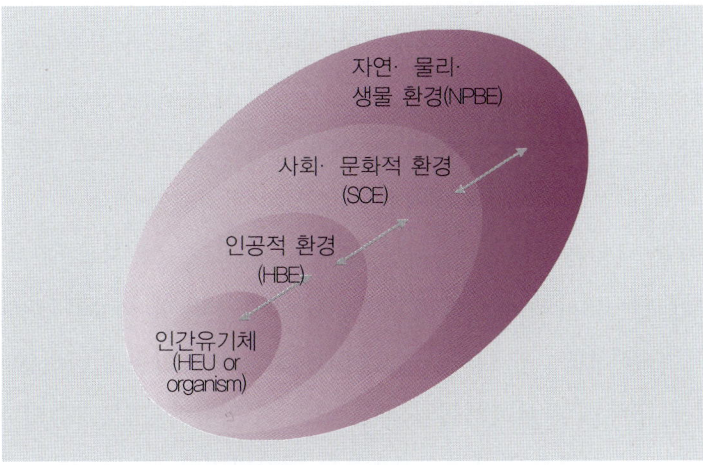


[그림 11-6] Bubolz와 Sontag의 인간생태학적 모형

### 3) 생태학적 접근의 인간행동과 사회환경에의 적용

인간의 삶의 질 향상을 위해서는 인간행동과 사회환경의 관련성을 연구하는 것이 필수적이다. 이상에서 살펴본 바와 같이 생태학적 접근은 통합적, 총체적, 맥락적으로 인간과 환경의 상호관계에 초점을 두고 있기 때문에 인간의 발달과 행동의 상호관계를 이

해하는 데 있어 매우 유용하며, 실제로 인간발달에 대한 다양한 범위의 연구에서 폭넓게 적용되어 오고 있다.

### (1) 국내 관련 연구

현재까지 Bronfenbrenner의 인간발달의 생태학 모형에 근거해 진행된 우리나라의 연구를 소개하면 다음과 같다.

김보민과 박인전(2017)은 유아의 기관 적응을 사회 적응에 대한 첫 단계로 보면서 개인변인인 자아탄력성, 미시체계로서의 어머니와 유아의 관계, 중간체계로서의 어머니와 교사의 관계가 유아의 사회 적응에 영향을 미치는 것과 이 관계들이 서로 유기적으로 영향을 주고받음을 확인하였다.

이해진과 어성연(2018)의 직장어린이집을 이용하는 취업모의 양육 스트레스에 관한 연구에서는 미시체계로서의 부모의 보육기관 만족도가 높고, 중간체계로서의 부부의 관계의 질이 높을 경우 양육 스트레스가 낮아 자녀의 발달에 긍정적인 영향을 미치는 것으로 나타났다. 그러므로 거시체계로서의 일과 가정의 양립을 위한 정책과 이를 실현하는 외체계로서의 직장어린이집의 확충의 필요성이 제기되었다.

생태학적 모형을 이용한 박은숙, 임여진, 조은지(2013)의 보육시설 내 아동의 건강관리에 관한 연구에서는 교사와 부모의 질병관리에 대한 전문적 지식의 부족과 갑작스러운 사고에 대한 미숙한 대처 등 미시체계요인에서의 장애요인을 언급하였다. 중간체계에서는 발달 및 건강에 대한 보육시설과 부모 간의 의견 차이, 정보교류의 부족 등이 문제점으로 지적되었다. 외체계의 장애요인으로는 건강관리와 관련된 보육시설 평가인증 항목의 부족, 유명무실한 주치의 제도, 보육교사의 과중한 업무 등의 문제점이 제기되었고, 거시체계로는 보육시설 이용 시간대의 제약, 소자녀 가족의 증가로 아동관리 모델링 기회 저하 등의 장애 요인이 확인되었다.

아동의 휴대폰 사용에 관한 김도연과 양혜정(2014)의 연구에서는 미시체계로서의 교사와의 긍정적인 관계가 휴대폰 사용의 부정적 영향에 대한 보호요인으로 작용하고 있으며, 외체계인 거주지역의 환경도 아동의 휴대폰 사용 시간에 영향을 미치는 것이 확인되었다.

생태학적 관점에서 학교폭력의 실태와 원인에 대해 연구한 김규태(2013)에 의하면 미시체계로서의 자녀에 대한 무관심과 가정폭력, 중간체계로서의 교사와 학부모의 대화 부족과 폭력 서클과의 관계가 청소년 학교 폭력에 영향을 미치는 것으로 나타났다. 또한 외체계로서의 입시위주의 교육과 학교 주변의 환경, 거시체계로서의 핵가족화, 맞벌이 부부, 소외계층 증가 등 사회구조와 폭력적 문화가 다각적으로 영향을 미치고 있었다.

### (2) 외국 관련 연구

가족은 인간 발달의 초기에 가장 많은 영향을 미치는 변인이다. 이에 관한 연구는 오랜 기간 계속 이어져 오고 있는데 특히 부모의 양육행동은 영유아에게 가장 직접적인 요인이 된다. 일상의 규칙성이 지속되지 못하는 혼란(Fiese & Winter, 2010), 부모의 갈등(Cummings & Merrilees, 2010)은 자녀의 정서적 안정감과 자기조절능력에 영향을 주는 것으로 나타났다.

Vancell과 동료들(2010)이 NICHD(Eunice Kennedy Shriver National Institute of Child Health and Human Development)의 자료를 통해 분석한 결과에 따르면 유아기 보육의 질은 청소년기의 문제 행동과 관련이 있었다. 어린 시절 양질의 보육을 경험한 청소년은 적은 문제행동을 나타내었다. 이러한 결과는 유아기 미시체계의 영향은 청소년기와 더 나아가 개인 삶의 전반에 영향을 미친다고 예측할 수 있기 때문에 저소득 가정에 대한 국가의 지원과 개입을 촉구하였다. 이와 비슷한 연구로 Mashburn과 동료들(2008)은 종단연구를 통해 유아교육기관의 환경의 질이 학업과 언어, 사회적 기술에 미치는 영향을 연구하였다. 그 결과 유아와 교사의 상호작용은 학업과 언어, 사회적 기술에 긍정적인 영향을 미치는 결과를 얻었고 미시체계의 영향에 대한 이러한 결과는 교사 양성과 교사교육, 유아-교사 상호작용 프로그램의 개발, 교사와 아동의 적정 비율 등 외체계와 거시체계에 대한 변화를 촉구할 수 있었다.

중간체계로서의 학교 프로그램과 종교집단, 이웃 공동체의 역할은 아동의 발달에 영향을 미친다(Boardman,2004). 이 연구는 아동에게 부모 이외의 성인으로부터 지지와 보호를 받을 수 있는 기회와 바람직한 역할 모델을 제공할 수 있다는 것을 의미한다.

외체계가 아동의 발달에 미치는 영향을 살펴보면 지나치게 미디어에 노출되는 환경은 아동의 공격성과 관계가 있고(Wilson, 2008), 사회적으로 고립되는 가정에서는 학대가 발생할 확률이 증가하는 것으로 나타났다(Coulton et al., 2007). 많은 TV 프로그램, 영화, 비디오 게임에서 폭력이 등장하며 이것은 모방성향이 강한 아동에게 쉽게 영향을 주기 때문이다. 또한 여러 이유로 고립이 되어 있는 가정은 스스로의 힘으로는 다른 기관, 혹은 사람들과의 유대가 쉽지 않고 우울, 양육스트레스, 학대로의 발전이 쉽게 이루어지기 때문이다.

위와 같은 연구는 인간을 둘러싼 환경의 유기적인 관계의 역동이 인간의 발달에 미치는 영향에 관한 Bronfenbrenner의 생태학적 모델에 기반한 연구들이다.

## 4 사회복지실천과의 연관성

과거에는 많은 사회복지사들이 정신분석과 같은 전통적인 심리학 이론에 기초하여 클라이언트가 경험하는 문제의 단편적인 원인을 찾고자 하였으나 체계 이론과 생태학적 이론에서는 문제의 다양한 맥락을 강조하기 때문에 클라이언트가 처한 상황을 다양한 수준에서 사정하고 설명할 수 있도록 한다(Greene, 1999). 또한 생태학적 이론에서는 클라이언트와 사회복지사는 상호 간에 영향을 미치며 문제를 해결하는 데 있어서 클라이언트는 수동적 수혜자로 간주되고 사회복지사는 지배적 전문자로 보지 않고 동반자적 관계로 간주한다. 일반 체계 이론의 영향으로 사회복지실천의 사정에서는 클라이언트에 국한되지 않고 관련 체계의 영향력을 사정에 포함시키게 되었으며 문제나 욕구를 보다 상황적이고 환경적 맥락에서 이해하려는 경향을 부활시켰다. 체계 이론과 생태학적 이론에 입각하여 클라이언트를 원조하는 과정에서 사회복지사가 따라야 할 실무 원칙을 제시하면 [BOX 11-3], [BOX 11-4]와 같다.

[BOX 11-3] 체계 이론의 실무원칙

• 가족을 독특한 구조와 의사소통 유형을 가지고 있는 체계라고 가정하고, 사정에서는 가족의 역기능을 일으키는 요인을 파악하는 데 초점을 두어야 한다.
• 가족체계의 가족 구성원들이 더 큰 사회체계와 상호 교환하는 정도를 관찰하고 질문함으로써 경계선의 개방성을 파악하여야 한다.
• 가족체계와 환경 사이의 적합성을 파악하라. 가족체계와 환경 간의 적합성을 증진시키기 위하여 필요한 부가적 지원을 확인하고 활용 가능성을 점검하여야 한다.
• 가족조직을 분석하여 가족구조의 특성을 파악하라. 가족 내에서 일어나는 사회화 과정, 하위체계의 구성, 위계질서의 특성, 역할분화 방법 등을 탐색하라. 가족의 문화가 조직적 구조에 미치는 영향을 파악하여야 한다.
• 가족의 의사소통 유형을 파악하라. 체계와 환경 사이의 정보와 자원교환통로를 따르라. 가족의 환류과정을 사정하라. 이러한 환류과정이 전체 상호작용 유형과 어떤 관련성이 있는지를 분석하라. 가족의 규칙을 파악하기 위한 질문을 하라. 의사소통에서 나타나는 가족의 역기능적 삼각관계를 파악할 수 있도록 하라. 가족 구성원들에게 의사소통에 내재된 문화적 요인들에 대해 질문하여야 한다.
• 스트레스에 대한 가족의 반응유형을 파악하라. 엔트로피, 상승작용, 안정상태 유지에 기여하는 구조적 및 의사소통상의 요인을 파악할 수 있도록 하라. 체계가 스트레스를 감소시키고 재구조화함으로써 새로운 적응상태에 이르는 방법을 탐색하여야 한다.

출처 : 권중돈 · 김동배(2005).

[BOX 11-4] 생태학적 이론의 실무원칙

• 개인과 환경을 분리할 수 없는 존재로 보아야 한다.
• 원조과정에서 클라이언트의 동반자가 되어야 한다.
• 클라이언트의 적응에 영향을 미치는 모든 수준의 체계를 사정함으로써 개인과 환경 사이의 상호 교류를 파악하여야 한다.
• 많은 스트레스를 유발하는 생활 상황과 생활 전이를 사정하여야 한다.
• 개인이나 환경의 어느 한 요소에만 초점을 둘 경우 효과적인 원조가 이루어지기 어렵다는 사실을 수용하여 개인과 환경 간의 적합성을 증진시킬 수 있는 개입방안을 모색하여야 한다.

• 긍정적 관계와 생활경험을 통해 클라이언트의 유능성을 증진시켜 나가야 한다.
• 클라이언트와 모든 수준의 환경 사이의 적합성을 증진시킬 수 있는 개입방안을 찾아내야 한다.
• 사회적 지지가 전문적 원조와 조화를 이룰 뿐만 아니라 전체적인 원조 전략에 필수적인 요소로 보아야 한다.
• 클라이언트와 함께 해결방안을 모색하고 클라이언트의 역량강화에 초점을 두어야 한다.

출처 : 권중돈 · 김동배(2005).

### 1) 생태도

생태학적 이론에서는 다양한 크기의 사회적 관계망을 분석하고 클라이언트와 환경 사이의 상호 교류를 눈으로 확인할 수 있게 해 주는 유용한 도구들을 개발하였는데, 그 중에 대표적인 것이 생태도다. 생태도(ecomap)란 개인이나 가족을 포함하는 체계가 외부환경체계들과 어떻게 관련되어 있는지를 그림으로 보여주는 것으로 가족생활, 가족관계 및 가족의 상태를 전체적으로 조망하도록 도와준다. 특히 생태도는 개인체계보다

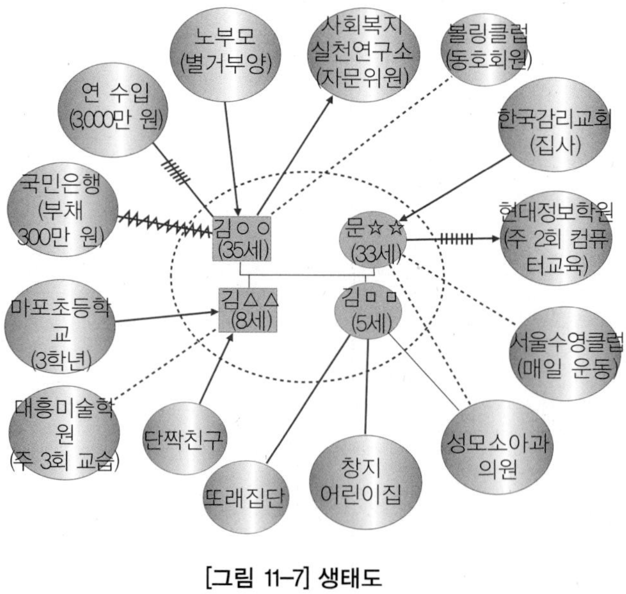


[그림 11-7] 생태도

는 가족체계를 파악할 때 많이 활용되며 가족 구성원들 사이에 혹은 가족과 외부체계 사이의 에너지 흐름과 자원의 부족, 결핍, 교환 그리고 결속, 지지뿐만 아니라 스트레스나 갈등의 정도를 이해하는 도구가 되며 체계들 간의 관계를 원활하게 하기 위해 어떤 체계를 어떻게 변화시켜야 할지를 결정하도록 도와준다(최옥채 외, 2011).

### 2) 가계도

가계도(genogram)는 가족체계를 사정하는 방법으로 적어도 3세대 이상의 가족 구성원과 그들의 관계와 관련된 정보를 상징을 사용하여 도표로 나타낸 것이다. 이러한 도식화를 통해 가족구조를 포함한 복잡한 현재 가족유형의 형태를 전체적으로 파악할 수 있으며 현재의 문제와 가족맥락과의 사이의 관련성 그리고 주요 타인의 영향력에 대한 정보, 가족구조, 관계 그리고 기능적 측면을 과거로부터 현재까지 어떻게 발전되어 왔는지 평가할 수 있게 된다. 이러한 가계도를 작성하기 위한 가족면접에서는 ① 주요 가족사건에 대한 가족 구성원의 인식차이, ② 가족문제의 발달사, ③ 제시된 문제와 가족 상호작용의 관련성, ④ 동거가족과 확대가족의 현실 상황, ⑤ 가족생활에 중요한 영향을 미치는 사회적 관계, ⑥ 가족관계와 역할, ⑦ 가족 구성원의 기능장애, ⑧ 사회적 경력 등에 대한 정보를 수집하여야 한다(권중돈 · 김동배, 2005).

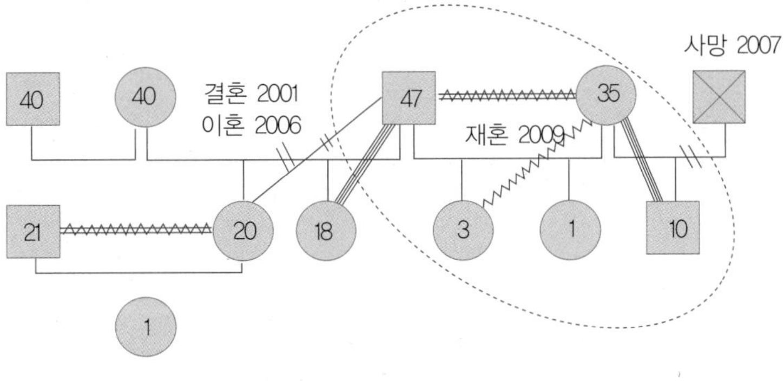


**[그림 11-8] 가계도**

12
Chapter

# 가족, 집단, 조직, 지역사회, 문화

본 장에서는 인간 자신을 둘러싼 환경 안에서 서로 영향을 주고받으며 가족, 집단, 조직 그리고 문화가 어떻게 발달하는가를 살펴보고자 한다. 구체적으로 인간들이 어떻게 가족을 구성하고 집단과 조직을 만들고 문화를 형성하는지 살펴봄으로써 개인과 환경 그리고 환경과 환경이 서로 영향을 주고받는 관계임을 알 수 있을 것이다. 결국 인간은 혼자 살아가는 존재가 아니라 사회적 환경 속에서 유기적인 관계를 맺으며 지내는 존재라는 것을 본 장을 통해 확인할 수 있을 것이다.

# ❶ 체계로서 가족

## 1) 가족의 개념과 기능

가족은 인류 역사가 시작될 때부터 시작된 가장 작은 사회집단이다. 역사와 민족, 시대적 변천에 따라 가족구조, 형태, 생성과정에 차이가 있으며, 그 모습이 다양하다. 또한 종교, 계급 그리고 사회경제적인 요인에 따라 다르기 때문에 가족의 개념 및 기능이 시대나 문화에 따라 다르게 정의된다. 그러므로 가족을 한마디로 정의하는 것은 쉽지 않지만, 다음은 형태적 측면과 기능적 측면에서 정의한 가족의 정의를 살펴보고자 한다(고수현, 2002; 정옥분, 2000).

먼저, 형태적인 측면에서 가족(family)의 개념을 정의하면 다음과 같다. 첫째, 영속적인 결합에 의한 부부와 거기에서 태어난 자녀로 형성된 생활 공동체 또는 가계를 공동으로 하는 친족집단으로 혼인, 혈연, 입양 이외에도 구성원의 필요에 따라 기타 관계된 사람들이 지속적인 연대의식으로 생활을 함께 영위하는 집단이라고 개념정의를 할 수 있다. 이러한 가족의 개념은 여성의 영구불변의 역할인 양육과 재생산 역할에 의해 규정된다는 신념에 근거하고 있다.

둘째, 기능적인 측면에서 가족의 개념정의를 하면 다음과 같다. 부부와 그들의 자녀로 구성되는 기본적인 사회집단으로서 이익관계를 떠난 애정적인 혈연집단이다. 가족은 같은 장소에서 기거하고 취사 및 동거하며, 그 가족만이 갖는 고유한 가풍을 갖는 문화를 갖고 있다. 가족생활을 통해 인간의 기본적 인성이 형성되므로 인간발달의 근원집단이라고 볼 수 있다.

가족의 개념에 따라 그 사회에서 정의하는 가족의 기능이 다를 수 있다(이소희 · 정민자 · 김경희 · 박인전 · 손지미 · 김영란 외, 2001; 최옥채 외, 2011). 전통적인 사회에서의 가족기능은 성관계를 통한 세대유지의 기능, 경제적인 기능, 자녀양육과 사회화의 기능, 가족 보호기능을 수행하였고, 자급자족의 생활을 하였다. 먼저 전통사회에서는 우선 가족 구성원 중 부모는 자녀를 출산하고 구성원들에게 사랑과 이해, 안전을 보장해주며 수용적이고 친밀한 그리고 남편과 아내, 부모와 자녀 간의 애정을 가꾸는 기능을 강조하였으며, 둘째, 경제적인 기능을 강조하였다. 즉, 가족을 경제의 기본 단위로서 인식하고 생산기능과 소비기능을 갖고 경제적인 기능역할을 담당하였다. 셋째, 전통사회에서는 자녀양육과 사회화의 기능으로 자녀의 양육과 발달에 책임을 갖고, 그들이 살아가는 특정 문화 속에서 잘 적응하고 살아갈 수 있도록 가치관, 사고양식, 각종 기술 등을 가르치는 기능을 한다. 마지막으로 가족은 가족원의 생명이나 재산의 전반적인 보호와 환자, 노인, 어린이 등을 보호하는 기능을 하였다.

이러한 전통사회에서 강조하였던 기능은 점차 산업화, 도시화되면서 가족의 기능이 달라지고, 그 모습들이 변화하고 있다. 예를 들어 학교나 다른 교육제도로 자녀 양육 및 사회화 기능을 넘겨주고 자급자족의 생산기능에서 소비기능으로 변화하게 되며 가족 보호 기능도 사회적 서비스 기관으로 이전되었다. 그럼에도 불구하고, 보편적인 가족의 기능은 계속 이어지고 있다. 예를 들어 가족은 자녀를 출산하고 가족 구성원에게 지위와 사회적 역할을 부여한다. 또한 가족은 친밀한 관계의 근원을 제공하며 소비와 생산을 하는 경제적인 협조의 단위로서 기능을 한다(Stong & Devault, 1992).

### 2) 가족의 특성과 유형

산업화 및 도시화는 가족의 유형 및 가족에 대한 가치관을 변화하도록 하였으며 가족구조는 시대가 변화함에 따라서 점점 다양화되고 있다. 가족에 대한 가치관의 변화로 인해 가족중심의 가치관에서 개인 중심의 가치관을 강조하게 되었으며, 혈연과 부부의 결합이라는 좁은 의미를 떠나 상호 간에 강한 애정과 충성으로 맺어져 일정 기간 동안 동거하는 사람들의 관계망으로 가족에 대한 가치관이 변화되었다. 즉, 혈연이나 법적 결혼 등의 계약을 강조하기보다는 가족 구성원들 사이의 상호 방향적 관계 형성을 강조하는 개인적 연결관계의 소규모 집단으로 바뀌면서 다양한 형태의 가족의 모습이 나타났다. 가족의 모습은 사회, 문화적 환경 변화의 결과물이라고 볼 수 있다.

현재 새롭게 생겨나고 있는 가족구조는 이제까지 주류라고 여겨왔던 핵가족, 확대가족, 직계가족 등의 가족유형과는 성격을 달리하고 있다. 과거의 가족유형은 해체과정에서 생겨나는 주변적, 과도적 산물이거나 환경적 여건으로 인한 산물이었다면, 최근에 나타나고 있는 새로운 형태의 가족구조는 동거가족, 독신가족, 무자녀 가족 등과 같은 새로운 형태로서 개인들의 능동적 선택에 의해 나타나고 있다.

다음은 다양해진 가족유형에 대해 살펴보고자 한다(이근홍, 2011; 이소희 외, 2001; 최옥채 외, 2011).

첫째, 가족 구성원의 수와 크기에 따라 대가족(large family)과 소가족(small family)으로 구분할 수 있으며 가족 구성원에 의해 핵가족(nuclear family)과 확대가족(extended family)으로 구분할 수 있다. 예를 들어 소가족이나 핵가족은 부부중심의 가족체계로 부부와 미혼자녀로 구성된 가족으로 구성원들의 상호작용을 촉진할 수 있고 구성원들 간에 민주적인 관계를 수립할 수 있지만, 반면에 가족의 보호기능을 약화시키고 구성원들의 갈등을 초래하여 이혼, 별거, 가출, 학대 등의 문제를 발생시킬 수 있게 된다. 대가족이나 확대가족은 가계중심의 가족체계로서 3세대 이상 함께 거주하는 가족으로 자녀가 결혼을 한 이후에도 부모와 같이 동거하는 가족으로 권위적인 주종관계가 형성되기 때문에 자녀에 대한 교육기능이 강화되고 노인부양을 하나의 의무로 생각하여 노인문제가 발생할 가능성이 적지만, 가부장적인 사고로 인해 민주적인 가족관계를 형성하는 것을 어렵게 한다.

둘째, 부부의 권력을 중심으로 부권 가족, 모권 가족, 평등 가족으로 구분할 수 있다. 가족이 발생한 초기에는 모권 가족(matriarchal family) 사회였는데, 점차 사회의 질서가 잡혀가면서 부권 가족(patriarchal family)으로 바뀌었다. 그러나 평등 가족(equalitarian family)으로 사회가 변화, 발전해 가고 있다. 이러한 권력은 가계 계승과 연계되어 나타난다. 모계중심으로 가계가 계승되었던 모계 가족, 부계중심으로 가계가 계승되는 부계 가족이 있으며, 또 다른 형태의 양 계제 가족이 있다.

셋째, 가족 가치관으로 인해 발생되는 가족의 유형이 있다. 즉, 가족개념이나 이성의 역할, 결혼의 개념, 부모-자녀관계, 사회와 가족관계, 가족 연령 및 구성원의 변화로 인해 가족의 유형이 달라지고 있다. 이중 한부모 가족은 이혼, 별거, 사망, 유기, 가출 등으로 인해 부모 중 한 사람과 자녀로 이루어진 가족(조홍식 · 김인숙 · 김혜란 · 김혜련 · 신은주, 2002)으로 한 사람이 단독으로 부모의 역할을 수행하는 가족으로 점차 증가되는 추세이다. 한부모 가족은 특히 경제적인 어려움과 자녀양육의 어려움을 호소하고 있다. 경제적으로 부유하지 않은 경우가 많으며 부 또는 모가 일하는 동안 자녀를 돌보아 줄 사람이 없는 경우가 많다.

미혼모 가족은 개인 요인, 가족 요인, 사회문화적 요인 등 다양하다. 하지만 실제로 미혼모의 발생수준과 미혼모 가족의 존재를 비교한다면 현저한 차이가 있다. 그 이유는 미혼모가 출산한 아동이 입양, 특히 해외입양됨에 따라 어머니와 격리되기 때문이다. 특히 한국사회에서 미혼모 가족은 사회의 고정관념으로 인해 모와 자녀는 함께 고통을 받고 있는 경우가 많다.

노인 가족은 65세 이상 노인이 자녀나 친척과 동거하지 않고 독신 또는 부부가 함께 독립적인 가구 형태를 이루어 생활하는 가족(최경석 외, 2001)을 의미한다. 산업화 및 도시화, 핵가족화, 개인주의적 가치관의 만연, 평균수명의 연장 등으로 인해 증가하고 있다. 이들에 대한 경제적, 보건의료적, 심리적 측면에서의 사회문제가 대두될 것으로 보인다. 또한 노인은 그들을 돌보아 줄 사람이 없기 때문에 그에 따른 문제가 더 심각할 것으로 보인다.

소년소녀 가족은 부모의 사망, 이혼, 가출, 질병, 심신의 장애로 인해 18세 미만의 아동이 가정생활을 이끌어 가는 가족으로 신체적, 정서적, 교육적, 경제적, 사회적 문제가 발생할 수 있다(이근홍, 2011).

최근 무자녀가족, 다른 말로 딩크족(DINK; Double Income, No Kids)도 있다. 자발적 무자녀가족으로, 이들은 자녀양육의 보람 대신 주말과 휴일에 부부간의 시간을 보다 자유롭게 보내거나 개인의 사회적 성취를 택하는 것이다. 반면에 어쩔 수 없이 선택하는 경우도 있다. 출산 연기 또는 기피 등으로 인한 여성의 출산연령 상승은 상당수의 가정에서 가족의 생계와 노후를 위한 현실적 전략이 되고 있는 것이다(김승권 외, 2000b).

### 3) 가족과 사회복지실천

가족은 인간의 행동과 발달에 영향을 미치는 가장 기본적인 단위이며 일차적인 환경이다. 가족은 부부, 부모-자녀, 형제 관계로 이루어져 있으며, 이 관계 속에서 서로 영향을 주고받으면서 상호 연계된 체계이다. 가족은 물리적, 심리적 공간을 점유하고 있는 개인들의 집합체 이상으로 각 가정마다 고유한 특성을 갖고 있으며 나름대로의 규칙, 역할, 세력, 구조, 의사소통의 방식이 있다. 가족은 체제를 유지하기 위해 자기 조정능력을 갖고 순기능을 하기도 하지만, 때로는 역기능을 하게 된다.

급변하는 사회 속에서 가족 구성원들은 다양한 변화를 경험하게 된다. 가족의 개념, 성역할의 변화, 결혼의 개념과 형태의 변화, 가족관계의 변화 그리고 가족 구성원들의 변화를 통해 가족들은 경제적인 불안정, 불평등, 실업, 무주택, 교육의 기회박탈, 의료기회의 박탈 등 가족 외적 경험을 하기도 하고 가족 구성원 간의 갈등 발생, 가족 구성원의 해체 등 가족 내적 경험을 하기도 한다.

사회복지 측면에서는 가족의 내적, 외적 문제를 해결하기 위해 이들의 문제를 체계 안에서 바라보는 노력이 필요하다. 이러한 노력은 구체적으로 가족치료에서 찾아볼 수 있다. 가족복지서비스의 치료적인 접근으로 발전되었던 가족치료는 점차 전반적인 가족문제를 해결하기 위한 접근법으로 사용되고 있다. 가족치료의 가장 주된 노력은 발생하는 문제를 한 개인의 문제로 바라보지 않고, 그가 속한 가족 시스템의 문제라고 인식하며 가족 구성원들 간의 상호작용 맥락에서 그 문제를 해결하는 접근하는 방식이다. 이러한 가족 구성원의 문제를 문제가 있는 개개인의 문제가 아닌 가족체계로서의 문제로 살피는 사회복지실천이 요청된다.

## 2 체계로서 집단

### 1) 집단의 개념과 기능

체계 속에서 집단은 가족 다음으로 개인의 성장과 발달에 영향을 미치는 사회조직의 한 형태로 Norlin와 Chess(1997)는 '한 개인으로서 서로 인식하고 상호작용하며 사회적 실체로서 집단에 대한 의식을 공유하고, 구성원들의 집단과 연관된 행동에 의해 영향을 받으며 자연적이고 표현적인 행동이 지배적인 두 명 이상으로 구성된 사회조직의 한 형태' 라고 정의하였다.

이러한 집단은 구성원들의 의사소통, 집단의 목적과 규범, 구성원의 역할과 정서적 유대 등 다양한 요소들에 의해서 영향을 받는다(김종옥 · 권중돈, 1993; 이근홍, 2011). 우선 언어나 비언어를 통해 정보, 감정, 태도 등을 다른 사람에게 전하는 의사소통은 집단 내 구성원들 간의 집단활동에서 중요한 요소이다. 의사소통 정도는 집단에 참여하는 정도, 생산성, 만족감, 목적 달성 등에 영향을 미친다.

둘째, 모든 집단은 목적을 갖고 있다. 집단의 활동, 의사소통의 양상, 구성원의 태도에 따라 집단의 목적이 달라질 수 있다. 또한 집단의 목적은 집단 구성원의 목적과 일치할 수도 있고 갈등 상황에 놓일 수도 있다. 그러므로 집단 구성원들은 자신의 목적과 집단의 일반적인 목적과의 일치성, 집단 목적의 구속력, 목적달성에 따른 갈등 등을 파악해야 한다.

셋째, 집단 구성원들이 지켜야 할 규칙이나 기준을 의미하는 규범은 집단의 주요한 통제수단이 된다. 규범이 어떻게 발달되고 수용되는지 등에 따라 집단 구성원들 간의 상호작용을 통해 형성된다.

넷째, 집단 내에서 구성원 각자가 차지하는 위치를 의미하는 지위는 집단 구성원 각장의 전문적 지식, 집단에 대한 책임, 개인적 매력 등에 따라 달라지고 구성원들의 행동, 책임, 통제 등에 영향을 미치며 집단 내에서의 평가과정을 통해서 개인에게 부여된다. 집단과 구별되는 개념으로 역할이 있다. 역할은 집단 내에서 개인의 위치에 맞는 행동유형을 의미하는 것으로 기대된 역할, 지각된 역할 및 실행된 역할로 구분할 수 있다. 기대된 역할은 집단 내에서 일정한 위치를 차지하고 있는 사람으로 기대에 부응하는 행동이며, 지각된 역할은 지위를 차지하고 있는 사람이 그가 반드시 해야 한다고 믿는 행동이며, 실행된 역할은 지위를 차지하고 있는 사람이 실제 수행한 역할을 말한다.

다섯째, 집단 구성원들이 서로에게 매력이나 반감을 갖게 되므로 그들의 정서적 유대에 대해 관심을 가져야 한다. 집단 내에서의 의사소통을 통해서 정보와 의견이 전달되기도 하지만, 긍정적 · 부정적 감정이 교환되기도 한다.

체계로서 집단은 목적 지향적이고 체제 유지적인 체계로 인식되며, 이러한 체제를 유지하기 위해 네 가지 기능—적응, 목적달성, 통합 그리고 형태 유지—이 반드시 수행되어야 한다고 보았다(전병재, 1993).

우선 집단은 현재의 기술이 낡고 비능률적이었을 때 새로운 기술을 만들어 내며 외부로부터 제공되었던 자원이 차단된다면, 새로운 자원을 확보하는 적응의 기능이 요구된다.

둘째, 집단은 어떤 장애가 가로 놓였을 때, 이를 극복하고 집단 구성원들의 능력을 동원하거나 집단 구성원들이 혼란에 빠지거나 불만상태에 놓여 있을 때 이들을 재교육하는 것을 통해 목적을 달성하는 기능을 한다.

셋째, 집단은 통합의 기능을 수행해야 한다. 즉, 집단은 각 부분들 간의 불균형을 조화롭게 만들고 갈등을 조정하고 해소함으로써 집단의 결속력이나 응집력을 높여야 하는 기능을 실행한다.

넷째, 집단은 형태 유지의 기능을 실행해야 한다. 집단은 추구하는 기본적인 이념과 철학에 입각해서 구성원을 다스리며 어려움에 처했을 때 집단은 기본적인 목적과 방향을 분명하게 함으로써 어려움을 해결해야 한다.

### 2) 집단의 특성과 유형

체제로서의 집단은 다음과 같은 특징을 갖는다. 우선 집단은 최소 두 명 이상의 일정한 구성원을 갖는다. 집단의 크기는 구성원들이 상호작용을 할 수 있는 정도로 너무 컸을 때는 더 이상 집단이라고 말할 수 없다. 둘째, 이들이 함께 공유하고, 실제 달성할 수 있는 목적을 갖는 특성이 있다. 체계를 유지하고 과업을 성취할 수 있는 기능이 있다. 셋째, 집단에 소속된 모든 구성원은 전체로서의 집단에 대해 정체성을 갖고 있다. 넷째, 이러한 집단의 정체성은 구성원들 사회통제의 기능뿐만 아니라 중요한 사회적 기능을 수행하게 되면서 집단 개개인의 행동에 영향을 미치는 특성을 갖게 된다. 다섯째, 집단 안에서 이루어지는 상호작용은 주로 일차적인 상호작용으로 구성원들의 내적 혹은 자연적인 상태를 기반으로 하는 정서적 맥락 속에서 이루어진다. 여섯째, 집단 참여에는 한계가 있는 특징이 있다.

집단에는 다양한 형태의 유형이 있다. 집단의 크기, 목적, 활동 범위 등에 따라 구분되기도 하고 사회적 관계 측면에서 구분되기도 하며 구성원의 가입, 탈퇴의 자율성에 따라 구별되기도 한다.

우선, Cooley(1909)는 일차집단과 이차집단으로 구분한다. 일차집단(primary group)은 앞에서 설명했듯이 가족을 의미한다. 개인의 사회화 과정에 있어서 집단적 분위기가 인성형성 과정에서 어떤 영향을 미치는가 설명하기 위해 만들어진 개념으로 혈연과 지연을 바탕으로 자연발생적으로 이루어진 정서적인 측면을 강조한 집단이다. 반면에 이차집단(secondary group)은 목적달성을 위해 인위적 계약에 의해 만들어진 집단으로 능률 위주의 인간관계를 강조하고 합리성을 강조하는 집단이다.

둘째, 집단의 구성 동기에 기초한 자연집단(natural group)과 형성집단(formed group)이다(김종옥 · 권중돈, 1993). 자연집단은 자연발생적으로 만들어진 집단으로 공식적인 지원체계가 없지만, 형성집단은 일정한 목적을 갖고, 그 목적을 달성하기 위해 역할에 의해 구조화되고 지위에 의해 층화된다.

셋째, 구성원의 가입과 탈퇴의 자율성 여부에 따라 구분되는 개방집단(open-ended group)과 폐쇄집단(close-ended group)으로 구분된다. 개방집단은 집단이 진행되는 동안 구성원의 입회와 탈퇴가 자율적으로 이루어지고 구성원이 바뀌면서 새로운 생각과 신념이나 가치관이 유입되는 장점이 있다. 그러나 폐쇄집단의 경우 구성원의 자격이 분명하고 구성원의 입회와 탈퇴가 자유롭지 못하지만, 구성원들이 동일하기 때문에 집단에 대한 응집력이 높고 집단의 공동목표와 개별 목표를 모두 효과적으로 달성하기 쉽다.

넷째, 성장집단(growth group)과 치료집단(therapy group)으로 구분할 수 있다. 성장집단은 집단활동을 통해서 개인의 잠재력을 개발하여 사회적 기능을 향상시키기 위해 구성된 집단으로, 개인이 성장할 수 있는 기회로 활용하며 자신의 발전을 위해 집단활동을 통해 사고와 행동을 변화시킨다. 치료집단(therapy group)은 집단활동을 통해 개인의 행동을 수정하거나 심리적, 사회적 문제를 해결하기 위해 구성된 집단으로 집단활동이 시작하기 전에 구성원들에 대한 치료계획을 세우고 전문가에 의해 계획적으로 이루어지는 특징을 갖고 있다.

이외에 지지집단(support group), 교육집단(educational group), 사회화집단(socialization group)이 있다. 지지집단은 구성원들이 스트레스를 주는 생활상의 사건을 잘 대처하고 효과적으로 적응할 수 있도록 원조하는 데 그 목적을 두고 있다. 지지집단의 구성원은 대개 유사한 문제나 경험을 갖고 있어서 유대감이 빨리 형성되고, 자기 표출 정도가 높다는 특성을 갖고 있다. 교육집단은 구성원들의 지식, 정보, 또는 기술 향상을 주목적으로 하고 있다. 전문가들의 강의나 구성원들 간의 토의를 통해 학습이 이루어지며 집단의 지도자는 구성원들의 지식, 기술, 경험 등을 고려하여 모든 구성원들이 최상의 학습 효과를 얻을 수 있도록 하며 자기 표출 정도가 낮다는 특성을 갖고 있다. 사회화집단은 사회적 관계에 어려움을 갖고 있는 사람을 중심으로 사회생활에서 효과적으로 기능을 할 수 있도록 필요한 사회적 기술을 습득하도록 도와준다. 게임, 역할연습, 레크리에이션, 여가활동 따위의 특정 프로그램에 참가하여 결속력을 발전시키고 대인관계 기술을 향상시킨다.

### 3) 집단과 사회복지실천

집단은 가족 다음으로 가장 직접적으로 영향을 미치는 환경으로서 개개인의 사회적 관계의 형성이나 개인의 성격형성에 영향을 미친다. 현재 우리가 살고 있는 이 사회는 과학의 급속한 진보와 변화, 산업화와 도시화, 정부기능의 비대화와 권력의 집중화, 가족구조 및 기능의 변화, 여가활용 기회의 제한, 개인주의 현상과 물질주의의 파생 등으로 인해 친밀한 대인관계 형성이 어려워지는 경향이 있다. 또한 가족생활의 비중이 낮아지고 가족 부양기능의 약화로 인한 다양한 가족생활상의 문제경험이 발생하며, 사회적 소외나 사회적응문제를 비롯한 다양한 정신적 문제를 경험할 가능성이 높아지고 생활 상황의 비인간화로 인하여 의미 있는 집단경험을 할 수 있는 기회가 제한된다. 이러한 부적절한 사회환경을 개인 혼자로는 개선하기 힘들기 때문에 야기되는 문제나 역기능을 해결하고 적응적인 생활을 영위해 나가기 위해서는 의미 있는 집단의 경험과 활동이 필수적이다. 이처럼 집단은 개별 구성원뿐만 아니라 집단 전체에 영향을 미치게 된다.

상호작용을 하는 구성원으로 구성된 집단은 사회복지를 실천하는 대상으로 사회복지사들은 여러 가지 능력을 갖추어야 한다. 집단의 다양한 유형과 특성을 알고, 그 대상이 직면하고 있는 복잡한 문제와 상황들을 효과적으로 해결할 수 있도록 구체적인 지식과 기술을 갖추어야 한다. 또한 요구되는 구성원의 필요와 목적에 따라 지지집단, 교육집단, 성장집단, 치료집단, 사회화집단 등을 만들어서 실제 집단을 이끌어 나갈 수 있는 기술과 능력을 갖추도록 해야 한다.

집단은 사회복지를 실천하는 대상이 될 뿐만 아니라 지지체계로 존재하기도 한다. 심리적, 정서적인 위로와 배려뿐만 아니라 때로는 경제적으로 도움을 주거나 필요시 좋은 의논상대자로서 문제를 함께 평가하고 조언해 주는 역할을 하기도 한다. 사회 속에서 집단은 개인의 사회적 관계를 증진시키고 다양한 욕구를 충족시키며 문제를 해결하는 하나의 사회적 체계로 역할을 한다.

## 3 체계로서 조직

### 1) 조직의 개념과 기능

조직은 가족과 집단 다음으로 개인과 밀접한 관계를 하고 있는 환경으로 개인이 없이는 조직이 존재할 수 없다. 모든 개인은 조직을 바탕으로 삶을 꾸려나가고 있다. 조직은 '두 명 이상의 인간이 모여 같은 목표를 달성하고자 어떤 일을 하여 그 성과나 업적을 이루는 것' (장석출, 1997)으로 일정한 구조를 가지고 특정한 목적을 달성하기 위해서 의도적으로 설립한 사회체계이다. 인적 · 물적 자원을 동원하여 설정된 공동목표를 효과적으로 달성하려는 인간의 노력체제이다. 심리학자 Weick(1990)도 "조직 구성원 각자가 자신과 타인으로부터 무엇을 기대할 것인가 규정하며, 그 구성원이나 사물 간 조정된 행동과 관계를 통해 다양한 목표를 추구하는 구체적인 사회적 실체이며, 이 실체는 생존하기 위해 더 한층 큰 체제 속에서 다른 개인이나 하부체제에 의존한다"라고 조직을 정의하였다. 조직은 여러 가지 기능과 책임, 분배를 통하여 합의된 목적의 수행을 촉진하기 위한 인원배치를 하고 계획적인 활동을 통해 일정한 활동 영역을 갖고 있는 관리구조이다. 이를 종합하면, 조직이란 의사소통을 통해 구성원들에게 협동적인 노력을 요구하고 구성원의 힘과 노력이 조직의 환경과 상호작용을 하면서 합의된 공동의 목표를 효과적으로 추구하는 체제라고 정의할 수 있다.

조직은 다양한 기능을 한다. Parsons(1960)는 사회적 기능에 따라 조직의 유형을 경제적, 정치적, 통제적 그리고 사회적으로 나누었다. 예를 들어 경제조직은 생산을 하는 산업체를 의미하고 정치조직은 정당, 국회, 행정기관 등을 의미한다. 통제조직은 안정을 유지하고 일탈을 막는 사법기관, 경찰, 군대, 정신병원 등을 말하며 사회조직은 종교단체, 교육기관 등을 의미한다. 이러한 조직의 기능은 그 유형에 따라 다르게 나타나며 조직유형에서 더 자세히 살펴볼 수 있다.

## 2) 조직의 특성과 유형

Fulmer(2000)는 조직을 위한 네 가지 기본적인 요소를 통해 조직의 특성을 살펴보았다. 첫째, 분업이다. 분업은 과업의 수행에 있어서 구성원들 간에 업무를 분담하는 것으로 기능적 업무분담(업무의 분업화를 뜻함)과 전문화(특정분야의 전문가가 업무를 담당하는 것)가 있다. 둘째, 위계질서이다. 조직의 구조적인 요소로서 위계적인 과정은 명령의 개선으로 상관에서 하부로의 위계질서를 갖는 명령계통이 존재한다. 명령의 통일성으로 상부부서에서 하부부서를 지휘하고 통솔할 수 있는 명령의 통일성을 가져야 한다. 셋째, 권한의 위임으로 하부조직 또는 구성원들에게 적절하게 권한을 위임함으로써 조직의 효율성을 도모한다. 조직의 구조는 업무의 역할과 범위를 명확히 구분 짓는 의사결정 통로이다. 서비스 부문(클라이언트를 대상으로 서비스나 프로그램을 제공하는 업무)과 관리부문(회계, 재정, 설비, 인사, 시설 등 운영과 관련된 업무)로 나뉜다. 넷째, 통제범위이다. 통제범위란 한 명의 상관이 효과적으로 통솔할 수 있는 부하직원의 수를 의미한다.

조직은 시각에 따라 그 특성이 달라질 수 있다. 우선 특정한 목적을 갖고 있다. 조직은 구성원들 간에 명시적으로나 묵시적으로 합의된 공통의 목적을 달성하고자 노력을 한다.

둘째, 특정한 목적을 달성하기 위해서 체계적인 구조를 갖고 있다. 조직이 업무를 기획하고 수행하며 통제를 하기 위해 일정한 구조가 있어야 한다. 구조는 조직을 체계적으로 운영할 수 있는 기반으로 조직의 질서를 유지하기 위해 필요하다.

셋째, 조직은 원래 권력과 통제의 특성을 갖고 있다. 권력이라는 것은 사회적 상황에 도입시키는 능력으로 조직의 질서를 유지하는 데 필요하다. 조직은 권력을 가시화시키고 제도화한다. 이러한 조직을 성공적으로 이끌어내기 위해서는 구성원들에 대한 통제가 유지되어야 한다. 조직은 다른 사회체제보다 통제가 더욱 필요하고 통제는 신중하며 계획적으로 이루어져야 한다. 통제의 종류는 신체적 통제, 물질적 통제, 및 상징적 통제가 있으며, 이러한 것들은 조직환경에 적절하게 이용되어야 한다.

넷째, 조직은 분화라는 특성을 갖고 있다. 분화는 조직이 특정한 기능을 효율적으로 수행할 수 있도록 영역별로 나눈 형태로 구성원들이 업무를 수행할 수 있는 권한이 적절히 위임되었을 때 그들에게 안정감과 만족감을 얻을 수 있게 한다.

다섯째, 조직은 책임성을 갖고 있다. 목적을 달성하기 위해 구성원들에게 일정한 업무를 부여하며 담당하는 업무에 대해 책임을 지도록 한다. 조직은 구성원들이 인간관계에 의해서보다 오히려 업무관계를 통해 책임성을 바탕으로 상호작용을 하는 곳이다.

여섯째, 조직은 지도력을 갖고 있다. 조직의 목적을 달성하기 위해 구성원들이 구성원들을 조정하고 활동하게 하는 기술이나 영향력을 의미하는 것으로 지도력은 조직의 목적을 달성하고 구성원들의 역할행동에 크게 변화를 줄 수 있는 것이다.

한편, 조직의 유형은 기능에 따라, 통제의 형식에 따라, 조직의 구성원이나 소유자, 경영자, 이용자 등에 따라 구별할 수 있다. 조직의 유형을 살펴보면 다음과 같다.

첫째, 기능에 따라 Parsons(1960)는 조직의 유형을 구별하였다. 즉, 사회적인 필요성을 충족시키기 위해 경제조직, 정치조직, 통제조직 및 사회조직으로 구별한다.

둘째, 통제형식에 따라 구별된 조직유형이다. Etzioni(1961)는 통제형식에 따라 그 유형을 구별하였다. 즉, 조직을 상위자가 어떤 방법을 하위자를 통제하며 하위자는 그 통제에 대해 어떤 태도를 보이는가에 따라 분류를 하였다. 그 종류는 강제적 조직(coercive organization), 공리적 조직(utilitarian organization), 규범적 조직(normative organization)으로 구별하였다. 강제적 조직은 조직 구성원들의 의사와 관계없이 조직의 목적을 달성하기 위해 강제적으로 통제하는 조직으로 대부분의 조직 구성원들은 높은 소외감을 느끼고 행동의 제약을 받는다. 공리적 조직은 조직 구성원들이 실리적인 목적을 위해 소속되게 하며 보수를 주된 통제의 수단으로 활용한다. 대부분의 조직 구성원들은 자신의 이익을 위해서 조직에 가입하기 때문에 타산적인 경향을 지니고 있다. 규범적인 조직은 조직 구성원들이 자발적인 의지에 의해 소속되며 규범을 주된 통제의 수단으로 활용한다. 대부분의 조직 구성원들은 조직에 대해 높은 귀속감을 갖고 있으며 구성원들이 가입과 탈퇴를 자유롭게 할 수 있다.

셋째, Blau와 Scott(1962)은 일차적인 클라이언트가 누구인가에 따라 조직을 분류하였다.

① 공공조직은 중앙정부나 지방정부의 업무를 수행하는 조직으로 모든 국민의 포괄적인 복지를 위해 존재한다. 이러한 공공조직은 조직 간의 위계를 형성하고 상·하위 조직이 존재한다. 대부분의 조직 구성원은 공무원으로 시험을 통해 조직원이 구성되어 있다. 이러한 조직 구성원 간에는 위계질서가 분명하다.

〈표 12-1〉 통제형식에 따라 구별된 조직유형

| | 소외적 관여 (복종은 강한 부정과 같은) | 타산적 관여 (획득한 보상에 따른 무관심을 드러냄) | 도덕적 관여 (강한 긍정) |
|---|---|---|---|
| 강제적 권력 (위협, 신체적 탄압) | 유형 1 (수용소, 정신병원, 형무소 등) | 유형 2 | 유형 3 |
| 공리적 권력 (물질, 금전) | 유형 4 | 유형 5 (산업조직) | 유형 6 |
| 규범적 권력 (지위의 상징, 존엄) | 유형 7 | 유형 8 | 유형 9 (종교조직, 정치조직, 사회복지조직, 학교조직, 병원조직) |

② 영리조직은 영리를 목적으로 활동하는 기업 관련 조직으로 최소의 투입으로 최대의 산출을 얻으려는 기업의 영리 추구에 일차적인 목표를 둔다. 그러므로 조직 안에서 휴머니즘을 기대하기 어렵고 조직 구성원 간 과열경쟁이 나타나는 특성이 있다. 또한 일의 과정보다는 결과를 중요하게 생각한다.

③ 사회봉사조직은 조직과 관련된 자들에게 이익이나 도움을 주고자 만들어진 조직이다. 사회봉사조직의 중요한 목표는 정부의 불합리한 정책을 개선하고 동시에 정부가 주도하는 사회복지사업에 물적, 인적 자원을 제공하기도 한다. 사회봉사조직은 현장에서 주요한 복지사업을 이끌어가기도 하고 중요한 자원이나 주도자 역할을 한다.

④ 상조조직은 조직 구성원들의 이익을 위해 조직된 조직으로 정당, 노동조합, 전문가 단체 등이 이에 포함된다. 동시에 상조조직은 조직 구성원의 이익뿐만 아니라 시대의 흐름을 반영하여 정부의 정책 등에 대응하는 조직으로 사회 전반에 걸친 변화를 주도하기도 한다. 상조조직은 자발적인 참여를 강조하지만, 실제로는 회원제 원리를 지키기 때문에 조직 구성원에 대한 통제규범을 갖고 있다.

⑤ 비공식적 조직은 정규구조 밖에 있는 조직으로 법적으로 인정받는 조직은 아니지만, 조직 구성원의 욕구를 반영하여 형성된 조직이다. 비공식적 조직은 특별히 정한 규정이 없기 때문에 정해진 역할이나 책임이 없다. 즉, 구성원 간의 위계나 조직 구성원을

통제하는 규정이 없다. 그러나 특정한 상황 속에서 신속히 대처할 수 있는 강점이 있다.

〈표 12-2〉 클라이언트에 따른 조직의 종류

| | 1차적인 클라이언트 | 조직의 종류 |
|---|---|---|
| 상호 수혜조직 | 조직의 회원 | 정당, 종교단체, 노동조합 등 |
| 사업조직 | 사업체의 소유자 | 상업적인 회사, 은행 등 |
| 서비스조직 | 클라이언트 | 사회복지조직 |
| 공공조직 | 일반 대중 | 행정기관, 군대조직 등 |

### 3) 조직과 사회복지실천

조직은 개인의 생활에 영향을 미친다. 개인은 조직을 위해 의무를 수행해야 하지만, 동시에 조직은 개인에게 지위와 역할에 따라 합당한 보상을 한다. 이처럼 조직은 조직 구성원의 생활환경으로 중요한 의미를 지니고 있다. 이에 따라 사회복지사가 접하는 모든 개인에 관한 이해는 그 개인이 속해 있는 조직을 염두에 둬야 한다. 특히 조직화의 기술은 사회복지사가 갖추어야 할 중요한 기술 중 하나로 그 개인이 속해 있는 조직의 특성에 따라 적절한 서비스를 제공할 수 있다.

조직은 자원으로 활용될 수 있다는 점에서 중요하다. 개인, 단체, 기관에서의 제공하는 노동력, 물품 및 현금 등은 중요한 자원으로 이용될 수 있다. 특히 조직의 성격을 띠고 있는 단체들의 자원은 필요한 개인, 기관, 단체를 중심으로 연결망이 구축되어 이러한 조직들이 주요한 자원으로 활용될 수 있다.

## 4 체계로서 지역사회

### 1) 지역사회의 개념과 기능

지역사회는 사회의 변동에 의해 그 개념이 변화되고 있다. 특히 각국의 사회, 문화나 역사적인 발전이 다양하기 때문에 지역사회를 정의하는 개념을 한마디로 정의하는 것이 어렵다. 과거에 정의했던 지리적이고 공간적인 지역사회의 개념에서 오늘날처럼 교통이나 통신이 고도로 발달되어 주민 간의 교류가 증가하고 생활권의 범위가 확대되고 있는 상황에서 사회관계적인 인간 공동체 요인을 강조하는 정의로 변화되고 있다.

지역사회 혹은 공동체라고 불리는 커뮤니티는 유사하지만, 약간의 다른 의미들을 부여하고 있다. 예를 들어 공동체로 인식하는 경우, 지리적 공간 속의 주민뿐만 아니라 공동체 의식을 갖는 개인이나 기관들의 결합체를 포함시킨다. Fellin(1995)은 지역사회를 '공동의 장소, 이해, 정체감, 문화, 활동에 기반하고 있는 사람들이 구성한 사회단일체'로 정의하고 Mattessich 와 Monsey(1997)는 '일정한 지리적 공간 안에서 서로 사회심리적 인연을 가지고 있는 사람들'로 정의하면서 지역사회를 공동체로 인식하고 있다.

반면에 지역사회로만 인식할 경우, 지리적 공간, 생활공간뿐만 아니라 지역사회 주민, 조직, 상호작용에 의해 구성된다고 할 수 있다. 예를 들어 '일정한 지리적 공간인 생활권 안에서 사회적 상호작용을 통하여 공통된 이해관계, 문화 따위를 형성하여 공통의 경험과 공동생활을 향유하는 일정 지역의 범위'(강준렬, 1997)로 정의한다. 이러한 맥락에서 일정한 경계를 갖는 지리적 공간, 사람들의 터전인 생활공간, 지역사회 주민, 지역사회 내에서 하위 공동목표를 갖고 있는 사람들의 집합체 그리고 문화를 공유하는 상호작용이 중심이 되어 지역사회를 구성한다고 본다. 비록 약간 다른 정의를 내포하고 있지만, 결국 지리적 공간, 생활공간, 지역사회 주민, 조직, 주민들의 상호작용을 중심으로 구성된다고 볼 수 있다.

한편, 지역사회는 지역성과 관련된 중요한 사회적 기능을 수행하는 단위와 체계들의 결합체(Warren, 1978)로 보고, 이러한 지역사회는 다양한 기능을 수행한다고 보았다(Norlin & Chess, 1997).

Warren(1978)은 지역사회는 생산, 분배, 소비, 사회화, 사회통제, 사회참여 및 상호원조의 기능을 수행한다고 보았다. 첫째, 지역사회의 기능 중 생산, 분배, 소비의 기능은 지역사회의 주민들이 일상생활에서 필요한 재화와 서비스를 생산하고 분배하며 소비하는 과정과 관련된 것이다.

둘째, 지역사회의 사회화 기능은 지역사회에 거주하고 있는 주민들에게 지역사회의 가치와 문화를 내면화시키고 전달하는 과정을 의미한다.

셋째, 지역사회의 기능은 사회통제 기능으로 지역사회가 주민에게 지역사회의 가치와 규범적인 행동에 순응하도록 행동을 규제하는 기능으로 공식적 혹은 비공식적으로 수행된다.

넷째, 지역사회의 기능은 사회참여의 기능으로 지역사회에 소속된 주민들이 개인의 발전을 위해서 혹은 지역사회가 사회적인 목적을 성취할 수 있도록 기회를 제공하는 것이다.

마지막으로, 지역사회의 상호 원조기능은 지역주민들이 자신의 욕구를 스스로 충족할 수 없는 경우 지역사회의 공식적, 비공식적 지원체계로부터 필요한 서비스를 제공받는 기능을 의미한다.

### 2) 지역사회의 특성과 유형

지역사회는 사회복지실천의 장이면서 동시에 그 지역사회의 고유한 특성을 지닌 곳이라고 볼 수 있다. 이러한 지역사회의 특성을 먼저 살펴보고자 한다(최옥채 외, 2011).

우선 지역사회는 역동성을 갖고 있다. 일정한 지리적 공간에서 생활공간을 활동 터전으로 삼아 주민이나 조직이 지속적으로 상호작용을 하면서 지역사회가 추구하는 목표를 달성하기 위해 움직이는 역동성을 갖고 있다. 이러한 역동성은 지역사회의 변화를 촉진하는 원동력이 된다.

둘째, 지역사회는 끊임없이 변화를 거듭한다. 지역사회가 끊임없이 변화한다는 것은 인본주의적 관점이 반영된 것으로 그 이유는 인간이 지역사회의 형성과 변화과정을 주도하며 지역사회 역시 스스로 변화할 수 있는 능력을 지니고 있다.

셋째, 지역사회는 변화의 능력을 갖고 있다. 지역사회는 시민들이 개입할 수 있는 적합한 공간으로 시민들이 좋은 사회를 만들기 위해서는 변화가 나타날 수 있으며, 이러한 변화는 지역사회 역시 변화할 수 있도록 하게 된다. 결국 지역사회 주민들이 스스로 변화할 수 있는 능력이 있다면, 지역사회도 변화가 일어날 수 있다.

넷째, 지역사회는 상황에 따라 적절한 서비스를 요구한다. 지역사회는 나름대로 욕구나 문제를 가지기 때문에 적당한 시기에 욕구나 문제 상황에 걸맞은 도움을 받으려 한다. 각 상황에 따라 적절한 서비스가 요구되고 또한 그 구성 요소의 특성이 다르기 때문에 다른 지역사회의 유형으로 나타나게 된다.

다섯째, 지역사회는 다양성을 갖고 있다. 인간이 개별성과 독특성이 있는 것처럼 인간들이 모여 구성된 지역사회의 다양성은 한층 더 강조된다. 그 구성 요소에 따라 그 유형이 다르게 존재한다.

지역사회는 보는 관점에 따라 다르게 그 유형을 구분할 수 있다. 예를 들어 공동사회와 이익사회(Anderson & Carter, 1984)로 구분하기도 하고 농촌사회와 도시사회로 구분(Ross, 1967)하기도 한다. 또한 인구구성에 의해 구분할 수 있다.

지역주민들의 유대관계에 의해 구분한 공동사회와 이익사회의 특징을 살펴보면 다음과 같다. 공동사회는 지역주민들이 공통적인 가치와 신념, 상호 의존, 존경 및 지위의 위계의식을 갖고 서로 친밀한 사적인 유대관계를 맺고 있는 지역사회의 유형이다. 반면에 이익사회는 공식적으로 구조화 관계를 통해 맺어진 지역사회의 유형으로 인위적으로 만들어진 관계로 계약에 기초하고 있다.

지역사회의 기능에 따라 나누어진 농촌사회와 도시사회는 다음과 같은 특징을 갖고 있다. 농촌지역사회는 자족적 생활권을 이루며, 동시에 각종 계와 같은 독자적인 사회조직과 관습을 지니고, 그 자체가 하나의 강한 사회적 통일을 이루고 있는 곳(최재석, 1988)으로 고정된 전래의 행동양식에 대한 애착이 강하다. 반면에 도시사회는 인구 밀도가 높고 복잡하며 지역주민 간의 사회적 상호작용이 적은 도시이다. 풍요롭고 생활이 편리하며 이동이 많고 주로 이해관계에 의해 대인관계가 형성되며 개인의 익명성 등이 보장된다.

이외에도 인구구성의 특성에 따라 구분할 수 있다. 예를 들어 신시가지는 도시발전계획에 의해 새로 형성된 지역으로 주로 도시 외곽이나 빈민이 밀집한 곳에 위치해 있으며 재개발로 인해 도시 외곽에서 주변으로 이동한 곳이다. 이러한 재개발지역사회는 특정 지역의 일부분만을 개발함으로써 종합계획이 되지 못해 생활공간 면에서 신시가지는 생활상 편리함과 불편함을 겪게 된다. 또 다른 예로 영구임대 아파트단지가 있다. 경제적으로 가난한 자나 노인과 장애인이 차지하는 비율이 높은 영구임대 아파트단지는 단지 내 주민 간 상호작용은 대체로 미미하고 통장과 주민의 관계가 밀접하게 형성되어 있다. 또한 서로 다른 지역에서 온 입주자들이 많으므로 지역사회에 대한 정체감이 절대적으로 부족한 상태이다. 또 다른 예로는 유흥가를 들 수 있다. 유흥가는 지리적으로 도시의 특정 위치에 한정하지 않고 중심과 변두리에 두루 퍼져 있다. 유흥가의 주민들은 그 특성에 따라 차이가 있겠지만, 원주민보다는 외부로부터 들어온 유동주민이 많다.

### 3) 지역사회와 사회복지실천

지역사회는 공공의 장소에서 사회적인 상호작용을 통해 공통된 이해관계 및 문화를 형성하여 공통의 생활을 영유하는 집단으로 사회복지실천이 가능한 일정한 곳이다. 지역사회는 유기체로서 욕구나 문제를 지니고 있기 때문에 사회복지실천의 내담자가 된다. 이는 그 속에 있는 주민들을 지역사회로 보기 때문이다. 이러한 지역사회는 안정된 상태를 유지하고 긍정적 변화를 하고자 노력하지만, 제때에 해결되지 못할 때는 지역사회의 문제 상황이 된다. 그러므로 이러한 지역사회의 욕구나 문제의 해결에 있어 사회복지실천의 전문지식과 기술과 경험을 갖춘 사회복지사의 개입이 요구된다.

지역사회는 사회복지실천의 장으로서 중요한 의미를 갖고 있다. 지역사회는 문제를 지니고 있는 집합체인 동시에 사회복지실천의 중요한 인적 · 물적 자원을 갖고 있다. 그러므로 사회복지사는 지역사회에 산재되어 있는 주요한 자원을 효과적으로 발굴하는 역할과 이러한 자원이 필요한 곳으로 연결시켜 주는 역할을 해야 한다. 사회복지사의 개인적 활동 못지않게 유용한 자원을 중심으로 사회적 연계망을 구축해야 하는 것이 사회복지사의 중요한 업무이다. 이러한 사회연계망은 지역사회의 일부로 중요한 역할을 한다.

## 5 체계로서 문화

### 1) 문화의 개념과 기능

문화를 정의하는 학자들은 조금씩 다르다. Huntington과 Harrison(2001)은 문화를 '공유하는 가치와 믿음, 생활의 일과로 조직된 활동, 감정적인 의미를 지니는 상호작용 경험 따위의 혼합체' 로 정의하기도 하고 '사회의 구성원인 인간이 획득하는 능력과 습관을 포함하는 복잡한 총체로서 지역적 · 사회적으로 구분되며 집단과 개인들에게 정체성과 다른 사람에 대한 차이를 만드는 요소이고 사회 구성원들이 서로에 대해 그들의 환경과 관련하여 지니는 방향지시의 요소' (Warnier, 2000)로 정의한다.

이처럼 좁은 의미에서 문화는 도구, 행동, 제도 등을 포함하지 않고 단지 사고양식, 즉 행동을 유도하고 그런 행동에 이르게 하는 기준, 표준, 규칙이라고 본다. 넓은 의미에서 문화는 환경에 적응하는 과정에서 인간이 축적한 모든 능력이나 도구의 복합총체로 인간이 만든 도구, 기술, 사회조직, 관습, 신앙 등을 포함한다. 결국 문화는 의식주를 포함한 사회생활, 경제생활, 종교생활 등 인간의 생활양식의 모습이며 구성원들이 공유하는 사고, 가치관, 행동양식으로 인간의 고도한 정신활동의 소산이라고 볼 수 있다.

문화의 핵심적 기능은 사회를 존속시키고 성원의 안녕을 도모하는 데 있다. 즉, 문화는 개인의 행동을 규제하고 사회악을 제거하며 사회를 유지 · 존속시키는 기능을 한다(이광규, 1994). 그 구체적 기능들은 다음과 같다.

첫째, 문화는 사회의 영속기능을 한다. 사회화 과정을 통해 사회의 성원으로서 적합한 행위양식을 가르침으로써 사회의 영속에 기여한다. 개인이 사회에서 어떻게 행동을 하고 말하며 세상을 인식할 것인가를 가르쳐 주는 지침이 된다.

둘째, 문화는 집단생활의 유지기능이 있다. 문화는 사회의 집단성원들 간이나 집단 간, 혹은 다른 사회와의 부당한 마찰을 제거하도록 해줄 뿐만 아니라 사회화를 통해 문화의 일부분인 규범과 기준을 전수함으로써 집단생활의 유지를 가능하게 해 준다. 즉, 문화는 사회통제의 기능을 함으로써 사회생활에서 개인이 해야 할 행동의 양식을 제공하고 사회의 안정과 질서에 악영향을 미치는 문제를 조절하는 기능을 수행한다.

셋째, 문화는 집단성원들의 심리적 욕구의 충족기능을 갖고 있다. 개인의 성격을 형성하고 변화시키며 개인이 사회에 적응하고 살아갈 수 있도록 한다. 인간의 마음속에 깊이 자리 잡고 있는 기본적인 욕구를 일정 부분 충족시켜 주지 못하는 사회는 성원들 간의 불화와 반목에 의해 해체될 수밖에 없다. 문화는 새로운 경험에 대한 욕구, 안전에 대한 욕구, 타인으로부터 반응을 구하는 욕구, 타인으로부터 인정을 기대하는 욕구 등과 같은 여러 가지 기본적인 욕구들을 충족시켜 준다. 예를 들어 혼인제도를 통해 개인의 성적 욕구를 충족시켜 주고 사회의 혼란을 방지하며 개인의 심리적 안정과 사회질서를 유지하도록 한다.

넷째, 문화는 사회를 존속시키는 기능을 한다. 문화는 사회의 다양한 분야에 대한 영향을 통해 사회의 존재를 유지시키고 사회의 존속을 위해 기여한다. 즉, 문화의 학습과 전승을 통해 사회는 새로운 구성원들에게 필요한 생활양식을 제공해 주는 기능을 한다. 이러한 문화의 기능은 전체 문화가 수행하는 기능으로 문화의 한 요소가 각각 다른 기능을 맡는 것이 아니다.

### 2) 문화의 특성 및 유형

모든 문화는 역사적 맥락에 따라 재구성된 전통을 통해 전달된다는 것을 강조하고 있다. 즉, 문화는 개인적인 것이 아니라 사회 구성원들 간에 공유되고 사회 속에서 성장하면서 학습을 통해 습득되며 한 세대에서 다음 세대로 전승 누적되면서 나타난다. 이러한 문화는 학습성, 보편성, 상징성, 역동성 등 다양한 특성을 갖고 있다(최옥채 외, 2011).

우선 문화는 학습성을 갖고 있다. 문화가 특정한 사회에서 살아온 자들의 삶의 직접적인 결과로서 개인에게 학습됨을 의미한다. 즉, 인간은 생득적으로 문화를 갖고 태어난 것이 아니라 성장과정 속에서 사람들과의 사회생활을 하면서 문화를 학습한다. 문화는 특정한 사회에서 살아온 사람들 삶의 직접적인 결과이며, 학습을 통해 후천적으로 획득된다(유태용, 1997). 이러한 맥락에서 문화는 일시적으로만 나타나는 현상이 아니라 언제나 특정한 부류들에 의한 '사회적 상속'으로서 전승되어 온 전통 혹은 유산이 되어온 것으로 강조된다. 따라서 개인의 문화에 크게 영향을 미치는 것이 환경이라고 할 수 있다.

둘째, 문화는 보편성을 갖고 있다. 모든 사회에 공통적인 문화 형태가 있음을 일컫는다. 문화의 보편성은 모든 사회에 존재하는 복잡한 체계의 언어, 부부와 자녀 사이에 관련된 가치나 규범이 포함된 가족체계, 혼인제도, 종교 등은 각 나라가 형성하고 있는 보편적인 문화의 유형들이다. 이러한 문화는 한 사회의 개별적인 취향이나 버릇이 아니라 다른 사람과 구별되는 공통적인 것이다. 사람은 독특한 개인으로 존재하지만, 그 개인은 국가, 조직, 가족 등의 성원들이 추구하는 문화를 수용함으로써 공통의 문화를 지닌다. 이러한 문화는 학습을 통해 전달될 뿐만 아니라 몸짓이나 음성에 의해서도 전달이 된다. 인간은 자신이 속해 있는 집단의 행동양식을 따르고 공유한다. 공유되는 행동양식은 집단의 구성원들이 함께 생활을 원활하게 할 수 있도록 하며 상대방의 행동과 기대를 예측할 수 있게 만들어 준다. 이와 같은 문화의 특성은 인간의 마음은 동일하다는 심리적 제일성에 근거하고 있다. 문화는 경제, 정치, 사회와 상호 영향을 주고받으면서 형성된다고 할 수 있고 그러므로 한 사회에서 문화의 특징을 파악하기 위해서는 그 사회가 처해 있는 총체적인 사회성격을 인식하는 것으로부터 출발해야 한다.

셋째, 문화는 상징성을 갖고 있다. 모든 문화는 언어를 통해서 세대 간에 전승되고 축적되어 간다. 문화는 '사람들의 경험을 해석하고 행동을 유도 · 규제하는 의미와 상징의 체계' (전경수, 1999)로 드러나는 것 외에 눈에 보이지 않는 신념 등이 포함된다. 이 같은 문화의 특성은 인간이 다른 동물과 비교하여 자유롭게 의미를 창작하고, 이를 사물과 행동에 부여하는 능력을 가졌다는 맥락에서 강조된다.

넷째, 문화는 역동성을 가지고 있다. 문화는 고정되어 존재하는 것이 아니라 점진적으로 변화되어 간다. 사람들은 일상생활 속에서 직면하고 있는 문제들을 새로운 방법으로 해결하려고 하고, 이러한 방법이 효과적이었을 때 다른 사람들에게 학습되고 점차 전체 사회로 확산되어 문화의 한 부분을 이루게 된다. 문화는 시간의 흐름으로부터 영향을 받아 새로운 문제를 제기하며, 이 새로운 문제는 변화된 행동과 신념에 적용해야 하기 때문에 문화는 역동적일 수밖에 없다. 그러므로 특정 문화 내에서 혹은 문화 간의 변화를 초래한다. 이러한 역동성은 '문화마찰(culture conflict)', '문화변용(acculturation)', '문화변화(culture change)', '문화접촉(culture contact)', 문화진화(culture evolution)' 라는 용어로 표현된다. 이러한 맥락에서 문화는 모든 것을 시간 속에서 익숙하게 만들고 문화가 동반하고 있는 엄청난 물질적 성장과 이윤의 잠재력을 선도하기도 한다.

다섯째, 문화는 다양성을 가지고 있다. 문화는 사회마다 공통적인 요인도 있지만, 나름 많은 다양성을 지니고 있다. 사회 간의 차이나 사회 내의 차이로 구분될 수 있다. 문화의 차이를 의미하는 이 특성은 국가, 지역, 개인별로 지니는 다양한 문화로부터 짐작할 수 있다. 개인도 여러 유형의 문화를 가진다는 데서 뿐만 아니라 같은 행위를 두고 나라별로 달리 이해하는 경우로부터도 문화의 다양성을 찾을 수 있다. 뿐만 아니라 같은 문화권 안에 있어도 계층 간의 문화, 남성과 여성의 문화, 노인과 청소년의 문화 등이 다양하게 형성되고 있다. 문화의 다양성은 인간의 적응력, 창조력, 지능, 선택 등의 다양한 요인에 의해 달라질 수 있다. 그러므로 개인의 다양한 문화를 '좋은 문화' 혹은 '나쁜 문화' 로 규정하기보다는 그 문화를 소유하고 있는 당사자의 시각에서 볼 수 있어야 한다.

결국 인간은 사회 속에서 태어나 그 사회가 가지고 있는 문화를 배우며, 그 사회 구성원으로 사회화된다. 동시에 인간은 기존의 문화에 의해 영향받기만 하는 존재는 아니다. 인간은 다른 개인과의 관계를 통하여 집단이나 조직 그리고 하나의 지역공동체를 만들고, 그에 따른 독특한 문화를 형성하기도 한다. 이렇게 형성된 문화 속에서 한 개인은 자신의 생각과 삶을 만들어가는 행위자가 된다. 문화와 개인은 서로가 영향을 주고받으면서 변화해 나가는 상호 의존적인 관계로 다양한 유형을 형성한다.

다음은 다양한 문화의 유형을 살펴보고자 한다.

첫째, 조직문화(organizational culture)란 인간의 물질생활, 정신생활 등의 모든 생활방식 가운데 후천적 학습을 통하여 그 사회로부터 습득한 모든 것의 총칭이다(박기동, 2001). 조직 구성원들이 공유하고 있는 가치관 · 신념 · 전통 · 신화 · 정서 · 행사 · 의식구조 · 행동양식 등의 패턴으로서 조직 내의 모든 개인이나 집단의 행동에 영향을 미치는 요소를 말한다. 조직 구성원들이 직면하게 되는 공동의 문제를 해결해 나가는 과정에서 생성되는 것으로 공동체를 결속시켜 주는 공유가치 및 의미체계의 기능을 가진다. 다시 말하면, 조직문화는 하나의 조직과 다른 조직을 구별 짓는 가치관 · 신념 · 직무스타일 · 인간관계의 독특한 유형(constellation)이라고 말할 수 있다. 또한 조직문화는 '게임의 규칙' 으로 조직 구성원들이 행하는 행동의 의미를 일깨워 주고 방향을 제시하며 행동을 유발시키는 사회적 힘(social energy)이라고 할 수 있다.

둘째, 대안문화(alternative culture)는 주류문화와 지배문화에 대한 일종의 반문화(counter culture) 내지는 대항문화를 가리키는 말이다. 한국사회에서 대안문화는 1990년대 이후 본격적으로 등장하기 시작했다. 언더그라운드 문화, 독립문화(인디문화), 하위문화, 소수문화, 얼터너티브 문화 등은 모두 대안문화를 지칭하는 이름들이다. '언더그라운드 문화(underground culture)' 는 제도권 문화의 장에 포함되지 않는 여타의 문화로 서구에서 상업 대중문화가 확산되기 시작한 1960년대 말부터 등장했지만, 한국의 경우 1980년대 중반 이후부터 나타난다. '독립문화' (independent culture)는 독점자본의 지배나 영향에서 벗어나 소수자본으로 문화적 생산물을 만들어가는 것을 의미한다. 다른 말로 '인디문화' 라고도 하는데, 미국에서 할리우드 영화의 문화산업에 대한 저항의 형태로 저예산 독립영화를 제작하던 1970년대 영화운동에서 출발한 것이다. '얼터너티브 문화(alternative culture)' 는 반상업주의와 무정부주의적 자유주의를 지지한다. '얼트문화' 의 뿌리는 1960년대 이른바 반문화운동의 히피 및 펑크정신에서 찾을 수 있다. '반문화'는 개념상 아방가르드 예술운동에 기반을 두면서 제도예술 및 고급예술에 대해 비판하는 문화이다.

셋째, 주변 문화(marginal culture)는 문화의 중심으로부터 멀리 떨어져 문화 영역의 경계선에 위치한 문화로서 문화적 특질이 적게 나타나는 것을 의미한다. 이 문화는 문화의 중심에서 멀리 떨어져 있기 때문에 다른 문화의 특질을 가질 수 있어 문화가 혼합되는 형태를 보이기도 한다.

넷째, 하위문화(subculture)는 전체 문화의 일부분을 이루는 문화로 한 사회집단 내에서 다른 것과 구분될 수 있도록 다르게 나타나는 생활양식을 의미한다. 예를 들어 빈민지역에서 나타나는 특유의 생활양식인 빈곤문화(poverty culture)는 빈민의 하위문화로 볼 수 있다(한상복 · 이문웅 · 김광억, 1997). 예를 들어 뉴욕 등의 빈민가에 밀집해서 사는 빈민들은 사회의 주변인(marginal man)으로서 절망과 종속감, 열등감, 약한 자아의식을 갖고 있으며 충동을 억제할 줄 모르고 상당히 현실주의적이며 체념하고 숙명적 경향을 지녔으며, 이러한 특성은 자신들의 열악한 상황에 대한 일종의 적응양식으로서 일단 형성된 빈곤문화는 자기 영속적이 되어 사회화를 통해 후세에까지 대를 이어 전승된다고 한다.

다섯째, 민속문화(folk culture)는 한 민족에서 오랫동안 일반 대중들에게 전승되어온 전통적인 문화를 말한다. 이것은 전승된 신앙, 풍습, 의례 등의 형태로 서민 생활에 남아 있는 문화이다. 예를 들어 우리나라 사람들은 예전부터 신령이 인생의 길흉화복을 지배한다고 사주팔자로 인생의 운명이 결정되어 있다고 풍수지리가 인생과 역사의 흥망성쇠를 결정한다고 믿어 왔다. 이 같은 무속신앙과 점복 · 예언신앙과 풍수 · 도참신앙 등을 예로 들 수 있다. 또 다른 것으로 충 · 효 · 예를 강조하는 가족관계나 개인의 사회생활은 유교적인 관점(전혜영, 2000)이 영향을 미치고 있다.

여섯째, 전통문화는 '현대와 단절된 것이 아니라 연속성을 가지며 전통문화는 건축설계, 의상패턴, 사고방식 행동원리, 생활양식 또는 여러 가지 예술에 담겨 있는 정신의 모델로서 현대와 미래의 문화 창조를 풍요롭게 해 주는 바탕, 즉 새로운 문화 창조의 원동력이며 현대사회와 미래사회에 알맞은 문화의 발전방향을 정립하는 기초가 된다' (한상복 외, 1997). 일반적으로 사용하는 전통문화의 뜻은 우리 조상들이 남겨준 문화유산으로서 현재에도 가치를 가질 수 있는 전승된 문화와 유사한 개념으로 이해된다. 유형문화재 같이 특정한 형태를 지닌 것일 수도 있으며 효나 경로사상 같은 정신문화적인 요소 혹은 놀이, 공예기술 같은 특정한 기예를 가진 것 등을 의미할 수 있다. 그러나 다른 관점에서 전통문화는 세대에서 세대로 전달되는 문화현상이나 요소로 정의된다. 모든 혁신적 문화 요소가 전통문화로 남는 것은 아니고 수용된 집단에 의해 그 문화 요소의 기능적 맥락이 인정될 때만이 전통문화로서의 위상을 가지게 된다.

많은 학자들이 연구한 우리나라의 대표적인 문화적 특성을 살펴보면 다음과 같다. 첫째, 정(情)은 한국인의 가족관계에서 가장 두드러지게 형성되어 있는 것으로 사적인 인간관계는 물론 공적인 관계에까지 크게 영향을 미친다. 인간의 희, 노, 애, 락, 애, 오, 욕과 같은 모든 감정을 통틀어 일컫는 것으로 주어진 대상에 직접 및 간접 접촉과 공동경험을 통하여 무의식적으로 형성된 일종의 정신적 유대감이라고 할 수 있다(김영룡, 1997).

둘째, 한(恨)은 자신의 불행에 대해 후회하는 억누를 수 없는 생각과 부당하다는 엇갈린 심리가 결합한 감정상태라고 할 수 있다. 부당한 차별대우를 받았을 때, 타인에 비해 현저히 결핍되어 고통을 당할 때, 돌이킬 수 없는 큰 실수를 범했을 때 발생하는 것으로 인식한다(한규석, 1995).

셋째, 체면은 낯, 면목, 체모 따위와 같은 용어로 개인이 공적으로 드러낸 겉모습으로서 사회적으로 바람직하다고 생각하는 가치로 구성된 이미지(임태섭, 1997a)이다. 체면을 중시하는 한국인의 일상생활은 상대의 체면을 세워 주는 호칭 인플레, 자동차나 의복을 치장하는 자기 과시, 이익을 합리화하거나 비난을 피하기 위한 명분 중시, 체면 손상을 꺼려 인사치레로 하는 거짓말 따위에서 잘 드러나고 있다.

넷째, 눈치 또한 한국인이 갖고 있는 특성으로 겉으로 드러난 자료가 불충분함에도 그 이면에 숨어 있는 진실을 꿰뚫어 보는 독특한 재주를 일컫는다(임태섭, 1997b). 특히 대인관계를 맺는 상황에서 관계를 나쁘게 하지 않도록 하기 위해 발달한 의사소통의 고유한 형태로(한규석, 1995) 해석할 수 있다.

### 3) 문화와 사회복지실천

인간은 자신이 속한 사회의 문화를 내면화하여 사회의 구성원으로서 사회화되어 가며 사회적 관계나 상호작용을 통하여 새로운 문화를 만들어내기도 한다. 문화는 거시체계로서 전체 사회 속에 존재하는 개인, 집단, 조직 및 지역사회에 영향을 미친다. 사회구성원들은 어떤 문화 속에서 강조되는 사회의 가치, 규범, 신념 체계 등을 내면화하면서 그들의 생활양식, 가치체계, 행동양식 등에 영향을 미치고, 이러한 것들은 한 세대뿐만 아니라 세대 간에 전승되면서 직접적으로 혹은 간접적으로 모든 구성원들에게 영향을 미친다. 이처럼 인간과 문화는 상호 관계를 맺고 서로의 생존, 안정 그리고 변화에 지대한 영향을 미치게 된다.

사회복지실천에서 접촉하게 되는 개인, 가족, 집단, 지역사회 등은 다양한 문화를 가지고 있으며, 이들의 문화는 사회복지사 자신의 문화와는 다른 문화일 수 있다. 사회복지사는 자신이 경험하고 자신에게 내재되어 있는 문화를 정확히 이해하고 자신의 문화와 다른 문화에 대해서도 수용적 태도를 취할 수 있어야 한다. 사회복지사가 개인의 문화를 이해하고 나아가 수용함으로써 인간관계 형성에서 문화 차이로 인한 부정적 갈등관계를 피하고 긍정적이고 신뢰할 수 있는 관계를 형성할 수 있기 때문이다. 또한 개인이나 가족 자체를 위해 개입할 때 한국 고유의 가족문화는 물론 그 가족이 독특하게 지니고 있는 문화를 사회의 흐름 속에서 이해할 필요가 있다. 한국인의 집단주의를 지향하고 집단 내 성원 간 관계를 중심으로 화목을 중시하는 집단의 문화를 고려하여 집단을 위한 효과적인 프로그램을 적용해야 하며 사회복지실천에서 조직을 활용하거나 조직화할 때 조직 구성원의 문화적 특성과 조직의 문화를 철저히 이해해야 한다. 또한 지역사회를 클라이언트 삼아 활동하거나 지역사회 자원을 동원하고 활용하고자 할 때 지역사회에 영향을 미치는 한국인의 문화적 요인을 간파해야 한다.

결국 사회복지사는 체계 속에서 문화가 인간에 미치는 영향을 정확히 이해하고, 내담자의 문제를 해결할 수 있는 전략을 고안하는 과정에서 문화적 요인을 중요하게 고려해야 한다.

# 참고문헌


강경미 · 구광현 · 김경회 · 김영옥 · 백경숙 · 신현기 · 정채옥 · 최미숙 · 황윤세(2003). **영유아발달과 교육**. 서울 : 양지.

강인숙 · 김지영 · 유영금 · 정인숙 · 정태근(2006). **인간행동과 사회환경**. 서울 : 태영출판사.

강준렬(1997). **지역사회 복지와 사회복지관**. 서울 : 동인.

고수현(2002). **사회복지개론**. 서울 : 대학출판사.

공계순 · 박현선 · 오승환 · 이상균 · 이현주(2003). **아동복지론**. 서울 : 학지사.

공인숙 · 한미현 · 김영주(2006). **보육학개론**. 서울 : 교육과학사.

곽형식 · 박영애 · 박인전 · 양점도 · 윤종희 · 이소희 · 이항재 · 최영희(2002). **인간행동과 사회환경**. 서울 : 형설출판사.

구광현 · 이희경(2006). **유아사회교육**. 서울 : 동문사.

구효진 · 최진선(2007). 농촌 다문화가정 유아의 인지적 특성에 관한 연구. **열린유아교육연구, 12(6)**. 43-67.

권민균 · 문혁준 · 권희경 · 성미영 · 신유림 · 안선희 · 안효진 · 이경옥 · 천희영 · 한유미 · 한유진 · 황혜신(2012). **아동발달**. 서울 : 창지사.

권석만(2003). **현대 이상심리학**. 서울 : 학지사.

권영길 · 송노원(2009). 아동의 분노조절에 대한 인터넷 게임 중독의 영향. **한국컴퓨터게임학회논문지, 16**, 35-44.

권육상(1998). **인간행동과 사회환경**. 서울 : 유풍출판사.

권중돈(2004). **노인복지론**. 서울 : 학지사.

권중돈 · 김동배(2005). **인간행동과 사회환경**. 서울 : 학지사.

김경중 · 류왕효 · 류인숙 · 박은준 · 신화식 · 유구종 · 정갑순 · 조경미 · 조희숙 · 주리분 · 최인숙 · 최재숙(1994). **아동발달심리**. 서울 : 학지사.

김경희(2003). **아동심리학**. 서울 : 박영사.

김경희(2007). **아동과 청소년의 이상심리학**. 서울 : 박영사.

김기태 · 김수환 · 김영호 · 박지영(2007). **사회복지실천론**. 경기도 : 공동체.

김기석(2017). 청소년의 온라인 게임 경험이 지식정보화 역량에 미치는 영향 연구. 광운대학교 대학원 박사학위논문.

김나영 · 이경열 · 정욱호 · 홍계옥(2004). **영유아발달**. 서울 : 양서원.

김남순(1993). **인간발달과 교육**. 서울 : 창지사.

김동배 · 권중돈(2005). **인간행동이론과 사회복지실천(2판)**. 서울 : 학지사.

김민정 · 도현심(2001). 부모의 양육행동, 부부갈등 및 아동의 형제자매관계와 아동의 공격성간의 관계. 한국아동학회지, 22(2), 149-166.

김상균 · 김연옥 · 오정수 · 노혜련 · 김기환(1997). 학생비행 예방 및 선도를 위한 복지 프로그램 개발에 관한 연구. 서울 : 서울대학교 사회복지연구소.

김선호 · 김정한(1986). 교육사회학. 서울 : 문음사.

김영룡(1997). 잔잔한 정의 나라. 한국. 임태섭 편저. 정, 체면, 연줄 그리고 한국인의 인간관계. 서울 : 한나래.

김유숙(1998). 가족상담. 서울 : 학지사.

김종옥 · 권중돈 (1993). 집단사회사업방법론. 서울 : 홍익재.

김지영(2005). 발달심리 아동이야기. 부산 : 신지서원.

김진욱(2006). 한국 노인의 생활시간에 관한 연구－2004년 생활시간조사 자료에 나타난 노인의 일, 가족, 여가생활 분석을 중심으로－. 노인복지연구, 32, 149-177.

김춘경 · 문혁준 · 신유림 · 심미경 · 옥경희 · 위영희 · 이경희 · 이정희 · 정계숙 · 정현숙 · 제경숙 · 조성연 · 천희영(2002). 아동학개론. 서울 : 학지사.

김태련 · 강우선 · 김경은 · 김도연 · 김문주 · 방랑규 · 서수정 · 양혜영 · 이경숙 · 장은진 · 정은정 · 조현섭 · 허묘연(2003). 발달장애심리학. 학지사.

김태련 · 장휘숙(1998). 발달심리학. 서울 : 박영사.

김태련 · 조혜자 · 이선자 · 방희정 · 조숙자 · 조성원 · 김현정 · 홍주연 · 이계원 · 설인자 · 손원숙 · 홍순정 · 박영신 · 손영숙 · 김명소 · 성은현(2004). 발달심리학. 서울 : 학지사.

김태현(1994). 노년학. 서울 : 교문사.

김태현 · 한은주(2004). 독거노인의 자아존중감, 스트레스, 사회적 지원 경험유무에 따른 심리적 복지감. 한국가족관계학회지, 9(3), 81-106.

김한곤 · 김지아(2006). 대구지역 노인학대 실태 및 피해자 특성. 보건과 사회과학, 19, 179-198.

김혜리(1995). 감각, 지각 및 기억발달. 한국인간발달학회편. 서울 : 중앙적성출판사.

나항진(2002). 성공적 노화를 위한 노인의 여가에 관한 연구. 노인복지연구, 18, 131-163.

남영옥(2006). 가정환경변인 및 기질과 유아의 친사회적 행동과의 관계. 아동교육, 12(1), 279-292.

노안영(2007). 상담심리학의 이론과 실제. 서울 : 학지사.

대한소아과학회(2007). 우리나라 소아 청소년의 신장 체중의 변화. 대한소아과학회.

류현수 · 이정숙 · 김주아(2007). 가족관계와 복지. 서울 : 동문사.

문무경 · 박창현 · 송기창 · 김문정(2017). 2018-2022 유아교육 중장기발전교육.(연구보고 2017-07). 육아정책연구소.

문혁준(2001). 부모의 효율적 훈육태도에 관련된 변인 분석. 아동학회지, 22(1), 35-49.

박기동(2001). 조직행동론. 서울 : 박영사.

박미경(2014). 보육정책의 효과성 평가연구 : 영유아 보육료 지원 정책과 국공립 보육시설 확충 정책을 중심으로. 성균관대학교 대학원 석사학위논문.

박선환 · 박숙희 · 신은영 · 이주희 · 정미경 · 김혜숙(2001). 정신건강론. 서울 : 양서원.

박성연 · 도현심(2003). 아동발달. 서울 : 동문사.

박성연 · 성숙자 · 김상희 · 김지신 · 박응임 · 전춘애 · 안지영 · 임희수 · 이사라 · 한세영 · 이주연 역(2007). 부모－자녀관계 : 부모교육의 이해. 서울 : 교문사.

박순영 · 이종인 · 김희경(2007). 가정환경특성이 만 3세 유아의 성장발육에 미치는 영향. 한국아동복지학, 24, 91-

119.
박용순(2002). 사회복지개론. 서울 : 학지사.
박웅임 · 정운선 · 이혜상(2005). 초등학교 비만아와 정상체중아의 자아존중감에 영향을 미치는 변인. 아동학회지, 26(6), 393-409.
백경숙 · 권용신(2007). 노년기의 경제활동과 여가활동 유형에 따른 심리적 복지감연구. 노인복지연구, 35, 87-106.
변창진 · 김경린(2003). 사회적 학습이론. 서울 : 한국학술정보
서동인(1991). 손자녀가 지각한 조모와 심리적 친밀도－친조모와 외조모의 비교연구－. 경희대학교 대학원 박사학위논문.
서병숙(1993). 결혼과 가족. 서울 : 교문사.
손병덕, · 성문주 · 백은령 · 이은미 · 최인화 · 정정호 · 송현아(2014). 인간행동과 사회환경. 서울: 학지사.
손정락 역(1997). 성격심리학. 서울 : 교육과학사.
송길연 · 유봉현(2005). 발달의 이론. 서울 : 시그마프레스.
송명자(1996). 발달심리학. 서울 : 학지사.
송용대 · 김현옥 역(1991). 프로이트 정신분석의 새로운 이해. 서울 : 중앙적성출판사.
신종우 · 윤경원 · 이우언(2008). 인간행동과 사회환경. 서울 : 동문사.
양순미 · 정현숙(2006). 농촌국제결혼 부부의 결혼생활적응과 만족에 대한 영향요인. 한국가족관계학회지, 11(3), 223-252.
우수경(2004). 가정환경이 유아의 정서능력에 미치는 영향. 아동교육연구, 24(4), 75-94.
원영희(1995). 동 · 별거 형태가 한국노인의 심리적 행복감에 미치는 영향. 한국노년학, 15(2), 97-116.
유안진(1999). 아동발달의 이해. 서울 : 문음사.
유안진 · 김혜선(1996). 인간발달. 서울 : 한국방송통신대학교 출판부.
유태용(1997). 문화란 무엇인가. 서울 : 학연문화사.
윤 진(1986). 성인 · 노인심리학. 서울 : 중앙적성출판부.
윤 진 · 김인경 역(1988). 아동기와 사회. 서울 : 중앙적성출판사.
윤 희 · 한경혜(1994). 노년기 형제 지원망에 관한 탐색적 연구. 한국노년학, 14(1), 117-139.
윤기영(1998). 유치원아 어머니의 학부모 역할인식에 대한 생태학적 연구. 경희대학교 대학원 박사학위논문.
윤종희(1990). 탁아의 과제 : 생태학적 접근. 숙명여대학교 아동연구소 세미나 자료집.
윤종희(1994). 아동 · 가족연구에 대한 생태학적 접근의 적용: 인간생태학적 측면에서의 가정학. 연세대학교 생활과학대학 창립 30주년 기념 국제학술 심포지움 자료집.
윤종희(2001). 가정복지의 생태학적 접근. 대한가정학회지, 39(8), 93-105.
이광규(1994). 문화 인류학. 서울 : 일조각.
이근홍(2011). 인간행동과 사회환경. 경기도 : 공동체.
이민희 · 정태연 역(2004). 발달심리학 거장들의 핵심이론 연구. 서울 : 학지사.
이소희 · 손홍숙 · 홍숙자 · 송순 · 이명옥 · 이규미 · 강란혜 · 박미석 · 백경숙 · 조성연 · 도미향 · 강기정 · 임원신 · 김민정(2004). 인간행동과 사회환경. 서울 : 학현사.
이소희 · 정민자 · 김경희 · 박인전 · 손지미 · 김영란 · 홍계옥 · 도미향 · 김민정(2001). 현대가족복지론. 서울 : 양서원
이순형 · 이혜승 · 민하영 · 이영미 · 이소은 · 한유진 · 성미영 · 이완정 · 이옥경 · 황혜신 · 권혜진 · 이강이(2006).

아동복지. 서울 : 학지사.

이영만 · 유병관 역(1991). 프로이드 · 스키너 · 로져스 Three Psycholoaies. 서울 : 중앙적성출판사.

이영철 · 박미은 · 윤동성 · 엄기욱 · 이용교 · 정민숙(2003). 사회복지학. 서울 : 양서원.

이영훈 · 주연희 · 김성수(2007). 유아문제행동의 이해 및 지도. 서울 : 태영출판사.

이영희 · 박외숙 · 고향자(2007). 칼로저서. 서울: 학지사.

이옥형(1997). 아동발달. 서울 : 집문당.

이옥형(2002). 아동 · 청년발달. 서울 : 집문당.

이윤진 · 이정림 · 임준범(2017). 영유아기 부모교육 참여실태 및 내실화 방안 연구. 연구보고 2017-09). 육아정책연구소.

이은지(2016). 모유 후각자극이 미숙아의 생리적 반응, 구강수유 진행 및 체중에 미치는 영향. 연세대학교 대학원 박사학위논문.

이익섭(2003). 장애영유아 교육 및 보육기관의 연계방안을 위한 제언. 특수교육정책포럼.

이인정(2004). 한국가족복지의 현황에 관한 연구. (덕성여자대학교 사회과학연구소). 사회과학, 10.

이인정 · 최해경(2007). 인간행동과 사회환경(개정 2판). 서울 : 나남출판

이정균 · 김용식(2000). 정신의학. 서울 : 일조각.

이지현 · 강형곤 · 정우식 · 채유미 · 지영건(2008). 취업이 노인의 삶의 질에 미치는 영향−서울지역 남성 노인을 중심으로−. 한국노년학, 28(1), 143-156.

이채정(2018). 보육정책 확대의 과정과 효과 연구 -자녀양육부담의 탈가족화에 미친 영향을 중심으로. 서울대학교 대학원 박사학위논문.

이현기(2001). 고령자 재취업과 지역복지정책의 함의. 노인복지연구, 11, 87-118.

이혜경(1995). 한국의 가족정책 : 대안의 선택과 정부 민간의 연계. 서울 : 학지사.

이화영(2007). 조손가정 조부모의 사회복지서비스 욕구에 영향을 미치는 요인. 숭실대학교 대학원 박사학위논문.

이효선 · Garz, D.(2006). 사회복지실천을 위한 인간행동과 사회환경의 이해. 경기도 : 공동체.

이훈구 역(2004). 성격심리학. 서울 : 법문사.

이희경(1998). 유아 애착의 Q 기법적 연구. 인하대학교 대학원 박사학위논문.

임승렬(1996). 아동 공격성에 대한 귀인과정의 시간적 경로분석. 인간발달연구, 3(1), 76-91.

임태섭(1997a). 체면을 숭배하는 나라, 한국. 정, 체면, 연줄 그리고 한국인의 인간관계. 서울 : 한나래.

임태섭(1997b). 눈치작전. 정, 체면, 연줄 그리고 한국인의 인간관계. 서울 : 한나래.

장미선 · 문혁준(2006). 아동의 정서지능에 관련된 생태학적 변인 연구. 대한가정학회지, 44(4), 11-21.

장석출(1997). 조직속의 인간. 서울 : 해돋이.

장인협 · 김융일 · 정진영 · 이정숙 · 조홍식 역(1991). 인간행동과 사회환경. 서울 : 집문당.

장휘숙(2008). 가족심리학. 서울 : 박영사.

전경수(1999). 문화의 이해. 서울 : 일지사.

전병재(1993). 사회심리학. 서울 : 경문사.

전혜영(2000). 한국어에 반영된 유교 문화적 특성. 한국 문화와 한국인. (국제한글학회 엮음). 서울 : 사계절.

정계숙(1990). 도시와 농촌 아동의 학습 준비도를 결정하는 생태학적 변인. 연세대학교 대학원 박사학위논문.

정범모(2000). 한국의 교육세력. 서울 : 나남출판.

정옥분(2002). 성인발달의 이해−성인 · 노인 심리학. 서울 : 학지사.

정옥분(2003). 아동발달의 이론. 서울 : 학지사.

정옥분(2004a). 발달심리학 : 전생애 인간발달. 서울 : 학지사.
정옥분(2004). 전생애 발달의 이론. 서울 : 학지사.
정옥분(2005). 청년심리학. 서울 : 학지사.
정옥분 · 김동배 · 정순화 · 손화희(2008). 노인복지론. 서울 : 학지사.
정지연 · 한유진(2007). 저소득층 이혼가정 아동의 사회적 지지 및 문제해결력이 문제행동에 미치는 영향. 한국생활과학회지, 6(3), 491-504.
정태연 · 윤진(1992). 충동성과 공격성이 좌절 상황에서의 사회정보처리에 미치는 영향. 한국심리학회지 : 발달, 5(1), 29-40.
조복희(2004). 인간발달. 서울 : 교문사.
조복희(2008). 아동발달. 경기도 : 교육과학사.
조복희 · 정옥분 · 유가효(1997). 인간발달 : 발달심리적 접근. 서울 : 교문사.
조성연(1990). 아동의 창의성의 발달 및 이에 관련된 생태학적 변인에 관한 연구. 연세대학교 대학원 박사학위논문.
조성연 · 이정희 · 천희영 · 심미경 · 황혜정 · 나종혜(2006). 아동발달의 이해. 서울 : 신정.
조흥식 · 김인숙 · 김혜란 · 김혜련 · 신은주(2002). 가족복지학. 서울 : 학지사.
최경석 · 김양희 · 김성천 · 김진희 · 박정윤 · 윤정향(2006). 한국 가족복지의 이해. 서울 : 인간과 복지.
최경숙(2006). 아동발달심리학. 서울 : 교문사
최명선(1998). 경제위기 하에서 아동의 스트레스에 영향을 미치는 생태학적 변인의 구조분석. 숙명여자대학교 대학원 석사학위논문.
최옥채 · 박미은 · 서미경 · 전석균(2011). 인간행동과 사회환경(4판). 경기도 : 양서원.
최재석(1988). 한국 농촌 사회변동 연구. 서울 : 일지사.
한경혜 · 윤순덕(2001). 자녀와의 동 · 별거가 농촌노인의 심리적 복지감에 미치는 영향. 한국노년학, 21(2), 163-178.
한규석(1995). 사회심리학의 이해. 서울 : 학지사.
한미현 · 문혁준 · 강희경 · 공인숙 · 김상희 · 안선희 · 안효진 · 양성은 · 이경열 · 이경옥 · 이진숙 · 천희영(2011). 아동복지(개정). 서울 : 창지사.
한상복 · 이문웅 · 김광억(1997). 문화인류학 개론. 서울 : 서울대학교 출판부.
한인영 · 홍순혜 · 김혜란 · 김기환(1997). 학교와 학생복지. 서울 : 학문사.
허혜경 · 김성희(2006). 현대 사회와 아동 발달. 서울 : 교육과학사.
허혜경 · 김혜수(2002). 청년발달심리학. 서울 : 학지사.
홍계옥(1994). 유아의 기질 및 어머니의 양육행동과 모자 애착행동 간의 관계. 고려대학교 대학원 박사학위논문.
홍숙자(2001). 노년학개론. 서울 : 하우.

보건복지부(2013). 보육통계.
보건복지부질병관리본부 · 대한소아과학회(2017). 2017 소아청소년 성장도표 해설집.
세계일보(2005). 폭력없는 탄생 "인권분만 해보세요". 2005년 9월 20일자.
야후백과사전(2008). 사회환경.
http://kr.dic.yahoo.com.
여성가족부(2006). 새싹플랜.
중앙노인보호전문기관(2008). www.noinboho.org.
중앙일보(2007). 7개 질병 관련 유전자 찾았다. 2007년 6월 7일자.

통계청(2012). 인구통계.

통계청(2012). 혼인, 이혼통계.

통계청(2012). 장래인구추계.

통계청(2016). 장래인구추계.

통계청(2018). 2018 고령자통계.

통계청(2018). 혼인, 이혼통계. http://kosis.kr/index/index.do

Ainsworth, M. S.(1973). The development of infant mother attachment. In B. Caldwell., & H. N. Rittiuti(eds.), *Review of child development research*(Vol. 3). Chicago : University of Chicago Press.

Alexander, B. K., & Harlow, H. F.(1965). Social behavior in juvenile rhesus monkeys subjected to different rear ing conditions during the first 6 months of life. *Zoologische Jarbucher Physiologie, 60*, 167-174.

Allport, G. W.(1961). *Pattern and growth in personality.* NY : Holt Rinehart & Winston.

Anderson, R. E., & Carter, Irl.(1984). *Human behavior and social environment.* 인간행동과 사회환경. (장인협 외 역). 서울 : 집문당.

Anglin, J. M.(1993). Vocabulary development : A morphological analysis. *Monographs of the Society for Research in Child Development, 58*(10, Serial No. 238).

Arnett, J. J.(2000). *Adolescence and emerging adulthood : A cultural approach.* Prentice-Hall, Inc.

Baltes, P. B., & Baltes, M. M.(1990). *Successful aging.* Cambridge : Cambridge University Press.

Bandura, A.(1989). Social cognitive theory. *Annals of Child Development, 6*, 1-60.

Becvar, D. S., & Becvar, R. J.(1998). *Systems theory and a family therapy : A primer*(2nd ed.). NY : University Press of America.

Bee, H., & Boyd, D.(2003). *Lifespan development.* Boston : Allyn and Bacon.

Bengtson, V., Rosenthal, C., & Burton, L.(1990). Families and aging : Diversity and heterogeneity. In R. H. Bin stock., & L. K. George(eds.), *Handbook of aging and the social sciences*(3rd ed.). (pp. 263-287). San Diego, CA : Academic Press.

Berger, K. S.(2003). *Developing person through childhood and adolescent.* NY : Worth Publishers.

Berk, L. E.(1994). *Infants and children.* Boston, MA : Allyn and Bacon.

Berk, L. E.(2006). *Child development.* Boston, MA : Allyn and Bacon.

Bertalanffy, L. V.(1968). *General systems theory.* NY : George Braziller.

Blau, P. M., & Scott, W. R.(1962). *Formal organization.* San Francisco : Chandler.

Boardman, J. D. (2004). Stress and physical health: The role of neighborhoods as mediating and moderating mechanisms. *Social Science and Medicine, 58*(12), 2473-2483.

Bowlby, J.(1961). Process of mourning. *Interpersonal Journal of Psychoanalysis, 42*, 317-340.

Bowlby, J.(1969). *Attachment and Loss : Vol. 1. Attachment.* London : Hogarth Press.

Bridges, M. S.(1932). Emotional development in early infancy. *Child Development, 3*, 324-341.

Bronfenbrenner, U.(1979). *The ecology of human development.* Cambridge, MA : Harvard University Press.

Bronfenbrenner, U.(1989). Ecological systems theory. *Annals of Child Development, 6*, 187-249.

Bubolz, M. M., & Sontag, M. S.(1993). Human ecology theory. In P. G. Boss., W. J. Doherty., R. LaRossa., W. R. Schumm., & S. K. Steinmetz(eds.), *Sourcebook of family theories and methods : A contextual approach*(pp. 419-448). NY : Plenum Press.

Buckley, W.(1967). Systems and entities. In W. Buckley(ed.), *Sociology and modern systems theory*. Englewood Cliffs, NJ : Prentice Hall.

Cherlin, A. J., & Furstenberg, F. F.(1992). *The new American grandparent : A place in the family, a life apart*. Cambridge : Harvard University Press.

Chess, W. A., & Norlin, J. M.(1988). *Human behavior and the social environment : A social systems model*. Boston, MA : Allyn and Bacon.

Chomsky, N.(1968). *Language and mind*. NY : Harcourt Brace World.

Cooley, C. H.(1909). *Social organization*. London : Charles Scribner's Sons.

Coulton, C. J., Crampton, D. S., Irwin, M., Spilsbury, J. C., & Korbin, J. E. (2007). How neighborhoods influ ence child maltreatment: A review of the literature and alternative pathways. *Child Abuse and Neglect, 31*(11), 1117-1142.

Crain, W.(1992). *Theories of development : Concepts and applications*. New Jersey : Prentice Hall.

Cuber, J. F., & Harroff, P. B.(1971). Five types of marriage. In A. S. Skolnick., & J. H. Skolnick(eds.), *Family in transition*. Boston : Little Brown.

Cumming, E., & Henry, W.(1961). *Growing old*. NY : Basic Books.

Cummings, E. M., & Merrilees, C. E. (2010). Identifying the dynamic processes underlying links between marital con flict and child adjustment. In M. S. Schulz, M. K. Pruett, P. K. Kerig, & R. D. Parke (Eds.), *Strengthening Cou ple Relationships for optimal Child Development* (pp.27-40). Washington, DC: American Psychological Asso ciation.

Dreeben, R.(1967). The Contribution of schooling to the learning of norms. *Harvard Educational Review*, 37, 23-49.

Dychtwald, K.(1999). *Healthy aging*. Gaithersburg, MA : Aspen Publisher.

Ebersole, P.(1979). The vital vehicle : The body. In I. M. Burnside., P. Ebersole., & H. E. Monea(eds.), *Psy chological caring throughout the life span*. NY : McGraw-Hill.

Erikson, E. H.(1968). *Identity, youth and crisis*. NY : Norton.

Erikson, E. H.(1982). *The life cycle completed : A review*. NY : Norton.

Erikson, E. H.(1992). **아동기와 사회 : 인간발달 8단계 이론**. (윤진 · 김인경 역). 서울 : 중앙적성출판사.

Etzioni, A.(1961). *Comparative analysis of complex organization*. Glence, IL : The Free Press.

Fantz, R. L.(1961). The origin of form perception. *Scientific American, 204*, 66-72.

Feist, J., & Feist, G. J.(2002). *Theories of personality*(5th ed.). NY : McGraw-Hill.

Fellin. P.(1995). Understanding American communities. In J. Rothman, et al.(eds.), *Strategies of community inter vention*. IL : F. E. Peacock Publishers.

Fiese, B. H., & Winter, M. A. (2010). The dynamics of family chaos and its relation to children' s socio-emotional well-being. In G. W. Evans & T. D. Wachs (Eds.), *Chaos and its influence on children' s development: An eco logical perspective* (pp. 49-66). Washington, DC: American Psychological Association.

Flavell, J. H., & Miller, P. H.(1998). Social cognition. In W. Damon., D. Kuhn., & R. Siegler(eds.), *Handbook of child psychology*(5th ed.), Vol. 2. NY : John Wiley & Sons, Inc.

Freud, A.(1965). *The psychoanalytic treatment of children*. NY : International Universities Press.

Fulmer, W.(2000). *Shaping the adaptive organization : Landscapes, learning, and leadership in volatile times*. NY : AMACOM.

Garbarino, J.(1977). The human ecology of child maltreatment : A conceptual model for research. *Journal of Marriage and the Family, 39*, 721-736.

Garbarino, J.(1983). *Social support networks : RX for helping professionals*. Aldine Publishing Co.

Germain, C. B., & Gitterman, A.(1980). *The life model of social work practice*. NY : Columbia University Press.

Gibson, E. J., & Walk, R. D.(1960). The "visual cliff". *Scientific American, 202*, 64-71.

Ginzberg, E.(1990). Career developent. In D. Brown, et al.(eds.), *Career choice and development*(2nd ed.). San Francisco : Jossey-Bass.

Glueck, S., & Glueck, E.(1972). *Identification of predelinquents : Validation studies and some suggested uses of glueck table*. NY : Intercontinental Medical Balk Corp.

Goodrich, S. M.(1990). Boundaries : Development of self within a family system. *Dissertation Abstracts Interna tional, 50*, 4218.

Gould, R. L.(1978). *Transformation, growth and change in adult life*. NY : Simon & Schuster.

Green, M., & Piel, J. A.(2002). *Theories of human development : A comparative approach*. Boston : Allyn & Bacon.

Greene, R. R.(1999). *Human behavior theory and social work practice*. NY : Walter de Gruyter Inc.

Greene, R. R., & Ephross, P. H.(1991). *Human behavior theory and social work practice*. NY : Aldine de Gruyter.

Guilford, J. P.(1967). *The nature of human intelligence*. NY : McGraw-Hill.

Haith, M. M.(1990). Progress in the understanding of sensory and perceptual progresses in early infancy. *Merrill Palmer Quarterly, 36*, 1-26.

Hall, C. S., & Lindzey, G.(1978). *Theories of personality*(3rd ed.). NY : John Wiley & Sons.

Hartup, W. W.(1974). Aggreisim in childhood developmental prespectives. *American psychologist, 29*, 336-341.

Havinghurst, R. J.(1953). *Human development and education*. NY : Longman.

Havinghurst, R. J.(1972). *Human development and education*(3rd ed.). NY : McKay.

Hearold, S.(1986). A synthesis of 1043 effects of television on social behavior. In G. Comstock(ed.), *Public com munications and behavior*(Vol. 1). NY : Academic Press.

Hempel, C. D.(1960). Operationalism, observation, and theoretical terms. In A. Danto., & S. Morgenbesser(eds.), *Philosophy of science*. OH : World Publishing Co.

Higley, J. D., Hopkins, W. D., Thomson, W. W., Byme, E. A., Hirsh, R. M., & Suomi, S. J.(1992). Peer as primary attachment sources in yearling rhesus monkeys. *Developmental Psychology, 28*, 1163-1171.

Hoffman, L.(1973). Deviation-amplifying process in natural groups. In J. Harley(ed.), *Changing families*(pp. 135-' 168). NY : Grune & Stratton.

Holland, J. L.(1973). *Making vocational choice: A theory of careers*. Englewood Cliffs, NJ : Prentice-Hall.

Holland, J. L.(1985). *Making vocational choices : A theory of vocational personalities and work environ ments*(2nd ed.). Englewood Cliffs, NJ : Prentice-Hall.

Horn, J. L.(1979). The rise and fall of human abilities. *Journal of Research and Development in Education, 12*, 59-78.

Horn, J. L., & Donaldson, G.(1980). Cognitive development in adulthood. In O.G. Brim, & J. Kagan(eds.), *Con stancy and change in human development*. Massachusetts : Harvard University Press.

Huntington, S. P., & Harrison, L. E.(2001). **새무얼 헌팅턴의 문화가 중요한가**. (이종인 역). 서울 : 김영사.

Hyde, J. S., & DeLamater, J. D.(1997). *Understaning human sexuality*(6th ed.). NY : McGraw-Hill.

Irwin, J., & Marge, M.(1972). *Principles of childhood language disabilities.* NY : Preatice-Hall.

Johnson, L. C., & Yanca, S. J.(2001). *Social work practice : A generalist approach.* Boston, MA : Allyn and Bacon.

Kinney, D. A.(1993). From needs to normals : The recovery of identity among adolescents from middle school to high school. *Sociology of Education, 66*, 21-40.

Knowles, C.(1997). *Family boundaries : The intervention of normality and dangerousness.* Peterborough, ON, CA : Broadview Press.

Kohlberg, L.(1981). *Essays on moral development.* San Francisco : Harper & Row.

Kübler-Ross, E.(1969). *On death and dying.* NY : Macmillan.

Kuhn, A., & Beam, R. D.(1982). *The logic of organization : A system-based social science framework for orga nization theory.* San Francisco : Jossey-Bass.

Larson, R., & Richard, M. H.(1994). *Divergent realities : The emotional lives of mothers, fathers, and adoles cents.* NY : Basic Books.

Laszlo, E.(1972). *The systems view of the world.* NY : Braziller.

Lemon, B. W., Bengtson, V. L., & Peterson, J. A. (1972). An exploration of the activity theory of aging : Activity types and life satisfaction among in-movers to a retirement community. *Journal of Gerontology, 27*(4), 511-523.

Lerner, R. M.(1998). Theories of human development : Contemporary perspectives. In W. Damon, & R. M. Lerner (eds.), *Handbook of child psychology*(5th ed.), Vol. 1. NY : John Wiley & Sons, Inc.

Levinson, D. J.(1978). *The seasons of a man' s life.* NY : Knopf.

Lidz, T.(1968). *The person throughout the life cycle.* NY : Basic Books, Inc.

Lyons, A.(2001). Humanistic psychology and social action. In K. J. Schneider, J. F. T. Bugental, & J. F. Pier son(eds.), *The handbook of humanistic psychology : Leading edges in theory, research, and practice*(pp. 625-634). Thousand Oks, CA : Sage.

Maguire, I.(2002). *Clinical social work : Beyond generalist practice with individuals, groups, and families.* CA : Books/Cole.

Mashburn, A. J., Pianta, R. C., Hamre, B. K., Downer, J, T., Barbarin, O. A., Bryant, D., Burchinal, M., Early, D. M., & Howes, C. (2008). Measure of classroom quality in prekindergarten and children' s development of academic, language, and social skills. *Child Development, 79*(3), 732-749.

Mattessich. P., & Monsey, B.(1997). *Community building : What makes it work.* Minnesota : Amherst H. Wilder Foundation.

Mills, M., & Melhuish, E.(1974). Recognition of mother' s voice in early infancy. *Nature, 252*, 403-404.

Neugarten, B. L.(1977). Personality and aging. In J. Birren, & K. W. Schaie(eds.), *Handbook of the psychology of aging.* NY : Van Nostrand Reinhold Co.

Neugarten, B. L., & Weinstein, R.(1964). The changing American grandparent. *Journal of Marriage and the Family, 26*, 199-204.

Newman, B. M., & Newman, P. R.(2006). *Development through life : A pscychosocial approach*(9th ed). Cali fornia : Brooks/Cole Publishing Co.

Norlin, J. M., & Chess, W. A.(1997). *Human behavior and the social environment : Social system theory.* Boston : Allyn and Bacon.

Ouchi, W.(1981). *Theory Z : How American business can meet the Japanese challenge.* Mass : Addison Wesley Publishing Co.

Palmore, E. B., Burchett, B. M., Fillenbaum G. G., George, L. K., & Wallman, L. M.(1985). *Retirement-Causes and consequences.* NY : Springer.

Papalia, D. E., Olds, S.W., & Feldman, R.D.(1998). *Human development*(7th ed). NY : McGraw-Hill.

Parsons, T.(1960). *Structure and process in modern societies.* Glencoe, IL : The Free Press.

Peck, R. F.(1968). Psychological development in the second half of life. In B. Neugarten(ed.), *Middle age and aging.* Chicago : University of Chicago.

Porter, R. H., & Winberg, J. (1999). Unique salience of maternal breast odors for newborn infants. *Neu roscience & Biobehavioral Reviews, 23*(3), 439-449.

Privette, G.(2001). Defining moments of self-actualization : Peak performance and peak experience. In K. J. Schneider, J. F. T. Bugental, & J. F. Pierson(eds.), *The handbook of humanistic psychology : Leading edges in theory, research, and practice*(pp. 161-180). Thousand Oks, CA : Sage.

Rapkin, B. D., & Fischer, K.(1992). Personal goals of older adults : Issues in assessment and prediction. *Psy chology and Aging, 7*, 127-137.

Reichard, S., Livson, F., & Peterson, P.(1962). *Aging and personality : A study of 87 older men.* NY : Wiley.

Rice, M. L., Huston, A. C., Truglio, R., & Wright, J.(1990). Words from "Sesame Street" : Learning vocabulary while viewing. *Developmental Psychology, 26*, 421-428.

Ross, C. R.(1967). *Community organization : Theory, principles, and practice.* NY : Harper & Row.

Rossi, A. S.(1968). Transition to parenthood. *Journal of Marriage and the family, 30*, 26-39.

Rowe, J., & Kahn, R.(1998). *Successful aging.* NY : Pantheon.

Santrock, J. W.(1995). *Life-span development.* Wisconsin : Brown & Benchmark Inc.

Schaie, K. W.(1989). Perceptual speed in adulthood : Cross-sectional and longitudinal studies. *Psychology and Aging, 4*, 443-453.

Schaie, K.W.(1990). Intellectual development in adult. In J. E. Birren, & K. W. Schaie(eds.), *Handbooks of the psychology of aging*(3rd ed.). NY : Academic Press.

Seifert, K. L., & Hoffnung, R. R. J.(2002). *Child and adolescent development.* NY : Houghton Mifflin Company.

Shaffer, D. R.(2000). *Developmental psychology : Childhood and adolescence.* Boston : Brooks/Cole Publishing Company.

Specht, R., & Craig, G. J.(1987). *Human development : A social work perspective.* NY : Prentice-Hall, Inc.

Steiner, J. E.(1977). Facial expressions of the neonate infant indicating the hedonics of foodrelated chemical stimuli. In J. M. Weiffenbach(ed.), *Taste and development.* Bethesda, MD : Department of Health, Education, and Wel fare.

Stong, B., & Devault, C.(1992). *The marriage and family experience.* West Publishing Co.

Strean, H. S.(1971). *Social casework theories in action.* NJ : Scarecrow Press.

Super, D. E.(1990). A life-span, life-space approach to career development. In D. Brown et al.(eds.), *Career choice and development*(2nd ed.). San Francisco : Jossey-Bass.

Thorne, B.(2007). Carl Rogers (2nd ed.). **인간중심치료의 창시자 칼 로저스.** (2003년 원저 발간, 이영희 · 박외숙 · 고향자 역). 서울 : 학지사.

Turner, F. J.(ed.)(1996). *Social work treatment.* NY : The Free Press.

Turner, J. S., & Helms, D. B.(1983). *Lifespan development*(2nd ed.). NY : Holt, Rinehart, & Winston.

Varnhagen, C. K., Morrison, F. J., & Everall, R.(1994). Age and schooling effects in story recall and story production. *Developmental Psychology, 30*, 969-979.

Vandell, D. L., Belsky, J., Burchinal, M., Steinberg, L., Vandergrift, N., & NICHD Early Child Care Research Network. (2010). Do effects of early child care extend to age 15 years? Results from the NICHD study of early child care and youth development. *Child Development, 81*(3), 737-756.

Warnier, J.(2000). **문화의 세계화.** (주형일 역). 서울 : 한울.

Warren, R. L.(1978). *The community in America.* Chicago, IL : Radn McNally & Company.

Watson, J. B., & Rayner, R.(1920). Conditioned emotional reactions. *Journal of Experimental Psychology, 3*(1), 1-14.

Wechsler, D.(1958). *The measurement and appraisal of adult intelligence*(4th ed.). Baltimore : William & Wilkins.

Weick, K. E.(1990). **조직화 이론.** (배병룡 · 김동환 역). 서울 : 율곡.

Weiffenbach, J. M.(1984). Taste and smell perception in aging. *Gerontology, 3*, 137-146.

Wilems, E.(1975). Relations of models to methods in behavioral ecology. Paper presented at the biennial conference, International Society for the Study of Behavioral Development, Guilford, Surrey, England, July 13-19.
and youth development. Child Development, 81(3), 737-756.

Wilson, B. J. (2008). Media and children' s aggression, fear, and altruism. *The Future of Children, 18*(1), 87-118.

Zastrow, C.(1999). *The practice of social work*(6th ed.). CA : Thomson Books/Cole.

Zastrow, C., & Kirst-Ashman, K. K.(2013). *Understanding human behavior and the social environment*(9th ed.). CA : Thomson Books/Cole.

# 저자 소개

이　숙 전남대학교 생활복지학과

문혁준 가톨릭대학교 아동학전공

강희경 서일대학교 사회복지학과

공인숙 순천대학교 사회복지학부

김정희 총신대학교 유아교육과

심희옥 군산대학교 아동가족학전공

안선희 경희대학교 아동가족학과

안효진 인천대학교 유아교육과

이미정 여주대학교 보육학과

이희경 부천대학교 유아교육과

천희영 고신대학교 아동복지학과

한미현 백석대학교 사회복지학부

제3판

# 인간행동과 사회환경

초　판 1쇄 발행 2008년 12월 16일
초　판 3쇄 발행 2011년 1월 28일
개정판 2쇄 발행 2015년 6월 16일
제 3 판 3쇄 발행 2025년 2월 5일

지 은 이 | 이 숙 · 문혁준 · 강희경 · 공인숙 · 김정희 · 심희옥
안선희 · 안효진 · 이미정 · 이희경 · 천희영 · 한미현
펴 낸 이 | 김기섭
편 집 인 | 이윤미 · 이현남
펴 낸 곳 | 창지사 www.changJisa.com
08589 서울시 금천구 가산디지털 1로 83 파트너스타워 1차 9층
전화 (02)719-2211~3
팩스 (02)701-9386
등　록 | 1977년 4월 28일 · 제1-421호



ISBN 978-89-426-1205-5 (93330)

값 20,000원